아이디어를 현실로 생성하는

웹툰 제작 가이드 with AI

김가이 지음

길벗 캠퍼스

김가이(Kim, Khai) | kimkhai.graphic@gmail.com
2023년~현재 용인예술과학대학교 웹툰만화과 전임교수(학과장)

(사)한국시각정보디자인협회 웹툰분과 이사
(사)한국여성시각디자이너협회 전시이사
(사)한국상품문화디자인학회 연구윤리위원회 위원
(사)한국미술협회 경기미술대전 위원

홍익대학교 일반대학원, 시각디자인 전공, 미술학 박사
영국 Kingston University, Illustration&Animation 전공, Master of Arts
서울과학기술대학교, 시각디자인 전공, 디자인 학사

아이디어를 현실로 생성하는

웹툰 제작 가이드 with AI

From Idea to Reality:
A Webtoon Creation Guide with AI

초판 1쇄 발행 • 2025년 5월 30일 | **지은이** • 김가이 | **발행인** • 이종원 | **발행처** • (주)도서출판 길벗 | **브랜드** • 길벗캠퍼스
출판사 등록일 • 1990년 12월 24일 | **주소** • 서울시 마포구 월드컵로 10길 56(서교동) | **대표 전화** • 02)332-0931 | **팩스** • 02)323-0586
홈페이지 • www.gilbut.co.kr | **이메일** • gilbut@gilbut.co.kr |
기획 및 책임편집 • 신유진(backdoosan@gilbut.co.kr) | **표지·본문 디자인** • 강은경 | **제작** • 이준호, 이진혁
마케팅 • 박성용(psy1010@gilbut.co.kr) | **유통혁신** • 한준희 | **영업관리** • 김명자 | **독자지원** • 윤정아
편집진행 • 앤미디어 | **전산편집** • 앤미디어 | **CTP 출력 및 인쇄** • 정민 | **제본** • 신정문화사

- 길벗캠퍼스는 길벗출판사의 IT대학교재 출판 브랜드입니다.

- 잘못 만든 책은 구입한 서점에서 바꿔 드립니다.

ISBN 979-11-407-1340-0 93000(길벗 도서번호 060141)
정가 30,000원

AI와 함께 걷는 새로운 창작의 여정

예술의 역사에서 기술의 발전은 언제나 창작 방식에 큰 변화를 가져왔습니다. 펜과 잉크로 그리던 출판만화에서 와콤 타블렛을 활용한 디지털 드로잉 기반의 웹툰으로 이어진 변화는 창작의 방식과 표현의 경계를 끊임없이 확장시켜 왔습니다. 그리고 우리는 '생성형 AI'라는 새로운 창작 도구와 마주하고 있습니다.

콘티부터 숏폼까지, 생성형 AI로 완성하는 웹툰 작업 프로세스

이제 주간 연재 체계와 고퀄리티 작화 경쟁이 일반화된 웹툰 산업의 현장에서는 생성형 AI가 창작자의 부담을 덜어주는 '크리에이티브 어시스턴트'로 주목받고 있습니다. AI는 단순한 자동화 기술을 넘어 아이디어 발상과 글 콘티 구성, 캐릭터 창작, 장면 연출, 숏폼 콘텐츠 제작에 이르기까지 웹툰 제작 전반에서 새로운 가능성을 제시하고 있는 것입니다.

이 책은 이러한 흐름 속에서 생성형 AI를 웹툰 제작에 어떻게 효과적으로 활용할 수 있을지를 탐색합니다. 웹툰에 익숙하지 않은 초보자부터 더욱 효율적인 창작 방식을 원하는 작가에 이르기까지, 누구나 실질적으로 따라 할 수 있도록 실습 중심의 예제들을 구성하였습니다.

창작자의 관점에서 배우는 생성형 AI 활용 태도

AI 시대에도 창작의 주체가 여전히 인간이라는 점은 변함없습니다. AI를 단순히 사용하는 것을 넘어, 창작자의 관점에서 AI의 결과물을 해석하고, 비판적으로 수용하며, 능동적으로 활용할 수 있는 태도를 가지는 것이 그 어느 때보다 중요합니다. 우리는 이제 일상화된 AI와의 공존 속에서, 어떤 창작자로 살아갈 것인지 고민해야 할 시점에 서 있습니다. 이 책이 그 여정에 조금이나마 도움이 되기를 바랍니다.

감사의 말씀

이 책의 출간을 위해 믿고 기다려주신 길벗출판사 담당자 여러분께 깊이 감사드립니다. 또한, 집필 과정에서 아낌없는 지원와 격려를 보내주신 앤미디어 관계자 여러분께도 진심으로 감사의 마음을 전합니다.

김가이

목차

WEEK 07
생생한 서사의 중심, 캐릭터 창작

WEEK 08
분위기의 완성, 배경 이미지 표현

WEEK 09
독자의 몰입을 유도하는 장면 연출

WEEK 10
독자를 사로잡는 장면전환 연출법

WEEK 11
웹툰을 완성하는 놀라운 터칭, 후보정

WEEK 12
생성형 AI로 홍보용 웹툰 숏폼

WEEK 13
미래를 살아갈 AI 웹툰 작가

책 내용을 따라할 수 있는 실습 파일과 온라인 제공 PDF는 길벗 홈페이지를 통해 제공됩니다. 길벗 출판사 홈페이지(www.gilbut.co.kr) 검색란에 '웹툰', 'AI'를 검색 → 해당 도서 자료실의 '실습예제' 항목 → 실습에 필요한 예제 소스를 다운받습니다.

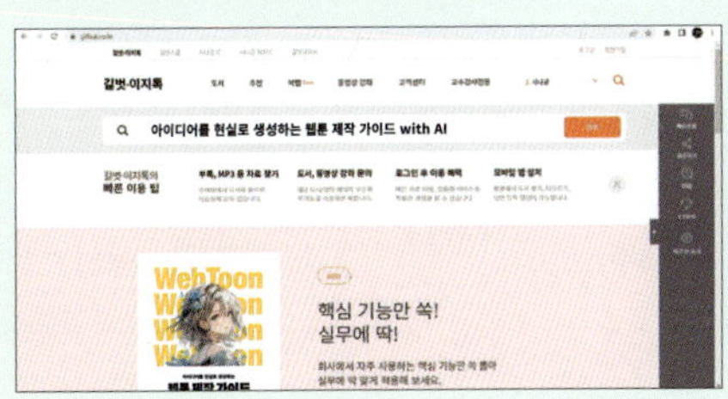

강의 계획서

1. 학습 개요

이 책은 생성형 AI와 클립 스튜디오를 활용하여 웹툰 1화 제작 과정을 단계별 실습 중심으로 학습할 수 있도록 설계되었습니다. 13주에 걸친 수업은 웹툰 스토리텔링 및 연출 이론을 시작으로, 챗GPT를 활용한 아이디어 발상 및 글 콘티 작성, 미드저니를 활용한 캐릭터 및 다양한 장면 제작, 클립 스튜디오를 이용한 컷 배치와 후보정 작업, 그리고 소라 AI를 활용한 숏폼 영상 제작까지의 전 과정을 실습합니다. 생성형 AI를 크리에이티브 어시스턴트로 적극 활용하며 AI 창작 시대에 요구되는 실질적인 창작 실무 역량을 키울 수 있습니다.

2. 학습 목표

웹툰 기획	다양한 장르를 이해하고 소재를 구상할 수 있습니다. 캐릭터 설정과 스토리 구성에 따라 작품 기획안과 글 콘티를 작성할 수 있습니다.
웹툰 작화	작화 스타일을 연구하고 작품과 적합한 캐릭터를 제작할 수 있습니다. 컷 구성과 연출 기법을 활용하여 장면별로 효과적인 씬을 제작할 수 있습니다.
웹툰 후보정 및 편집	연출 의도에 맞는 색 보정, 효과를 적용해서 원고의 완성도를 높일 수 있습니다. 말풍선 구성 및 식자 작업을 통해 가독성과 몰입도를 향상시킬 수 있습니다.
웹툰 응용	웹툰 이미지를 기반으로 한 숏폼 영상을 기획하고 제작할 수 있습니다.

3. 수업 계획

주차별	챕터	주제
1주	WEEK 01	웹툰 제작을 위한 대표적인 생성형 AI 도구들을 살펴봅니다.
2주	WEEK 02	AI 웹툰의 제작 프로세스를 이해하고 AI 웹툰을 만들기 위한 생성형 AI 도구의 활용 방안을 학습합니다.
3주	WEEK 03	미드저니를 사용하기 위한 프롬프트와 파라미터의 개념을 학습합니다.

4주	WEEK 04	챗GPT에서 작품에 대한 브레인스토밍, 세계관 설정, 로그라인을 생성하고 이를 바탕으로 작품 기획안을 작성합니다.
5주	WEEK 05	챗GPT를 활용해 시놉시스, 트리트먼트를 작성합니다. 어색한 대사나 독백을 자연스럽게 수정 보완하여 글 콘티를 완성합니다.
6주	WEEK 06	미드저니의 프롬프트 설계 방법을 이해합니다. 다양한 스타일의 이미지를 생성합니다.
7주	WEEK 07	챗GPT를 통해 도출한 캐릭터의 외형적 특징의 키워드를 미드저니 프롬프트를 활용해 캐릭터를 생성합니다. 미드저니 알파 버전의 에디터 기능을 활용해 캐릭터의 의상과 스타일을 구체적으로 표현합니다.
8주	중간고사	
9주	WEEK 08	투시의 기본 개념을 이해하고 투시가 적용된 배경 이미지를 생성합니다. 미드저니의 부분 편집 기능을 활용해서 계절감의 변화가 적용된 풍경 이미지를 생성합니다.
10주	WEEK 09	장면 연출을 위한 카메라 샷과 앵글에 대한 개념을 이해합니다. 미드저니에서 캐릭터의 일관성을 유지하여 다양한 장면을 생성합니다.
11주	WEEK 10	웹툰 연출에 활용되는 다양한 기법들을 학습합니다. 점프 컷과 컷백 기법의 예제를 제작합니다.
12주	WEEK 11	미드저니에서 생성한 이미지를 클립 스튜디오에 불러온 후, 레이어 활용, 색 보정, 텍스처 추가 등 다양한 후보정 기법을 실습합니다.
13주	WEEK 12	소라를 활용하여 홍보용 웹툰 숏폼 콘텐츠를 제작합니다.
14주	WEEK 13	국내외 AI 기반 웹툰 제작 플랫폼을 살펴봅니다. 기존의 웹툰 저작권에 대한 이해와 더불어 AI 창작물에 대한 저작권 동향과 창작자에게 요구되는 역량을 학습합니다.
15주	기말고사	

WEEK 01

인공지능 시대에 웹툰 작가로 살아가기

학 습 목 표

웹툰 산업 성장에 따른 작품의 블록버스터화와 주간 연재 시스템으로 웹툰 작가의 노동 강도로 높아지고 있습니다. 더 나은 웹툰 창작 환경을 구축하고 창작의 효율성을 높이기 위해 생성형 AI의 가능성을 지켜보고 있습니다. 생성형 AI의 기대효과로 창작 환경 개선, 아이디어 발굴을 위한 창의적 사고 확장, 정보 수집의 효율성 개선, 작업을 위한 생산성 향상 등이 있습니다. 웹툰 제작을 위한 대표적인 생성형 AI 도구를 살펴보겠습니다.

1.1 인공지능과 웹툰의 흐름

웹툰 분야에서의 다양한 AI 기술

다양한 창작 분야 중에서도 웹툰은 AI 기술이 빠르게 확산되고 있는 영역입니다. 최근 한국의 주요 웹툰 플랫폼들은 AI를 활용해 창작자의 작업 효율을 높이고, 독자에게는 새로운 콘텐츠 경험을 제공하는 데에 주력하고 있습니다. 특히 2024년 6월, 네이버 웹툰의 모기업인 '웹툰엔터테인먼트'가 미국 나스닥에 상장하며, 한국 웹툰 산업의 글로벌 위상을 다시 한번 입증했습니다.

웹툰 플랫폼에서 활용되고 있는 다양한 AI 기술과 그 기능들을 살펴보겠습니다.

1) AI 큐레이션

네이버 웹툰은 글로벌 경쟁력을 강화하기 위해 콘텐츠 생성 AI와 추천 알고리즘을 고도화하고 있습니다. 이는 웹툰을 즐겨보는 독자들에게 이미 익숙한 AI 큐레이션 기능으로, 독자의 취향을 분석해 웹툰 작품을 추천하는 역할을 합니다. 현재 웹툰 대형 플랫폼인 네이버 웹툰과 카카오엔터테인먼트에서 이 기능을 도입해 활용하고 있으며, 특히 네이버 웹툰에서는 해당 기능을 도입한 지역에서 추천 작품 클릭 횟수가 이전보다 30% 이상 증가한 것으로 나타났습니다.

2) 네이버 웹툰의 웹툰 AI 페인터

대표적으로 네이버 웹툰은 창작자와 독자들을 위해 AI 기술을 도입한 다양한 서비스를 선보이고 있습니다. 2022년에 딥러닝 기술을 도입하여 창작을 지원하는 '웹툰 AI 페인터'는 선화 이미지를 자동으로 채색해 주는 서비스입니다. 이 서비스는 1천 500여 작품의 12만 회차, 약 30만 장의 이미지 데이터셋을 추출해서, 캐릭터의 얼굴과 신체, 배경 이미지에 대한 특징과 채색 스타일을 학습시킨 딥러닝 기술을 기반으로 개발되었습니다.

웹툰 AI 페인터는 사용자가 색을 고른 후, 선으로 그려진 캐릭터의 부위에 터치하면 자동적으로 색을 입혀주는 도구로, 단순한 색 입히기 작업이 아니라, AI가 얼굴과 머리카락, 피부, 의상 등을 구별할 수 있기 때문에 사용자가 동일한 붉은 색을 선택하여 터치하더라도, AI는 캐릭터의 부위별 특성을 인지하고 있기 때문에 색을 적절하게 적용한 채색을 돕습니다. 또한, 사용자의 채색 스타일을 AI가 학습한 후, 반복적인 채색 작업을 자동으로 처리해 주는 기능이 탑재되어 있어 웹툰 작업 과정 중에 시간이 오래 걸리는 채색 작업 과정을 효율적으로 단축할 수 있습니다.

그림 1-1 선화 이미지를 자동으로 채색해 주는 네이버 웹툰의 '웹툰 AI 페인터'

3) 네이버 웹툰의 툰 필터와 웹툰 캐리커처

네이버 웹툰은 웹툰을 좋아하는 독자들을 위해서 AI 기술이 접목된 다양한 서비스를 출시하고 있습니다. 2023년에 웹툰 IP(지식재산)와 AI 기술을 결합한 '툰필터'는 사용자가 원하는 사진을 웹툰 작품 스타일의 그림체로 변환할 수 있는 서비스입니다. 이는 마치 평소에 좋아하는 웹툰 작가가 나를 그려주는 것 같은 체험을 제공하기 위해 기획되었습니다. 이를 통해 독자는 본인의 모습이 로맨스 판타지의 여자 주인공으로 바뀌는 경험을 할 수 있으며, 현재까지 90만 건 이상의 이미지를 생성하며 큰 인기를 끌고 있습니다.

2024년에는 '웹툰 캐리커처'라는 유료 서비스를 선보였고 출시 3주 만에 누적 접속자 수가 50만 명을 돌파했습니다. 이 서비스는 '툰필터' 서비스와 비슷해 보이지만, 더욱 정교하게 업그레이드되어 사용자가 올린 인물 사진의 구도뿐만 아니라 이목구비와 얼굴형까지 분석하여 웹툰 속 캐릭터처럼 변환해 주는 AI 기술을 활용합니다. 사용자는 이미지를 업로드하여 조석 작가의 '마음의 소리 캐리커처', 이말년 작가의 'AI침착맨의 와장창 캐리커처', 기안84 작가의 '복학왕 캐리커처' 그림체로 그려진 캐리커처를 받아 볼 수 있습니다.

그림 1-2 웹툰 캐리커처

4) 네이버 웹툰의 캐릭터챗

2024년, 네이버 웹툰은 웹툰 속 캐릭터와 실시간으로 채팅할 수 있는 '캐릭터챗'을 출시하였습니다. 이 서비스는 네이버 연재 작품 속 캐릭터의 성격과 언어 습관을 학습한 AI 챗봇으로, 독자들이 작품 속 캐릭터와 소통할 수 있는 유료 서비스입니다. 캐릭터챗의 '일상대화 모드'는 캐릭터와 자연스럽게 대화를 주고받을 수 있는 기능이며, '롤플레잉 모드'는 네이버 웹툰 작품에 등장하는 캐릭터로 설정되어 다양한 상황극 놀이를 즐길 수 있는 서비스입니다.

캐릭터챗은 처음 4개의 웹툰 캐릭터로 시작했지만, 현재는 조석(마음의 소리), 기상호(가비지타임), 고은혁(작전명 순정), 출출 세포(유미의 세포들), 백도화(작전명 순정), 성준수(가비지타임), 설효림(별이삼샵), 러브(99강화나무몽둥이) 등 다양한 캐릭터로 서비스를 제공하고 있습니다. 이후 추가된 천령(귀혼)의 캐릭터챗은 작품의 세계관을 바탕으로 매일 운세를 확인할 수 있는 기능이 제공되며, 테르데오 라피레온(시월드가 내게 집착한다)의 캐릭터챗은 대화를 이어나갈수록 친밀도에 따라 호칭과 어투가 변하여 캐릭터와의 교감을 더욱 실감 나게 합니다.

그림 1-3 캐릭터챗

5) 네이버 웹툰의 툰레이더

대형 웹툰 플랫폼들은 웹툰 생태계를 보호하고, 웹툰의 불법 유통으로 인한 창작자의 피해를 최소화하기 위해 AI를 활용한 기술을 적극 도입하고 있습니다. 네이버 웹툰은 콘텐츠의 저작권 보호 차원에서 자체적으로 '툰레이더(Toon Radar)' 기술입니다. 2018년에는 컴퓨터 비전 능력을 갖춘 AI 솔루션인 '툰레이더 AI'로 업그레이드되어, 웹툰 유료 회차가 불법 공유 사이트에 올라가는 시간을 크게 지연시키는 효과를 거두었습니다. 툰레이더 도입 전에는 평균 하루 만에 불법 사이트에 유출되던 것이 현재는 평균 3~4주까지 지연되고 있습니다. 이는 창작자의 정당한 수익을 보장하고, 불법 유통으로 인한 피해를 실질적으로 줄이는 데에 기여하고 있습니다. 이처럼 웹툰 플랫폼은 지속적인 기술 고도화를 통해 더욱 정밀한 감지와 신속한 대응이 가능하도록 시스템을 발전시키고 있습니다.

6) 네이버 웹툰의 엑스파이더 포 이미지

2021년부터 네이버 웹툰의 글로벌 아마추어 창작 공간인 '캔버스(Canvas)'에 적용 중인 AI 필터링 솔루션 '엑스파이더 포 이미지(Xpider for Image)'는 유해 콘텐츠를 걸러내는 기술입니다. 이 기술을 도입한 이후 웹툰 장면에 포함된 선정적이거나 폭력적인 이미지에 대한 검수 효율이 높아졌으며, AI가 이미지 내의 인물 노출 수위, 자극적인 표현, 위험 요소 등을 자동으로 탐지하고 분류함으로써 사전 검열 단계에서 문제 요소를 신속히 식별할 수 있게 되었습니다.

이를 통해 창작자에게는 웹툰 제작에 대한 더욱 명확한 가이드라인을 제공하고, 사용자에게는 보다 안전하고 쾌적한 감상 환경을 보장하는 데에 기여하고 있습니다.

7) 카카오엔터테인먼트의 피콕

2021년에 카카오엔터테인먼트는 웹툰 불법 유통 대응 전담 태스크포스인 '피콕(PEACOCK)'을 만들어 다양한 AI 기술적 방안을 통해 저작권 침해에 대응하고 있습니다. 피콕은 크롤링(소프트웨어가 유용한 정보를 찾아 특정 데이터베이스로 수집해 오는 작업) 방지 기술을 활용하고 있습니다. 이 기술은 카카오 웹툰 앱과 웹 화면에는 보이지 않는 사용자 정보를 삽입해 최초 유포자를 추적할 수 있는 인비저블 워터마크를 삽입하는 방식으로, 2023년 6월부터 12월까지 국내외 불법물 2억 858만 건을 삭제했다고 합니다.

8) 카카오엔터테인먼트의 헬릭스

2024년에 카카오웹툰은 자체 AI 브랜드 '헬릭스(HELIX)'를 론칭했습니다. 헬릭스 큐레이션은 독자의 취향을 학습해 개인 맞춤형 웹툰 작품을 추천하는 기능이며, 헬릭스 푸시는 독자의 이용 패턴과 선호 장르에 기반해 최적의 시간에 푸시 알림을 제공하는 서비스입니다. 이러한 서비스를 통해 카카오웹툰은 AI를 이용해 웹툰을 효과적으로 소개하고 독자들과 더 잘 연결되도록 하고 있습니다.

최근에는 많은 스타트업에서 창작의 효율성을 높이기 위해 생성형 AI를 활용한 웹소설과 웹툰을 제작할 수 있는 서비스를 출시했습니다. 더불어, 국내외에서는 생성형 AI 기반의 다양한 만화·웹툰 프로젝트도 활발히 선보이고 있습니다. AI는 단순한 도구를 넘어 점차 진화하고 있으며, 이는 웹툰을 비롯한 다양한 콘텐츠 산업 전반에 걸쳐 새로운 변화를 이끌고 있습니다. 자세한 내용은 **WEEK 13**에서 소개하겠습니다.

1.2 웹툰 제작에서 생성형 AI의 필요성

웹툰의 제작 흐름

2000년대 초, 디지털 플랫폼의 발전과 더불어 스마트폰의 보급에 따라서 모바일 환경에 최적화된 웹툰은 급부상하게 되었습니다. 이러한 기술 발전의 배경은 한국을 전 세계의 웹툰 종주국으로 만드는 데 크게 기여합니다. 한국콘텐츠진흥원에서 발간한 『AI와 함께하는 웹툰 산업과 스토리 창작의 미래』 보고서(2024)에 따르면, 2022년에 국내 웹툰 산업 시장 규모는 역대 최대인 1조 8,290억 원을 기록했습니다. 웹툰은 확장성이 높은 콘텐츠이기 때문에, 웹툰의 원천 콘텐츠가 드라마, 영화, 게임 등으로 제작되는 대표적인 원소스멀티유즈(OSMU)라고 볼 수 있습니다. 이렇게 제작된 2차 콘텐츠가 큰 인기를 끌면서 웹툰은 슈퍼 지식재산(IP)으로 여겨지고 있고, 대형 웹툰 플랫폼의 연재작 중 대부분이 장편 규모와 극화 형식으로 제작되었다는 점도 큰 몫을 하고 있습니다.

국내 웹툰 시장이 규모가 커지고 세계에 진출하면서 웹툰 작품의 제작 방식도 달라졌습니다. 과거 출판만화는 제한된 지면에서 아날로그 방식으로 작업되어 흑백 인쇄로 제작되었습니다. 그래서 만화가는 단독으로 작업을 하거나, 작업량이 많아지면 문하생을 두어 도제식으로 만화를 완성하여 연재했습니다. 이처럼 2008년에 등장한 초기 웹툰도 출판만화 제작 방식과 같이 개인 창작물에서 시작되었습니다. 하지만 출판만화와 웹툰은 환경 측면으로 매우 다릅니다. 파일 포맷이 디지털 파일로 이동하게 되면서 웹툰은 회차 분량이 제한적인 출판만화와 달리 회차에 대한 분량이 제한적이지 않습니다. 또한, 인쇄 비용을 고려하지 않아도 되기 때문에 웹툰에서는 컷 연출과 채색 방식에 대한 제한이 없습니다.

작화를 위한 소프트웨어의 발전 등 기술적으로 고도화되면서 웹툰은 대량 생산이 가능한 환경으로 변화하고 있습니다. 이로 인해 점차 웹툰의 제작 방식도 분업화 시스템으로 변화하고 있습니다. 주간 연재 시스템 특성상 작업 효율을 높이기 위해 어시스턴트 또는 보조 작가와 협업하는 형태부터 시작해, 스토리 기획부터 콘티, 연출, 작화, 채색, 편집까지 각 파트를 분업화하는 형태까지 다층화되었습니다. 콘티 작가, 선화 작가, 채색 작가, 배경 작가, 후보정 작가 등이 구성된 스튜디오 방식으로 운영되고, 이런 분업화 구조는 단기간 내에 작품의 높은 완성도와 많은 분량을 제작할 수 있게 합니다.

웹툰 에이전시의 제작사와 동향

2010년대 이후 웹툰 IP를 활용한 다양한 2차 저작물 사업이 확대되었고, 특히 웹툰 에이전시는 작품의 저작권을 대행하고 중계하면서 수익을 창출해 왔습니다. 웹툰 산업의 규모가 커지면서 다양한 장르와 형식이 가능해졌고, 대규모 자본 유입으로 블록버스터 작품도 제작되고 있습니다. 또한, 웹툰 IP 콘텐츠 비즈니스의 확장에 따라 웹툰 에이전시는 자체적으로 웹툰 신작을 기획하고 제작할 수 있는 자회사를 설립했습니다. 이렇게 웹툰 에이전시가 직접 웹툰을 제작하고 IP 비즈니스를 확대함에 따라, 웹툰 제작의 흐름에 큰 영향을 미쳤다고 할 수 있습니다.

네이버 웹툰과 카카오 웹툰 등의 대형 웹툰 플랫폼 사의 웹툰 작품은 매주 정해진 요일마다 최신화가 공개되는 방식의 주간 연재로 운영되고 있습니다. 하지만 앞서 설명한 웹툰 스튜디오의 분업화, 웹툰 에이전시의 제작사화로 인하여 웹툰 창작 환경은 이미 다변화되었습니다. 현재 대부분의 웹툰 플랫폼은 주간 단위로 연재하는 시스템을 갖추고 있습니다. 특히 작품의 유료 결제(미리 보기) 방식이 작품 수익에 영향을 미치므로, 작가들은 매 회차에서 박진감 넘치는 스토리 전개와 고퀄리티의 작화를 동시에 보여 주어야 합니다.

초기 웹툰의 회차당 분량은 적게는 40~50컷, 많게는 70컷 정도였으나, 현재는 90~100컷 이상으로 제작되는 경우가 많아져, 일주일 내에 완성해야 할 작업량이 갈수록 늘고 있습니다. 주간 연재 시스템에 따라 작가의 노동 강도가 매우 높아졌고, 작품의 완성도에 따른 치열한 경쟁으로 인해 개인 작가가 부담해야 할 작업량이 점점 확대되고 있습니다. 한국콘텐츠진흥원의 '2024 웹툰작가 실태조사'에 따르면, 웹툰 업계 종사자의 하루 평균 작업시간은 10~11시간, 일주일 중 평균 작업 일수는 5.9일이었습니다. 또한, 웹툰 창작 활동할 때 어려움을 느끼고 있는 항목의 57.8%는 '연재 마감 부담으로 인한 작업 시간 및 휴식 시간 부족'으로 나타났고, 그다음으로 '과도한 작업으로 정신/육체 건강 악화(56.4%)'로 보고되었습니다. 이러한 어려움을 완화하기 위해 네이버 웹툰은 1년에 1회였던 웹툰 작가의 휴재권을 2024년 2월부터 25회당 1회 휴재권으로 보장하고 있으며, 카카오엔터테인먼트는 계약서에 40화 기준 2회 휴재권 보장을 명시하고 있습니다.

이런 웹툰 생태계의 변화 때문일까요? 여전히 생성형 AI를 활용한 웹툰 제작에 대한 갑론을박이 웹툰 업계에서 계속되고 있지만, 기존의 중견작가들 뿐만 아니라 신진작가들도 더 나은 웹툰 창작 환경 구축과 창작의 효율성을 높이기 위해 생성형 AI 기술의 가능성을 지켜보고 있습니다. 앞선 한국콘텐츠진흥원(2024)에 따르면, AI를 활용한 경험이 없는 작가들 중 36.1%가 '활용 의향 있음'으로 나타났습니다. 더불어 AI를 활용 경험이 없는 웹툰 사업체 중 63.8%가 '활용 의향 있음'으로 나타났습니다. 이러한 결과는 웹툰 산업에서 AI 기술을 창작 도구로 활용하려는 관심이 높아지고 있음을 시사하며, 향후 AI의 역할이 더욱 확대될 가능성을 보여 줍니다.

생성형 AI의 기대효과

웹툰 제작에 있어 생성형 AI의 기대효과는 다양하고 혁신적입니다. 다음과 같이 항목별로 기대효과를 살펴보겠습니다.

1) 창작 환경 개선

현재 웹툰의 주간 연재 시스템은 매우 노동집약적 제작 방식입니다. 1인 작가가 주간 연재를 장기적으로 이어 나가기에 어려움이 많습니다. 많은 작가의 건강이 악화하는 문제를 경험하고 있고, 만약 연재를 쉬게 되면 안정적인 수익을 보장받기 어렵습니다. 이렇게 굳건하게 구축되어 있는 주간 연재 시스템 환경 속에서 생성형 AI는 개인 작가가 저비용으로 고효율적인 웹툰 제작을 이어 나갈 수 있는 기회를 제공할 수 있습니다.

2) 아이디어 발굴을 위한 창의적 사고 확장

웹툰을 기획할 때 아이디어 소재 발굴 및 스토리 구성에서 독창성이 요구됩니다. 웹툰 플랫폼의 수많은 작품 중에서 독자의 관심을 끌려면 작품은 익숙하지만 참신해야 합니다. 이 과정에서 대다수의 창작자는 많은 고충을 겪습니다. 인간은 익숙한 사고방식을 통해 아이디어를 떠올리는 경향이 있는데, 이때 AI에게 다양한 아이디어를 제시받을 수 있습니다. 이렇게 제시받은 아이디어를 통해 기존의 사고방식을 탈피하고 새로운 발상을 확장할 수 있습니다. 이러한 창의적 사고 확장은 웹툰 기획 단계에서 세계관 및 캐릭터 설정을 다양화할 수 있으며, 브레인스토밍에서 로그라인 작성까지 다양한 아이디어 설정을 할 수 있습니다.

3) 정보 수집의 효율성 개선

웹툰 작품을 기획할 때, 현실감을 높이기 위한 고증은 매우 중요합니다. 지금까지 만화가와 웹툰 작가는 작품에 대한 내용을 참고하기 위해 직접 현장을 찾아가 경험을 하거나, 옛 문헌이나 역사 자료를 조사하고 취재하면서 고증을 탄탄하게 만드는 노력했습니다. 이 과정에서 생성형 AI를 활용하면, 방대한 양의 데이터를 빠르게 분석하고, 특정 지역의 문화, 역사, 사회적 배경 등 필요한 자료를 효율적으로 조사할 수 있습니다. 이를 통해 웹툰 창작 초기 단계의 취재와 조사에 드는 시간을 크게 단축할 수 있습니다.

4) 작업을 위한 생산성 향상

생성형 AI를 통해 웹툰 작업의 생산성을 크게 향상할 수 있습니다. 특히, 반복적이거나 시간 소모적인 작업을 효율화함으로써 웹툰 작가는 다른 창의적인 부분에 집중할 수 있습니다.

❶ 로그라인 작성 : 로그라인은 웹툰의 핵심 내용을 간결하게 요약한 문장으로, 작품의 주제를 명확히 전달하는 역할을 합니다. AI를 활용하면 세계관과 주요 사건에 관련된 키워드를 기반으로 여러 가지 로그라인 초안을 작성할 수 있습니다. 작성된 로그라인의 문장을 더 간결하고 임팩트 있는 표현으로 다듬는 데에 도움받을 수 있습니다.

❷ 글 콘티 작성 : 글 콘티는 웹툰의 시각적 전개를 구체화하는 중요한 단계로, 각 장면의 대사, 동작, 감정 등을 미리 설계하는 역할을 합니다. AI를 활용해 각 시퀀스에서 특정 사건의 전개에 대한 아이디어를 제공받을 수 있고, 캐릭터의 성격과 상황에 적절한 대사를 생성하여 장면에 맞는 대사를 작성하는 데에 도움을 받을 수 있습니다.

❸ 캐릭터 베리에이션 작업 : 생성형 AI를 활용해서 캐릭터를 다양한 앵글과 포즈로 표현하는 것이 용이해집니다. 예를 들어, 동일한 캐릭터를 정면, 측면, 후면 등 다양한 각도에서 자동으로 생성할 수 있으며, 동작이나 감정 표현에 따른 포즈 변화도 쉽게 적용할 수 있습니다. 이를 통해 캐릭터의 일관성을 유지하면서도 시간과 노력을 절감할 수 있습니다.

❹ 배경 생성 작업 : 최근 웹툰에서는 극화 장르가 보편화되면서, 스케치업, 블렌더 등 다양한 3D 툴을 활용해 정교하고 복잡한 배경을 제작하는 경우가 많아졌습니다. 그러나 이러한 배경 작업은 세밀한 디테일을 요구하기 때문에 많은 시간이 소요되는 경향이 있습니다. 생성형 AI는 다양한 스타일과 환경을 기반으로 배경을 자동으로 생성할 수 있습니다. 도시 풍경, 자연 경관, 실내 공간 등 다양한 배경을 AI가 빠르게 생성하고, 특정 장면에 맞는 분위기나 조명을 자동으로 조정할 수 있습니다.

❺ 식자 작업 : 식자 작업은 웹툰에서 텍스트를 적절하게 배치하고, 대사의 가독성을 높이는 중요한 작업입니다. 만약 웹툰 작품 내에서 오탈자가 있다면, 스토리에 몰입하는 독자의 몰입도가 깨질 것입니다. 이때 AI는 말풍선 대사의 문법, 철자, 구두점 등의 오류를 자동으로 감지하고 수정할 수 있기 때문에 작가가 실수로 놓칠 수 있는 부분을 보완하고, 텍스트의 정확성을 높일 수 있습니다.

이 책에서는 생성형 AI를 활용한 웹툰 제작 프로세스를 단계별로 안내하며, 대표적인 생성형 AI 도구인 챗GPT(ChatGPT)와 미드저니(MidJourney)를 사용해서 웹툰 제작의 실질적인 방법을 배웁니다. 이를 통해서, 한번 쯤 웹툰 창작을 꿈꾸었던 초보자부터 작업 효율성이 필요한 1인 작가까지, 모두에게 웹툰 제작을 위한 새로운 길을 안내하고자 합니다.

1.3 웹툰 작가를 돕는 생성형 AI 도구

생성형 AI의 발전으로 지금은 누구나 AI를 활용하여 스토리를 만들고 이미지를 만들 수 있습니다. 글로벌 기업의 생성형 AI 개발을 선두로, 수많은 스타트업이 앞다투어 AI 웹툰 도구를 개발하고 서비스를 내놓고 있습니다. 웹툰을 기획하고 제작할 때 유용한 생성형 AI 몇 가지를 소개하겠습니다.

챗GPT

OpenAI에서 개발한 챗GPT는 대화 생성을 위한 딥러닝 모델입니다. 챗GPT는 사용자와의 대화 형식을 통해서 사람의 언어와 대화 패턴을 학습했습니다. 사용자의 후속 질문에 답하며 프롬프트의 지시를 따르고 자세한 응답을 제공하도록 훈련되었습니다. 기존의 챗GPT 모델은 텍스트 데이터를 인식했지만, 후속 개발된 챗GPT 4.0은 이미지 데이터를 인식하고 분석하도록 성능이 향상되어 복잡한 모델을 빠르고 유연하게 수행할 수 있습니다. 일례로 400점 만점인 미국 변호사 시험에서 챗GPT 3.5는 하위 10%의 점수를 받았지만, 챗GPT 4.0은 상위 10% 수준인 298점을 받았습니다.

브레인스토밍에 최적화된 챗 GPT는 웹툰 기획에 대한 아이디어를 확장할 뿐만 아니라, 로그라인과 글 콘티 작성, 식자 작업을 할 때도 도움받을 수 있습니다. 그림 1-4는 챗GPT 4.0을 활용해 음악을 사랑하는 여성과 뮤지션 남성이 사랑에 빠지는 로맨스 스토리를 만들어 달라고 요청한 것으로, 프롤로그, 주인공 소개, 스토리 전개, 클라이맥스, 결말까지 도출하는 데에 30초가 걸리지 않았습니다.

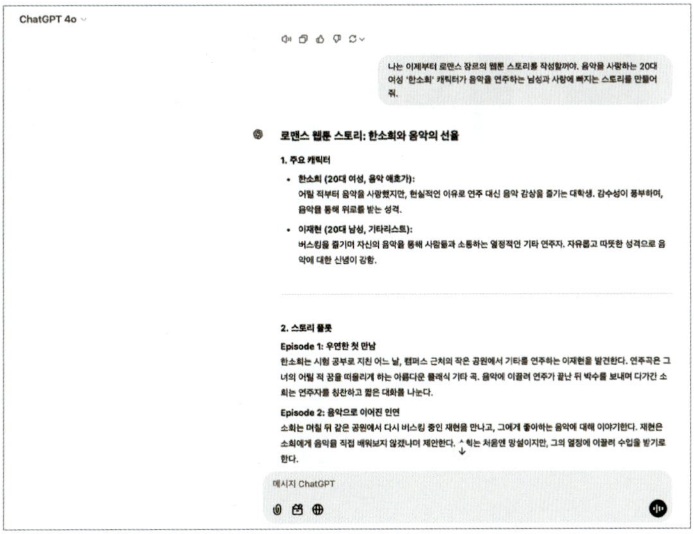

그림 1-4 챗GPT 4.0을 활용해 로맨스 스토리를 구상한 예시

달리 3

챗GPT를 개발한 OpenAI에서 2021년에 발표한 생성형 AI '달리 3(DALL-E 3)'은 챗GPT와 통합된 것이 가장 큰 특징인 챗봇 AI입니다. '달리 3'은 유료 플랜인 챗GPT 플러스 통합 기능으로 제공되고 있습니다. 이는 챗GPT에게 대화를 하는 형태로, 이미지 프롬프트를 입력해 요청하면 챗GPT가 사용자에게 이미지를 생성해 줍니다.

초본으로 생성된 이미지에 추가로 텍스트를 입력하여 요청하면, 변형된 이미지를 도출하는 것도 가능합니다. OpenAI의 대규모 언어 모델인 GPT-3 기반의 고급 딥러닝 알고리즘을 사용하여 이미지를 생성하기 때문에, 실제로 고품질의 이미지를 만들어 고해상도로 출력할 수 있다는 강점이 있습니다.

달리 3은 생존한 아티스트의 화풍을 요구하는 요청을 거부하도록 설계되어 있어 다른 생성형 AI와 차별화됩니다. 또한, 생성한 이미지의 색조, 앵글 등을 변경할 수 있는 편집 기능을 갖추고 있으며, 사용자 인터페이스가 단순하고 직관적으로 구성되어 있어 누구나 쉽게 사용할 수 있다는 장점이 있습니다.

그림 1-5는 달리 3을 활용하여 챗GPT로 도출한 로맨스 스토리에 등장하는 '한소희' 캐릭터를 생성한 것입니다.

그림 1-5 한소희 캐릭터 설정을 달리 3으로 생성한 이미지

미드저니

미드저니는 데이비드 홀츠(David Holz)가 설립한 AI 아트 생성기로, 디스코드(Discord) 서버를 기반으로 운영되고 있습니다. 이는 별도의 설치 없이 디스코드의 유료 구독 서비스를 통해 이용할 수 있습니다.

미드저니는 디스코드 봇 명령을 활용한 자연어 처리 기술을 사용하여 프롬프트에 대한 이해도가 높고, 이를 통해 프롬프트에 숨겨진 의도와 의미를 파악해 이미지를 생성하는 특징이 있습니다. 또한, 기준 작품 이미지의 패턴과 특징을 분석하여 새로운 이미지를 제작할 수 있지만, 미드저니의 학습 데이터에 다른 작가의 작품이 포함될 수 있다는 우려도 있습니다.

미드저니는 사용자가 생성한 이미지에 시드 번호를 부여하여, 이미지의 연속성과 통일성을 유지할 수 있도록 돕고 있습니다.

그림 1-6은 챗GPT를 활용하여 도출한 '한소희' 캐릭터를 참고해, 미드저니에서 유사한 캐릭터 이미지를 생성한 것입니다. 캐릭터의 특징을 반영하기 위해 프롬프트에 '웹툰 캐릭터(webtoon character)', '만화 스타일(manga style)', '긴 검은색 머리(long black hair)', '왼쪽 가르마(on the left part)', '분홍색 블라우스(pink blouse)', '흰색 긴 스커트(long white skirt)', '소극적인(expressionless)', '부끄러운(shyness)', '조용한(quiet)', '초조한(uneasiness)', '마른 체형(skinny body)', '포개진 손(hands folded)' 등을 입력하였습니다.

그림 1-6 한소희 캐릭터 설정을 미드저니로 생성한 이미지

연습 문제 | 인공지능 시대에 웹툰 작가로 살아가기

01 웹툰 제작에 활용할 수 있는 대표적인 생성형 AI 도구를 조사하고, 각 도구의 주요 기능과 특징을 정리해 보세요.

HINT 스토리 기획, 캐릭터 이미지 생성, 배경 이미지 생성

02 생성형 AI를 활용하여 웹툰 제작의 효율성을 높일 수 있는 작업에는 무엇이 있는지 이해하고, 각 작업에 적합한 생성형 AI 도구는 무엇인지 팀별로 논의해 보세요.

WEEK 02

AI 웹툰 제작을 위한 첫걸음

학 습 목 표

일반적인 웹툰 제작 프로세스를 살펴보면서, 1인 작가가 주간 연재를 단독으로 진행할 때 겪는 물리적 한계를 짚어보겠습니다. 또한, 이러한 한계를 보완하기 위해 생성형 AI가 어떤 역할을 할 수 있는지 알아보고, AI 웹툰 제작 프로세스를 통해 생성형 AI 도구의 활용 방안을 구체적으로 살펴보겠습니다.

2.1 웹툰의 제작 프로세스

웹툰은 일상 속 누구나 공감할 수 있는 에피소드부터 상상력을 자극하는 기상천외한 판타지까지 다양한 소재를 다루며, 독자에게 감동과 재미를 선사하는 콘텐츠입니다. 한 회당 적게는 70컷에서 많게는 100컷 분량으로 구성되며, 독자가 한 화를 읽는 데 평균 5~9분 정도 소요된다고 합니다. 다른 콘텐츠에 비해 짧은 시간 안에 소비되지만, 몰입감과 임팩트는 무척 큽니다.

그러나 한 회차의 웹툰을 만드는 과정은 결코 단순하지 않습니다. 스토리 구성부터 글 콘티 작성, 그림 콘티 스케치, 선화 작업, 채색과 명암 처리, 배경 제작, 후보정, 식자 편집, 최종 업로드까지 여러 단계를 거쳐야 합니다. 이러한 과정은 네이버 웹툰이나 카카오 웹툰 같은 웹툰 플랫폼에 매주 연재하기 위해 반복됩니다.

특히 일주일에 한 번씩 새로운 회차를 올리는 주간 연재 시스템에서는, 작가들이 매주 70~100컷 이상의 작업을 해내야 합니다. 이런 환경에서 1인 작가가 단독으로 연재할 경우, 물리적 한계로 인한 신체적 부담과 심리적 압박이 클 수밖에 없습니다.

이러한 현실 속에서 생성형 AI는 웹툰 제작에 새로운 가능성을 제시하고 있습니다. 생성형 AI는 작가의 크리에이티브 어시스턴트 역할을 수행하며, 스토리 기획 단계에서 새로운 아이디어를 제공하거나, 요청에 따라 글 콘티를 상세하게 작성할 수 있습니다. 이렇게 상세하게 설정된 주인공 캐릭터의 다양한 연출을 도와주며, 시간과 노력이 많이 드는 배경 제작도 손쉽게 처리할 수 있습니다. 즉, 제작 효율성이 높아지고 작업 시간이 단축되면서 작가는 작품의 메시지와 창작 자체에 더 집중할 수 있는 환경이 마련되는 것입니다.

일반적인 웹툰 제작 과정

일반적으로 웹툰은 각 화마다 스토리 구성, 글 콘티 작성, 그림 콘티 스케치, 선화, 명암 및 채색, 배경, 후보정, 식자 편집 단계를 거친 후, 최종 검수를 통해 웹툰 플랫폼에 업로드됩니다. 각 단계별로 간단히 작업 방식을 살펴보겠습니다.

1) 스토리 구성

스토리의 세 가지 요소는 등장인물, 사건, 배경으로, 작품의 장르에 따라서 스토리 구조가 다릅니다. 예를 들어, 주인공의 감정선을 중심으로 이야기가 전개되는 인물 중심의 구조는 로맨스 장르에 적합하고, 문제가 발생해 갈등이 해소되는 사건 중심의 구조는 액션과 판타지 장르에 적합합니다.

주간 연재 시스템이 일반적인 웹툰의 특성상 독자는 오랜 기간에 걸쳐 작품을 보게 됩니다. 스토리의 연속성을 가진 영화와 달리, 웹툰은 각 회차마다 독립적인 콘텐츠로 연재된다는 속성과 구조를 이해하는 것이 중요합니다.

2) 글 콘티 작성

글 콘티는 회차별 모든 장면에서 인물의 대사와 행동, 사건의 전개, 연출 효과 등을 텍스트로 정리합니다. 인물의 감정선이나 사건의 전개에 따라 각 컷 간의 연결성과 대사 흐름을 다듬어 나가는 작업 과정입니다.

3) 그림 콘티 스케치

회차별 구성를 전체적으로 설계하는 단계입니다. 글 콘티를 참고해서 각 컷 별로 인물의 감정과 포즈 연출, 배경 설정, 카메라 앵글을 고려한 구도 등을 대략적으로 스케치해서 스토리보드와 같이 만듭니다. 이 과정에서는 스토리의 전개와 연출이 어색하지 않은지 검토하고 조정하는 것이 중요합니다.

4) 선화 작업

선화는 러프 스케치 단계인 인물과 배경의 윤곽선을 깔끔하게 정리하는 단계입니다. 선의 필압 조절을 해서 인물의 표정과 동작, 의상 및 소품 표현 등 디테일을 표현하고 입체감을 살립니다. 선화가 깔끔하고 명확할수록 후속 작업인 밑색과 명암 및 채색 단계를 진행하기가 쉽습니다.

5) 밑색 작업

밑색은 인물이나 특정 오브젝트를 채색할 때 영역 밖으로 벗어나지 않고 손쉽게 채색하기 위한 단계입니다. 일반적으로 한 가지 색을 선택하고 채색을 해야 하는 영역을 모두 메꾸는 방식으로 진행합니다.

6) 명암 및 채색 작업

색상은 장면의 분위기를 결정짓는 중요한 요소입니다. 명도, 채도, 조화를 고려하여 작품의 전체적인 시각적 통일감을 유지해야 합니다. 또한, 광원의 방향과 색감을 고려한 명암을 표현하면 인물 생동감을 표현하고 배경 공간에 깊이감을 연출할 수 있습니다.

7) 배경 작업

배경은 웹툰의 공간감을 형성하고 장면의 몰입도를 높이는 요소입니다. 웹툰의 장르와 연출 방향에 따라 적절한 배경 작업 방식을 선택하는 것이 중요합니다. 최근에는 작업 효율성과 높은 퀄리티를 동시에 확보하기 위해 3D 모델링을 활용한 배경 작업이 보편화되고 있습니다. 3D 배경은 다양한 각도에서 활용 가능하며, 일관된 공간 구성을 유지하면서도 제작 시간을 단축할 수 있는 장점이 있습니다.

8) 후보정 작업

전체적인 색 보정, 광원 및 블러 효과, 특수 효과, 노이즈 제거 등의 작업을 포함합니다. 장면 간의 색감과 분위기에 대한 세밀한 조정을 통해 시각적 완성도를 높이고, 연결성을 강화하여 독자가 더욱 몰입할 수 있도록 연출합니다.

9) 식자 및 편집

식자는 대사, 독백, 내레이션, 효과음 등을 삽입해서 스토리의 전달력을 높이고 캐릭터의 감정을 극대화하는 과정입니다. 적절한 글꼴과 크기, 말풍선과 효과음은 가독성을 고려하여 배치하는 것이 중요합니다.

10) 최종 검수 및 업로드

웹툰의 모든 작업이 끝난 후 완성도를 최종 점검하고 플랫폼에 업로드하는 과정입니다. 작화 오류, 맞춤법, 오탈자 등을 검수하고 플랫폼의 해상도 및 파일 형식에 맞춰 최종 조정을 거친 후 업로드합니다.

그림 2-1 일반적인 웹툰 제작 단계(콘티 스케치-선화-밑색-채색 및 명암-후보정/식자), ©웹툰 작가 청아인 제공

웹툰 제작의 분업화 구조

과거에는 웹툰 제작이 1인 작가 시스템을 중심으로 이루어졌습니다. 작가가 스토리 기획부터 콘티, 작화, 채색, 배경, 식자, 후보정까지 모든 단계를 직접 작업해서 웹툰을 완성하는 방식이 일반적이었습니다. 하지만 웹툰 시장의 성장으로 독자의 수요가 증가했고, 웹툰 플랫폼의 경쟁이 심화되면서 주간 연재 시스템이 정착되었습니다. 이로 인해 작가들은 매주 70~100컷 이상을 작업해야 하는 강도 높은 일정 속에서 작품을 제작해야 했습니다. 높은 작업량에 대비했을 때 짧은 마감 일정으로 작품의 개성과 독창성보다 트렌드에 맞춘 양산형 웹툰이 출현하게 되었는데, 이러한 양산형 웹툰 작품들이 많아지면서 빠른 제작과 높은 퀄리티를 동시에 유지하기 위해 웹툰 제작의 분업화가 이루어졌습니다. 오늘날에는 이렇게 분업화가 이루어지므로써 주간 연재를 효율적으로 운영하고, 균일한 퀄리티를 유지하면서 다수의 웹툰을 동시에 제작할 수 있는 환경을 만들었습니다. 콘티 담당, 선화 담당, 채색 담당, 식자 담당 등 분업화된 웹툰 스튜디오 시스템이 구축되고, 전문 웹툰 제작사가 등장하게 됩니다. 이러한 변화는 웹툰 시장의 산업화를 가속화해서 글로벌 웹툰 시장에서 한국 웹툰이 경쟁력을 갖추는 데에 중요한 역할을 하였습니다.

1인 작가의 연재 부담과 한계

1인 작가는 창작의 자유를 누리며 개성 있고 독창적인 작품을 할 수 있다는 장점이 있습니다. 그러나 웹툰 플랫폼과의 연재 계약에서는 일정한 마감 기한을 준수하는 것이 필수적이며, 특히 주간 연재의 경우 매주 70~100컷 이상의 작업을 완료해야 합니다. 이러한 작업량을 감당하기 위해서는 사전에 충분한 원고를 제작하거나 모든 제작 단계를 혼자 감당해야 하는 부담이 따릅니다.

웹툰 시장이 성장하고 제작 방식이 분업화됨에 따라 1인 작가들도 어시스턴트나 보조 인력을 고용하여 작업 속도와 완성도를 높이고 있습니다. 하지만 연재 경력이 없거나 인력 고용이 현실적으로 어려운 경우, 1인 작가가 모든 작업을 혼자 하는 경우가 많습니다. 간혹 장기 연재에 따른 신체적·정신적 피로가 누적될 경우, 작품 퀄리티 저하나 건강 문제로 인해 연재 중단이나 휴재를 고려해야 하는 상황도 발생할 수 있습니다.

따라서 1인 작가가 안정적인 연재를 이어가기 위해서는 효율적인 작업 방식과 새로운 기술의 도입이 필요합니다. 최근에는 생성형 AI를 활용한 웹툰 제작 방식이 등장하면서 콘티 제작, 캐릭터 및 배경 생성 등 다양한 작업을 자동화하거나 보조하는 방법이 시도되고 있습니다. 생성형 AI 기술을 적절히 활용하면 작업 시간을 절약하고 웹툰 작가의 부담을 줄이는 동시에 작품의 퀄리티를 유지할 수 있는 가능성이 열리고 있습니다.

2.2 AI를 활용한 웹툰 창작의 혁신

웹툰 제작에서 AI 기술의 발전은 작업 속도 향상을 넘어, 새로운 창작 방식과 표현의 확장을 가능하게 합니다. 하지만 AI가 제공하는 자동화 기능을 적절히 활용하면서도 작가 고유의 창의성과 독창성을 더하는 것이 좋은 웹툰 작품을 만드는 핵심입니다. 앞으로 AI 기술이 더욱 발전할수록, 작가는 AI를 단순한 도구로 활용하는 것을 넘어 이를 통해 자신의 창작성을 확장하는 방향을 고민해야 합니다.

웹툰 작가를 위한 생성형 AI 도구의 역할

웹툰 시장이 빠르게 성장하고 경쟁이 치열해지면서, 효율적인 제작 방식과 새로운 기술의 활용이 필수 요소로 자리 잡고 있습니다. 특히, 1인 작가의 웹툰 연재 부담이 커지면서 생성형 AI 도구에 대한 관심도 증가하고 있습니다.

AI 기술의 발전은 단순한 보조 도구를 넘어, 웹툰 제작 전반에서 작업 효율성을 높이고 창작자의 부담을 줄이는 실질적인 크리에이티브 어시스턴트(Creative Assistant)로 자리 잡아가고 있습니다.

1) AI의 강점과 활용 예시

AI의 강점은 반복적이고 노동집약적인 작업을 효율화하는 데 있습니다. 예를 들어, AI 기반 텍스트 생성 도구는 스토리 구상 과정에서 창작자에게 새로운 아이디어를 제안하고, 대사나 내레이션을 더욱 자연스럽게 다듬는 데 기여할 수 있습니다. 또한, AI 기반 이미지 생성 도구는 캐릭터와 배경 제작을 보조하여, 캐릭터의 일관된 외형을 유지하면서도 다양한 표정과 포즈를 쉽게 적용할 수 있도록 돕습니다. 이를 통해 웹툰의 장면마다 세밀한 배경을 빠르게 제작할 수 있어, 일관성 있는 캐릭터 표현과 다양한 배경 연출 컷을 효율적으로 만들 수 있습니다.

생성형 AI를 활용하여 작업 부담을 줄이면 작가는 창의적인 스토리텔링과 연출에 더욱 집중할 수 있는 환경을 마련할 수 있습니다.

2) AI 활용 시 주의점

하지만 기억해야 할 점도 있습니다. 생성형 AI만으로는 좋은 웹툰을 만들 수 없습니다. 작품의 기획 의도, 창의적 아이디어, 독창적인 연출, 그리고 독자에게 감동을 전달하는 요소는 여전히 사람의 영역입니다. 결국 좋은 웹툰을 만드는 것은 작가의 스토리텔링 능력에 달려 있습니다.

3) 생성형 AI와 웹툰 제작 방식의 변화

생성형 AI로 만든 캐릭터의 표정이나 포즈도 이야기의 감정선을 고려해 세밀하게 보완해야 합니다. 또한, 배경 이미지를 사용할 때도 연출 의도에 맞게 수정하고 색감을 조정하는 것은 여전히 작가의 역할입니다. 특히 웹툰에서는 캐릭터의 감정 표현, 동작, 색감, 컷 연출 등 독자의 몰입도를 결정하는 요소들이 매우 중요합니다. 인물의 감정을 극대화하는 색감이나 빛과 명암의 배치와 같은 시각적 요소는 결국 작가가 직접 판단하고 결정해야 합니다.

4) AI 도구 활용과 제작 환경 구축

결과적으로 생성형 AI는 웹툰 창작에서 크리에이티브 어시스턴트 역할을 할 수 있지만, AI 도구를 효과적으로 활용하기 위해서는 프롬프트 설계, 이미지의 일관성 유지를 위한 파라미터 설정, AI 생성 이미지 수정 및 보완 등 세부 작업에서 작가의 개입이 필수적입니다. AI의 자동화 기능을 적절히 활용하면서도, 작가 고유의 창의성과 감각을 더하는 것이 고퀄리티 웹툰 제작의 핵심 전략이 될 것입니다.

5) 생성형 AI를 활용한 제작 프로세스

생성형 AI의 발전으로 웹툰 제작 방식에도 많은 변화가 일어나고 있습니다. 기존 웹툰 제작은 기획부터 글 콘티 작성, 콘티 스케치, 선화, 밑색, 명암, 채색, 배경 작업, 식자, 후보정까지 대부분 수작업으로 이루어졌습니다. 그러나 생성형 AI를 활용하면 이러한 과정을 보다 효율적으로 진행할 수 있어 작가는 창의적인 부분에 더욱 집중할 수 있습니다.

6) AI 웹툰 제작의 미래

최근에는 웹툰 제작을 위한 생성형 AI 도구를 개발하는 기업이 늘어나면서, AI 기반 웹툰 제작의 가능성도 확대되고 있습니다. 반복해서 말하는 부분이지만, AI를 활용하더라도 웹툰의 연출과 감정선을 표현하는 것은 여전히 작가의 몫입니다. 따라서 AI 도구를 효과적으로 활용하는 방법을 익히고, AI의 자동화 기능과 작가의 독창성을 조화롭게 결합하는 것이 중요합니다.

AI 웹툰 제작 단계별 가이드

다음은 AI를 활용한 웹툰 제작의 주요 단계별 가이드입니다. AI 웹툰 제작 과정은 기존의 제작 단계와 유사한 흐름을 따르지만, 생성형 AI 도구를 활용하여 작업의 효율성을 높이고 제작 속도를 단축하는 것이 핵심입니다.

1단계	2단계	3단계	4단계	5단계
챗GPT를 활용한 기획 및 스토리 개발	챗GPT를 활용한 글 콘티 작성	클립 스튜디오 등 디지털 드로잉 도구를 활용한 그림 콘티 스케치	미드저니를 활용한 캐릭터 및 배경 제작	클립 스튜디오를 활용한 말풍선과 효과음 삽입 및 후보정
생성형 AI 활용		수작업	생성형 AI 활용	수작업

1) 기획 및 스토리 개발

AI 웹툰 제작의 첫 번째 단계는 기존 웹툰과 마찬가지로 작품 기획과 스토리 개발입니다.

❶ 아이디어 확장 : 챗GPT의 텍스트 생성 AI를 활용하여 작품의 주제, 세계관, 캐릭터 설정을 구체화할 수 있습니다.

❷ 로그라인 및 시놉시스 작성 : 챗GPT를 활용해 짧은 문장으로 이야기의 개요를 정리하고, 기승전결 구조를 잡아 전체적인 흐름을 구성할 수 있습니다.

❸ 스토리 보완 : 챗GPT가 생성한 스토리 아이디어를 참고하여 기존 스토리를 발전시키고 서사의 밀도를 높일 수 있습니다.

2) 글 콘티 작성

콘티 단계에서는 스토리를 웹툰 형식과 분량에 맞게 컷 구성과 연출을 기획합니다.

❶ 글 콘티 작성 : 챗GPT를 활용해 각 장면별 컷 구성을 텍스트로 정리할 수 있습니다. 인물의 대사 및 독백과 내레이션뿐만 아니라 장면 묘사와 효과음 등도 작성할 수 있습니다.

❷ 컷 연출 가이드 : 챗GPT를 통해 각 장면별로 컷 연출에 대한 카메라 거리 및 시점 등을 제안받고, 이를 참고하여 연출의 완성도를 높일 수 있습니다.

❸ 캐릭터 러프 스케치 : 달리 3을 활용해 대략적인 주인공 캐릭터의 비주얼 콘셉트를 만들어 볼 수 있습니다.

3) 그림 콘티 스케치

그림 콘티 스케치는 단순한 밑그림이 아니라, 작품의 감정선과 몰입도를 결정하는 핵심 과정입니다. 웹툰의 장면 연출과 컷 구성을 시각적으로 구체화하는 단계로 이후 작화 과정의 방향을 결정하는 중요한 단계입니다.

❶ 장면 연출 구체화 : 2단계에서 작성한 글 콘티를 기반으로, 각 장면별로 컷의 크기와 배치, 캐릭터의 시선과 동작, 배경 요소 등을 간략한 스케치 형태로 정리하여 전체적인 장면의 흐름을 구성합니다.

❷ 연출력의 중요성 : 장면 연출 구체화는 AI가 자동으로 설정해 주는 것이 아니기 때문에 작가의 연출력이 무엇보다 중요합니다. 캐릭터의 감정선과 시선의 흐름, 컷 구도와 배치에 따른 독자의 시선 유도, 컷 간의 자연스러운 연결성 등은 단순한 기술적 요소가 아니라 작품의 몰입도를 결정하는 중요한 연출 요소입니다.

❸ 작업 도구 : 그림 콘티 스케치 단계에서는 클립 스튜디오 등 디지털 드로잉 도구를 활용하여 과정을 진행할 수 있습니다.

❹ AI 활용 한계 : AI가 대체할 수 없는 섬세한 연출력과 감각적인 조정이 최종 결과물의 완성도를 결정짓기 때문에 작가의 개입이 반드시 필요합니다.

4) 캐릭터 및 배경 제작

기존의 웹툰 제작 방식에서는 주인공 캐릭터를 매 장면별로 모두 그려야 했지만, 생성형 AI를 활용하면 캐릭터의 스타일 일관성을 유지하여 다양한 표정과 포즈를 만들 수 있습니다. 또한, 스토리의 분위기를 전달하는 배경을 작가가 직접 그리는 것은 많은 시간이 소요되는 작업이기 때문에 AI를 활용하면 배경 제작 시간을 단축하면서도 높은 퀄리티를 유지할 수 있습니다.

❶ 캐릭터 제작 : 미드저니를 활용하여 세부적인 설정에 따른 주인공 캐릭터를 개발합니다. 기존 캐릭터 스타일을 유지하면서 다양한 표정과 동작을 생성하도록 파라미터 기능을 활용합니다.

❷ 배경 제작 : 미드저니를 활용하여 특정 시대, 스타일, 조명, 분위기를 반영한 배경 이미지를 만들 수 있습니다. 기존의 배경 제작 방식은 스케치업(3D 모델링), 디지털 드로잉, 사진 보정 등 많은 시간이 소요되는 작업이었지만, AI를 활용하면 시간을 단축하면서도 높은 퀄리티를 유지할 수 있습니다.

5) 말풍선과 효과음 삽입 및 후보정

말풍선과 효과음 삽입, 후보정 작업은 단순한 후처리가 아니라 웹툰의 감정선과 몰입도를 결정짓는 핵심 과정입니다. 이 단계에서는 작가의 연출 감각과 표현력이 중요하게 작용하며 AI가 대체할 수 없는 섬세한 조정이 필요합니다. 대사와 효과음의 가독성을 높이고, 컷 간 색감 균형과 분위기를 조정하여 독자가 자연스럽게 몰입할 수 있도록 유도하는 것이 관건입니다.

❶ **말풍선과 텍스트 배치** : 대사는 단순한 정보 전달을 넘어 감정을 전달하는 중요한 요소입니다. 따라서 텍스트의 크기, 위치, 말풍선 디자인 등이 장면의 흐름과 어우러지도록 신중하게 배치되어야 합니다. 클립 스튜디오를 활용하여 말풍선과 텍스트를 삽입합니다. 대사의 흐름이 자연스럽도록 컷의 구도와 동선을 고려하여 배치해야 합니다.

❷ **효과음 삽입** : 효과음은 장면의 강약을 조절하고 독자의 몰입도를 높이는 역할을 합니다. 클립 스튜디오를 활용하여 손글씨로 효과음을 삽입하면 더욱 감성적인 연출이 가능합니다.

❸ **후보정 작업** : 웹툰의 최종적인 완성도를 결정짓는 과정으로 색감 조정, 광원 효과 추가, 명암 보정, 블러 효과 등 세밀한 작업을 통해 감정 전달력을 높이는 단계입니다. 그래픽 툴을 활용하여 전체적인 색 균형을 맞추고 캐릭터와 배경이 자연스럽게 어우러지도록 조정합니다. AI 기반 자동 색 보정 도구를 활용할 수 있지만, 작가가 직접 조정하는 색감은 작품의 개성과 분위기를 더욱 극대화할 수 있습니다.

이처럼 생성형 AI를 활용한 웹툰 제작 과정에서 가장 중요한 점은 작가의 역할과 개입이 필수적이라는 것입니다. 생성형 AI는 웹툰 제작의 효율성을 높이고 반복 작업을 줄이는 강력한 도구로 활용될 수 있습니다. 그러나 작품의 독창적인 개성과 섬세한 연출은 결국 작가의 몫이라는 점을 항상 염두에 두어야 합니다.

반복해서 강조하듯이, 기획 단계에서는 아이디어 생성과 스토리 구성을 생성형 AI의 도움을 받을 수 있지만, 작품의 방향성과 메시지를 정하는 것은 작가의 창작력에 달려 있습니다. 생성형 AI를 활용해 캐릭터를 제작할 때에도 캐릭터의 성격과 특징을 구체화하고 표정을 통해 감정을 표현하며, 적절한 카메라 앵글과 거리 연출 등을 조정하는 작업은 여전히 작가의 역할입니다. 특히 그림 콘티 스케치는 컷의 구도, 시선 유도, 장면 연결성 등 세밀한 조정이 작품의 몰입도를 결정짓는 중요한 요소이기 때문에 작품의 감정선과 서사의 흐름을 효과적으로 전달하기 위해 섬세한 개입이 필수적입니다.

다시 한번 강조하자면, 생성형 AI는 창작을 지원하는 크리에이티브 어시스턴트로 활용하되, 작가의 개성과 창의성을 극대화하는 데 중점을 두어야 합니다. 앞으로 AI 기술이 더 발전하더라도 웹툰의 메시지와 감동을 전달하는 것은 결국 작가의 창작 의지와 감성에서 비롯된다는 점을 기억해야 합니다.

2.3 AI 웹툰 제작을 위한 환경 구축

웹툰 제작에서 생성형 AI를 활용하려면, AI 도구의 역할과 기능을 이해하고 이를 효과적으로 적용할 수 있는 환경을 구축하는 것이 중요합니다. 생성형 AI는 스토리 기획부터 글 콘티 제작, 캐릭터 및 배경 생성 등의 과정에서 효율성을 높일 수 있도록 지원합니다. AI 웹툰 제작을 위한 대표적인 생성형 AI 도구인 챗GPT와 미드저니를 활용하기 위한 환경 구축 방법을 살펴봅니다.

챗GPT 시작하기

챗GPT는 자연어 처리를 기반으로 한 생성형 AI로, AI 웹툰의 스토리 기획, 대사 작성, 글 콘티 작성, 캐릭터 콘셉트 설정 등의 작업을 보조합니다. 기존의 스토리 작법에서 기획자는 아이디어를 정리하고 대본을 작성하는 데에 많은 시간이 필요했지만, 챗GPT를 활용하면 보다 빠르게 기획안을 구성하고 스토리 전개 방향을 잡을 수 있습니다.

1) 챗GPT 사이트 접속과 회원가입

챗GPT를 시작하기 위해 사이트에 접속하고 회원가입하는 방법을 알아보겠습니다.

웹브라우저에서 챗GPT(chat.openai.com) 사이트에 접속합니다. 사이트에서 오른쪽 상단에 있는 <회원가입> 버튼을 클릭하여 회원가입을 진행합니다. 이메일 주소 또는 구글 계정, 마이크로소프트 계정으로 가입할 수 있습니다.

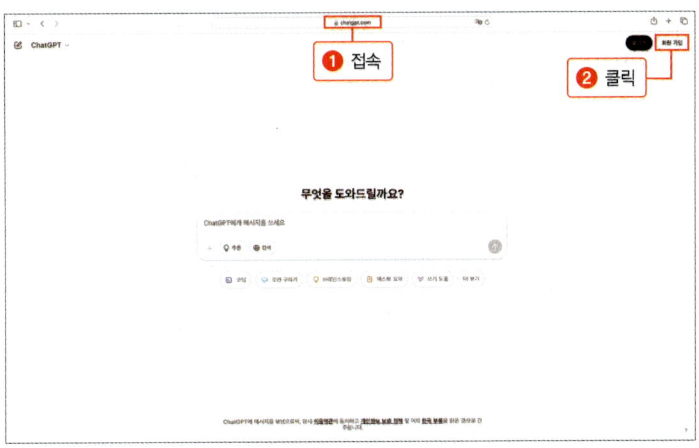

이메일로 가입을 진행한 경우, OpenAI에서 임시 인증 코드가 포함된 확인 이메일을 입력한 이메일 주소로 발송합니다. 이메일을 확인하고 제공된 인증 코드(숫자 6자리)를 복사하여 챗GPT 코드에 입력한 다음 <계속(Continue)> 버튼을 클릭하여 다음 단계로 진행합니다.

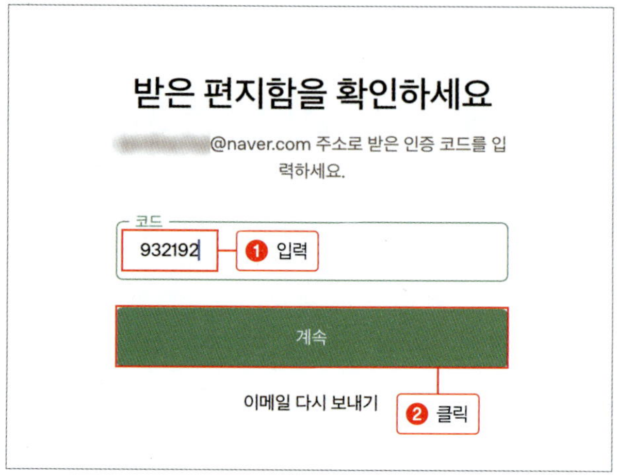

사용자 성명과 생일을 설정하고 <계속(Continue)> 버튼을 클릭하여 챗GPT 계정 생성을 완료합니다.

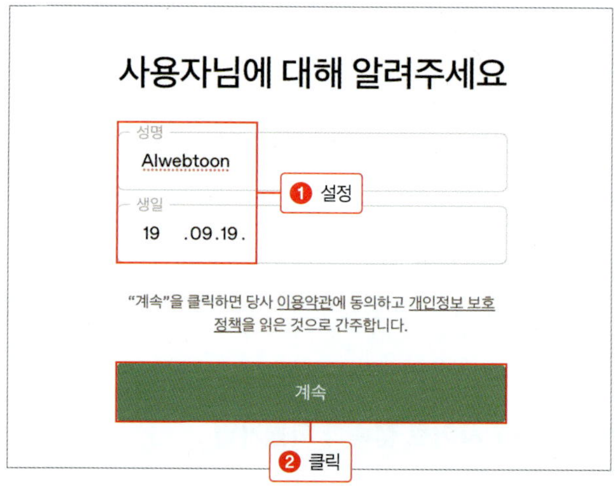

챗GPT는 기본적으로 무료 버전(GPT-3.5)으로 제공됩니다. 인증이 완료되면, 자동으로 챗GPT 대화 화면으로 이동되어 사용할 수 있습니다. 프롬프트 입력창에 원하는 질문을 입력해 챗GPT를 시작합니다.

2) 챗GPT의 무료 버전 vs 유료 버전

챗GPT의 무료 버전(GPT-3.5)과 유료 버전(GPT-4 , GPT-4 Turbo) 성능, 속도, 기능 면에서 차이가 있습니다. 두 버전의 차이를 항목 별로 살펴보겠습니다.

❶ 성능 : GPT-4 Turbo는 GPT-3.5보다 언어 이해력과 추론 능력이 뛰어납니다. GPT-3.5는 단순 질의 응답에 적합하지만, 문맥 추적이나 복잡한 논리는 부족한 편입니다. 반면 GPT-4 Turbo는 문맥을 더 잘 이해해서 논리이고 정확한 답변을 제공합니다.

❷ 창의성 : GPT-3.5는 간단한 문장 구조를 주로 사용하지만, GPT-4 Turbo는 글쓰기, 번역, 요약 등에서 더 자연스럽고 세련된 결과를 만듭니다. 문장 흐름과 맥락을 부드럽게 정리하며, 창의적 표현 능력도 향상되었습니다.

❸ 트래픽 : GPT-3.5는 사용자 트래픽이 많을 경우 응답 속도가 느려지거나, 일시적으로 사용이 제한될 수 있습니다. 반면, GPT-4 Turbo는 유료 사용자에게 우선 적용돼 트래픽 상황에서도 안정적으로 작동합니다.

❹ 복잡 질문 처리 : GPT-3.5와 비교하여 GPT-4 Turbo는 긴 글 요약, 복잡한 개념 정리 등 고난도 작업에서 훨씬 뛰어난 성능을 보입니다. 복잡한 주제를 보다 논리적으로 정리하여 답변할 수 있습니다.

❺ 멀티모달 기능 : GPT-3.5는 텍스트만 처리할 수 있지만, GPT-4 Turbo는 이미지 입력을 지원하여 업로드된 이미지를 분석하고 설명하거나 요약할 수 있습니다. 또한, 챗GPT 유료 사용자는 달리 3 기반의 이미지 생성 기능과 함께, 텍스트를 영상으로 변환하는 AI 생성기인 소라를 통해 영상 생성 기능도 이용할 수 있습니다.

NOTE

사용자들은 챗GPT-4 Turbo를 편의상 챗GPT 4.5라는 비공식 명칭으로 부르는 경우가 많습니다.

표 2-1 사용자에 따른 추천 버전

GPT-4 Turbo 추천 사용자(유료 플랜)	GPT-3.5 추천 사용자(무료 플랜)
• 보다 정확하고 논리적인 답변을 원하는 사용자 • 웹툰 기획, 창작, 번역, 데이터 분석, 코딩 등 전문 작업에 활용하려는 사용자 • 트래픽이 많은 시간에도 안정적인 사용을 원하는 사용자 • 긴 문서 요약, 창의적인 글쓰기, 이미지 분석 및 생성(DALL·E 3) 기능을 활용하고자 하는 사용자 • AI 영상 생성 도구인 소라의 활용 가능성에 관심 있는 사용자	• 기본적인 질문 응답, 정보 검색, 간단한 글쓰기·번역이 필요한 사용자 • AI를 가볍게 활용하고 싶은 사용자 • 트래픽 혼잡 시 사용 제한이 있어도 상관없는 사용자 • 이미지·영상 생성 기능은 필요하지 않은 사용자

3) 유료 플랜(ChatGPT Plus) 가입 방법

챗GPT 화면에서 왼쪽 하단의 '플랜 업그레이드'를 클릭합니다.

그림과 같이 플랜 버전에 대한 플랜 업그레이드 화면이 표시됩니다. 여기에서 Plus 또는 Pro 버전을 선택할 수 있습니다.

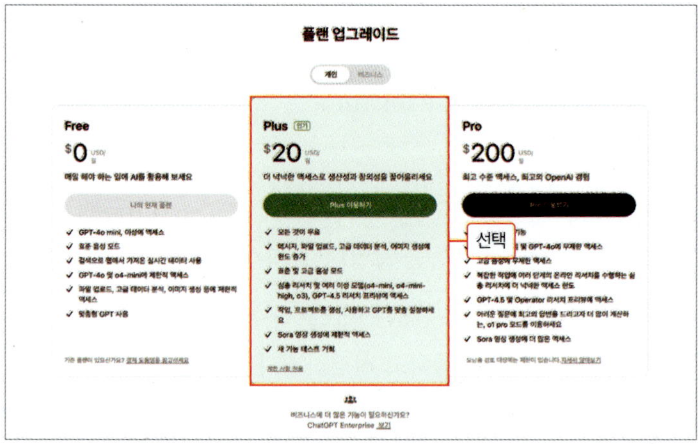

결제 방식 항목의 카드 정보, 카드 소유자 이름, 청구 주소 등을 설정하고 확인 동의 부분을 체크 표시한 다음 <구독하기> 버튼을 클릭하여 유료 버전을 시작합니다.

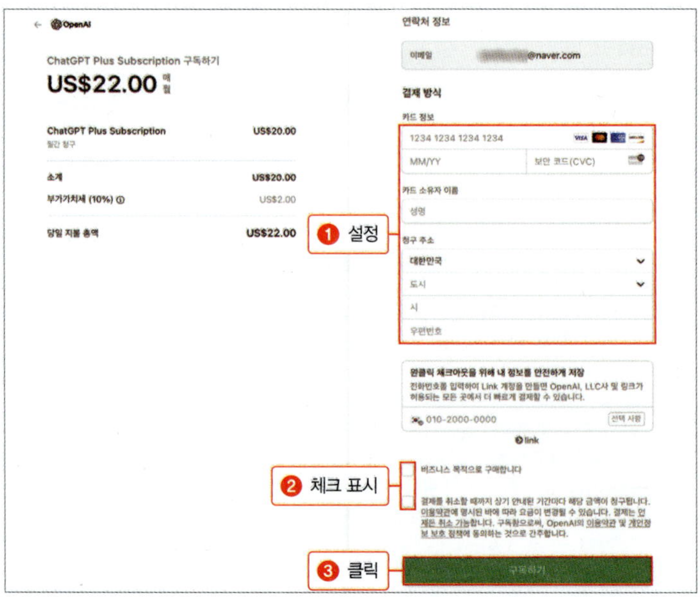

미드저니 시작하기

미드저니는 디스코드 기반의 AI 이미지 생성 도구로, 주로 디스코드 봇을 통해 이용하며, 공식 웹사이트에서도 활용할 수 있습니다. 미드저니는 입력된 프롬프트(Prompt)를 기반으로 AI가 자동으로 이미지를 생성해 주는 도구로, AI 웹툰 제작에서 캐릭터 디자인, 배경 제작, 컷 연출 등의 작업을 디스코드를 통해 미드저니를 사용하는 방법과 웹사이트에서 직접 사용하는 방법을 각각 알아보겠습니다.

1) 미드저니 디스코드 버전 회원가입 및 설치

디스코드를 통해 미드저니를 사용하는 방식은 가장 일반적인 방법으로, 미드저니 공식 서버에 가입하고 AI 봇과 직접 상호작용하면서 이미지를 생성할 수 있습니다.

디스코드(discord.com) 사이트에 접속하고 회원가입을 하기 위해 '웹브라우저에서 디스코드 열기'를 클릭합니다.

> **NOTE**
>
> 디스코드는 웹브라우저를 통해 사용할 수도 있지만, 프로그램을 설치해서 사용하는 것이 생성형 AI를 안정적으로 사용할 수 있습니다.

디스코드에서 활동할 나의 별명을 입력하고 <계속하기> 버튼을 클릭합니다. 생년월일을 지정하고 <다음> 버튼을 클릭합니다.

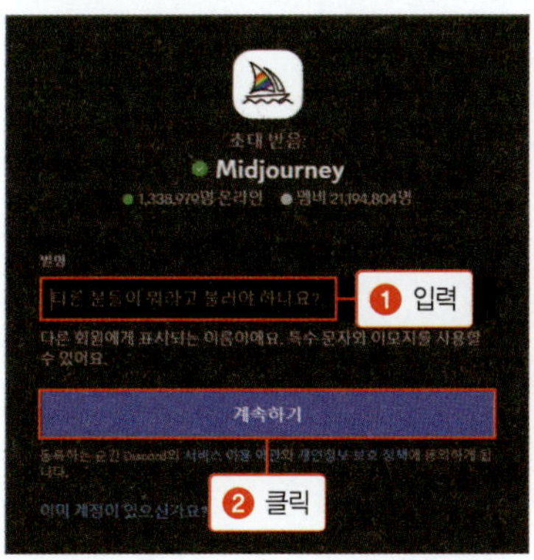

가입 완료 화면이 표시되면 이메일과 비밀번호를 입력하고 <계정 등록하기> 버튼을 클릭합니다.

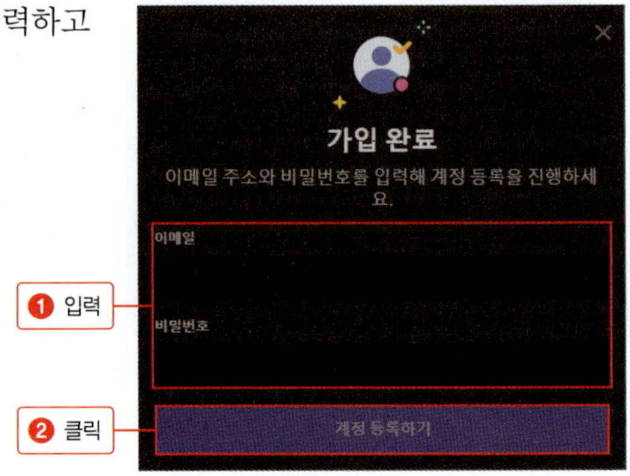

회원가입을 한 이메일의 받은 편지함에서 'DIscord 이메일 주소 인증' 메일을 확인하고 이메일 본문 내용에서 <Verify Email> 버튼을 클릭하여 승인합니다. 다시 디스코드 화면으로 돌아와서 <PC 앱 다운로드하기> 버튼을 클릭하면 디스코드가 다운로드되어 자동으로 설치됩니다.

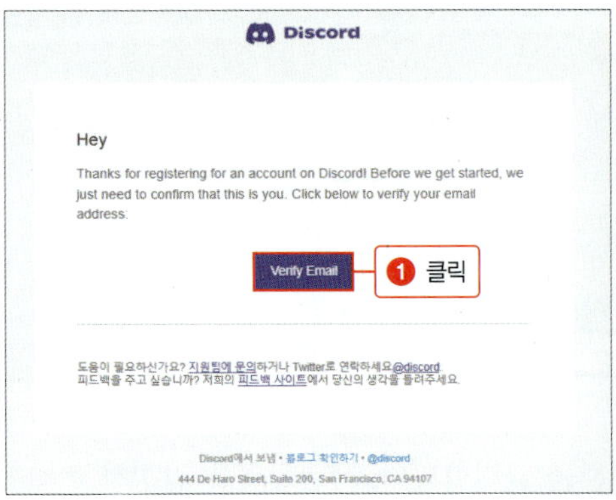

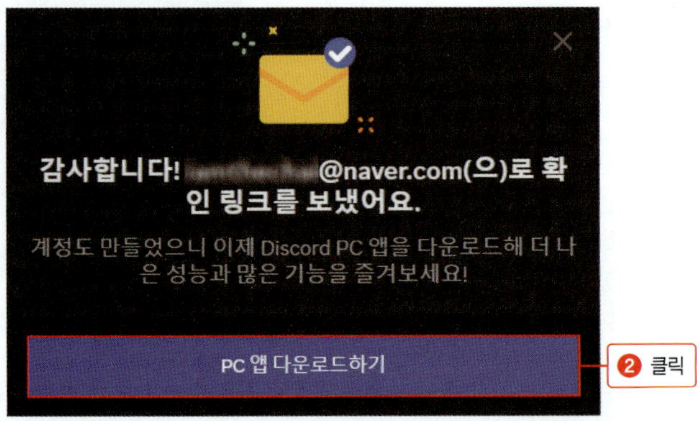

미드저니의 디스코드 버전이 설치되었습니다. 디스코드를 실행하고 왼쪽 바에서 돛단배 모양인 'Midjourney Bot'을 선택합니다.

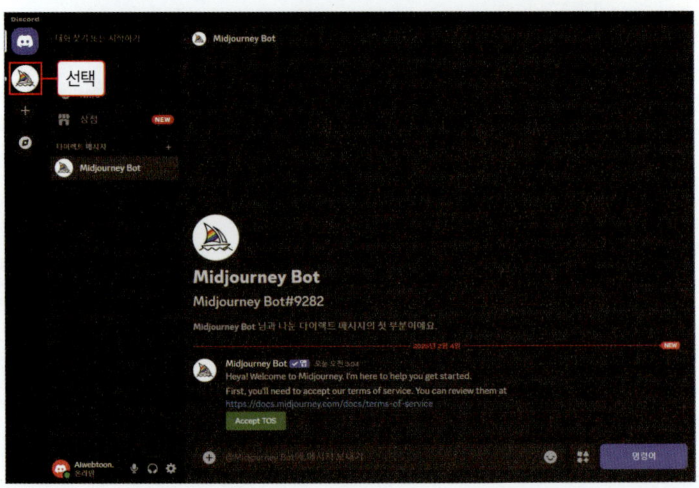

미드저니 서버의 INFO 항목에서 ‘getting-started’를 선택합니다. 디스코드에서 미드저니를 사용하는 방법에 대해서 간단하게 안내하고 있어 읽어두면 좋습니다.

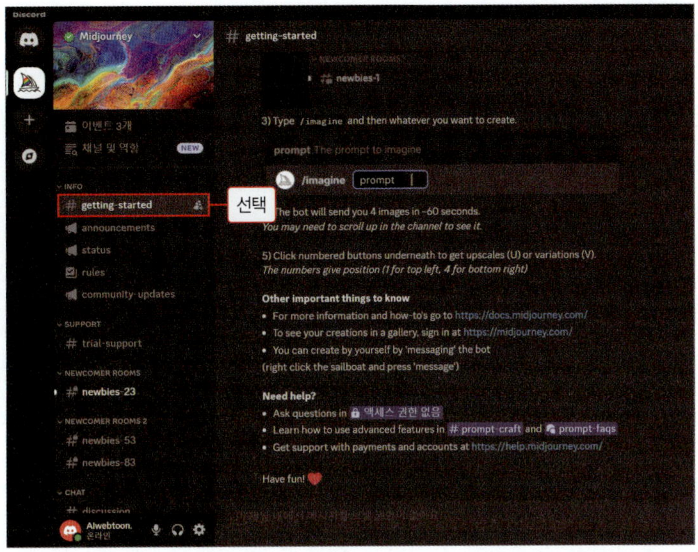

미드저니 서버의 NEWCOMER ROOMS 항목에 나열되어 있는 채널 중 하나를 선택하여 이미지가 생성 중인 방으로 접속합니다. 입력창에 이미지를 생성할 수 있는 프롬프트인 ‘/imagine’ 명령어를 입력하고 생성할 이미지의 프롬프트를 구성하여 입력한 다음 Enter를 누르면 잠시 후 이미지가 생성됩니다.

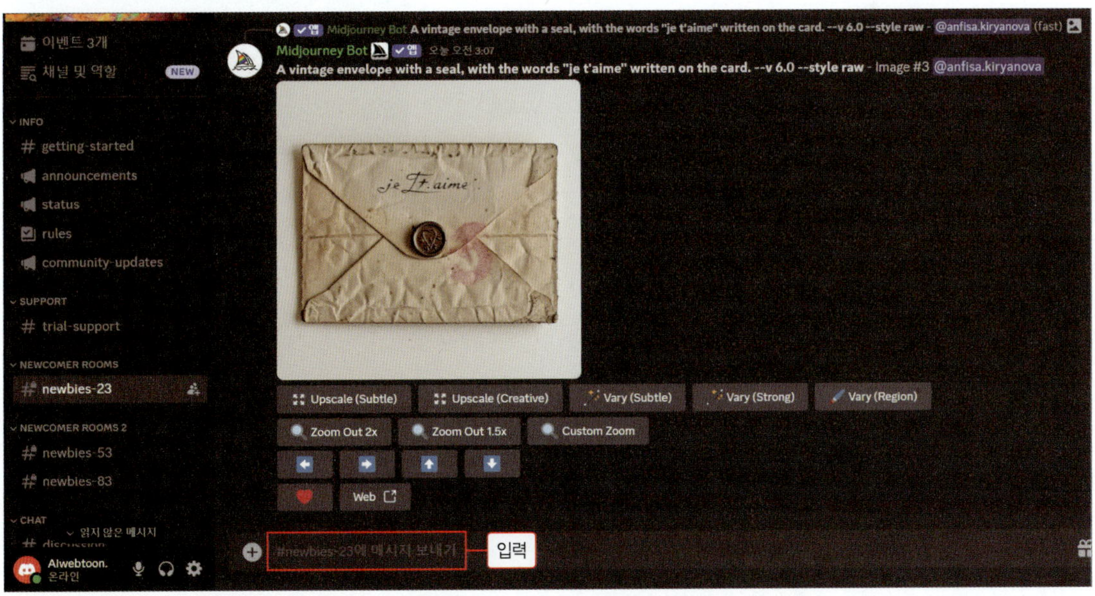

NOTE

미드저니는 현재 무료 버전이 없기 때문에 구독을 하지 않았다면, 아무리 프롬프트를 입력해도 이미지를 생성할 수 없습니다.

2) 미드저니 웹사이트 버전 회원가입과 구독

프롬프트를 입력하여 이미지를 생성하는 작업을 진행하려면 플랜을 구독해야 합니다. 이를 위해 브라우저에서 미드저니(www.midjourney.com/home) 사이트에 접속하고 <Sign Up> 버튼을 클릭합니다.

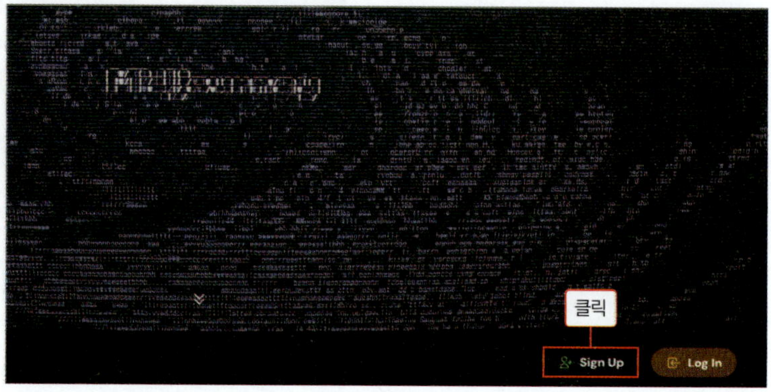

<Continue with Discord> 버튼을 클릭하여 앞서 디스코드에서 가입했던 계정과 정보를 연동할 수 있습니다. 그림과 같이 디스코드 계정과 연동되어 미드저니 웹사이트 버전도 가입되어 간편하게 실행할 수 있습니다.

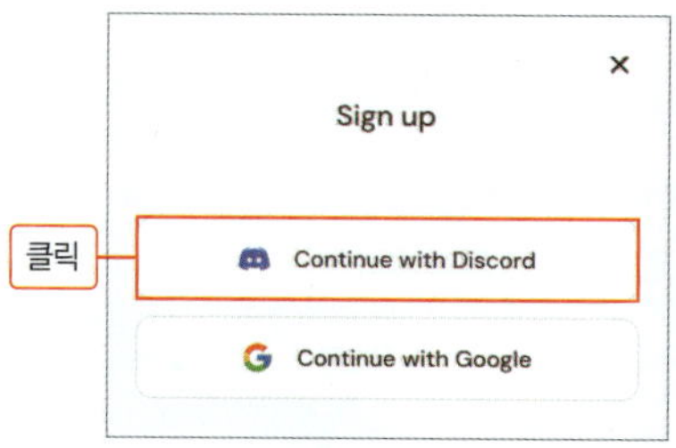

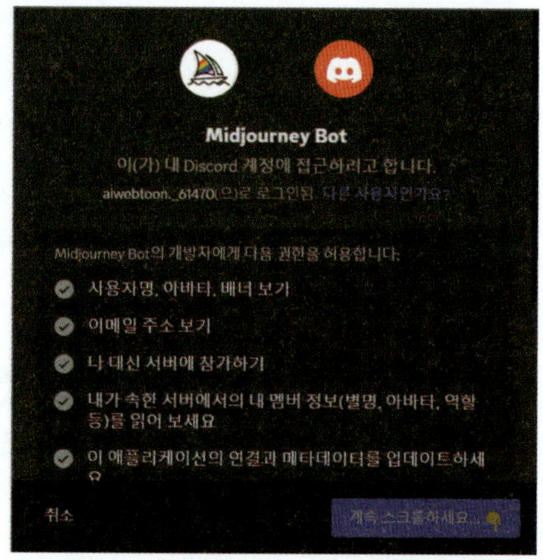

미드저니 디스코드 버전과 달리 미드저니 웹사이트 버전은 우리에게 익숙한 웹브라우저 창의 형식입니다. 사용자를 고려해서 직관적이고 접근성이 쉽습니다. 왼쪽의 바에서 [Create] 메뉴를 선택하면 그림과 같은 화면이 표시되는데, 이 메뉴는 프롬프트를 입력하여 이미지를 생성하거나 갤러리 형식의 이미지를 선택할 수 있는 메뉴입니다.

프롬프트를 입력하여 이미지를 생성하려고 하면 구독 안내 창이 표시됩니다. 구독하여 미드저니를 이용하기 위해 <Join now> 버튼을 클릭합니다.

구독을 할 수 있는 플랜 화면이 표시됩니다. 플랜은 Basic, Standard, Pro, Mega로, 총 네 가지 버전이 있으며, 각 버전의 대표적인 차이점은 이미지 생성 용량과 속도입니다. 또한, Pro와 Mega 플랜에서는 사용자가 생성한 이미지를 웹사이트에서 비공개로 설정하는 기능인 'Stealth Image Generation'을 사용할 수 있습니다.

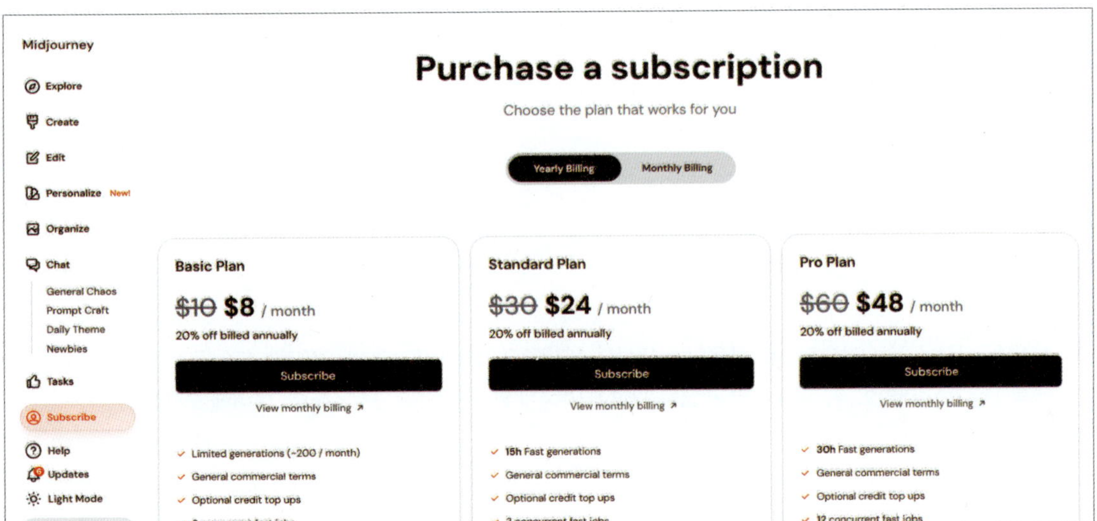

NOTE

Stealth Image Generation 기능은 이미지가 기본적으로 공개되는 것과 다르게 다른 사용자들이 볼 수 없습니다. 비밀을 유지하는 프로젝트나 개인적인 작업을 보호하고자 할 때 유용합니다. 그러나 디스코드에서는 이 기능을 활성화해도 다른 사용자에게 이미지가 노출될 수 있다는 단점이 있습니다. 완전히 비공개로 이미지를 생성하기 위해서는 미드저니 사이트를 이용하는 것이 좋습니다.

연습 문제 | AI 웹툰 제작을 위한 첫걸음

01 일반적인 웹툰 제작 과정과 AI 웹툰 제작 과정을 각각 5단계로 나누어 비교합니다. 그 후, AI를 활용한 웹툰 제작에서 기대할 수 있는 장점은 무엇인지 작성해 보세요.

02 AI 웹툰 제작 과정에서 생성형 AI가 사용되는 단계와 수작업이 필요한 단계는 어떻게 다른지 이해합니다. 각 단계별로 필요한 생성형 AI와 프로그램의 종류, 주요 기능에 대해 구체적으로 작성해 보세요.

03 AI 웹툰 제작을 위해 기본적으로 사용되는 생성형 AI인 챗GPT와 미드저니에 가입합니다. 두 플랫폼에서 기본 기능을 1~2가지 체험한 후, 해당 기능이 웹툰 제작에 어떻게 활용될 수 있는지 간단히 정리해 보세요.

WEEK 03

AI 웹툰 제작의 기초, 프롬프트와 파라미터 활용

학 습 목 표

생성형 AI를 활용한 웹툰 제작에서 가장 기본이 되는 프롬프트와 파라미터에 대해 다룹니다. 프롬프트는 사용자가 AI에게 전달하는 명령어로 원하는 결과물의 방향성과 개념을 정의하는 역할을 합니다. 파라미터는 프롬프트를 기반으로 생성된 결과물의 세부적인 설정을 조정하여 완성도를 높이는 도구입니다. 웹툰 제작 과정에서 생성형 AI의 대표적인 도구인 챗GPT와 미드저니를 활용합니다. 챗GPT는 텍스트 기반의 프롬프트를 통해 스토리, 대사, 설정 등을 생성하는 데에 특화되어 있으며, 미드저니는 텍스트 프롬프트와 다양한 파라미터를 결합해 세부적으로 조정된 이미지를 생성할 수 있는 도구입니다.

3.1 프롬프트로 시작하는 창작

일상생활에서 사용하는 자연어는 문맥과 어휘의 뉘앙스를 포함하여 폭넓고 자유로운 표현이 가능합니다. 그래서 때로는 모호성을 포함하기도 하지만, 대화 상대나 독자가 맥락을 통해 의미를 유추하며 소통할 수 있는 특징을 가집니다. 반면, 생성형 AI에서 사용하는 프롬프트는 사용자가 원하는 결과물을 생성하도록 구체적이고 명확하게 지시하는 텍스트 명령어입니다. 프롬프트는 자연어와 달리 특정 목표를 달성하기 위해 작성되며, 불필요한 모호성을 제거하고 요구 사항을 명확히 전달하여 AI가 보다 정확하고 의도된 결과를 생성할 수 있도록 합니다.

프롬프트의 역할과 중요성

프롬프트는 웹툰의 비주얼과 스토리를 형성하는 데에 핵심적인 역할을 합니다. 이는 생성형 AI와의 소통을 가능하게 하는 매개체로, 사용자의 의도를 명확히 전달하여 원하는 결과물을 얻는 출발점이 됩니다.

1) 프롬프트의 역할

적절히 설계된 프롬프트는 AI가 사용자의 요구를 정확히 이해하고, 명확한 방향성과 세부적인 요구 사항을 반영한 결과를 생성하도록 돕습니다.

2) 프롬프트의 중요성

모호하거나 구체성이 부족한 프롬프트는 결과물의 방향성을 잃게 하거나 사용자의 기대와 동떨어진 품질의 결과물을 초래할 수 있습니다. 따라서 프롬프트 작성은 단순히 명령어를 입력하는 것을 넘어, 창작 과정에서 작품의 비전과 메시지를 구체화하는 중요한 작업으로 이해되어야 합니다.

프롬프트 작성의 기본 원칙

좋은 프롬프트는 AI가 사용자의 의도를 명확히 이해하고 원하는 결과물을 정확히 생성할 수 있도록 유도하는 데에 필수적입니다. 생성형 AI의 특성에 맞게 프롬프트를 작성하는 방법은 도구에 따라 차이가 있습니다.

1) 챗GPT 프롬프트 작성

챗GPT는 주로 텍스트 기반 결과물을 생성하는 데에 특화되어 있으며, 대화나 서술, 질문에 응답하는 데에 활용됩니다.

❶ 간단한 대화체 사용 : 챗GPT는 복잡한 명령어 없이 자연어로도 효과적인 결과를 생성할 수 있습니다. 간단하고 직관적인 질문이 적합합니다.

예 "웹툰의 기승전결 구조를 설명해 줘."

❷ 문맥을 중심으로 작성 : 챗GPT는 맥락에 따라 적절한 답변을 제공하므로, 질문에 필요한 정보와 배경을 명시하는 것이 중요합니다.

예 "웹툰의 스토리 구조에서 기-승-전-결이 각각 어떤 역할을 하는지 예시와 함께 설명해 줘."

❸ 유연한 응답 가능 : 챗GPT는 구체적이지 않은 질문에도 문맥을 유추해 답변하려 시도하지만, 명확한 프롬프트는 더 정밀한 결과를 얻는 데에 도움이 됩니다.

예 "중세 판타지를 배경으로 한 캐릭터 설정을 세 가지 제안해 줘."

2) 미드저니 프롬프트 작성

미드저니는 시각적 콘텐츠를 생성하는 데에 특화되어 있으며, 구체적이고 세부적인 지시를 통해 원하는 이미지를 구현할 수 있습니다. 미드저니에서 효과적인 프롬프트는 구체적이고 세부적인 정보를 포함하며 원하는 스타일과 방향성을 명확히 제시해야 합니다. 예를 들어, "빛나는 네온 조명과 날아다니는 자동차가 어우러진 일몰의 미래형 도시 풍경(A futuristic cityscape at sunset with glowing neon lights and flying cars)"이라는 프롬프트는 장면의 배경, 시간대, 분위기, 그리고 주요 시각적 요소를 구체적으로 전달합니다.

A futuristic cityscape	at sunset	with glowing neon lights	and flying cars
(장면의 배경)	(시간대)	(분위기)	(시각적 요소)

반면, 나쁜 프롬프트는 모호하거나 지나치게 간결해 AI가 의도를 제대로 이해하지 못하게 만듭니다. 예를 들어, 'A city'라는 프롬프트는 배경, 스타일, 분위기 등의 세부 정보가 부족하여 결과물이 사용자의 기대와 다를 가능성이 높습니다.

❶ 명확한 작성 : 원하는 이미지나 장면의 주요 요소를 명확히 제시합니다.

- **좋은 예시** : "해질녘 공원 벤치에 앉아 있는 로맨틱 웹툰 커플, 따뜻한 파스텔 톤(Romantic webtoon couple sitting on a park bench during sunset, warm pastel tones)"
- **나쁜 예시** : "벤치에 있는 커플(Couple on bench)"

❷ 구체적이고 직관적인 지시 : 캐릭터, 배경, 색감, 분위기 등을 구체적이고 직관적으로 지시합니다.

- **캐릭터 예시** : "짧은 검은 머리에 흰 후드티를 입고 쾌활한 표정을 짓고 있는 현대 웹툰 캐릭터(Modern webtoon character with short black hair, wearing a white hoodie, cheerful expression.)"
- **배경 예시** : "네온사인 조명이 있는 야경, 사이버펑크 미학, 비에 젖은 거리(Night cityscape with neon lights, cyberpunk aesthetic, rain-soaked streets.)"
- **색감 예시** : "차분한 분위기의 부드러운 파스텔 톤으로 로맨스 장르에 적합(Soft pastel tones with a calming mood, suitable for romance genre.)"

❸ 예술적 스타일이나 장르의 맥락성 유지 : 프롬프트에 작품의 스타일이나 장르를 포함해 방향성을 제시합니다.

- **로맨스 판타지** : 프롬프트로 입력하면 따뜻한 색감과 섬세한 디테일로 표현된 결과를 생성하는 데에 도움을 줍니다.
- **노블레스 느낌의 중세 귀족 캐릭터** : 프롬프트로 입력하면 귀족적 의상을 입은 캐릭터가 일관되게 생성됩니다.
- **SF 장르, 사이버 펑크 도시 배경** : 프롬프트로 입력하면 네온 빛과 디지털 텍스처가 강조된 도시 장면을 생성합니다.

이처럼 미드저니에서는 자세히 기술해야 원하는 이미지를 얻을 가능성이 높아지며, 불명확하거나 추상적인 프롬프트는 의도와 다르게 해석될 수 있습니다.

표 3-1 챗GPT와 미드저니 프롬프트 작성법

항목	챗GPT 프롬프트	미드저니 프롬프트
사용 목적	텍스트 생성, 대화 및 서술 중심	이미지 생성, 시각적 콘텐츠 중심
작성 방식	자연어로 간단히 작성 가능, 문맥 기반	구체적이고 직관적인 텍스트 사용, 스타일 및 요소 명시
결과물	텍스트, 도표, 단순한 이미지	이미지
구체성 요구	구체적이지 않아도 맥락에 따라 응답 가능	구체적인 지시가 필요, 파라미터 활용 가능

챗GPT와 미드저니는 각각 텍스트와 이미지 생성을 목적으로 하는 생성형 AI 도구로, 프롬프트 작성 방식과 요구 수준에는 차이가 있습니다. 챗GPT는 주로 대화나 서술 중심의 텍스트 생성을 위해 사용되며, 자연어로 간단하게 작성해도 맥락을 파악해 응답할 수 있는 유연성이 특징입니다. 반면 미드저니는 이미지 생성에 특화되어 있어 구체적이고 직관적인 지시어와 스타일, 요소 등을 명확히 제시해야 원하는 시각적 결과를 얻을 수 있습니다. 챗GPT의 결과물은 텍스트나 도표, 단순한 이미지로 만들어지는 반면, 미드저니는 프롬프트를 전부 시각화된 이미지로 응답합니다. 또한, 미드저니는 다양한 파라미터를 사용해 캐릭터 일관성이나 스타일 변형까지 조정할 수 있습니다. 따라서 두 도구의 특성과 목적에 맞게 사용하는 것이 중요합니다.

TIP 간결한 프롬프트와 구체적인 프롬프트 살펴보기

미드저니에서 프롬프트의 길이는 생성 결과물의 디테일과 직결됩니다. 짧고 명확한 프롬프트는 빠르게 이미지를 생성하고 전반적인 콘셉트를 탐색하는 데에 효과적이지만, 구체적인 프롬프트는 세부 요소와 복잡한 디테일을 포함하여 더 정교한 결과를 만들어 낼 수 있습니다.

- **간결한 프롬프트 예시**

  미래 도시 풍경(A futuristic cityscape)

- **구체적인 프롬프트 예시**

  네온 빛으로 가득한 미래 도시, 하늘을 나는 자동차와 반짝이는 고층 빌딩, 활기찬 거리의 군중들(A futuristic cityscape filled with neon lights, flying cars in the sky, sparkling skyscrapers, and bustling crowds in the streets)

3.2 파라미터로 강화하는 디테일

파라미터는 생성형 AI에서 결과물을 세부적으로 조정하는 데에 사용되는 설정값으로, 이미지의 품질, 크기, 스타일, 디테일 등을 제어하는 중요한 역할을 합니다. 파라미터는 단순히 AI의 결과물을 생성하는 데에 그치지 않고 창작자의 의도를 구체화하고 완성도를 높이는 핵심 도구입니다.

파라미터의 역할과 중요성

파라미터는 프롬프트와 함께 생성형 AI를 효과적으로 활용하는 데 중요한 요소입니다. 웹툰 제작에서는 이미지와 스토리의 구체성을 높이기 위해 파라미터를 적절히 설정하는 것이 필수적입니다.

1) 파라미터의 역할

프롬프트가 창작의 방향성과 아이디어를 정의한다면, 파라미터는 이를 구체화하여 사용자 의도에 맞는 디테일과 스타일을 구현합니다. 웹툰 제작에서 파라미터는 이미지의 해상도와 비율, 스타일, 세부 묘사, 감정 표현 등의 세부 사항을 조정하여 원하는 비주얼을 구현할 수 있도록 돕습니다.

2) 파라미터의 중요성

적절하게 설정된 파라미터는 AI가 창작자의 요구를 보다 정확하게 반영하도록 하여 작품의 완성도를 높입니다. 반면, 잘못된 파라미터 설정은 이미지의 품질 저하나 스타일 불일치로 이어질 수 있어 신중한 조정이 필요합니다. 파라미터 설정은 단순한 옵션 선택이 아니라 창작 의도를 구체적으로 반영하는 중요한 과정입니다.

이미지 비율과 해상도

파라미터는 이미지의 해상도와 가로세로 비율(Aspect Ratio)을 설정을 통해 결과물의 품질과 크기를 조정할 수 있습니다. 미드저니는 기본적으로 정사각형 이미지를 생성하지만, 특정 비율을 지정하면 가로형 또는 세로형 이미지를 손쉽게 생성할 수 있습니다. 웹툰의 세로 스크롤 형식에서는 각 컷의 크기와 형태가 연출 의도에 따라 다양하기 때문에 비율을 적절히 설정하는 것이 매우 중요합니다.

1) 비율 설정(--aspect 또는 --ar)

비율 설정은 이미지의 가로와 세로 비율을 조정하여 특정 연출 효과를 극대화하는 데 사용됩니다. 기본값은 1:1(정사각형)이며, 웹툰의 가로 컷과 세로 컷의 이미지에서는 4:3이나 9:16과 같은 비율이 자주 사용됩니다.

❶ 정사각형 컷 : 기본값으로 사용되는 비율입니다.

- --ar 1:1 : 정사각형 비율로 균형 잡힌 이미지를 생성하며 클로즈업 장면이나 인물 중심의 구성을 연출할 때 사용합니다.

❷ 가로 컷 : 가로 형태의 비율입니다. 주로 4:3, 16:9 비율을 자주 사용합니다.

- --ar 4:3 : 고전적인 가로형 화면 비율로 넓은 장면 묘사에 적합합니다. 두 캐릭터가 테이블에서 대화를 나누며 심리적 교감을 표현할 수 있습니다.
- --ar 16:9 : 와이드한 가로형 화면 비율로 시네마틱한 느낌을 강조합니다. 풍경 묘사, 주요 사건이 펼쳐지는 공간적 배경을 강조하며, 주인공이 도시를 배경으로 걷는 장면을 와이드 비율로 보여 주어 공간감을 극대화합니다.

❸ 세로 컷 : 세로 형태의 비율입니다. 주로 3:4, 9:16 비율을 자주 사용합니다.

- --ar 3:4 : 약간 세로로 길어진 화면 비율로 특정 캐릭터 중심 장면에 적합합니다. 캐릭터의 반신 클로즈업을 통해 감정을 집중적으로 표현하거나 특정 동작을 강조합니다.
- --ar 9:16 : 세로 스크롤 웹툰 컷에 최적화된 비율로 강렬한 몰입감 제공합니다. 전투 장면에서 넓은 공간을 표현하여 적들의 배치를 보여 주어 긴장감 있는 액션을 연출할 수 있고, 높은 빌딩이나 하늘에서 땅으로 이어지는 장면을 연출할 수 있습니다.

프롬프트 anime style, flat illustration style, a young boy performs an ollie flip on a skateboard in a town square. There were some clouds in the blue sky above him, and there were a few modern buildings in the distance behind him, with a concrete park in the background, Bright colors, high definition resolution, high details, high image quality, high reflection, high contrast, high saturation, low noise --ar (비율)

--ar 1:1

--ar 4:3

--ar 16:9

--ar 3:4

--ar 9:16

2) 품질 설정(--quality 또는 -q)

--quality는 이미지의 렌더링 품질과 이에 소요되는 처리 시간을 조정하는 파라미터입니다. AI가 이미지를 얼마나 정교하고 디테일하게 생성할지를 결정하며, GPU 리소스와 처리 시간에 직접적인 영향을 미칩니다. 기본값은 1 외에 0.25, 0.5, 2가 있으며, 높을수록 디테일이 증가하지만, 처리 시간이 더 길어집니다.

- **--q 0.25** : 빠른 결과를 원할 때 사용합니다. GPU 리소스를 적게 사용하며 간단한 이미지를 생성합니다. 간단한 스케치나 초기 아이디어 검토용으로 디테일이 적고 간단한 렌더링 결과를 제공합니다.
- **--q 0.5** : 기본 설정보다 약간 낮은 품질로 GPU 사용량을 줄이면서도 기본적인 결과물을 유지합니다. 배경을 테스트하거나 복잡하지 않은 장면을 생성합니다.
- **--q 1** : 기본값으로 높은 디테일과 품질을 제공하며 표준적인 렌더링 시간이 소요됩니다. 주요 컷의 디테일이 중요한 장면을 생성합니다.
- **--q 2** : 가장 높은 품질로 렌더링하며 복잡한 배경과 캐릭터의 세밀한 표현이 필요한 고퀄리티 작업에 적합합니다. 클로즈업 장면에서 인물의 표정이나 질감을 강조합니다.

프롬프트 `cyberpunk style, a futuristic samurai standing in the middle of a neon-lit city --q (수치)`

--q 0.5

--q 2

세부 묘사 조정

파라미터는 이미지의 디테일과 복잡성을 조정하여 독창성과 완성도를 높이는 데에 사용됩니다. 이 설정을 활용하면 이미지의 예술적 분위기를 조정하거나 원치 않는 요소를 제거할 수 있습니다.

1) 예술적 스타일 설정(--stylize 또는 --s)

--stylize 파라미터는 이미지 생성 과정에서 AI의 예술적 해석 수준을 조정하는 도구입니다. 파라미터 값에 따라서 현실성과 디테일에 집중할지, 아니면 예술성과 창의적 스타일을 강조할지를 결정합니다. 사용자는 스타일링 강도를 조정함으로써 자신이 의도한 비주얼과 창의적 표현 사이에서 균형을 맞출 수 있습니다.

- **--stylize 0** : 최소화된 스타일링으로 입력된 프롬프트를 가장 충실히 반영하며 현실적이고 디테일 중심의 결과물을 생성합니다.
- **--stylize 100(기본값)** : 입력된 프롬프트의 구체성을 유지하면서도 적절한 창의적 해석을 더해 자연스러운 디테일과 예술적 표현을 동시에 유지합니다.
- **--stylize 500** : 현실적 디테일과 예술적 스타일링의 이상적인 균형을 제공합니다.
- **--stylize 1000** : 예술적 스타일링이 극대화되며 창의적이고 독창적인 이미지를 생성합니다. 판타지 세계나 몽환적인 배경을 창의적으로 구현할 때 유용합니다.

프롬프트 `A rabbit with butterflies on the lawn --stylize (수치)`

--stylize 0

--stylize 100

--stylize 500

--stylize 1000

2) 불필요한 요소 제거(--no)

--no 파라미터는 특정 요소를 결과 이미지에서 제외하고 싶을 때 사용하는 기능입니다. 생성형 AI는 기본적으로 입력된 프롬프트의 모든 요소를 기반으로 이미지를 생성하지만, 불필요하거나 부적절한 요소를 제거하고 싶을 때 --no 파라미터를 활용하면 효과적입니다. 이 기능을 사용하면 이미지 생성 과정에서 지정한 요소를 배제하여 더 깔끔하고 명확한 결과물을 얻을 수 있습니다.

❶ 불필요한 요소 제거 : 필요하지 않은 요소를 제거함으로써 프롬프트의 핵심 요소에 의도적으로 집중하게 만듭니다.

'anime style, full shot, fantasy warrior, ornate armor, holding a weapon --no background' 프롬프트를 입력하면 배경을 생략하고 캐릭터만 부각된 이미지를 생성할 수 있습니다. 따라서 프롬프트로 화려한 갑옷의 판타지 전사 캐릭터 이미지를 생성하되, 배경은 제거할 수 있습니다.

❷ 세부 조정 가능 : 복잡한 이미지 내에서 구성 요소를 구체적으로 조정할 수 있습니다.

'anime style, a view of a downtown street, --no people' 프롬프트는 사람이 등장하지 않고 도심의 골목길 풍경을 강조한 장면을 생성할 수 있습니다.

프롬프트 anime style, full shot, fantasy warrior, ornate armor, holding a weapon

기본 프롬프트

프롬프트 anime style, full shot, fantasy warrior, ornate armor, holding a weapon, --no background

--no background

프롬프트 anime style, A view of a downtown street

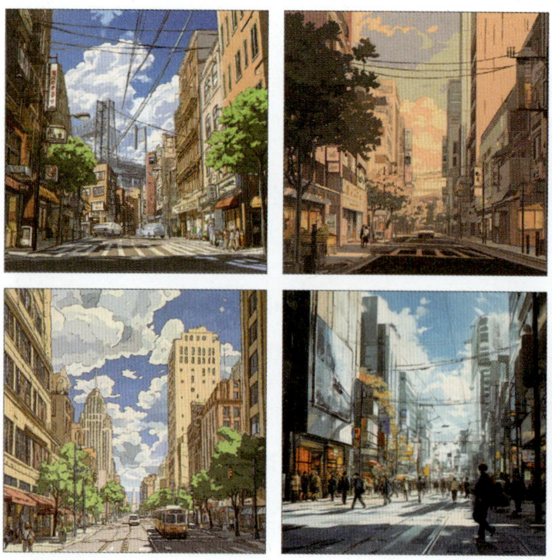

기본 프롬프트

프롬프트 anime style, A view of a downtown street, --no people

--no people

3.3 스타일을 완성하는 실전 파라미터 사용법

웹툰에서 이미지 스타일은 작품의 분위기를 좌우하는 핵심 요소입니다. 스타일 레퍼런스 파라미터와 스타일 가중치는 이미지 스타일을 일관되게 구현하며 세밀하게 조정할 수 있도록 도와주는 역할을 합니다. 스타일을 완성하는 데에 유용한 파라미터 사용법을 살펴보겠습니다.

유사한 분위기 연출

--sref와 --sw 파라미터는 AI 웹툰에서 스타일 통일성을 유지하는 설정입니다. 스타일 레퍼런스를 통해 작품의 전반적인 시각적 일관성을 유지하며 가중치를 조정해 장면별로 감정과 분위기를 세밀하게 표현할 수 있습니다.

1) 스타일 레퍼런스(--sref)

스타일 레퍼런스(Style Reference)를 지정하기 위한 파라미터로, 특정 이미지를 기반으로 생성될 이미지의 스타일을 조정하고 싶을 때 사용하는 기능입니다. 이는 스타일만 참고하므로, 이미지의 구성 요소나 내용과는 독립적으로 스타일적 특성을 결과물에 반영합니다. 프롬프트 입력창에 '--sref (이미지 URL)'을 추가하여 사용합니다.

웹툰 제작에서는 작품 전반에 걸쳐 일관된 분위기와 세계관을 유지하는 것이 중요합니다. --sref 파라미터를 활용하여 특정 레퍼런스 이미지를 지정하면 색감, 텍스처, 연출 방식 등의 스타일을 웹툰 전반에 통일감 있게 적용할 수 있습니다.

2) 스타일 가중치(--sw)

--sw(Style Weight) 파라미터로, 특정 스타일이 생성되는 이미지에 얼마나 강하게 적용될지 조절할 수 있습니다. 스타일 레퍼런스를 사용하거나 프롬프트에서 특정 스타일적 숫자가 클수록 스타일의 적용 강도가 높아집니다.

- **--sw 0** : 스타일을 전혀 적용하지 않는 것을 의미합니다.
- **--sw 1000** : 스타일을 매우 강하게 반영합니다.

미드저니 파라미터(--sref와 --sw) 사용법

텍스트 프롬프트 --sref (이미지 링크) --sw (가중치 값)

스타일 가중치를 비교하기 위해 스타일 레퍼런스 파라미터에 사용할 이미지를 미드저니에서 생성하여 이미지 링크를 복사합니다. 귀여운 고양이 이미지를 스타일 레퍼런스 파라미터로 적용하여 쥐 이미지를 생성합니다.

프롬프트

```
Playful baby white cat, wearing a red and yellow polka-dot raincoat, the background is a misty meadow with scattered flowers, claymation style with vibrant 3D sculpting and natural lighting
```

이미지 주소 링크(URL) : https://s.mj.run/YcMTNRRjuYQ

프롬프트 Playful baby white mice --sref https://s.mj.run/YcMTNRRjuYQ --sw(수치)

--sw 0

--sw 100

--sw 500

--sw 1000

캐릭터 일관성 유지

웹툰 제작에서 캐릭터의 외형과 특징이 일관되게 표현되는 것은 독자의 몰입도를 높이는 중요한 요소입니다. 생성형 AI를 활용할 때도 캐릭터의 일관성을 유지하는 것이 핵심 과제로 떠오릅니다. 이를 위해 캐릭터 레퍼런스와 가중치 설정, 시드 번호를 효과적으로 활용하면 캐릭터의 고유한 이미지와 특징을 안정적으로 재현할 수 있습니다.

1) 캐릭터 레퍼런스(--cref)

특정 캐릭터 레퍼런스(Character Reference)를 지정하여 생성되는 이미지에서 해당 캐릭터의 스타일이나 특징을 유지하도록 하는 파라미터로, 레퍼런스 이미지에 기반해 캐릭터의 외형적 특징을 반영하고 캐릭터 스타일의 일관성을 유지할 수 있습니다. 여러 회차에 걸쳐 동일한 캐릭터가 지속적으로 등장하는 웹툰 제작의 경우, 캐릭터의 일관성을 유지하며 감정과 행동을 다양하게 표현하는 것이 매우 중요합니다.

2) 캐릭터 가중치(--cw)

캐릭터 레퍼런스의 반영 강도를 조정하는 파라미터로, 특정 캐릭터의 스타일이 이미지에 얼마나 강하게 적용될지를 결정합니다. 가중치 값의 범위는 0~100이며 값이 높을수록 레퍼런스 스타일의 반영 강도가 커집니다.

- **--cw 0** : 레퍼런스를 전혀 반영하지 않습니다.
- **--cw 100** : 레퍼런스 스타일을 최대한 높게 반영합니다.

캐릭터 레퍼런스와 캐릭터 가중치 설정에 따라, 캐릭터의 얼굴이나 복장 등 구체적인 요소에 대한 일관성을 높게 유지하고 낮은 가중치를 설정해 레퍼런스 스타일과 새로운 프롬프트 요소를 혼합하여 독창적인 캐릭터 생성할 수도 있습니다.

● 미드저니 파라미터(--cref와 --cw) 사용법

```
텍스트 프롬프트 --cref (이미지 링크) --cw (가중치 값)
```

다음의 귀여운 캐릭터 이미지를 스타일 레퍼런스 파라미터에 적용하려고 합니다.

프롬프트

```
a chibi-style anime character with a dark and moody aesthetic, wearing a white hoodie with cat ears, featuring messy silver-white hair and glowing white, featureless eyes, chibi cute style, focus on high-quality and clean design with desaturated tones and pale blue highlights
```

이미지 주소 링크(URL) : https://s.mj.run/HygG0FlRddA

프롬프트

```
a cat girl with long hair, a chibi-style anime characte --cref https://s.mj.run/HygG0FlRddA --cw (가중치 값)
```

--cw 0

--cw 100

3) 시드 번호(--seed [이미지 시드 번호])

시드 번호는 미드저니에서 이미지 생성 과정의 랜덤 요소를 고정하여, 동일한 프롬프트와 조건에서 일관된 결과를 생성할 수 있도록 돕는 파라미터입니다. 웹툰 제작에서 시리즈의 일관성을 유지하거나 다양한 스타일을 실험하는 데에 필수적인 파라미터입니다. 특히 캐릭터 재디자인, 시리즈 제작, 또는 동일한 기반을 유지하면서 다양한 변형을 생성해야 할 때 유용합니다.

❶ 일관성 유지 : 웹툰 시리즈에서 동일한 캐릭터를 여러 장면에 등장시키면서 스타일의 통일성을 유지합니다. 예를 들어, 특정 시드 값을 고정하여 캐릭터의 기본 형상을 유지한 채 의상이나 포즈를 다양화할 수 있습니다.

❷ 스타일 변형과 실험 : 하나의 시드를 고정하고 파라미터를 조합해 결과물의 스타일을 다양하게 실험할 수 있습니다. 다른 시드 값을 설정해 동일한 프롬프트에서 완전히 새로운 결과를 얻을 수도 있습니다.

실험적인 결과물 생성

웹툰 제작 과정에서 독창적이거나 실험적인 비주얼이 필요할 때가 있습니다. 생성형 AI를 활용하면 다양한 스타일과 변주를 통해 새로운 감각의 이미지를 만들어 낼 수 있습니다.

1) 사실성(--style raw)

--style raw는 파라미터는 창의적 해석을 배제하고 입력된 프롬프트에 최대한 충실하게 반영하여 이미지를 생성합니다. 초현실적인 과장과 변형없이 사실적이고 구체적인 결과물을 생성하므로 창의적 스타일이 필요한 경우에는 적합하지 않습니다.

프롬프트 `a cute teddy bear being bitten by a dog`

프롬프트 `a cute teddy bear being bitten by a dog --style raw`

2) 다양성(--chaos)

--chaos는 이미지의 다양성과 예측 불가능성을 조절하는 데 사용됩니다. 기본 설정값은 0이고, 값이 높을수록 실험적이고 창의적인 결과물을 생성합니다.

값이 높을수록 미드저니에서 생성한 이미지들이 각각 다른 스타일로 생성됩니다.

- **--chaos 0** : 안정적이고 일관된 결과물이 생성됩니다.
- **--chaos 50** : 적절한 수준의 다양성이 반영되어 약간의 변형과 창의성이 가미됩니다.
- **--chaos 100** : 새로운 스타일을 발굴하기 위해 효과적이며, 매우 다양한 결과가 생성됩니다. 이미지 간 스타일과 구성 차이가 큽니다.

프롬프트 `illustration style, a small fairytale village with cobblestone streets, cozy cottages, and a magical sky with floating islands --chaos (수치)`

--chaos 0

--chaos 50

--chaos 100

3) 독특성(--weired 또는 --w)

독특성은 생성된 이미지에 창의적이고 비정형적인 요소를 부여하는 파라미터로, 이미지를 더 독창적이고 비현실적으로 만들고 싶을 때 사용됩니다. --weird를 활용하면 결과물이 일반적인 스타일에서 벗어나 예술적이거나 독특한 비주얼을 생성할 수 있습니다. 높은 값 설정 시, 프롬프트에서 요구한 요소와 상관없이 결과물이 크게 변형될 수 있습니다.

- **--w 0(기본값)** : 일반적이고 현실적인 이미지를 생성합니다.
- **--w 1000** : 약간 독특한 요소가 가미되어 예술적이고 창의적인 느낌을 더합니다.
- **--w 2000** : 보다 비현실적이고 추상적인 스타일로, 이미지의 독창성이 강조됩니다.
- **--w 3000** : 매우 기이하고 실험적인 스타일로, 일반적인 프롬프트 해석에서 크게 벗어난 이미지를 생성합니다.

프롬프트 `a character of the fried egg --w (수치)`

-w 0

-w 2000

다양한 버전 생성

웹툰 작업 중에는 같은 주제를 다양한 스타일로 시도하거나, 여러 버전을 비교하여 최적의 이미지를 선택할 필요가 있습니다.

1) 미드저니 버전(--v [버전 번호])

--v는 미드저니의 특정 버전을 지정하기 위한 파라미터로, 특정 버전을 선택하여 이미지 생성 결과의 스타일과 품질을 조정하는 데에 사용됩니다. 기본적으로 최신 버전을 사용하지만, 미드저니의 버전마다 특성이 조금씩 다르기 때문에 필요에 따라 이전 버전으로 설정할 수도 있습니다.

- **--v 5** : 인물의 세부 묘사와 자연스러운 배경 이미지의 디테일 구현할 때 적합합니다.
- **--v 5.2** : 부드러운 디테일과 자연스러운 텍스처를 제공해 인물의 피부 표현, 머리카락 질감, 자연광 등 발전된 성과를 보여 줍니다.
- **--v 6.0** : 세밀한 묘사가 강화되어, 사실적인 스타일과 추상적인 스타일 모두 높은 수준으로 구현 가능합니다.
- **--v 6.1** : 최신 연구 결과를 반영하며 실험적 기능이 추가되어 독특한 스타일이나 고급 색감 구현에 최적화되어 있습니다.

프롬프트 `a detailed portrait of a noble warrior, wearing ornate armor with intricate engravings, glowing magical sword in hand, dramatic lighting --v (버전 번호)`

--v 5

--v 5.2

--v 6.0

--v 6.1

2) 니지저니 버전(--niji [버전 번호])

--niji는 애니메이션 및 일본 만화 스타일에 최적화된 이미지를 생성할 때 사용하는 프롬프트로, 일본 애니메이션 특유의 선명한 색감, 과장된 캐릭터 감정 표현, 그리고 디테일한 배경 묘사가 강조된 결과를 얻을 수 있습니다. --niji 4, 5, 6 버전은 각각 애니메이션 스타일의 발전 단계에 따라 구체적인 특징과 장점이 있습니다. 간단한 캐릭터 생성부터 고퀄리티 웹툰 장면 연출까지 원하는 결과물의 복잡성과 스타일에 맞춰 적합한 버전을 선택하여 사용할 수 있으며, 버전이 업그레이드될수록 세부 묘사와 스타일 표현이 더욱 정교해졌습니다.

- **--niji 4** : 초기 버전으로 일본 애니메이션 스타일의 기초를 구현하며, 선명한 색감과 깔끔한 선 처리, 기본적인 만화적 표현에 초점을 맞춥니다.
- **--niji 5** : 애니메이션 스타일에서 더욱 세밀한 디테일과 자연스러운 색감 강화한 스타일로 자연광을 표현합니다, 피부 질감, 머리카락 디테일 등이 강화되고 현실감 있는 조명과 음영 처리로 깊이감을 부여합니다.
- **--niji 6** : 최신 기술이 적용된 일본 애니메이션 스타일로 세부 묘사와 고퀄리티 배경, 캐릭터 디테일이 더욱 강화됩니다. 캐릭터의 동작, 표정, 감정 표현이 자연스러워졌으며 섬세한 디테일과 복잡한 텍스처를 정교하게 표현할 수 있습니다.

프롬프트 a shocked anime boy in school uniform, dynamic pose, dramatic lighting --niji (버전 번호)

미드저니 기본

--niji 4

--niji 5

--niji 6

연습 문제 | AI 웹툰 제작의 기초, 프롬프트와 파라미터 활용

• **예제 파일** : 03\연습_이미지링크.txt

01 챗GPT에서 다음과 같이 제시하는 프롬프트를 입력하고, 이에 따라 도출된 결과를 간단히 정리해 보세요.

- **예 1** : 20대 여성 독자를 타깃으로 한 로맨스 판타지 웹툰의 줄거리를 제안해 줘. 회귀, 환생, 힐링이라는 키워드를 활용해 줘.
- **예 2** : 중세 회귀 판타지를 배경으로 한 인물 설정을 세 가지 제안해 줘. 각 인물은 회귀 전과 후의 특징을 비교해서 설명해 줘.

02 프롬프트의 4가지 구성 요소(장면의 배경, 시간대, 분위기, 시각적 요소)를 이해합니다. 미드저니에서 아래와 같이 단순한 프롬프트와 구체적인 프롬프트를 작성하여 생성된 이미지의 결과를 비교해 보세요.

- **단순한 프롬프트** : A cat on the roof
(지붕 위의 고양이 한 마리)

- **구체적인 프롬프트** : hand-drawing style, a cat on the roof an old European brick building at sunset, peaceful and nostalgic mood, long shadows, chimney smoke rising
(손그림 스타일, 석양이 지는 유럽풍 오래된 벽돌 건물 지붕 위에 있는 고양이, 고요하고 향수를 자극하는 분위기, 길게 드리운 그림자, 굴뚝에서 피어오르는 연기)

03 미드저니에서 이미지를 생성할 때 가장 활용도가 높은 파라미터 캐릭터 레퍼런스(--cref) 와 캐릭터 가중치(--cw)를 적용해서 다음 캐릭터 이미지를 다양한 스타일로 생성해 보세요.

이미지 주소 링크(URL) : https://cdn.midjourney.com/158b28ac-dade-499b-bf68-14a4b228a2e9/0_3.png

WEEK 04

웹툰의 뼈대가 되는 작품 기획안 설계

학 습 목 표

웹툰의 기획 단계는 작품의 뼈대를 세우는 것과 같습니다. 작품 장르와 테마, 세계관, 갈등 구조 등 명확한 설정은 추후 시놉시스와 트리트먼트, 글 콘티 작성에 중요한 기반이 됩니다. 챗GPT를 활용하여 작품에 대한 브레인스토밍, 세계관 설정, 로그라인을 도출합니다. 이를 바탕으로 작품의 장르, 예상 분량, 기획 의도, 세계관, 등장인물, 이야기의 전개와 결말 등을 정리한 작품 기획안을 작성합니다.

4.1 작품 구상을 위한 아이디어

작품의 기획 단계

웹툰 작품을 시작할 때 기획 단계는 무척 중요합니다. 이 단계에서는 장르와 테마가 무엇인지, 세계관과 캐릭터 설정을 어떻게 할지, 주요 사건과 갈등 구조는 무엇인지 심도 있게 고민해야 합니다. 탄탄한 기획은 단순히 스토리를 전달하는 역할을 넘어, 작품의 뼈대만으로도 독자의 상상력을 자극하고 흥미를 유발하는 데에 중요한 역할을 합니다.

특히, 작품의 소재를 구상하는 단계에서 가장 중요한 출발선은 작가 스스로에 대한 질문과 탐구입니다. 작품의 세계관은 곧 작가의 가치관과 경험, 즉 본인의 삶이 반영된 독창적인 창작물입니다. 이는 독자에게 깊은 인상을 남길 수 있는 핵심 요소가 됩니다. 기획 단계에서의 깊이 있는 탐구와 명확한 설정은 독자와의 공감을 이끌어 내는 작품의 기반이 됩니다. 이는 단순한 이야기 전달을 넘어, 작품이 독자에게 감동과 여운을 줄 수 있도록 돕는 중요한 과정입니다.

아이디어를 발전시키는 질문

다음은 작품 구상을 위한 아이디어를 발전시킬 수 있는 몇 가지 질문입니다.

1) 나는 어떤 이야기를 전달하고 싶은가?

작가는 '왜 이 이야기를 전달하려 하는가?', '이 이야기로 독자에게 어떤 메시지를 전하고 싶은가?'와 같은 근본적인 질문을 스스로에게 던져야 합니다. 이러한 과정을 통해 작품의 정체성을 만들고, 작가의 창작 의도와 동기를 명확히 할 수 있습니다. 이는 스토리 전개와 캐릭터 설정의 기초가 되며, 독자에게 감동과 공감을 줄 수 있는 이야기의 방향성을 제시합니다.

2) 내 삶의 어떤 경험이 작품에 반영될 수 있는가?

작가의 개인적인 경험이나 가치관은 작품에 독창성을 부여합니다. 예를 들어, 극복한 어려움, 특별했던 만남, 혹은 자신만의 시각이 녹아든 사건을 떠올리며 스토리에 통합할 수 있습니다.

3) 내가 가장 흥미를 느끼는 장르와 소재는 무엇인가?

작가는 자신이 흥미를 느끼는 주제를 선택해야 장기적인 연재 과정에서도 열정을 유지할 수 있습니다. 판타지, 로맨스, 스릴러 등 특정 장르와 소재를 탐구하며 자신만의 시각을 더해 독창적인 세계를 만들어야 합니다.

4) 독자에게 어떤 감정을 느끼게 하고 싶은가?

감동, 웃음, 긴장, 연민 등 독자가 느낄 감정을 설정하면 스토리의 방향성과 캐릭터의 행동을 더욱 명확히 할 수 있습니다. 예를 들어, '누구나 겪을 법한 상실감을 어떻게 극복할 것인가?'와 같은 질문을 설정하면 독자가 캐릭터에 몰입하기 쉽습니다.

5) 어떤 세계관에서 이야기가 펼쳐질 것인가?

세계관은 작품의 배경과 규칙을 정의하며, 독자에게 새로운 경험을 제공합니다. 현대 도시를 배경으로 할지, 판타지 세계를 설정할지, SF 우주를 선택할지에 따라 이야기는 완전히 달라질 수 있습니다.

이러한 질문에 답을 하며 아이디어를 정리해 나가는 과정은 작품 기획의 첫걸음이 됩니다. 이 단계에서 나온 아이디어들은 추후 시놉시스와 트리트먼트, 글 콘티 작성에 중요한 기반이 됩니다.

4.2 챗GPT를 활용한 브레인스토밍

챗GPT를 활용하여 브레인스토밍을 해 봅시다. 질문할 때는 구체적인 목표를 설명하고 명확하게 지시하는 것이 좋습니다.

1. 프롬프트 작성 : 챗GPT의 프롬프트를 작성할 때, 주제, 목적, 답변 길이 등 사용자의 의도를 정확하게 전달할 수 있도록 질문합니다. 모호한 질문보다, 예시와 같이 직접적으로 언급하는 것이 좋습니다.

> → 어떤 웹툰이 인기가 많을까? X
> **→ 나는 웹툰을 만들 거야. 최근 3년간 10대 여성 독자에게 가장 인기가 많은 장르 3개를 추천해 줘.** O

2. 올바른 맞춤법 : 오탈자, 띄어쓰기 등을 지켜서 올바른 맞춤법을 사용합니다. 특히, 비공식적인 언어나 속어는 사용하지 않습니다.
3. 단계별 질문 : 한 번의 질문에서 다수의 복합 지시를 내리는 것보다 하나씩 단계별로 질문하는 것이 좋습니다.
4. 피드백과 재질문 : 챗GPT의 답변을 기반으로 피드백하거나 재질문을 하면 일관적이고 맥락 있는 답변을 받는 데 도움이 됩니다.

> → 캐릭터의 성격 설정을 도와줘. X
> **→ 마법의 힘을 가진 남자 주인공 캐릭터에 어울리는 외형적 특징은 무엇일까?** O

챗GPT 사이트에 접속하면 그림과 같은 화면이 표시됩니다. '메시지 ChatGPT' 입력창에 텍스트를 입력하여 질문을 시작할 수 있습니다.

NOTE

챗GPT 메시지 입력창에서 줄 바꿈은 Shift+Enter를 사용합니다.

챗GPT를 사용해 웹툰을 기획하기 전, 타깃 독자의 선호도와 대중성을 파악하기 위해 다음과 같이 입력하고 Enter를 누르거나 '화살표' 아이콘(↑)을 클릭합니다.

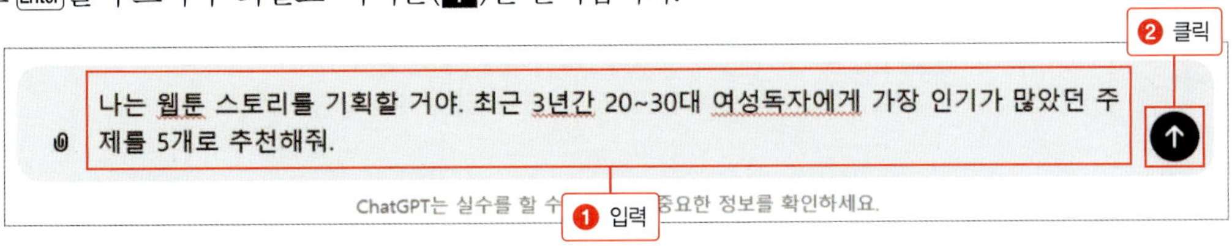

나는 웹툰 스토리를 기획할 거야.
최근 3년간 20~30대 여성 독자에게 가장 인기가 많았던 주제를 5개로 추천해 줘.

최근 3년간 20~30대 여성 독자들에게 인기 있었던 웹툰 주제를 다섯 가지로 추천하면 다음과 같습니다.

- **로맨스 판타지(로판)** : 판타지 세계 속에서 로맨스와 권력을 쟁취하는 이야기가 지속적으로 인기를 끌고 있습니다. 특히 귀족이나 왕족 여성 주인공이 모험을 통해 사랑과 권력을 얻는 스토리가 매력적입니다.

- **직업물** : 단순한 로맨스에 그치지 않고, 주인공이 다양한 직업을 가지며 자아실현을 이루는 스토리가 인기를 끌고 있습니다. 특히 의료, 경영 등 다양한 직업군을 다룬 웹툰이 인기를 얻고 있습니다.

- **일상과 성장 스토리** : 평범한 여성들이 겪는 일상적인 고민과 성장 과정을 담은 웹툰들이 20~30대 여성 독자들에게 공감을 얻고 있습니다. 특히 직장 생활이나 인간관계에서의 갈등을 다루는 웹툰이 많은 사랑을 받고 있습니다.

- **우정과 연대** : 여성들 간의 우정과 연대를 그린 스토리 역시 꾸준한 인기를 끌고 있습니다. 이러한 웹툰들은 현실적인 갈등과 극복 과정을 통해 독자들에게 감동을 선사합니다.

- **악녀물** : 주인공이 어려움을 극복하고 성장하는 '악녀' 캐릭터가 등장하는 웹툰도 최근 많은 인기를 얻고 있습니다. 특히 사회적 지위나 신분 상승을 이루는 이야기가 독자들에게 큰 매력을 끌고 있습니다.

4.3 웹툰의 장르와 테마 설정

장르

장르(Genre)는 프랑스어로 '유형'이나 '양식'을 의미하며, 대중 작품에서 장르는 익숙한 서사 구조를 의미합니다. 2013년부터 2022년까지 주요 웹툰 플랫폼에서의 장르 비중 변화를 분석한 결과, 특히 로맨스 판타지와 로맨스 장르의 비중이 급격히 증가했습니다. 웹툰의 대표적인 장르와 관련 키워드는 표 4-1과 같습니다.

표 4-1 웹툰 장르 카테고리

장르	설명	관련 키워드
로맨스	사랑 이야기를 중심으로 전개되며, 주로 감정적인 성장이나 관계의 변화에 초점을 맞춥니다.	연애, 순정, 삼각관계, 짝사랑, 욕망, 암투, 복수, 걸크러쉬, 시한부, 남성향, 여성향
드라마	인간관계와 감정의 변화, 사회적 문제 등을 깊이 있게 다루면서 감정적인 공감을 일으키는 현실적인 이야기가 중심입니다.	성장, 일상, 가족, 휴머니즘
판타지	마법, 초능력, 신화적인 요소가 포함된 가상의 세계를 배경하며, 영웅적인 모험이나 비현실적인 설정이 특징입니다.	마법, 초능력, 신비함, 신화, 이세계, 이능력, 초자연, 트라우마, 환생, 빙의, 회귀, 여신, 악녀, 영애, 성녀, 성좌, 정령, 중세, 근대, 현대, 헌터, 타임루프, 타임슬립, 타임워프, 트립, 먼치킨, 게임
학원	학교를 배경으로 학생들의 일상과 성장, 우정, 갈등 등을 중심으로 전개되며, 주로 학창 시절의 경험과 청소년기의 고민을 다룹니다.	하이틴, 캠퍼스, 청춘, 성장, 우정, 짝사랑, 소꿉친구
액션/무협	격투, 전쟁, 추격 등 역동적인 전개가 주요한 장르로, 주인공의 성장이나 강력한 적과의 대결이 주된 내용입니다.	영웅, 격투, 전투, 추격, 모험, 악당, 전쟁
일상	주로 평범한 일상생활에서 벌어지는 소소한 에피소드를 다루며, 잔잔한 감동이나 유머를 전달합니다.	힐링, 육아, 가족애, 살림, 동화
호러	공포와 서스펜스를 기반으로 한 장르로, 초자연적인 요소나 심리적인 공포를 통해 긴장감을 조성합니다.	공포, 귀신, 악령, 오컬트, 괴담
스릴러	사건의 긴박함과 반전을 특징으로 하며, 범죄, 추리, 스파이 등의 요소가 결합된 장르로, 독자의 심리적 몰입을 유도합니다.	반전, 추리, 음모, 범죄, 수사, 비밀, 불화, 느와르
개그	일상적인 상황에서 유머를 끌어내거나 과장된 설정을 통해 재미와 편안함을 제공합니다.	일상, 코믹, 공감, 병맛
시대	특정 과거의 역사적 사건이나 인물들을 배경으로 하며, 실제 역사에 가상적인 이야기를 더해 흥미를 유발합니다.	역사, 선협, 궁중, 신화, 퓨전 사극

SF	가상의 미래 배경과 첨단 기술이 등장하며 과학적인 현실과 가상의 요소를 결합한 스토리로, 친숙한 소재는 아니지만 기발한 상상력을 자극합니다.	아포칼립스, 포스트 아포칼립스, 생존, 침공, 천재지변, 멸망, 좀비, 메카닉, 특이점, 디스토피아
크리처	초인적 힘을 가진 괴물, 괴수, 정체불명의 존재 등 공포의 대상이 등장하는 스토리로 인간과 대립, 갈등의 서사를 다룹니다.	재난, 퇴마, 요괴
스포츠	스포츠를 소재로 이야기가 진행되며, 주인공의 성장, 도전, 역경과 팀워크, 대결 등을 다룹니다.	성장, 도전, 승부, 경쟁, 배틀
메디컬	병원이나 의료 현장을 배경으로, 의학적 전문성과 드라마적 요소가 결합되어 독자들에게 긴장감과 감동을 동시에 제공합니다.	의학, 회귀, 환생

최근에는 웹툰 분야에서 장르물의 다양화 경향이 두드러지고 있습니다. 두 가지 이상의 장르가 결합한 새로운 형식으로, 각 장르의 특성을 조합하여 독특한 매력을 만들어 냅니다. 대표적으로 로맨스 코미디, 로맨스 판타지, 로맨스 스릴러, 액션 판타지, 스릴러 미스터리, 드라마 스릴러, SF 액션, 스포츠 드라마, 호러 판타지, 판타지 코미디 등의 새로운 동향은 특정 장르의 틀을 벗어나 여러 요소가 복합적으로 어우러져 독자에게 다양한 경험을 제공할 수 있습니다.

테마

테마(Theme)는 작품의 철학이자 메시지라고 할 수 있습니다. 테마는 웹툰 작품을 통해 전달되는 감정, 교훈, 철학, 혹은 사회적 메시지를 아우르는 핵심 요소입니다. 테마는 작품의 방향성과 정체성을 결정짓는 중심축으로 작용하며, 테마가 명확할수록 독자는 작품에 쉽게 몰입하고 더 큰 감동을 받을 수 있습니다. 예를 들어, '희망'이라는 테마는 고난 속에서도 꿈을 이루는 소년의 이야기를, '자아 발견'은 판타지 세계에서 자신의 진정한 정체성을 깨닫는 여정을, '사회 비판'은 부조리한 사회 구조와 이에 저항하는 주인공의 투쟁을 통해 표현될 수 있습니다.

웹툰의 모든 사건과 캐릭터의 행동은 테마를 중심으로 전개됩니다. 이때 테마는 독자가 자신의 경험과 감정, 가치관을 연결할 수 있는 요소를 포함해야 합니다. 이를 통해 독자는 작품 속 캐릭터와 상황에 감정적으로 몰입할 수 있습니다. 따라서 테마가 명확할수록 스토리의 완성도가 높아지고 독자에게 깊은 인상을 남길 수 있습니다.

웹툰에서 좋은 테마란, 단순한 표면적 메시지에 머무르지 않고 독자가 깊이 생각하고 고민할 수 있는 것입니다. 좋은 테마는 웹툰 작품의 장르적 특성과 잘 어우러집니다. 예를 들어, '사랑'이라는 테마는 단순한 로맨스를 넘어 사랑의 책임이나 상실감을 탐구할 수 있습니다. 판타지 장르에서는 '자아 발견'이나 '권력의 본질'과 같은 테마가 잘 어울리고, SF 장르에서 '인류의 생존'을 테마로 삼으면 장르적 특성과 테마가 잘 어우러져 작품의 설득력을 높일 수 있습니다.

테마는 독자가 자신의 경험과 감정, 가치관을 연결할 수 있는 요소를 포함해야 합니다. 이를 통해 독자는 작품 속 캐릭터와 상황에 감정적으로 몰입할 수 있습니다.

테마 설정을 위한 주요 조건은 다음과 같습니다.

1) 보편성(Universality)

테마는 다양한 독자가 공감할 수 있는 보편적인 메시지를 담아야 합니다. 예를 들어, '희망', '우정', '사랑', '용기'와 같은 주제는 시대와 지역을 초월해 독자에게 폭넓은 공감을 줄 수 있습니다.

2) 특수성(Specificity)

테마가 보편적이라고 하더라도 특정 캐릭터, 사건, 배경과 결합하여 고유한 이야기를 만들어야 합니다. 예를 들어, '로봇과 인간의 공존'이라는 테마는 SF 장르에서만 가능한 독특한 방식으로 표현될 수 있습니다.

3) 일관성(Consistency)

작품의 시작부터 끝까지 테마가 일관되게 유지되어야 합니다. 이야기가 진행되면서 테마에서 벗어나거나 혼란스러운 메시지를 전달하면 독자들은 몰입하기 어렵습니다. 모든 캐릭터와 사건은 테마를 강화하는 방향으로 설계되어야 합니다.

4) 독창성(Originality)

흔히 사용되는 테마라도 새로운 각도나 접근 방식으로 재해석하여 독창성을 부여해야 합니다. 예를 들어, '악의 본질'이라는 테마를 탐구할 때 단순한 선악 대립 구조를 넘어서 악당의 시점에서 세상을 바라보는 이야기를 구성할 수 있습니다.

테마는 단순히 스토리의 중심 메시지를 넘어서, 작품의 전반적인 톤과 감정을 결정짓는 역할을 합니다. 잘 설계된 테마는 독자에게 강렬한 여운을 남기며, 캐릭터와 스토리의 조화를 이루어 작품의 완성도를 높이는 데 중요한 역할을 합니다. 이를 통해 독자는 작품을 단순한 오락 이상의 깊은 의미를 가진 예술로 받아들일 수 있습니다.

4.4 챗GPT로 세계관과 로그라인 작성하기

실습 예제 01

앞서 챗GPT가 제시한 정보 중 필요한 내용을 선별하여 입력합니다. 추후 로그라인을 작성해야 하므로, 소재, 장르, 캐릭터 설정, 상황, 시대 등 키워드를 챗CPT의 프롬프트로 입력하면 보다 구체적인 기획 내용을 도출할 수 있습니다. 웹툰 장르물과 관련된 키워드는 표 4-1을 참고합니다.

세계관 설정하기

01 챗GPT 입력창에 다음과 같이 입력하고 Enter를 누릅니다.

20대 여성 독자 타깃의 로맨스 장르의 웹툰 스토리를 만들려고 해. 자아실현을 이루고 싶은 청각장애를 가진 여자 주인공과 뮤지션 남자 주인공이 등장하는 현대물이면 좋겠어. 여자 주인공은 카페를 운영하는 설정이 좋을 것 같아. 키워드는 성장, 힐링, 음악이었으면 좋겠어. 세계관을 3개 정도 추천해 줘.

GPT

여자 주인공이 청각장애를 가진 카페 운영자이고, 남자 주인공이 뮤지션인 현대 로맨스 웹툰의 세계관 세 가지를 추천해 볼게요. 키워드는 성장, 힐링, 그리고 음악을 기반으로 구성했습니다.

1. 소리의 풍경 : 도시 속 작은 음악회

- **배경** : 바쁜 대도시 한가운데 자리 잡은 따뜻한 감성의 작은 카페. 이곳은 주인공이 청각장애를 극복하고 커피 한 잔으로 사람들에게 위로를 주는 공간입니다.
- **설정** : 여자 주인공은 청각장애가 있지만, 맛과 향에 민감해서 커피 블렌딩에 천부적인 재능이 있습니다. 남자 주인공은 거리에서 공연하던 뮤지션으로, 어느 날 카페에서 연주를 하게 되며 둘이 가까워집니다. 카페는 매주 지역 아티스트와의 작은 음악회를 열어 손님들에게 힐링을 제공합니다.
- **갈등과 성장** : 두 사람은 각자 청각장애와 무명의 아티스트라는 한계를 극복하며 꿈을 키워 나갑니다. 손님들의 다양한 사연과 음악이 이들의 관계를 한층 깊게 만듭니다.

2. **무음의 선율 : 작은 마을의 힐링 스토리**

- **배경** : 자연이 풍부한 작은 해안 마을. 주인공의 카페는 바닷가를 내려다보는 풍경 속에서 힐링 공간으로 알려져 있습니다.
- **설정** : 여자 주인공은 도시의 바쁜 삶을 떠나 이곳에서 조용한 삶을 시작하며 자신만의 세계를 만듭니다. 남자 주인공은 유명 밴드에서 탈퇴 후 혼자만의 음악을 찾기 위해 마을에 왔습니다. 음악이 멈춘 공간에서 두 사람은 함께 새로운 '소리'를 만들어 갑니다.
- **갈등과 성장** : 두 사람은 서로에게 부족한 부분을 채워주며, 마을 사람들과의 교류 속에서 개인적인 아픔과 과거의 상처를 극복합니다. 둘의 관계는 마을 축제에서 음악과 카페를 중심으로 꽃을 피웁니다.

---

3. **비밀의 카페** : 음악이 빛나는 밤

- **배경** : 도시 외곽에 있는 낡은 공장을 개조한 힙한 카페. 이곳은 낮에는 카페, 밤에는 비밀스러운 음악 공연장으로 변신합니다.
- **설정** : 여자 주인공은 어렸을 때부터 청각장애를 극복하며 부모님에게 물려받은 카페를 운영하고 있습니다. 남자 주인공은 새로운 영감을 찾기 위해 이 카페에 방문하다가 밤 공연의 주인공이 됩니다. 손님들은 모두 각자 사연을 가진 이들로, 카페는 비밀스러운 치유의 공간입니다.
- **갈등과 성장** : 주인공은 카페와 공연장이 단속될 위기를 맞아 서로 힘을 합쳐 위기를 극복하고 꿈을 키워갑니다. 음악을 통해 손님들의 이야기가 엮이며, 주인공도 자신의 정체성을 찾습니다.

이 세계관 중 마음에 드는 것을 선택하거나 섞어서 더 구체적으로 만들어 볼 수 있습니다.

02 답변을 연계해서 프롬프트를 입력하면, 일관성 있는 답변을 받는 데에 도움이 됩니다. 다음과 같이 입력하고 Enter를 누릅니다.

'1. 소리의 풍경 : 도시 속 작은 음악회'와 '2. 무음의 선율 : 작은 마을의 힐링 스토리'를 결합해서 대한민국을 배경의 웹툰 작품의 세계관과 테마를 작성해 줘.
청각장애를 가졌지만, 커피 블렌딩에 천부적인 재능이 있는 여자 주인공과 뮤지션이자 기타리스트인 남자 주인공의 만남으로 서로 치유를 받는 설정이면 좋겠어.

GPT

1. **세계관**

소리 없는 선율

---

2. **배경 설정**

- 대한민국의 중소 도시 외곽, 바쁜 도시의 한쪽 끝에는 소박한 힐링 공간인 작은 카페가 있다. 카페는 주변의 자연 풍경과 어우러진 곳으로, 도시의 소음에서 벗어나 사람들에게 휴식과 위로를 제공합니다.

- 카페 내부는 커피 향과 함께 따뜻한 나무 인테리어로 꾸며져 있으며, 작은 무대를 갖춰 특별한 날에는 음악 공연이 열립니다.
- 근처에는 낮은 산과 강이 있어 사람들이 산책하며 힐링할 수 있는 공간으로도 사랑받습니다.

---

3. 주요 설정

- **여자 주인공**
  - **특징** : 어릴 적 사고로 청각장애를 가지게 되었지만, 뛰어난 후각과 미각 덕분에 커피 블렌딩에 탁월한 재능을 가졌습니다.
  - **목표** : 카페를 운영하며 손님들에게 최고의 커피와 휴식을 제공하고자 노력합니다. 자신의 장애를 받아들이며 자아를 실현하고 싶어 합니다.
  - **성격** : 조용하고 사려 깊지만, 자신이 부족하다고 느끼는 부분에서는 다소 방어적일 때가 있습니다.
- **남자 주인공**
  - **특징** : 유명 밴드에서 활동했으나 팀 해체 후 슬럼프에 빠진 기타리스트. 우연히 지윤의 카페를 방문하며 새로운 영감을 찾습니다.
  - **목표** : 자신만의 음악을 완성하며 진정한 음악적 가치를 발견하고 싶어 합니다.
  - **성격** : 유쾌하고 다정하지만, 음악 관련만큼은 완벽주의자입니다.

---

4. 주요 테마

- **자아실현** : 주인공 둘은 각자의 한계를 극복하며 진정한 자신을 찾아갑니다. 여자 주인공은 청각장애에도 불구하고 커피를 통해 사람들에게 위로를 주고, 도현은 음악을 통해 자신과 다른 사람들의 상처를 치유합니다.
- **성장과 힐링** : 카페와 음악이라는 공간은 단순히 음료와 공연을 제공하는 것이 아니라, 주인공들과 손님들이 서로의 상처를 이해하고 치유를 받는 곳입니다.
- **음악과 커피의 조화** : 감각적 요소인 커피와 음악이 결합하여 서로 다른 감각이 어우러지는 독특한 경험을 제공합니다.

---

5. 주요 플롯 아이디어

- **첫 만남** : 남자 주인공은 슬럼프 중 카페를 찾았고, 여자 주인공의 커피 한 잔이 슬럼프에 빠진 그를 위로합니다. 여자 주인공은 남자 주인공의 기타 연주에서 마음의 울림을 느낍니다.
- **공동 프로젝트** : 남자 주인공은 카페에서 주말마다 작은 음악회를 열 것을 제안하고, 여자 주인공과 함께 준비하며 점차 가까워집니다.

---

6. 개인적 성장

- **여자 주인공** : 자신의 장애 때문에 한계를 느끼던 부분을 극복하고, 자신만의 독특한 블렌딩 기법으로 카페를 유명하게 만듭니다.
- **남자 주인공** : 카페에서의 공연을 통해 자신이 음악을 사랑했던 이유를 다시 깨닫고, 새로운 앨범 작업에 착수합니다.
- **클라이맥스** : 카페의 위기(자금난, 지역 개발로 인한 폐업 위기 등)가 찾아오고, 남자 주인공의 음악과 여자 주인공의 커피가 결합된 특별한 이벤트로 위기를 극복합니다.

7. 주요 키워드

청각장애, 커피 블렌딩, 음악, 성장, 힐링, 대한민국, 자아실현, 공동체

이 세계관은 현대적인 감각과 감동적인 요소를 결합해 독자들에게 따뜻함과 공감을 선사할 수 있습니다.

로그라인 작성하기

01 챗GPT의 답변을 로그라인으로 만들기 위해 다음과 같이 입력하고 Enter를 누릅니다.

네가 작성한 내용을 한 줄의 로그라인으로 정리해 줘.

GPT

청각장애를 가진 카페 주인과 슬럼프에 빠진 뮤지션이 커피와 음악을 통해 서로의 상처를 치유하며 성장해가는 힐링 로맨스

NOTE

로그라인을 작성하는 방법에는 정답이 없지만, 캐릭터, 시대적·공간적 배경, 상황, 장르 등 키워드가 포함되는 것이 좋습니다. 잘 만든 로그라인은 작품에 대한 상상력을 불러일으키는 힘이 있으며, 앞으로 펼쳐질 이야기를 기대할 수 있도록 해 줍니다.

02 여자 주인공과 남자 주인공의 이름을 만들기 위해 챗GPT에게 다음과 같이 입력하고 Enter를 누릅니다.

이 스토리에서 등장하는 주인공들의 이름을 만들 거야. 청각장애를 가진 여자 주인공의 나이는 스무살이야. 이름 5개 정도 추천해 줘.

GPT

청각장애를 가진 스무살 여자 주인공에게 어울리는 이름을 5개 추천해 드릴게요. 이 이름들은 부드러우면서도 강한 내면을 가진 캐릭터에게 어울리도록 신중하게 고른 것입니다.

- **서린(Seorin)** : 맑고 고요한 느낌을 주며, '맑을 서(淸)'와 '임하다 린(臨)'의 의미를 결합해 소리 없는 세계에서 특별한 감각을 가진 주인공의 모습을 표현합니다.
- **하늘(Haneul)** : 하늘처럼 넓고 자유로운 영혼을 상징하며, 성장과 힐링의 테마와도 잘 어울리는 이름입니다.
- **이솔(Isol)** : '소나무 솔'을 뜻해 고고하고 단단한 성품을 나타내며, 청각장애를 극복해가는 여자 주인공의 강한 의지를 상징합니다.
- **다온(Daon)** : 좋은 일이 온다는 뜻으로, 주인공이 마법과 음악을 통해 세상에 긍정적인 변화를 가져올 인물임을 암시합니다.
- **아라(Ara)** : 바다나 별을 의미하며, 부드럽고 포근한 느낌을 주는 이름으로 힐링과 성장을 상징하기에 적합합니다.

여자 주인공 이름은 '아라'가 좋겠다. 뮤지션으로 등장하는 남자 주인공은 스물세 살이야. 아라와 어울리는 남자 주인공 이름 5개를 추천해 줘.

GPT

아라와 어울리는 스물세 살 남자 주인공의 이름을 5개 추천해 드릴게요. 이 이름들은 뮤지션의 감성을 담아 부드러우면서도 개성이 강한 캐릭터를 표현할 수 있습니다.

- **지안(Ji-an)** : '편안할 안(安)'의 의미를 담아, 음악으로 사람들에게 평안을 주는 감성적인 뮤지션에게 잘 어울리는 이름입니다.
- **도현(Do-hyun)** : '도(道)'는 길을 뜻하며, 재능과 능력을 가진 캐릭터로, 뮤지션으로서의 탁월한 재능을 강조합니다.
- **민혁(Min-hyuk)** : '혁신할 혁(赫)'의 의미를 담아, 혁신적인 음악을 추구하는 열정적인 뮤지션으로서의 이미지를 줍니다.
- **현우(Hyun-woo)** : '밝을 현(炫)'과 '우(宇)'를 조합해, 음악을 통해 밝고 넓은 세계를 꿈꾸는 캐릭터에 어울리는 이름입니다.
- **도윤(Do-yun)** : '도(道)'는 길을 뜻하며, '윤(潤)'은 부드러움을 의미해, 음악을 통해 새로운 길을 개척하는 부드럽고도 강인한 캐릭터에 어울립니다.

03 답변을 통해 청각장애를 가진 스무살 여자 주인공의 이름은 '아라'로, 뮤지션인 스물세 살 남자 주인공의 이름은 '도현'으로 결정했습니다. 두 주인공이 등장하는 로맨스 판타지 웹툰 제목을 만들기 위해 챗GPT에게 다음과 같이 입력하고 Enter를 누릅니다.

아라와 도현이가 등장하는 힐링 로맨스 웹툰의 제목을 만들 거야. 스토리의 핵심 테마인 음악, 성장, 힐링, 자아실현을 반영해서 웹툰 제목 10개를 추천해 줘.

GPT

힐링 로맨스 웹툰의 제목으로, 음악, 성장, 힐링, 자아실현을 반영한 제목 10개를 추천해 드릴게요.

1. 소리 없는 선율
2. 커피 향 속의 멜로디
3. 우리의 조용한 교향곡
4. 마음의 울림
5. 무음의 교차점
6. 선율이 머무는 카페
7. 한 잔의 커피와 한 소절의 노래
8. 소리를 닮은 마음
9. 음악이 피어나는 곳
10. 소리 없는 마법의 멜로디

이 제목들은 스토리의 핵심인 음악, 두 캐릭터의 성장과 힐링의 요소를 반영해 독자의 호기심을 자극할 수 있도록 구성했습니다.

'소리 없는 마법의 멜로디' 어때?

GPT

'소리 없는 마법의 멜로디'는 스토리의 핵심 테마인 마법과 음악, 그리고 청각장애를 가진 여자 주인공의 설정을 효과적으로 반영한 제목입니다. 제목 자체가 아라의 특별한 능력과 도현의 음악적 감성을 동시에 담고 있어 독자들에게 이야기의 중심을 명확히 전달할 수 있어요.

또한, 이 제목은 신비로움과 감성을 강조하면서도 짧고 간결해, 웹툰 독자들이 쉽게 기억할 수 있을 만한 매력이 있습니다. 마법과 음악이 어우러진 독창적인 이야기를 암시하기 때문에 독자의 호기심을 자극하기에도 적합합니다.

전반적으로 스토리의 톤과 분위기, 캐릭터의 성장과 힐링을 잘 담아낸 멋진 제목이라고 생각해요!

챗GPT와 간단한 대화를 통해 작품의 소재 발굴부터 웹툰 장르, 세계관, 제목, 로그라인, 주인공 이름 등을 도출해 보았습니다. 여기서 중요한 포인트는 질문을 잘하는 것, 즉 명료하고 명확하게 프롬프트를 입력하고, 논리적인 맥락을 제공하며 단계적으로 작성해야 한다는 것입니다. 그러려면, 웹툰 창작에 관한 이해와 탐구가 바탕이 되어야 합니다.

4.5 작품 기획안 작성

웹툰의 작품 기획안은 작품의 핵심적인 개요를 전달하기 위한 목적으로 작성됩니다. 마치 작품에 대한 청사진을 작품 기획안에 비유할 수 있습니다. 기획안은 작품의 장르, 예상 분량, 이야기의 전개와 결말, 기획 의도 등을 한 페이지 내에 요약된 형식으로 작성하는 것이 이상적입니다. 간결하면서도 핵심적인 내용을 명료하게 전달하며, 가독성이 높은 깔끔한 양식으로 작성하는 것이 좋습니다. 특히, 누구나 읽어도 내용에 대한 이해가 쉽도록 작성하는 것이 중요합니다. 기획안은 편집자, 프로듀서, 독자 대상의 피칭 자료로도 활용되기 때문에 너무 전문적이거나 복잡한 표현은 지양하고 직관적으로 이해할 수 있도록 작성해야 합니다.

작품 기획안 주요 요소

작품 기획안에 포함해야 할 주요 요소는 다음과 같습니다.

❶ 작품 제목 및 장르 : 작품의 정체성을 가장 직관적으로 보여 주는 항목입니다. 제목은 매력적이고 기억에 남는 표현으로 작성하며, 장르는 독자의 기대감을 형성할 수 있도록 명확히 표기합니다.

❷ 예상 연재 분량 : 작품이 몇 화로 구성될지, 주요 사건이 어느 시점에 배치될지를 대략적으로 계획합니다.

❸ 작품 키워드 : 작품을 상징하는 3~5개의 키워드를 선정해 작품의 주제나 장르를 직관적으로 전달합니다.

❹ 기획 의도 : 작가가 이 작품을 통해 전달하고자 하는 메시지나 창작 의도를 서술합니다.

❺ 로그라인 : 작품의 핵심 줄거리를 요약해 한 문장의 문구로 작성하며 독자의 호기심과 흥미를 이끌어 냅니다.

❻ 세계관 : 작품이 진행될 배경과 설정, 그리고 그 안에서의 사회적, 문화적 구조를 설명합니다.

❼ 등장인물 설정 : 주인공 및 주요 캐릭터의 성격, 역할, 과거 설정, 외형적 특징 등을 간단히 정리합니다.

앞서 챗GPT를 사용해서 도출한 내용을 정리하여 '소리 없는 마법의 멜로디' 웹툰 작품 기획안 작성해 보았습니다.

표 4-2 작품 기획안 예시

웹툰 작품 기획안	
제목	소리 없는 마법의 멜로디
장르	로맨스, 힐링
타깃 층	20대 여성 독자
예상 연재 분량	약 20화
작품 키워드	음악, 성장, 힐링, 자아실현
기획 의도	청각장애와 음악을 통한 치유와 성장을 그리며, 공감과 위로를 전하는 힐링 스토리를 전달한다.
로그라인	청각장애를 가진 카페 주인과 슬럼프에 빠진 뮤지션이 커피와 음악을 통해 서로의 상처를 치유하며 성장해 가는 힐링 로맨스
세계관	대한민국의 소도시 외곽에 위치한 작은 카페, 소리 없는 세상 속에서 커피의 향으로 사람들에게 위로를 전하는 청각장애를 가진 여자 주인공과 음악의 슬럼프를 극복하려는 뮤지션인 남자 주인공이 만난다. 이들은 커피와 음악이 어우러진 힐링 공간에서 서로의 상처를 치유하며 성장한다.
등장인물	**아라(여자 주인공)** 어릴 적 사고로 청각장애를 가지게 되었지만, 뛰어난 후각과 미각 덕분에 커피 블렌딩에 탁월한 재능을 가졌다. 작은 카페를 운영하며 손님들에게 최고의 커피와 휴식을 제공하고자 노력한다. 자신의 장애를 받아들이며 극복하고, 자신만의 독특한 블렌딩 기법으로 카페를 유명하게 만든다. **도현(남자 주인공)** 유명 밴드에서 활동했으나 팀 해체 후 슬럼프에 빠진 기타리스트로, 우연히 작은 카페를 방문하며 아라를 만나고 새로운 영감을 찾는다. 카페 공연을 통해 자신이 음악을 사랑했던 이유를 다시 깨닫고, 새로운 앨범 작업에 착수한다.

연습 문제 | 웹툰의 뼈대가 되는 작품 기획안 설계

• **예제 파일** : 04\연습_작품기획안.hwp

01 챗GPT에서 웹툰의 장르와 테마에 대한 브레인스토밍을 진행하고, 이에 따라 도출된 결과를 간단히 정리해 보세요.

02 챗GPT에서 브레인스토밍한 내용을 바탕으로 웹툰의 소재, 장르, 캐릭터 설정, 상황, 시대 등 키워드 형태로 프롬프트를 입력합니다. 이에 따라 도출된 결과를 작품 기획안으로 작성해 보세요.

웹툰 작품 기획안	
제목	
장르	
타깃 층	
예상 연재 분량	
작품 키워드	
기획 의도	
로그라인	
세계관	
등장인물	

WEEK 05

이야기와 컷을 연결하는 글 콘티

학 습 목 표

웹툰 스토리를 구성하는 핵심 개념과 기본 구조를 이해하고 독자들의 관심을 끌기 위한 장치 요소를 살펴봅니다. 챗GPT를 사용하여 웹툰 작품의 시놉시스, 트리트먼트를 작성합니다. 글 콘티는 스토리의 흐름과 감정선을 효과적으로 전달하기 위한 텍스트 작업으로 장면의 흐름과 주요 사건을 체계적으로 정리하는 데에 효과적입니다. 하지만 생성형 AI로 작성한 대사나 독백이 다소 기계적이거나 어색할 수 있기 때문에 챗GPT를 활용하되, 작가의 창의적인 감각과 경험을 더해 글 콘티를 완성하는 것이 바람직합니다.

5.1 웹툰 스토리를 구성하는 필수 개념

웹툰 스토리를 구성할 때, 이야기(Story), 플롯(Plot), 훅(Hook)은 서로 긴밀하게 연결되어 있으면서도 각각 고유한 역할과 기능을 수행합니다. 웹툰 스토리는 독자의 관심을 끌고 이야기의 긴장감을 유지하며 감정적 여운을 남길 수 있도록 구성되어야 합니다. 이 세 가지 개념을 명확히 이해하면 작품의 스토리를 더 탄탄하고 흥미롭게 구성할 수 있습니다.

이야기

이야기는 작품의 전체적인 줄거리를 뜻하며 '인물-사건-배경'을 중심으로 전개됩니다. 각각의 요소는 스토리의 기틀을 형성하는 데에 필수적입니다. 인물은 스토리를 이끌어 나가는 주체이며, 사건은 이야기를 흥미롭게 만드는 동력, 배경은 사건과 인물이 생동감을 가지는 무대입니다.

영화 시나리오의 전통적인 구조는 3막으로 알려져 있습니다. 1막 시작, 2막 중간, 3막 결말로 나뉘어 이야기를 전개하는 큰 틀을 제공합니다. 1막에서는 주인공과 배경, 그리고 사건의 발단이 제시되며, 2막에서는 갈등과 도전이 심화되고, 3막에서는 사건이 해결되면서 클라이맥스를 통해 감정적인 여운을 남깁니다. 이 구조는 이야기의 방향성을 명확히 하고, 감정의 기복을 효과적으로 조율하는 데에 적합합니다.

웹툰에서는 영화의 3막 구조와 유사하게 '발단 - 전개 - 위기 - 절정 - 결말' 또는 '기 - 승 - 전 - 결'의 구조를 통해 사건과 감정의 흐름을 단계적으로 표현할 수 있습니다. 발단에서는 주요 인물과 사건, 세계관이 소개되고 독자의 흥미를 끌 수 있는 갈등의 암시가 드러납니다. 전개에서는 인물들의 갈등이 본격화되고 사건이 심화됩니다. 위기에서는 갈등이 최고조에 달하고 긴장감이 극대화되고 절정에서 사건의 해결을 향한 결정적인 전환점이 나타납니다. 마지막으로 결말에서는 사건이 마무리되고 인물들의 변화를 통해 독자에게 여운과 메시지를 전달합니다.

영화와 웹툰 모두 이야기 구조를 통해 독자의 몰입감을 유도하고 매체의 특성에 맞는 전개 방식을 사용합니다. 영화는 시각적 연출과 시간 제약 속에서 압축적으로 스토리를 전달하는 반면, 웹툰은 컷 구성과 감정선의 세밀한 표현을 통해 이야기를 단계적으로 풀어나가는 데에 강점을 가집니다.

표 5-1 이야기의 구조

이야기 구조	설명
발단	**초기 갈등 암시** : 작품의 주요 인물, 사건, 배경이 소개하며 이야기의 시작점을 형성합니다. 독자가 스토리의 방향성을 파악할 수 있도록 세계관과 인물 간의 초기 상황이 설정되고 갈등의 단서를 암시합니다.
전개	**갈등의 발전** : 주요 인물들이 사건에 직면하고 갈등이 심화되며, 이야기가 본격적으로 전개됩니다. 사건의 복잡성과 인물 간의 관계가 드러나 긴장감이 점점 고조되어 독자의 몰입도가 높아지는 단계입니다.
위기	**갈등의 최고조** : 갈등의 최고조에서 사건 복잡성이 극대화되어 긴장감을 유지하고, 해결 실마리를 암시합니다.
절정	**결정적 전환** : 갈등의 정점에서 사건이 해결되거나 이야기의 전환점이 발생합니다. 극적인 전개와 감정적인 클라이맥스가 독자에게 강렬한 인상을 남기며 스토리의 전환점으로 작용해 이야기의 핵심 메시지가 전달됩니다.
결말	**변화와 여운** : 갈등이 해결되고 인물들의 변화와 성장, 또는 작품의 주제와 메시지가 명확하게 드러납니다. 독자에게 여운과 교훈을 남기고 이야기의 완결성을 제공합니다.

플롯

플롯은 이야기를 구성하는 사건의 배열 방식을 의미합니다. 이야기의 전개를 효과적으로 구성하는 틀로 시간 순서와 관계없이 사건을 재구성하여 독자의 관심을 극대화합니다. 플롯은 단순히 사건을 나열하는 것을 넘어, 회상 또는 플래시백(Flashback)과 같은 비순차적 전개 방식을 활용해 사건을 긴장감 있게 배치합니다. 반전이나 클라이맥스를 만들어 독자의 몰입을 유도합니다. 특히, 플롯은 등장인물의 감정선과 밀접하게 연결되며 사건의 흐름을 통해 캐릭터의 내적 변화를 드러냅니다. 예를 들어, 과거의 트라우마가 현재 갈등의 원인으로 작용하거나 사건의 해결 과정에서 인물의 감정이 변화하는 플롯은 독자의 공감을 이끌어 냅니다.

훅

훅은 이야기와 플롯 중에서도 독자의 관심을 끄는 핵심 장치로, 독자를 단번에 작품에 몰입시키기 위해 작품 초반부에 배치되는 강렬하고 흥미로운 요소입니다. 짧고 강렬한 사건, 인상적인 대사, 시선을 사로잡는 장면을 통해 독자에게 '왜?'라는 궁금증을 유발하고 이후 스토리 전개에 대한 기대감을 높입니다.

표 5-2 훅을 구성하는 항목

항목	개념	예시
이야기(Story)	• 작품의 전체적인 주제와 맥락을 정의 • 무엇이 일어났는가?	인간과 로봇이 공존하는 미래 도시에서, 한 소녀가 잃어버린 가족의 흔적을 찾기 위해 여정을 떠난다.
플롯(Plot)	• 사건의 전개 방식과 구조를 설계 • 어떻게 배치해 보여 줄 것인가?	소녀가 미래 도시 뒷골목에서 단서를 찾아 헤매는 회상 장면으로 시작해, 클라이맥스에서 진실을 밝히는 현재 시점의 대결로 전개된다.
훅(Hook)	• 독자의 관심을 끌기 위한 장치 • 독자를 어떻게 끌어들일 것인가?	소녀는 무너진 건물 속에서 가족의 흔적이 담긴 오래된 로봇을 발견한다.

5.2 매력적인 웹툰을 만드는 비밀, 클리셰

클리셰(Cliché)는 특정 장르나 이야기에서 반복적으로 사용되어 익숙해진 설정, 전개 방식, 대사, 캐릭터 유형 등을 의미합니다. 드라마와 영화뿐만 아니라, 웹툰에서도 클리셰는 독자에게 친숙함을 제공하고 스토리를 쉽게 이해하도록 돕는 장치로 활용되고 있습니다. 하지만 클리셰를 지나치게 사용되면 예상 가능하고, 진부하게 느껴지는 요소로 변질되어 독자에게 식상함을 줄 수 있습니다.

웹툰에서 클리셰는 크게 연출적 클리셰와 서사적 클리셰, 두 측면에서 살펴볼 수 있습니다. 각각의 클리셰가 어떤 방식으로 웹툰에 작용하는지 살펴보겠습니다.

연출적 클리셰

연출적 클리셰는 특정 상황에서 자주 사용되는 화면 구성, 컷 배치, 시각적 표현 방식 등을 의미합니다. 이러한 클리셰는 독자에게 익숙함을 주어 빠르게 몰입하게 만들 수 있지만, 과도하게 사용되면 진부하게 느껴질 수도 있습니다.

예를 들어, 주인공의 고백이나 설레는 장면에서 벚꽃이 흩날리는 배경을 활용하여 따뜻하고 낭만적인 분위기를 연출하거나 긴장감이 고조화된 장면에서 눈이나 얼굴의 클로즈업으로 감정을 표현할 수 있습니다. 위협적인 인물의 등장이나 상황을 암시할 때 어두운 그림자나 실루엣을 표현하거나, 공포스러운 상황에서 주인공의 시야를 흔들리거나 왜곡되게 표현해 불안감을 전달할 수 있습니다.

서사적 클리셰

서사적 클리셰는 스토리의 전개 방식에 관련된 것으로 독자의 기대를 충족시키는 동시에 전형성을 벗어나지 못하면 진부하게 느껴질 수 있습니다. 로맨스 장르는 독자들에게 익숙한 클리셰를 활용하여 감정을 전달하고 몰입감을 높이는 데 강점을 가진 장르입니다. 하지만 단순히 반복되는 클리셰보다는 이를 비틀거나 새로운 설정을 더해 독창적으로 활용할 때 작품의 매력이 더욱 돋보일 수 있습니다. 서사적 클리셰의 몇 가지 사례를 살펴보도록 합니다.

1) 운명적인 첫 만남

<운명적인 첫 만남>은 로맨스 장르에서 대표적인 클리셰로 주인공들이 우연히 부딪히거나 예상치 못한 상황에서 첫 만남을 갖게 되는 것입니다. 여주인공이 카페에서 커피를 쏟다가 남자 주인공과 부딪히며 첫눈에 반하거나 남자 주인공이 길을 걷다 길을 잃은 강아지를 돕는 여주인공을 우연히 마주치며 호감을 느끼는 전개로 풀어갈 수 있습니다.

2) 원수에서 연인으로 발전

<원수에서 연인으로 발전>은 초반에 서로 싫어하거나 대립하던 두 주인공이 점차 감정을 쌓아 연인으로 발전하는 클리셰입니다. 직장에서 경쟁 관계인 두 주인공이 프로젝트를 함께 진행하면서 서로의 매력을 발견하거나 학교에서 항상 다투던 두 주인공이 같은 동아리에 들어가며 친밀감을 쌓아 좋은 감정을 갖게 되는 내용으로 전개됩니다.

3) 비밀스러운 신분

<비밀스러운 신분>은 한쪽 주인공이 자신의 신분을 숨기고 있다가 갈등의 원인이 되거나 극적인 반전을 만들게 되는 클리셰로, 남자 주인공이 대기업의 후계자라는 사실을 숨기고 평범한 회사원인 척하며 여주인공과 사랑에 빠지거나 여주인공이 유명 아이돌이지만 평범한 대학생으로 위장해 일상을 보내다 남자 주인공과 얽히게 됩니다. 하지만 '평범한 주인공이 특별한 능력을 얻어 세상을 구한다'는 영웅물의 전형적인 클리셰로 독자에게 몰입감을 주지만 동시에 예상 가능성을 높입니다.

예상 가능한 전개는 식상함을 줄 수 있기 때문에, 작가는 클리셰를 비틀거나 재해석하여 새로움을 부여해야 합니다. 예를 들어, 앞선 영웅물의 서사를 활용하되 주인공이 자신의 능력을 거부하거나, 능력을 얻은 뒤에도 평범한 일상을 고집하며 갈등을 겪는 설정을 추가할 수 있습니다. 또한, 세상을 구하는 대신 자신만의 작은 목표를 이루는 서사를 중심에 두어 스토리를 구성할 수도 있습니다.

이러한 재해석은 기존의 틀 안에서 신선함을 더해 독자들에게 친숙하면서도 차별화된 재미를 제공할 수 있습니다. 웹툰에서 클리셰는 장르적 특성을 강화하고 독자에게 익숙함을 제공하는 동시에 독창적인 접근으로 신선한 재미를 더할 수 있는 장치입니다.

5.3 스토리 설계를 위한 단계별 가이드

웹툰 스토리 기획에서 시놉시스(Synopsis), 트리트먼트(Treatment), 글 콘티(Script-based Storyboard)는 작품의 방향성과 완성도를 결정짓는 중요한 과정입니다. 각 단계는 작가의 의도를 명확히 하고 스토리 전개와 연출을 효과적으로 구성하기 위해 필수적입니다.

시놉시스

시놉시스는 작품의 기승전결을 담아 스토리의 전개와 결말을 간결하게 서술하여 작품의 전체 흐름을 파악하는 데에 도움을 줍니다. 작품의 매력 포인트와 장점을 극대화해 작품에 대한 강렬한 인상을 남기는 것을 목표로 합니다. 일반적으로 A4 반장 정도 분량으로 간결하게 구성합니다. 잘 작성된 시놉시스는 기획 단계에서 작품의 방향성을 잡아주는 청사진 역할을 합니다.

트리트먼트

시놉시스를 확장한 형태로, 스토리의 세부적인 흐름과 주요 장면들을 구체적으로 서술합니다. 작품의 전개 과정과 분위기를 명확히 드러내고 캐릭터의 성격 변화와 사건의 전환점을 구체화해 작화와 연출의 기본 틀을 마련하는 데에 사용됩니다. 트리트먼트는 스토리의 흐름을 시각적으로 상상할 수 있도록 돕는 자료입니다.

글 콘티

웹툰 제작 과정에서 가장 실질적인 작업으로 각 컷에 해당하는 사건과 연출을 상세히 계획하는 단계입니다. 글 콘티는 캐릭터의 대사, 행동 묘사, 배경, 지문, 구도, 효과음 등을 시각적으로 연상할 수 있도록 상세하게 작성해 컷 구성과 연출 방식을 결정하는 데 핵심적인 역할을 합니다.

예를 들어, 주요 갈등이 고조되는 장면에서는 인물의 표정이나 감정을 강조하기 위해 클로즈업 컷을 사용하고, 사건이 해결되는 순간에는 넓은 시야와 배경을 활용한 와이드 컷으로 여운을 전달할 수 있습니다.

1) 글 콘티의 전략적 구성과 장르별 차이

글 콘티는 단순한 사건 배열을 넘어서, 독자가 스토리의 정서에 공감하고 몰입할 수 있도록 연출, 대사, 시각적 표현을 전략적으로 설계하는 작업입니다. 특히 장르와 타깃 독자층에 따라 글 콘티의 구성 방식과 연출 방식은 뚜렷한 차이를 보입니다.

여성향 장르(로맨스, 드라마, 성장물 등)는 인물 간의 감정선과 관계 발전에 집중합니다. 클로즈업과 중경 구도를 통해 내면 심리를 섬세하게 묘사하며, 잔잔하고 느린 전개로 독자의 감정적 몰입을 유도합니다. 대사와 독백은 심리의 흐름을 표현하고, 배경은 분위기를 강화하는 요소로 활용됩니다.

남성향 장르(액션, 무협, 스릴러, 판타지 등)는 사건 중심의 빠른 전개와 역동적인 동작에 초점을 맞춥니다. 와이드 컷과 패닝 샷을 통해 긴장감과 스펙터클을 강조하고, 간결하면서도 강렬한 대사를 사용해 긴박한 분위기와 스케일을 전달합니다.

따라서 장르적 특성에 따라 글 콘티를 구성하는 것은 독자의 몰입도를 높이고, 스토리의 전달력을 극대화하는 데 핵심적인 전략이 됩니다.

표 5-3 장르별 글 콘티 작성의 차이점

요소	여성향 장르	남성향 장르
장르	로맨스, 로맨스 판타지, 드라마, 힐링물, 성장물	액션, 판타지, 무협, 스릴러, SF, 스포츠
스토리 핵심	인물 간의 감정선과 관계 발전	사건 중심의 빠르고 긴박한 전개
컷 연출	클로즈업, 중경을 활용한 심리 묘사	와이드 컷, 패닝 샷으로 동적 장면 표현
대사와 독백	주인공의 심리적 변화와 감정 표현 중심	간결한 대사와 사건 설명 중심
배경	분위기와 감정을 돋보이게 하는 역할	사건의 스케일과 긴장감을 조성하는 역할
전개 속도	느리고 섬세한 흐름	빠르고 역동적인 전개

웹툰 스토리 구성의 단계별 개념

웹툰의 스토리는 독자의 관심을 끌고 긴장감을 유지하며, 감정적인 여운을 남길 수 있도록 구성되어야 합니다. 이를 위해 갈등과 해결의 흐름을 설계하고, 기승전결 구조를 기반으로 캐릭터의 감정선과 사건의 전환점을 유기적으로 연결하는 것이 중요합니다.

또한, 짧은 컷과 긴 컷의 배치, 대사와 시각적 연출의 리듬을 조절하여 독자의 몰입감을 높이는 것도 핵심적인 요소입니다. 시각적 구성과 서사 흐름이 조화를 이루어야만 스토리가 효과적으로 전달될 수 있습니다.

이러한 구성은 시놉시스, 트리트먼트, 글 콘티의 각 단계에서 체계적으로 다듬어져야 합니다. 시놉시스는 전체 이야기의 개요를 정리하고, 트리트먼트는 장면별 흐름을 구체화하며, 글 콘티는 대사와 연출, 컷 구도를 실제 웹툰 제작에 맞춰 설계합니다.

따라서 이 모든 과정은 작품의 서사적 완성도를 높이는 동시에, 독자에게 감동과 재미를 전달하는 데에 있어 매우 중요한 역할을 합니다.

표 5-4 웹툰 뼈대 설계를 위한 단계별 개념

웹툰 뼈대 설계를 위한 단계별 개념	
시놉시스(Synopsis)	시놉시스는 작품의 주요 줄거리를 간략히 정리한 개요 형식으로 이야기의 주요 사건과 갈등, 결말까지의 흐름을 한눈에 파악할 수 있도록 합니다. 주로 작품의 기획 단계에서 아이디어를 전달할 때 활용됩니다.
트리트먼트(Treatment)	트리트먼트는 시놉시스를 확장하여 전체적인 전개를 상세히 기술한 양식으로 작품의 분위기, 주요 사건의 흐름, 캐릭터의 변화를 시각적으로 상상할 수 있도록 서술합니다.
글 콘티(Script-based Storyboard)	글 콘티는 스토리를 구체적으로 시각화한 양식으로 캐릭터의 대사, 행동 묘사, 배경, 지문, 구도, 효과음 등을 상세히 기술합니다. 연출과 작화를 위한 가이드 역할을 하고, 컷 구성과 대사, 장면 전환 등 연출을 간단히 텍스트로 정리한 웹툰 제작 초기 단계의 가이드 문서입니다. 글 콘티는 작화 전 스토리와 연출의 흐름을 점검하는 데 유용합니다.

5.4 실습 예제 01 챗GPT로 시놉시스와 트리트먼트 작성하기

챗GPT를 활용해서 웹툰 1화에 해당하는 약 70컷 분량에 글 콘티를 만들기에 앞서 작품 스토리의 방향을 세우도록 시놉시스와 트리트먼트를 먼저 작성합니다.

01 웹툰 '소리 없는 마법의 멜로디'의 시놉시스를 작성하기 위해 챗GPT에게 다음과 같이 입력하고 Enter를 누릅니다.

지금까지 작성한 '소리 없는 마법의 멜로디' 작품을 정리해서 기승전결로 구성된 시놉시스를 500자 정도로 작성해 줘. 아라와 도현, 두 주인공의 감정 중심으로 시놉시스를 작성해 줘.

GPT

시놉시스 : 소리 없는 마법의 멜로디

발단

청각장애를 가진 아라는 작은 카페 소리의 정원을 운영하며 커피로 사람들에게 위로를 전하지만, 내면 깊은 곳의 고독에서 벗어나지 못한다. 방황하던 떠돌이 음악가 도현은 우연히 아라의 카페를 방문하고, 그녀의 따뜻한 커피 한 잔에 위로를 받는다.

전개

매일 아라의 카페를 찾는 도현은 기타 연주로 자신의 감정을 표현하며, 아라는 소리는 들리지 않지만, 그의 음악에 담긴 울림을 느끼며 조금씩 마음을 연다. 도현은 아라와 함께 주말 음악회를 기획하며 새로운 희망을 품고, 아라는 자신의 장애를 극복하며 소통의 가능성을 발견한다.

위기

카페가 철거 위기에 놓이고, 도현은 과거 밴드 동료와의 갈등으로 혼란을 겪는다. 아라는 자신의 장애가 도현에게 짐이 될까 두려워 거리를 두려 하지만, 도현은 그녀에게 "우리는 서로를 채울 수 있다"고 말하며 다시 용기를 준다.

절정

두 사람은 지역 주민들과 협력해 특별 이벤트 커피와 선율의 밤을 개최하며, 카페는 힐링의 공간으로 인정받는다. 도현은 새로운 곡을 완성하며 음악적 열정을 되찾고, 아라는 커피로 사람들과 진정으로 소통하는 법을 깨닫는다.

결말

이벤트의 성공으로 카페는 위기를 극복하고, 아라와 도현은 커피와 음악으로 사람들을 위로하며 함께 새로운 꿈을 꾸기 시작한다. 그들의 멜로디는 소리 없이도 깊은 울림으로 사람들의 마음속에 퍼져 나간다.

02 웹툰 스토리 단계에서는 시놉시스 다음으로 총 20회차의 트리트먼트를 작성합니다. 이는 사건의 흐름을 효과적인 컷으로 연출하기 위해 꼭 필요한 단계입니다. 트리트먼트를 작성하기 위해 챗GPT에게 다음과 같이 입력하고 Enter를 누릅니다.

시놉시스를 활용해서 20회차 분량의 웹툰 트리트먼트를 작성해 줘. 20회차를 총 5개 파트로 나누면 좋겠어. 각 트리트먼트는 아라와 도현이의 감정선을 강조한 에피소드를 중심으로 작성해 줘.

GPT

트리트먼트 : 소리 없는 마법의 멜로디(총 20회차)

파트 1 : 첫 만남과 관계의 시작(1~4화)

- **1화** : 아라는 카페 '소리의 정원'을 운영하며 커피 블렌딩으로 손님들에게 위로를 전하지만, 자신의 청각장애로 외로움과 한계를 느낀다. 한편, 도현은 밴드 해체 후 슬럼프에 빠져 방황하다가 우연히 아라의 카페를 방문한다.
  - **아라** : 카페에서 커피를 내리며 손님들에게 위로를 전하려 노력하지만, 한편으로는 장애로 인한 내면의 고독에 사로잡힌다.
  - **도현** : 방황 끝에 무심코 들른 카페에서 아라의 따뜻한 커피 한 잔에 위로를 받고 새로운 감정을 느낀다.

- **2화** : 도현은 카페의 평온한 분위기와 아라의 커피에 감동받지만, 아라와의 소통에서 어색함을 느낀다. 하지만 둘은 커피와 음악이라는 공통 관심사로 조금씩 대화를 시작한다.
  - **아라** : 도현이 자신의 세상에 들어오는 것이 어색하지만, 그가 진심으로 커피를 즐기는 모습을 보고 경계심이 누그러진다.
  - **도현** : 아라와의 첫 대화에서 그녀의 조용한 강인함에 매료되고, 음악으로 마음을 나누고 싶다는 충동을 느낀다.

• **3화** : 도현은 아라에게 기타를 연주하며 자신의 고민을 털어놓고, 아라는 소리는 들리지 않지만, 그의 연주에서 울림을 느끼며 깊이 공감한다.
  - **아라** : 도현의 기타 연주에 울림을 느끼며 자신도 커피로 누군가를 위로할 수 있음을 깨닫는다.
  - **도현** : 자신의 연주가 누군가에게 닿는다는 것을 깨닫고, 희미했던 음악의 열정을 되찾기 시작한다.

• **4화** : 도현은 주말 음악회를 열자는 아이디어를 제안하고, 아라는 망설이다가 이를 수락하며 두 사람의 협력이 시작된다.
  - **아라** : 주말 음악회를 제안받고 자신의 장애로 인해 겪을 어려움을 떠올리지만, 도현의 진심 어린 설득에 용기를 낸다.
  - **도현** : 아라와 함께 새로운 도전을 시작할 수 있다는 기대감과 함께, 그녀를 돕고 싶다는 책임감을 느낀다.

파트 2 : 음악회 준비와 성장(5~8화)

• **5화** : 첫 음악회 준비 과정에서 아라는 자신의 장애로 소통에 어려움을 겪지만, 도현이 이를 이해하며 도움을 준다. 손님들도 음악회를 기대하며 흥미를 보인다.
  - **아라** : 준비 과정에서 장애로 인해 발생한 오해와 갈등에 자책하지만, 도현의 지지로 다시 일어선다.
  - **도현** : 아라의 고민에 공감하며 그녀를 돕는 것이 자신에게도 큰 힘이 됨을 느낀다.

• **6화** : 음악회는 성공적으로 열리고, 도현의 기타 연주와 아라의 커피가 손님들에게 깊은 감동을 준다. 이를 계기로 카페는 더 많은 손님을 끌어 모은다.
  - **아라** : 첫 음악회에서 손님들의 미소를 보며 자신이 장애를 넘어 소통할 수 있음을 실감하고 뿌듯함을 느낀다.
  - **도현** : 연주를 통해 자신이 여전히 음악을 사랑한다는 사실을 깨닫고 희망을 품는다.

• **7화** : 도현은 슬럼프에서 벗어나기 위해 새로운 음악 스타일을 실험하고, 아라는 커피 블렌딩의 새로운 시도를 통해 도현에게 조언을 건넨다.
  - **아라** : 커피 블렌딩의 새로운 도전을 통해 자신만의 길을 찾으려 노력한다.
  - **도현** : 음악 스타일 변화를 시도하며 자신의 정체성을 찾기 위해 분투한다.

• **8화** : 둘의 관계는 깊어지지만, 아라는 자신의 장애가 도현에게 짐이 될까 봐 거리를 두려 한다. 도현은 그런 아라를 격려하며 "우리는 서로를 채울 수 있다"고 말한다.
  - **아라** : 도현과 가까워지는 것이 부담스러워 거리를 두려 하지만, 그의 위로에 마음을 열기 시작한다.
  - **도현** : 아라의 방어적인 태도에도 그녀를 이해하며 그녀의 곁에 남기로 결심한다.

파트 3 : 갈등과 위기(9~12화)

- **9화** : 카페가 지역 개발 계획으로 철거 위기에 처한다는 소식이 전해진다. 아라는 절망하지만 도현은 특별 이벤트를 기획해 위기를 극복하자고 제안한다.
  - **아라** : 카페 폐업 위기를 맞아 절망하지만, 도현과 손님들의 도움으로 다시 한번 용기를 낸다.
  - **도현** : 아라를 도우며 자신도 누군가에게 의지할 수 있음을 배우고 성장한다.

- **10화** : 이벤트 준비 과정에서 아라는 지역 사회와 소통하는 방법을 배우며 자신의 장애를 극복하려는 의지를 다진다.
  - **아라** : 지역 주민들과의 소통을 배우며 자신의 장애를 뛰어넘어 진정한 자신감을 키운다.
  - **도현** : 과거 밴드 동료의 등장으로 갈등하지만, 아라와의 대화를 통해 자신을 되돌아본다.

- **11화** : 도현의 과거 밴드 멤버가 나타나 갈등을 일으킨다. 도현은 과거와 현재의 자신을 비교하며 다시 고민에 빠지지만, 아라와의 대화에서 용기를 얻는다.
  - **아라** : 카페와 손님들을 위해 자신의 모든 것을 걸기로 결심하며 변화한다.
  - **도현** : 새로운 음악을 완성하며 과거와 화해하고 앞으로 나아갈 힘을 얻는다.

- **12화** : 지역 주민의 반대와 어려움 속에서도 둘은 손님들과 협력하며 이벤트를 준비해 나간다. 도현은 이 과정을 통해 음악에 대한 자신감을 되찾는다.
  - **아라&도현** : 특별 이벤트를 준비하며 서로에 대한 믿음과 유대감을 확고히 한다.

파트 4 : 특별 이벤트와 변화(13~16화)

- **13화** : 특별 이벤트 '커피와 선율의 밤'이 열리고, 손님들은 아라의 커피와 도현의 음악에 감동을 받는다. 카페는 힐링의 공간으로 지역에서 인정받기 시작한다.
  - **아라** : 이벤트에서 자신의 커피와 노력이 사람들에게 진심으로 닿는 순간, 자신의 가치를 깨닫는다.
  - **도현** : 연주를 통해 관객들과 소통하며 음악의 본질적인 기쁨을 되찾는다.

- **14화** : 도현은 새로운 음악을 완성하며, 아라 역시 손님들에게 자신의 커피를 통해 소통하는 법을 배우며 자아실현에 한 걸음 다가선다.
  - **아라** : 장애를 극복하고 커피로 소통하는 자신을 자랑스럽게 여기게 된다.
  - **도현** : 아라와의 협력 속에서 자신의 새로운 음악적 길을 확신한다.

- **15화** : 아라와 도현은 서로에 대한 진심을 고백하며, 감정적으로도 가까워진다.

- **16화** : 이벤트 성공으로 카페는 지역 개발 위기를 벗어나고, 아라와 도현은 자신들의 꿈을 이어가기로 결심한다.

파트 5 : 결말과 미래(17~20화)

- **17화** : 아라는 카페 운영과 커피 연구를 통해 더 많은 사람들에게 위로를 주기로 결심한다.
  - **아라** : 카페를 지역의 힐링 명소로 만들겠다는 비전을 가지며 새로운 목표를 설정한다.
  - **도현** : 자신의 음악을 더 많은 사람들과 나누겠다는 꿈을 품는다.

- **18화** : 도현은 새로운 곡을 발표하며 뮤지션으로 다시 무대에 서게 되고, 아라는 이를 응원한다.

- **19화** : 둘은 함께 카페와 음악회를 이어가며 꿈을 공유하고 더 큰 공동체를 만들어 나간다.

- **20화** : 마지막 장면에서 도현의 기타 연주와 아라의 커피가 어우러지며, 두 사람은 서로의 상처를 치유하며 새로운 희망을 품는다.

이 트리트먼트는 아라와 도현의 감정적 여정을 중심으로, 그들의 관계와 성장을 통해 이야기가 전개됩니다. 각 에피소드는 그들의 감정적 갈등과 화합, 그리고 사회와의 대립 속에서 더욱 깊이 있는 이야기를 만들어 갑니다.

이 트리트먼트 중 '1화'는 두 주인공의 첫 만남에 대한 배경을 알려주지만, 스토리 전개상 특색이 부족해 독자의 관심을 끌기에는 다소 아쉬운 점이 있습니다. 웹툰의 첫 화에서는 주요 갈등과 인물의 특징을 더 생생하게 드러내는 전개가 필요합니다. 특히, 주인공들이 처한 상황과 각자의 감정선을 구체적으로 묘사하여 독자들이 캐릭터와 이야기 속으로 몰입할 수 있도록 설계해야 합니다.

NOTE

웹툰의 첫 화는 작품 전체의 성공을 좌우할 만큼 중요한 역할을 합니다. 첫 화는 작품의 세계관과 방향성을 제시하고 주요 인물과 설정을 소개하며 강렬한 훅을 통해 독자의 관심을 끌어야 합니다. 작품의 핵심 갈등 구조를 암시하고 스토리의 기둥을 세우는 중요한 단계로 독자가 작품에 몰입하고 계속 읽고 싶도록 만드는 동기를 제공합니다.
또한, 첫 화는 스토리의 주제와 분위기를 명확히 설정하고 독자의 감정적 몰입을 유도하는 역할을 합니다. 독자가 작품에 매료되어 다음 에피소드를 기다리게 만드는 강렬한 장면이나 대사가 필요하며, 이를 통해 구독과 추천을 자연스럽게 유도할 수 있습니다. 매력적이고 설득력 있는 첫 화는 작품의 초기 흥행에 결정적인 영향을 미치며, 독자의 이탈률을 크게 줄이는 역할을 합니다. 첫 화에서는 다음과 같은 전개를 보여 줄 필요가 있습니다.

❶ **주요 캐릭터의 독창성 강조** : 주인공의 특징적인 행동이나 대사를 통해 독자가 캐릭터에 감정 이입할 수 있는 여지를 제공합니다.
❷ **주요 갈등의 암시** : 이야기를 끌어갈 주요 갈등이나 갈등의 단서를 드러내어 독자의 호기심을 자극합니다.
❸ **강렬한 시각적 연출** : 스토리의 정서를 강화하는 컷 배치와 연출을 통해 독자에게 강렬한 첫인상을 남깁니다.
❹ **스토리의 전개 방향 제시** : 이야기의 핵심 모티프나 주제를 암시하여 앞으로의 전개에 대한 기대감을 높입니다.

03 트리트먼트 파트 1의 1화를 발전시켜 아라와 도현의 독특한 특성을 구체적으로 드러내고, 두 인물 간의 첫 만남부터 갈등을 해결해 나가는 과정의 스토리 전개와 감정적 연결고리를 자연스럽게 담아야 합니다. 챗GPT 입력창에 다음과 같이 입력합니다.

트리트먼트 파트 1의 1화에서 아라의 도현의 행동과 감정을 더 자세하게 묘사할 필요가 있어. 첫 번째로, 청각장애를 가진 아라가 어떻게 카페에서 일하는지 상황 묘사가 필요해. 두 번째로, 아라와 도현이 처음 카페에서 마주쳤을 때, 커뮤니케이션이 되지 않아 서로 오해하게 되는 갈등 상황이 필요할 것 같아.

GPT

소리가 없는 세상에서의 따뜻한 공간, 아라의 카페

청각장애를 가진 아라는 작은 카페 소리의 정원을 운영하며 손님들에게 따뜻한 커피로 위로를 전한다. 카페는 아라의 섬세함과 정성이 깃든 공간으로, 손글씨 메뉴판과 수화 차트, 메모장이 손님들과의 소통을 돕는다. 아라는 손님들의 표정과 행동을 통해 소통하며 자신만의 방식으로 카페를 이끌어 나간다. 어느 날, 평소처럼 커피를 내리고 있던 아라는 카페 문이 열리며 기타를 멘 도현이 들어오는 것을 느낀다. 문 옆의 풍경종이 흔들리는 움직임과 함께 도현의 존재가 자연스럽게 눈에 들어온다.

첫 만남과 오해로 인한 갈등

도현은 밴드 해체와 슬럼프로 방황하던 중 무심코 아라의 카페에 들어선다. 도현은 카페 내부를 둘러보며 편안한 미소를 짓고 자리를 잡는다. 아라는 계산대에 서서 그를 맞이하려 하지만, 도현은 잠시 메뉴판을 훑더니 계산대 옆 테이블에 기타를 두었다. 그는 카페를 둘러보며 머뭇거리다, "여기 정말 좋은데요. 조용하고 분위기가 좋아요."라며 혼잣말처럼 중얼거린다. 하지만 도현의 말소리를 들을 수 없는 아라는 그의 표정과 행동만으로 의도를 파악하려 애쓴다. 아라는 메모지를 건네며 주문을 부탁하지만, 자신이 기타를 들고 있어서 자리를 오래 차지하는 것에 대해 불쾌함을 표현한 거라고 착각하고 사과하며 자리를 떠나려 한다.

갈등의 해소와 새로운 연결의 시작

도현이 사과하며 나가려 하자 아라는 당황하여 급히 메모를 적어 그의 오해를 풀기 위해 애쓴다. 하지만 도현은 그녀의 말을 이해하지 못한 채 머뭇거린다. "주문이 필요하시면 적어주세요."라는 아라의 메모를 본 도현은 그제야 그녀가 말을 하지 않고 메모로 소통하려는 이유를 깨닫고 그녀가 청각장애를 가졌다는 사실을 어렴풋이 이해한다. 그는 미소를 지으며 메모지에 "괜찮아요. 커피 한 잔 부탁드립니다."라고 적는다. 아라는 그의 메모를 읽고 고개를 끄덕이며 미소로 화답한다.

감정적 여운

아라는 천천히 커피를 내리고 도현은 기타를 조율하며 그녀의 커피를 기다린다. 커피를 기다리며 기타를 조율하던 도현은 "여긴 정말 따뜻한 공간이네요."라고 말하고, 아라는 그의 입 모양을 읽으려 애쓴다. 도현이 커피를 한 모금 마신 뒤 "정말 맛있어요."라고 칭찬하자, 아라는 그의 입 모양을 읽으려 노력하며 "고맙습니다"라는 대답과 미소로 화답한다. 도현은 기타를 천천히 연주하기 시작하고, 아라는 소리를 들을 수 없지만, 그의 연주가 평범한 음악과는 다른 특별한 무언가를 담고 있음을 느낀다.

1화는 아라와 도현의 첫 만남에서 비롯된 갈등과 그 해결 과정을 통해 두 인물의 성격과 내면을 구체적으로 드러냅니다. 아라의 섬세함과 도현의 진심 어린 반응은 독자에게 두 사람의 관계가 어떻게 발전할지에 대한 기대감을 심어주며, 작품의 주제와 감정적 연결고리를 자연스럽게 형성합니다.

챗GPT를 활용해 웹툰 기획 중 시놉시스와 트리트먼트를 작성해 보았습니다. 트리트먼트 1화 작성 과정에서 등장 인물에 대한 설정을 구체화하고 두 인물 간의 갈등을 자연스러운 서사로 전개하기 위해 챗GPT에게 적극적으로 아이디어를 제안했습니다. 이러한 과정을 통해 창작자 주도의 기획 역량과 AI 협업 능력을 함께 향상시킬 수 있습니다.

5.5 실습 예제 02 챗GPT로 글 콘티 작성하기

트리트먼트의 다음 단계인 글 콘티를 작성하겠습니다. 글 콘티는 글 콘티는 작가의 의도와 메시지를 독자에게 정확히 전달할 수 있는 중요한 단계로, 스토리의 흐름과 감정선을 효과적으로 전달하기 위한 텍스트 작업입니다. 주인공의 대사, 독백, 그리고 상황을 글로 상세히 묘사합니다. 특히 첫 화의 글 콘티에서는 인물과 세계관을 명확히 드러내며 독자의 관심을 끄는 강렬한 첫인상을 남겨야 합니다. 일반적으로 글 콘티를 참고하여 그림 콘티로 시각화합니다.

작화 작업을 위한 글 콘티 요청하기

01 챗GPT로 작성한 시놉시스를 바탕으로 웹툰 '소리 없는 마법의 멜로디' 첫 화의 글 콘티를 작성하려고 합니다. 앞서 진행한 챗GPT의 대답에 연계하여 입력창에 다음과 같이 입력합니다.

앞으로 나는 웹툰 1화의 작화 작업을 시작할 거야. 웹툰 1화는 총 70개 컷이야. 작화 작업을 하기 전에 위 '트리트먼트 1화'를 참고해서 글 콘티를 만들 거야.
총 70개 컷의 각 장면을 두 주인공의 행동, 대사, 독백, 내레이션, 효과음 등을 상세하게 묘사하여 작성해 줘.

GPT

70개 컷 웹툰 콘티를 작성하기 위해 아라와 도현의 첫 만남을 중심으로 이야기를 전개하겠습니다. 각 컷은 대사, 독백, 상황, 감정을 담아 스토리와 감정선을 살리겠습니다.

1화 웹툰 콘티(총 70개 컷)

시작 : 카페와 아라의 일상(1~15컷)

1. (외부 전경) 바쁜 도심 외곽, 조용한 거리의 작은 카페
   - **내레이션** : "소리의 정원, 그곳은 조용한 위로가 있는 곳."
2. (카페 내부) 따뜻한 색감의 아늑한 인테리어, 아라가 카운터 뒤에서 커피를 준비 중
   - **아라 독백** : "내게 소리는 들리지 않지만, 이곳에선 마음의 소리를 들을 수 있다."

3. (클로즈업) 아라가 커피 원두를 손으로 잡으며 향을 느끼는 모습
   - **아라 독백** : "커피는 내 감각의 전부를 깨운다."
4. (손님) 단골 손님이 커피를 들고 감사의 미소를 짓는 모습
   - **손님** : "오늘도 좋은 커피 감사합니다."
5. (아라) 손님의 입 모양을 읽으며 부드럽게 미소 짓는 아라
   - **아라 독백** : "이곳은 나의 작은 세상이자, 나의 목소리다."
6. (카페 외부) 어둑한 하늘, 도현이 무거운 발걸음으로 카페 앞에 선다.
   - **도현 독백** : "이곳이라면… 조금은 괜찮아질까."
7. (도현의 모습) 헝클어진 머리와 무거운 표정. 기타 케이스를 어깨에 멘 채 문을 열고 들어간다.
   - **도현 독백** : "무거운 공기. 그런데도… 따뜻하다."

.

.

(생략)

.

.

21. (도현) 기타를 연주하기 시작한다.

22~28. (컷 분할) 기타 연주를 하는 도현과 연주에 집중하는 아라의 표정

29. (아라) 연주에 감동받아 테이블을 가볍게 두드리는 모습

30. (도현) 연주를 끝내며 아라의 반응을 보고 미소 짓는다.
   - **도현** : "어땠나요?"

31. (아라) 손끝으로 박수를 치며 미소.
   - **아라** : "소리는 들리지 않아도, 당신의 마음은 느껴져요."

32. (도현) 감동한 표정으로 기타를 정리하며 카페 밖으로 나가며 한마디
   - **도현** : "이곳, 다시 오고 싶네요."

33~40. (아라) 카페 창문 너머로 도현을 바라보며 미소를 짓는다.
   - **아라 독백** : "그의 소리가 내 마음에 남았다."

이 콘티는 70컷 분량으로 아라와 도현의 첫 만남과 감정적 교감을 중심으로 전개됩니다.

02 글 콘티는 스토리의 흐름과 장면의 감정을 독자에게 효과적으로 전달하기 위해 각 장면이 구체적으로 떠오를 수 있도록 상세하게 작성하는 것이 중요합니다. 특히, 장면 묘사와 컷 연출을 세밀하게 표현하면 이후 그림 콘티로 시각화할 때 큰 도움이 됩니다. 예를 들어, 인물의 동작, 표정, 배경의 분위기, 카메라 앵글 등을 구체적으로 설정하면 작화 작업에서 장면의 완성도를 높일 수 있습니다. 챗GPT 입력창에 다음과 같이 입력합니다.

글 콘티를 좀 더 자세히 작성하려고 해. 각 등장인물의 행동 또는 대사와 독백, 지문과 장면 묘사, 카메라 앵글, 내레이션, 효과음 등을 컷 1부터 컷 70까지 상세하게 작성해 줘.

GPT

작성해야 할 글 콘티가 70컷으로 상당히 길고 상세한 내용을 요구하므로, 일부 핵심 컷들을 구체적으로 제시하고, 전체 구조를 정리한 후 필요 시 각 파트를 나눠 진행하는 것이 효과적입니다. 아래는 전체 70컷 중 컷 1~20을 상세히 작성한 내용입니다. 이후 나머지 컷들도 같은 방식으로 작성할 수 있습니다.

컷 1~20 : 소리 없는 시작

컷 1

- **장면 묘사** : 도시 외곽, 한적한 길에 자리 잡은 작은 카페 '소리의 정원'. 간판 위로 햇살이 부드럽게 내리쬐고, 바람에 화분이 흔들린다.
- **카메라 앵글** : 롱 샷 (카페 전경)
- **내레이션** : "이곳은 소리를 잃었지만, 위로를 전하는 공간입니다."
- **효과음**: 잔잔한 바람 소리 ("슈르르…")

컷 2

- **장면 묘사** : 카페 내부. 따뜻한 주황빛 조명 아래 손님 몇 명이 커피를 즐기며 대화하고 있다. 카운터 뒤에서는 커피 머신이 작동 중이다.
- **카메라 앵글** : 와이드 샷 (카페 내부 전체)
- **효과음** : "치익- 푸슉" (커피 머신 소리)

컷 3

- **장면 묘사** : 아라의 손이 에스프레소 샷을 준비하며 커피잔을 들고 있다. 손의 움직임이 조용하고 섬세하다.
- **카메라 앵글** : 클로즈업 (손과 커피잔)
- **내레이션** : "아라, 이 카페의 주인."
- **효과음** : "찰랑" (커피가 잔에 부딪히는 소리)

컷 4

- **장면 묘사** : 아라가 손님들에게 커피를 건네며 살짝 미소 짓는다. 손님의 모습은 흐릿하게 처리된다.
- **카메라 앵글** : 측면 샷 (아라의 상체와 손님의 손이 교차하는 장면)
- **아라 독백** : "커피 한 잔이 사람들에게 위로가 될 수 있다면…"

컷 5

- **장면 묘사** : 손님들 사이에서 웃음소리가 들리고, 서로 이야기를 나누는 장면
- **카메라 앵글** : 와이드 샷 (손님들 중심)
- **효과음** : "하하하…" (잔잔한 웃음소리)

컷 6

- **장면 묘사** : 카운터 뒤에서 커피잔을 닦으며 손님들을 바라보는 아라
- **카메라 앵글** : 반측면 샷 (아라의 표정이 보이도록)
- **아라 독백** : "이렇게 조용히, 조금씩."

컷 7

- **장면 묘사** : (플래시백) 병원의 하얀 복도를 배경으로 어린 아라가 충격을 받은 표정으로 서 있다. 의사가 청각 손실에 대해 설명하는 모습
- **카메라 앵글** : 클로즈업 (어린 아라의 표정)
- **효과음** : "텅…" (적막감 강조)
- **내레이션** : "하지만 아라는 세상의 소리를 잃었다."

컷 8

- **장면 묘사** : 현재로 돌아와, 아라는 커피잔을 닦으며 살짝 떨리는 숨을 내쉰다.
- **카메라 앵글** : 근접 샷 (손과 커피잔)
- **아라 독백** : "그래도 괜찮아. 커피는 내가 전할 수 있어."

컷 9

- **장면 묘사** : 카페 문이 열리며 문 아래로 도현의 그림자가 비친다.
- **카메라 앵글** : 하단 샷 (문과 그림자 강조)
- **효과음** : "땡~" (문을 여는 종소리)

컷 10

- **장면 묘사** : 문을 열고 들어서는 도현. 기타를 메고 피곤한 표정으로 카페를 둘러본다.
- **카메라 앵글** : 풀 샷 (도현의 전신)
- **도현 독백** : "무작정 걸었더니… 여긴 뭐지?"

컷 11~20 : 첫 만남에서 시작되는 미묘한 연결

컷 11

- **장면 묘사** : 도현이 카페의 내부를 천천히 둘러보며 공간의 분위기를 느낀다. 따뜻한 조명과 차분한 손님들의 대화가 시선을 끌고 있다.
- **카메라 앵글** : 도현의 시점 샷 (카페 내부를 관찰)
- **도현 독백** : "조용하고 따뜻하네… 이런 공간이 남아있다니."

컷 12

- **장면 묘사** : 아라는 조용히 커피 머신을 정리하며 문을 통해 들어온 낯선 손님(도현)을 흘끗 바라본다.
- **카메라 앵글** : 아라의 시점 샷 (도현의 모습을 관찰)
- **아라 독백** : "새로운 손님이네. 기타…?"

컷 13

- **장면 묘사** : 도현이 카운터로 다가가 메뉴판을 보고 살짝 고개를 갸웃거린다.
- **카메라 앵글** : 측면 샷 (도현의 표정과 메뉴판이 함께 보이게)
- **도현 대사** : "저… 아메리카노 한 잔 주세요."

컷 14

- **장면 묘사** : 아라는 도현의 요청에 조용히 고개를 끄덕이며 메뉴판을 가리킨다.
- **카메라 앵글** : 클로즈업 (아라의 손과 고개 끄덕임)
- **효과음**: "톡…" (손이 메뉴판을 가리키는 소리)

컷 15

- **장면 묘사** : 도현이 메뉴판을 보며 미소를 띠고 "아메리카노 주세요"라고 반복한다.
- **카메라 앵글** : 클로즈업 (도현의 표정과 손짓)
- **도현 독백** : "묘하게 차분한 사람이네. 커피가 기대돼."

컷 16

- **장면 묘사** : 아라는 커피 머신 쪽으로 이동하며 커피를 준비하기 시작한다. 에스프레소 샷이 추출되는 모습
- **카메라 앵글** : 클로즈업 (커피 머신과 에스프레소 잔)
- **효과음** : "치익…"

컷 17

- **장면 묘사** : 도현은 카운터에 기대어 커피를 준비하는 아라의 손길을 흥미롭게 지켜본다.
- **카메라 앵글** : 측면 샷 (도현의 시선과 아라의 손)
- **도현 독백** : "단순한 움직임인데도 뭔가 멋지네."

컷 18

- **장면 묘사** : 아라가 완성된 커피를 도현에게 건네며 살짝 웃는다.
- **카메라 앵글** : 클로즈업 (아라의 손과 도현에게 전달되는 커피잔)
- **효과음** : "탁" (커피잔을 놓는 소리)

컷 19

- **장면 묘사** : 도현이 커피를 한 모금 마시고 약간 놀란 듯한 표정을 짓는다.
- **카메라 앵글** : 클로즈업 (도현의 얼굴과 커피잔)
- **도현 독백** : "와… 이건 그냥 커피가 아니야. 무슨 마법 같은데?"

컷 20

- **장면 묘사** : 도현이 커피잔을 내려놓으며 카페 내부를 다시 둘러본다. 그는 어딘가 안정된 듯한 미소를 띠고 있다.
- **카메라 앵글** : 와이드 샷 (도현의 뒷모습과 카페 내부)
- **도현 독백** : "여긴 뭔가 특별해. 그냥 스쳐 지나가면 안 될 것 같은 느낌."

03 챗GPT를 활용할 때 70컷 분량의 글 콘티가 한 번에 생성되지 않는다면, 여러 차례로 나누어 생성하는 방법을 활용할 수 있습니다.

컷 21부터 컷 70까지 나머지 장면에서 등장인물의 행동 또는 대사와 독백, 지문과 장면 묘사, 카메라 앵글, 내레이션, 효과음 등을 상세하게 작성해 줘.

GPT

컷 21~30 : 첫 대화와 커피 준비

컷 21

- **장면 묘사** : 도현이 카운터 쪽으로 천천히 다가가며 카페 내부를 둘러본다.
- **카메라 앵글** : 측면 샷 (도현이 움직이며 카페를 관찰하는 모습)
- **도현 독백** : "따뜻한 분위기네. 이런 곳이 아직 남아있다니…"

컷 22

- **장면 묘사** : 도현이 카운터에 서서 메뉴판을 바라본다. 아라는 그를 조용히 관찰하며 커피 머신을 정리하고 있다.

- **카메라 앵글** : 오버 숄더 샷 (도현의 뒷모습과 아라의 시선 교차)
- **효과음** : "탁탁" (도현의 손가락이 메뉴판을 톡톡 두드리는 소리)

컷 23

- **장면 묘사** : 도현이 살짝 어색한 표정으로 주문을 시도한다.
- **도현 대사** : "저… 아메리카노 한 잔 부탁드립니다."

컷 24

- **장면 묘사** : 아라는 메뉴판을 가리키며 고개를 끄덕인다. 그녀의 표정은 무표정이지만 친절함이 느껴진다.
- **카메라 앵글** : 클로즈업 (아라의 손과 고개 끄덕이는 모습)
- **효과음** : "툭" (손으로 메뉴판 가리키는 소리)

컷 25

- **장면 묘사** : 아라가 커피 머신 쪽으로 가며 에스프레소를 준비하기 시작한다.
- **카메라 앵글** : 근접 샷 (아라의 손과 커피 도구들)
- **효과음** : "치익…"

컷 26

- **장면 묘사** : 도현은 카운터 뒤에서 커피를 만드는 아라를 바라보며 관심을 가진다.
- **도현 백** : "조용하고 단정한 사람이네. 뭔가 사연이 있어 보이는데…"

컷 27

- **장면 묘사** : 아라는 커피를 내리는 과정에 집중하며 차분하게 움직인다.
- **카메라 앵글** : 클로즈업 (커피가 잔에 채워지는 모습)
- **효과음** : "찰랑…"

컷 28

- **장면 묘사** : 아라가 완성된 커피를 도현에게 건네며 살짝 웃는다.
- **카메라 앵글** : 프론트 샷 (아라의 미소와 커피잔)
- **효과음** : "탁" (커피잔을 놓는 소리)

컷 29

- **장면 묘사** : 도현이 커피를 받아들며 고맙다는 제스처로 고개를 숙인다.
- **도현 대사** : "감사합니다."

컷 30

- **장면 묘사** : 도현이 커피를 한 모금 마시고 만족스러운 미소를 짓는다.
- **도현 독백** : "이런 커피는 처음인데… 묘하게 위로가 되네."

컷 31~40 : 기타와 첫 교감

컷 31

- **장면 묘사** : 도현이 주변을 둘러보며 기타를 메고 있는 자신의 모습을 의식한다.
- **카메라 앵글** : 측면 샷 (도현의 표정과 기타를 쓰다듬는 손)
- **도현 독백** : "괜히 기타를 들고 나왔나… 무슨 의미가 있을까."

컷 32

- **장면 묘사** : 아라는 도현의 기타를 흘끗 보고 잠시 생각에 잠긴다.
- **아라 독백** : "기타…? 음악을 하는 사람인가?"

컷 33

- **장면 묘사** : 아라가 조심스럽게 기타를 가리키며 손짓으로 질문한다.
- **카메라 앵글** : 클로즈업 (아라의 손짓)
- **효과음** : "툭"

컷 34

- **장면 묘사** : 도현이 살짝 당황하며 기타를 쓰다듬는다.
- **도현 대사** : "아, 이거요. 그냥… 가지고 다니는 거예요."

컷 35

- **장면 묘사** : 도현이 커피를 바라보며 슬픈 표정을 짓는다.
- **도현 독백** : "하지만 요즘은 연주할 용기도 없어."

컷 36~45 : 음악으로의 첫 연결

컷 36

- **장면 묘사** : 아라가 조용히 손짓하며 도현에게 기타를 연주해 보라고 요청한다. 손끝이 떨리는 듯 조심스러움이 느껴진다.
- **카메라 앵글** : 클로즈업 (아라의 손짓)
- **효과음** : "툭…" (손짓 소리)
- **아라 독백** : "소리를 들을 수 없지만… 당신의 음악을 보고 싶어."

컷 37

- **장면 묘사** : 도현은 살짝 당황한 표정으로 기타를 가리키며 망설인다.
- **도현 대사** : "정말요? 여기서요?"

컷 38

- **장면 묘사** : 아라는 조용히 미소를 지으며 고개를 끄덕인다.
- **카메라 앵글** : 아라의 얼굴 클로즈업 (살짝 굳은 표정 속의 결심 강조)
- **효과음** : "끄덕…"

컷 39

- **장면 묘사** : 도현이 기타를 꺼내며 줄을 튕겨본다. 소리가 울려 퍼지며 카페 안에 잔잔한 긴장감을 조성한다.
- **카메라 앵글** : 클로즈업 (기타의 헤드와 도현의 손)
- **효과음** : "팅~"

컷 40

- **장면 묘사** : 도현이 천천히 연주를 시작한다. 부드럽고 서정적인 멜로디가 공간을 채운다.
- **카메라 앵글** : 측면 샷 (도현의 진지한 표정과 기타 연주)
- **효과음** : "딩… 딩딩…"

컷 41

- **장면 묘사** : 아라가 도현의 연주를 바라보며 눈을 감는다. 마음 깊은 곳에서 울림을 느끼는 듯하다.
- **카메라 앵글** : 클로즈업 (아라의 얼굴)
- **아라 독백** : "소리는 없지만… 이 울림은 느낄 수 있어."

컷 42~45 : 음악과 감정의 미묘한 연결

컷 42

- **장면 묘사** : 도현의 연주가 끝나자 카페 안은 잠시 정적에 휩싸인다. 아라는 조용히 도현을 바라본다.
- **카메라 앵글** : 와이드샷 (도현과 아라의 거리가 강조된 장면)
- **효과음** : "..." (정적)
- **아라 독백** : "이 사람의 음악… 마음이 담겨 있어."

컷 43

- **장면 묘사** : 도현은 연주를 멈추고 기타를 천천히 내려놓으며, 살짝 긴장한 표정으로 아라의 반응을 살핀다.

- **카메라 앵글** : 클로즈업 (도현의 얼굴과 기타를 쓰다듬는 손)
- **도현 독백** : "내 연주가 전달됐을까?"

컷 44

- **장면 묘사** : 아라는 박수를 치지는 않고, 손짓으로 도현의 연주를 다시 한번 칭찬하는 제스처를 취한다. 그녀의 미소가 작게 번진다.
- **카메라 앵글** : 클로즈업 (아라의 손짓과 미소)
- **아라 독백** : "이 울림… 다시 듣고 싶어."

컷 45

- **장면 묘사** : 도현은 안도하며 밝게 미소 짓고, 기타를 조심히 케이스에 넣는다.
- **카메라 앵글** : 측면 샷 (도현의 전신과 기타 케이스)
- **도현 독백** : "오랜만에 좋은 반응이야. 나도 조금 더 해 볼 수 있겠어."

컷 46~55 : 플래시백과 감정의 교류

컷 46

- **장면 묘사** : 아라의 기억 속으로 전환. 어린 시절 피아노를 연주하던 아라의 모습과 그때 들었던 멜로디가 떠오른다.
- **카메라 앵글** : 플래시백 (피아노를 연주하는 어린 아라의 손)
- **내레이션** : "그때의 나는 음악을 사랑했었다."

컷 47

- **장면 묘사** : 플래시백이 끝나고 현재로 돌아오며, 아라는 눈을 뜨고 도현을 바라본다.
- **카메라 앵글** : 클로즈업 (아라의 흔들리는 눈동자)

컷 48

- **장면 묘사** : 도현이 연주를 멈추고 아라를 바라본다. 긴장한 듯 묻는다.
- **도현 대사** : "어땠어요? 괜찮았나요?"

컷 49

- **장면 묘사** : 아라는 조용히 박수를 치며 미소를 짓는다.
- **효과음** : "탁탁탁…" (손뼉 소리)
- **아라 독백** : "이 소리는 들리지 않지만, 그 마음은 느껴져."

컷 50

- **장면 묘사** : 도현이 안도하며 미소를 짓는다. 기타를 천천히 내려놓으며 커피를 한 모금 마신다.
- **도현 독백** : "오랜만에 이렇게 연주했네. 이상하게 기분이 좋다."

컷 51~55 : 기타 연주 후 첫 감정적 교감

컷 51

- **장면 묘사** : 도현이 기타 연주를 멈추고 긴장한 표정으로 아라를 바라본다. 기타줄의 울림이 잔잔하게 사라지는 순간, 공기가 고요해진다.
- **카메라 앵글** : 클로즈업 (도현의 얼굴, 약간의 땀이 맺힌 모습)
- **도현 대사** : "어땠어요? 별로였나요?"
- **효과음**: "윙…" (기타의 잔잔한 여운)

컷 52

- **장면 묘사** : 아라가 도현을 똑바로 바라보며 천천히 고개를 저어 "아니"라는 제스처를 보인다. 그녀의 표정에는 따뜻함과 작은 미소가 어우러져 있다.
- **카메라 앵글** : 클로즈업 (아라의 얼굴과 손짓)
- **효과음** : "툭툭…" (아라의 손끝으로 테이블을 두드리는 소리)
- **아라 독백** : "그 울림은 나에게 충분했어."

컷 53

- **장면 묘사** : 아라가 천천히 손뼉을 치며 감사를 전한다. 손뼉 소리는 그녀에게 들리지 않지만, 표정과 행동에서 진심이 느껴진다.
- **카메라 앵글** : 풀샷 (아라의 전신과 박수치는 모습)
- **효과음** : "탁탁탁…" (손뼉 소리)
- **아라 독백** : "나는 소리는 듣지 못해도 마음은 느낄 수 있어."

컷 54

- **장면 묘사** : 도현이 아라의 박수에 살짝 당황하다가 안도하며 미소 짓는다. 그는 기타를 내려놓으며 한숨을 내쉰다.
- **카메라 앵글** : 반측면 샷 (도현의 손이 기타를 내려놓는 모습)
- **도현 독백** : "오랜만에 누군가에게 연주를 들려줬어. 기분 나쁘진 않네."

컷 55

- **장면 묘사** : 아라가 창밖을 보며 조용히 미소 짓는다. 창밖의 풍경은 노을빛으로 물들어 있고, 따뜻한 빛이 아라의 얼굴을 감싼다.

- **카메라 앵글** : 측면 샷 (아라의 옆모습과 창밖 풍경)
- **아라 독백** : "소리는 없지만, 이 순간은 분명히 나에게 닿았다."

컷 56~70 : 새로운 시작의 암시

컷 56

- **장면 묘사** : 아라는 조용히 창밖을 바라보며 깊은 숨을 쉰다.
- **카메라 앵글** : 반측면 샷 (창문을 통해 들어오는 빛과 아라의 옆모습)
- **아라 독백** : "조금 더 용기를 내볼까…"

컷 57

- **장면 묘사** : 도현은 기타를 다시 케이스에 넣으며, 카페를 둘러본다.
- **도현 독백** : "이곳, 뭔가 특별해. 다시 오고 싶다."

컷 58

- **장면 묘사** : 아라가 커피잔을 들고 도현에게 조용히 다가가며 미소를 짓는다.
- **카메라 앵글** : 와이드 샷 (둘의 거리감을 좁히는 장면)

컷 59

- **장면 묘사** : 도현이 아라의 미소를 보며 살짝 놀라는 듯한 표정을 짓는다.
- **도현 독백** : "미소가 따뜻하네. 저 사람은 대체…"

컷 60

- **장면 묘사** : 도현이 기타를 메고 카페 문을 열며 나가는 장면.
- **카메라 앵글** : 로우 샷 (도현의 실루엣과 열린 문)
- **효과음** : "땡~"

컷 61

- **장면 묘사** : 아라가 도현이 떠난 문을 조용히 바라보며 약간의 미소를 짓는다.
- **카메라 앵글** : 후면 샷 (아라의 뒷모습과 열린 문)
- **아라 독백** : "이 사람… 어떤 음악을 가지고 있을까?"

컷 62

- **장면 묘사** : 카페 외부의 전경. 문이 닫히고 간판이 부드럽게 흔들린다.
- **카메라 앵글** : 롱 샷 (카페 전경)
- **효과음** : 바람 소리 ("슈르르…")

컷 63~70 : 하루의 끝, 새로운 시작

컷 63

- **장면 묘사** : 도현이 카페 문을 열고 밖으로 나선다. 문이 천천히 닫히며 부드럽게 흔들리는 간판이 보인다.
- **카메라 앵글** : 와이드 샷 (카페 외부의 전경)
- **효과음** : "땡~" (문이 닫히는 종소리)
- **도현 독백** : "조용하지만 묘하게 따뜻한 곳이었어. 또 오고 싶다."

컷 64

- **장면 묘사** : 아라는 카페 안에서 도현이 떠난 문을 바라본다. 고요한 표정 속에 약간의 미소가 스친다.
- **카메라 앵글** : 후면 샷 (아라의 뒷모습과 문)
- **아라 독백** : "저 사람… 어떤 이야기를 가진 걸까?"

컷 65

- **장면 묘사** : 카페 안이 어둑해지고, 아라는 조명을 끄며 정리를 시작한다. 그녀의 움직임은 조용하고 부드럽다.
- **카메라 앵글** : 근접 샷 (아라의 손이 조명 스위치를 누르는 모습)
- **효과음** : "딸깍…"

컷 66

- **장면 묘사** : 창문 밖으로 비치는 어둑한 하늘과 카페 내부의 마지막 불빛. 외부 풍경에는 노을의 잔상이 남아있다.
- **카메라 앵글** : 롱 샷 (카페 외부 전경과 창문)
- **내레이션** : "어둠 속에서도 작은 빛은 계속된다."

컷 67

- **장면 묘사** : 아라는 테이블 위에 남겨진 기타 피크를 발견한다. 피크에는 작은 문양이 새겨져 있다.
- **카메라 앵글** : 클로즈업 (아라의 손이 피크를 집어드는 모습)
- **아라 독백** : "남겨두고 간 걸까…?"

컷 68

- **장면 묘사** : 아라는 피크를 손에 쥐고 잠시 생각에 잠긴다. 창밖에서 부드러운 바람이 불어오고 있다.
- **카메라 앵글** : 측면 샷 (아라의 옆모습과 손에 쥔 피크)
- **효과음** : "슈르르…" (바람 소리)
- **아라 독백** : "다음에 오면… 이걸 돌려줘야겠네."

컷 69

- **장면 묘사** : 카페 외부의 전경. 문이 닫힌 카페 간판이 바람에 흔들리고, 하늘은 별빛으로 물든다.
- **카메라 앵글** : 롱 샷 (간판과 밤하늘)
- **내레이션** : "소리는 없지만, 우리는 서로를 느낄 수 있다."

컷 70

- **장면 묘사** : 화면이 서서히 어두워지며, 마지막 컷에는 카페 간판의 이름 "소리의 정원"이 부드럽게 빛난다.
- **카메라 앵글** : 클로즈업 (간판에 초점)
- **효과음** : "띵…" (잔잔한 여운을 주는 소리)
- **내레이션** : "여기서 시작될 이야기는, 아직 쓰여지지 않았다."

이처럼 웹툰 '소리 없는 마법의 멜로디'의 첫 화 글 콘티를 작성했습니다. 챗GPT를 활용해 빠르게 기초적인 글 콘티를 작성할 수 있고, 장면의 흐름과 주요 사건을 체계적으로 정리하는 데 큰 도움이 됩니다. 특히, 반복적인 작업과 구조화된 내용을 효율적으로 처리할 수 있어 웹툰 스토리의 초기 작업 시간을 단축할 때 효과적입니다. 하지만 챗GPT를 활용한 글 콘티 작성에는 한계도 존재합니다. AI가 생성하는 텍스트는 종종 인물의 대사나 독백이 다소 기계적이거나 문맥에 어색함을 느낄 수 있으며 캐릭터의 성격이나 감정선을 충분히 반영하지 못할 때가 있습니다. 그리고 섬세한 표현이나 연출의 디테일은 작가의 의도와 상충할 가능성도 있습니다. 따라서 챗GPT를 활용해 작성한 글 콘티를 참고하되, 작가의 창의적인 감각과 경험을 더해 완성하는 것이 바람직합니다. 특히, 주인공의 대사와 독백을 보다 자연스럽게 다듬고 캐릭터의 특성과 감정선을 세심하게 조율하는 작업이 필요합니다. 이러한 과정은 AI의 효율성에 작가의 독창성이 발휘되어, 더욱 완성도 높은 스토리와 생동감 있는 캐릭터를 독자에게 전달할 수 있습니다.

챗GPT가 작성한 글 콘티 수정하기

챗GPT를 사용해 작성한 글 콘티 중에서 상황 전개가 중복되는 경우가 있습니다. 특히 웹툰 콘티나 시나리오처럼 압축적이고 정교한 플롯 구성이 필요한 글에서 어색하게 느껴질 수 있습니다.

챗GPT는 다양한 텍스트 기반의 데이터로 훈련되어 있지만, 실제 인간의 일상 회화나 정서적 맥락에 완전히 동일하게 반응하지는 못합니다. 미묘한 뉘앙스 표현, 감정의 농도, 말투의 사회적 배경 등 문화적 맥락을 정확하게 반영하지 못하는 경우가 있어서 대사나 독백의 표현이 어색한 문장들이 있습니다. 다시 한번 강조하자면, 챗GPT를 사용해 생성된 콘티를 기반으로 초안으로 활용하고 직접 수정하고 검수하는 방식이 가장 효율적입니다. 일부 장면을 가져와 수정 전 콘티와 수성 후 콘티를 살펴보겠습니다.

01 아라가 청각장애를 갖게 된 회상 씬 회고를 수정해 보겠습니다. 다음과 같이 챗GPT가 작성한 글 콘티를 기준으로 직접 글 콘티를 수정합니다.

GPT

컷 6

- **장면 묘사** : 카운터 뒤에서 커피잔을 닦으며 손님들을 바라보는 아라
- **카메라 앵글** : 반측면 샷 (아라의 표정이 보이도록)
- **아라 독백** : "이렇게 조용히, 조금씩."

컷 7

- **장면 묘사** : (플래시백) 병원의 하얀 복도를 배경으로 어린 아라가 충격을 받은 표정으로 서 있다. 의사가 청각 손실에 대해 설명하는 모습
- **카메라 앵글** : 클로즈업 (어린 아라의 표정)
- **효과음** : "텅…" (적막감 강조)
- **내레이션** : "하지만 아라는 세상의 소리를 잃었다."

컷 8

- **장면 묘사** : 현재로 돌아와, 아라는 커피잔을 닦으며 살짝 떨리는 숨을 내쉰다.
- **카메라 앵글** : 근접 샷 (손과 커피잔)
- **아라 독백** : "그래도 괜찮아. 커피는 내가 전할 수 있어."

직접 수정한 글 콘티

컷 6

- **장면 묘사** : 아라가 커피잔을 닦고 있다.
- **카메라 앵글** : 클로즈업 샷 (커파잔을 닦고 있는 아라의 두 손에 포커스)
- **아라 독백** : '나의 커피 한 잔이 위로가 될 수 있다면…'
- **효과음** : (잔잔한 클래식 피아노 음악 소리)

컷 7

- **장면 묘사** : (플래시백) 어린 아라가 피아노 연주회 무대에 앉아 연주를 시작한다. 무대 조명 아래에서 긴장과 설렘이 엇갈린 표정으로 피아노 건반을 누르기 시작한다.
- **카메라 앵글** : 와이드샷 (아라가 무대 중앙에서 피아노를 연주하는 장면과 관객석 일부)
- **효과음** : "딩… 딩딩…" (부드럽고 서정적인 피아노 소리)
- **내레이션** : "음악은 어린 아라에게 세상의 전부였다."

컷 8

- **장면 묘사** : 연주가 끝나가던 중, 천장에서 무대 조명의 전구가 갑작스럽게 폭발하며 강렬한 빛과 큰 소음이 무대를 뒤덮는다.
- **카메라 앵글** : 클로즈업 (조명이 폭발하며 빛이 튀는 장면)
- **효과음** : "쾅!!", "으악~~" (폭발음과 함께 관객들의 비명 소리)

컷 9

- **장면 묘사** : 어린 아라는 폭발음과 충격에 피아노에서 손을 멈추고 귀를 감싼 채 무서움에 몸을 웅크린다.
- **카메라 앵글** : 클로즈업 (아라의 두려움에 가득 찬 얼굴과 떨리는 손)
- **효과음** : "윙…" (강렬한 소음 후 울리는 귀의 소리).
- **아라 독백** : '아..아무 소리도 들리지 않아..'

컷 10

- **장면 묘사** : (플래시백) 병원의 하얀 복도를 배경으로 어린 아라가 충격을 받은 표정으로 서 있다.
- **카메라 앵글** : 클로즈업 (어린 아라의 표정)
- **효과음** : "텅…" (적막감 강조)
- **내레이션** : "결국 아라는 세상의 소리를 잃었다."

컷 11

- **장면 묘사** : 현재로 돌아와, 아라는 창 밖을 보며 살짝 떨리는 숨을 내쉰다.
- **카메라 앵글** : 미디움 샷 (아라의 측면 샷)
- **아라 독백** : '이젠 괜찮아. 다 지난 일인걸..'
- **효과음** : "후우~~" (아라의 한숨)

02 이번에는 아라와 도현이 처음 마주쳐 서로에게 설레는 순간과 청각장애인 아라에게 도현이 커피를 주문하는 장면을 수정해 보겠습니다. 다음과 같이 챗GPT가 작성한 글 콘티를 기준으로 직접 글 콘티를 수정합니다.

GPT

컷 13

- **장면 묘사** : 도현이 카운터로 다가가 메뉴판을 보고 살짝 고개를 갸웃거린다.
- **카메라 앵글** : 측면 샷 (도현의 표정과 메뉴판이 함께 보이게)
- **도현 대사** : "저… 아메리카노 한 잔 주세요."

컷 14

- **장면 묘사** : 아라는 도현의 요청에 조용히 고개를 끄덕이며 메뉴판을 가리킨다.
- **카메라 앵글** : 클로즈업 (아라의 손과 고개 끄덕임)

• **효과음**: "톡…" (손이 메뉴판을 가리키는 소리)

컷 15

• **장면 묘사** : 도현이 메뉴판을 보며 미소를 띠고 "아메리카노 주세요"라고 반복한다.
• **카메라 앵글** : 클로즈업 (도현의 표정과 손짓)
• **도현 독백** : "묘하게 차분한 사람이네. 커피가 기대돼."

컷 16

• **장면 묘사** : 아라는 커피 머신 쪽으로 이동하며 커피를 준비하기 시작한다. 에스프레소 샷이 추출되는 모습
• **카메라 앵글** : 클로즈업 (커피 머신과 에스프레소 잔)
• **효과음** : "치익…"

컷 17

• **장면 묘사** : 도현은 카운터에 기대어 커피를 준비하는 아라의 손길을 흥미롭게 지켜본다.
• **카메라 앵글** : 측면 샷 (도현의 시선과 아라의 손)
• **도현 독백** : "단순한 움직임인데도 뭔가 멋지네."

컷 18

• **장면 묘사** : 아라가 완성된 커피를 도현에게 건네며 살짝 웃는다.
• **카메라 앵글** : 클로즈업 (아라의 손과 도현에게 전달되는 커피잔)
• **효과음** : "탁" (커피잔을 놓는 소리)

컷 19

• **장면 묘사** : 도현이 커피를 한 모금 마시고 약간 놀란 듯한 표정을 짓는다.
• **카메라 앵글** : 클로즈업 (도현의 얼굴과 커피잔)
• **도현 독백** : "와… 이건 그냥 커피가 아니야. 무슨 마법 같은데?"

컷 20

• **장면 묘사** : 도현이 커피잔을 내려놓으며 카페 내부를 다시 둘러본다. 그는 어딘가 안정된 듯한 미소를 띠고 있다.
• **카메라 앵글** : 와이드 샷 (도현의 뒷모습과 카페 내부)
• **도현 독백** : "여긴 뭔가 특별해. 그냥 스쳐 지나가면 안 될 것 같은 느낌."

직접 수정한 글 콘티

컷 13

- **장면 묘사** : 도현이 카운터로 다가가 조심스레 음료를 주문한다.
- **카메라 앵글** : 정면 클로즈업 샷 (도현의 표정과 메뉴판이 함께 보이게)
- **도현 대사** : "저… 아이스 아메리카노 한 잔 부탁드립니다."
- **효과음** : "??(물음표)" (반응 없음에 의아함)

컷 14

- **장면 묘사** : 도현을 마주한 아라는 순간 멍해진다.
- **카메라 앵글** : 정면 클로즈업 샷 (아라)
- **아라 독백** : '와…잘 생겼다….'
- **효과음** : "콩닥 콩닥 콩닥…"

컷 15

- **장면 묘사** : 아라의 무반응에 도현은 다시 한번 말을 건넨다.
- **카메라 앵글** : 정면 익스트림 클로즈업 샷 (도현)
- **도현 대사** : "저기요… 주문되나요???"

컷 16

- **장면 묘사** : 마음을 들킨 것 같아 당황한 아라는 서둘러 앞치마를 맨다.
- **카메라 앵글** : 정면 익스트림 클로즈업 샷 (아라)
- **아라 독백** : '아차차.. 주문을 받아야지..', '앞치마가 어디있더라..'
- **효과음** : "화들짝!"

컷 17

- **장면 묘사** : 당황한 아라는 도현에게 메모장을 건네며 말한다.
- **카메라 앵글** : 클로즈업 (아라의 표정과 손짓)
- **아라 대사** : "제가.. 소리를 잘 듣지 못해서, 여기 종이에 작성해주시겠어요?"

컷 18

- **장면 묘사** : 당황한 도현은 아라의 요청에 조용히 고개를 끄덕이며 메모장을 받는다.
- **카메라 앵글** : 클로즈업 (당황한 도현이 고개를 끄덕임)
- **도현 독백** : '아.. 청각장애가 있나보네' 혹은 '아… 소리를 못 듣는구나…'
- **도현 대사** : '아 네..'
- **효과음** : "툭…" (메모장을 건네 받는 소리)

컷 19

- **장면 묘사** : 도현은 메뉴판을 확인하고 주문서를 작성하고 있다.
- **카메라 앵글** : 클로즈업 (도현의 표정과 손짓)
- **아라 독백** : '이 사람은 누구일까..?'
- **효과음** : "슥슥…" (연필 소리)

컷 20

- **장면 묘사** : 아라는 주문서를 작성하는 도현을 슬그머니 바라본다.
- **아라 독백** : '옆 모습도 멋지다...'
- **효과음** : "두근 두근…" (심장 소리)

컷 21

- **장면 묘사** : 도현은 메뉴판을 확인하고 주문서를 작성하고 있다.
- **카메라 앵글** : 측면 클로즈업 (도현)

컷 22

- **장면 묘사**: 도현은 메모지에 주문 메뉴를 쓰고 있다.
- **카메라 앵글**: 클로즈업 (도현의 손)
- **효과음** : "슥슥…"
- **종이 위 글씨** : 아이스 아메리카노

컷 23

- **장면 묘사** : 아라는 주문서를 작성하는 도현을 슬그머니 바라본다.
- **아라 독백** : '와.. 손가락도 참 멋지다...'
- **효과음** : "화-악…"

컷 24

- **장면 묘사**: 아라는 도현이가 건네는 주문서를 받는다.
- **카메라 앵글** : 미디움 샷 (아라와 도현)
- **도현 대사** : "여기요"
- **아라 대사** : "아… 네..!"
- **아라 독백** : '앗, 정신차려야지'

컷 25

- **장면 묘사** : 아라는 도현이가 건네는 주문서를 받는다.
- **아라 대사** : "앉아계시면 가져다 드릴게요."
- **효과음** : "부끄…"

수정한 글 콘티를 바탕으로 러프 스케치 그리기

수정한 글 콘티를 바탕으로 그림 콘티를 러프 스케치로 만듭니다. 각 컷의 장면 구성, 등장인물 위치, 감정 표현을 위한 카페라 거리 및 앵글, 배경 등을 설정하여 러프 스케치 단계에서 명확한 지시가 되도록 합니다.

그림 콘티는 글 콘티에서 표현된 내용과 감정을 시각적으로 구체화하는 중요한 단계로 이후 작화 작업에 큰 영향을 미칩니다. 컷의 구도나 인물의 표정, 카메라 움직임이 그림 콘티 단계에서 시각적으로 정리되기 때문에 작화 과정의 방향성을 잡고 작업 효율을 높이는 데에 핵심적인 역할을 합니다. 또한, 팀 작업 시 의사소통 도구로도 기능하며, 연출 의도를 공유하고 수정 사항을 사전에 반영할 수 있는 기반이 됩니다.

오른쪽의 그림 콘티는 클립 스튜디오에서 기본 펜 도구를 사용해서 만들었습니다.

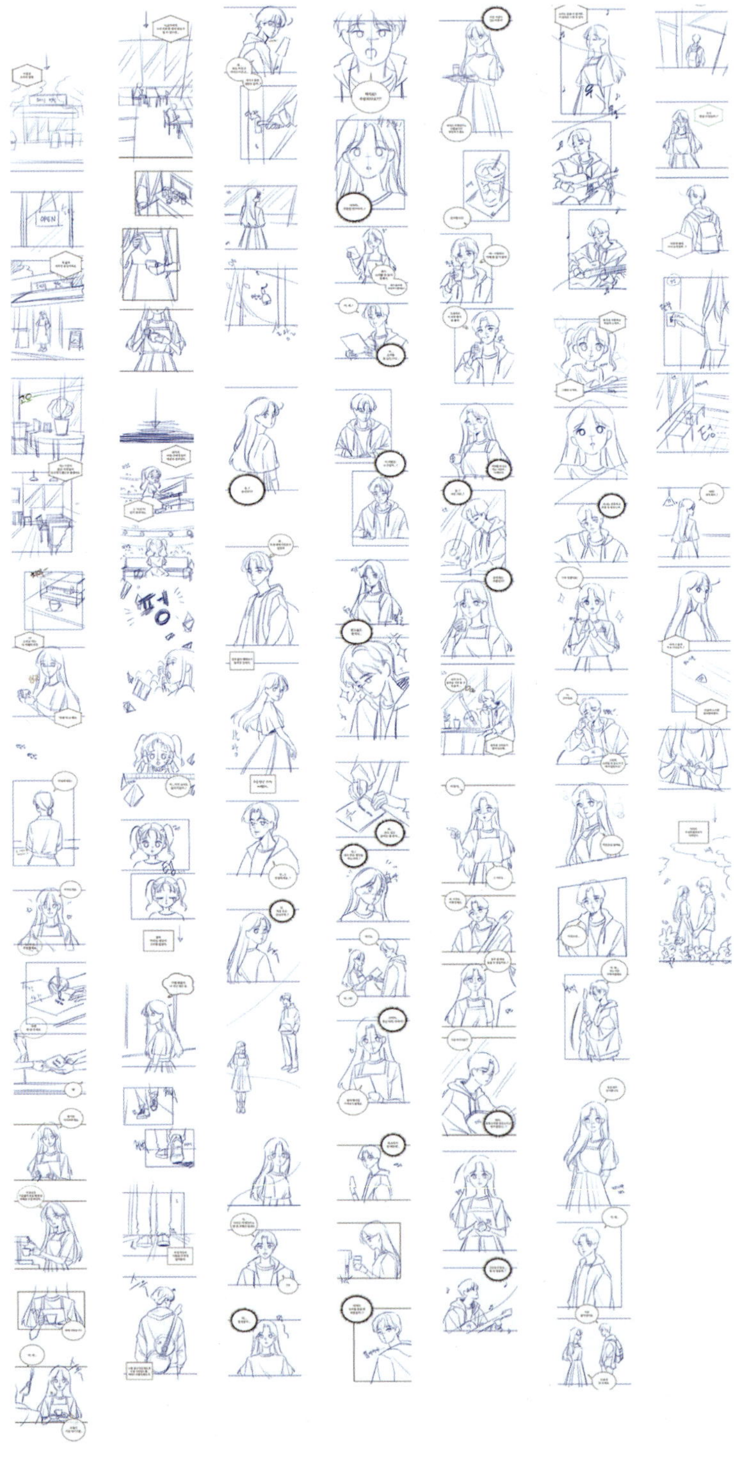

실습 예제 03

5.6 달리로 러프 이미지 생성하기

달리 3은 OpenAI에서 제공하는 이미지 생성 모델로, 현재는 챗GPT와 통합되어 이미지 생성과 편집 기능을 제공합니다. 이 기능은 챗GPT의 유료 플랜인 ChatGPT Plus에서 사용할 수 있으며, GPT-4 Turbo 모델을 선택하면 텍스트 기반으로 이미지를 만들거나 수정하는 작업이 가능합니다.

달리 3을 사용하려면, 먼저 생성하고자 하는 이미지를 구체적으로 묘사하는 텍스트 프롬프트를 입력창에 작성해야 합니다. 프롬프트는 이미지의 주제, 스타일, 색감, 배경, 구도를 포함하여 자세히 작성할수록 원하는 결과를 얻기 쉽습니다. 예를 들어, '강아지가 앉아 있는 모습'보다 '푸른 잔디밭 위에서 빨간 리본을 착용한 강아지가 웃고 있는 모습'처럼 자세하게 프롬프트를 작성하는 것이 좋습니다.

프롬프트 작성 후, 입력창에 내용을 입력하고 이미지 생성을 요청합니다. 생성된 이미지가 마음에 들지 않으면 추가로 수정 요청을 하거나 새로운 프롬프트를 입력하여 재생성할 수 있습니다.

01 미드저니에서 본격적으로 주인공 캐릭터를 생성하기 전에 달리 3에서 주인공 캐릭터의 콘셉트 이미지를 도출해 보려고 합니다. 챗GPT 입력창에 여자 주인공 '아라'에 대한 외형적 특성과 정보를 입력합니다.

웹툰 작품에 어울리는 여자 주인공 '아라' 이미지를 생성해 줘.
한국 웹툰 스타일의 캐릭터로 다음 정보를 참고해 줘.
대한민국 국적의 20세 여성, 키 160cm의 마른 체형, 앞머리가 있고 허리까지 오는 긴 생머리, 짙은 밤색의 머리카락, 흰 피부, 크고 동그란 눈, 초록빛의 눈동자, 작은 귀, 작은 입, 평범하고 수수한 옷차림, 베이지색의 스웨터와 딥그린 색의 롱스커트, 흰 운동화를 신고 있어.

GPT

02 이번에는 챗GPT 입력창에 남자 주인공 '도현'에 대한 외형적 특성과 정보를 입력합니다.

**한국 웹툰 스타일로 남자 주인공 '도현' 이미지를 생성해 줘.
다음 정보를 참고해 줘.
대한민국 국적의 23세 남성, 키 178cm의 보통 체형, 5:5 가르마와 중간 컬의 헤어스타일, 흑색 머리카락, 어두운 피부, 작은 눈, 큰 귀, 큰 입의 남성스러운 외모를 가지고 있어. 평범하고 수수한 옷차림으로, 흰색 티셔츠와 짙은 초록색의 후드 집업, 베이지색 바지, 베이지색 운동화를 신고 있어. 기타 가방을 등에 메고 있어.**

03 이번에는 두 주인공 캐릭터가 어울리는지 확인하기 위해 생성된 이미지를 각각 복사하겠습니다. 먼저 '아라' 캐릭터 이미지에서 마우스 오른쪽 버튼을 클릭한 다음 **이미지 복사**를 실행합니다.

04 입력창에 Ctrl+V를 누르면 복사한 '아라' 캐릭터 이미지가 섬네일 형식으로 붙여넣기 됩니다.

05 이번에는 '도현' 캐릭터 이미지에서 마우스 오른쪽 버튼을 클릭한 다음 **이미지 복사**를 실행합니다.

06 04번과 같은 방법으로 입력창에서 Ctrl+V를 누르면 복사한 '도현' 캐릭터 이미지가 붙여넣기 됩니다. 두 캐릭터의 이미지가 모두 섬네일 형태로 표시되면, 입력창에 추가로 프롬프트를 입력한 다음 Enter를 누릅니다.

이 두 캐릭터 '아라'와 '도현'의 특성을 반영해서 두 캐릭터가 함께 있는 웹툰의 한 장면 이미지를 생성해 줘.

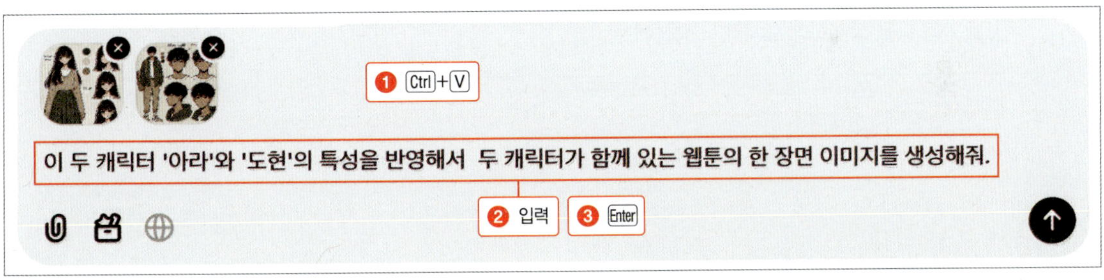

07 다음과 같은 장면의 이미지가 생성되었습니다.

NOTE

이처럼 달리 3는 챗GPT와 연동되어 직관적이고 친숙한 인터페이스를 제공함으로써, 사용자가 손쉽게 이미지를 생성할 수 있다는 큰 장점을 지니고 있습니다. 특히 복잡한 설명 없이도 텍스트에 담긴 주제와 스타일을 효과적으로 반영하며, 사용자의 입력을 시각적으로 구체화하는 데에 강점을 보입니다.
다만, 캐릭터 일관성을 유지하는 기능은 상대적으로 제한적이기 때문에 동일한 캐릭터를 여러 이미지에 걸쳐 일관되게 표현하는 데에는 어려움이 있습니다. 이러한 한계는 캐릭터의 일관성이 중요한 웹툰 제작과 같은 작업에서 제약으로 작용할 수 있습니다.

연습 문제 | 이야기와 컷을 연결하는 글 콘티

01 웹툰 뼈대 설계를 위한 단계별 개념 '시놉시스, 트리트먼트, 글 콘티'에 대해 이해합니다. 앞선 작품 기획안을 바탕으로 챗GPT에서 웹툰의 시놉시스와 트리트먼트를 도출하여 작성해 보세요.

02 트리트먼트를 바탕으로 웹툰 1화의 70개 컷에 해당하는 글 콘티를 작성해 보세요. 챗GPT에서 다음의 프롬프트를 참고하세요.

- **예** : 앞으로 나는 웹툰 1화의 70개 컷 작화 작업을 시작할 거야. 작화 작업을 하기 전에 앞서 작성한 트리트먼트 중 00을 참고해서 글 콘티를 만들 거야. 총 70개 컷의 각 장면마다 두 주인공의 행동, 대사, 독백, 내레이션, 효과음 등을 상세하게 묘사해서 작성해 줘.

03 챗GPT에서 작성한 글 콘티 중에서 상황이 중복되거나 미묘한 뉘앙스 표현, 맡투 표현, 감정의 농도 등이 정확하게 반영되지 않을 수 있습니다. **02**번의 글 콘티를 초안으로 활용하고 직접 수정 및 검수해 보세요.

04 챗GPT에서 주인공 캐릭터의 외형적 특성과 정보를 프롬프트로 작성하여 주인공 캐릭터의 콘셉트 이미지를 생성해 보세요.

WEEK 06

다양한 스타일의 이미지 생성

학 습 목 표

웹툰 제작에 활용할 수 있는 다양한 이미지 스타일을 미드저니를 사용하여 생성하고, 캐릭터 그림체, 표현기법, 장르별로 프롬프트를 입력하여 원하는 스타일의 이미지를 생성합니다. 이를 통해 미드저니의 프롬프트 설계 방법을 이해하고, 웹툰 창작 시 상황에 맞는 이미지를 효율적으로 제작하는 능력을 기릅니다.

6.1 캐릭터 그림체에 따른 스타일

만화와 웹툰에서 표현기법은 장르와 스토리의 특성에 따라 다양하게 사용되며, 독자의 감정 이입과 작품의 개성을 강조하는 데에 중요한 역할을 합니다. 표현기법의 선택에 따라 웹툰의 분위기와 서사 전달력이 달라질 수 있으므로, 작품의 의도에 맞는 기법을 적절히 활용하는 것이 중요합니다.

웹툰의 그림체 스타일

웹툰에서 그림체 스타일은 크게 극화체(Realism Style), 명랑체(Cartoon Style), 데포르메(Deformation Style)로 나뉩니다.

1) 극화체(Realism Style)

극화체는 현실의 인물과 사물을 사실적으로 묘사하는 스타일로, 사실체, 리얼리즘의 개념입니다. 인체의 정확한 비율, 해부학적 구조, 세밀한 명암 표현과 빛·그림자의 디테일이 특징입니다. 섬세한 배경과 사실적인 색감은 작품에 몰입감을 더하며, 드라마틱한 서사를 더욱 강렬하게 전달합니다. 드라마, 스릴러, 액션, 역사물과 같이 무게감 있고 진지한 분위기의 작품에 주로 활용되며, 현실을 그대로 옮겨 놓은 듯한 정교한 묘사는 웹툰의 몰입도를 높여 드라마화나 영화화로 확장되는 사례도 많습니다.

프롬프트 a 1950's style graphic novel style with realism, dramatic realism, the young soldier in the trenches, dirt-smeared face, exhausted and scared, gripping his rifle tightly at the intense battle scene with explosions and smoke

프롬프트 realistic drawing style of the smiling girl smiling as she looks at the photograph album in her hands in the cosy home --niji 6

2) 명랑체(Cartoon Style)

명랑체는 밝고 단순한 선과 생동감 있는 색감을 활용해 경쾌하고 유쾌한 분위기를 전달하는 그림체 스타일입니다. 주로 캐릭터의 표정을 강조하고 움직임을 역동적으로 표현하여 이야기의 가벼움과 즐거움을 극대화합니다.

명랑체는 복잡한 디테일 대신 단순화된 형태와 과장된 감정을 중심으로 전개되며, 가볍고 친근한 느낌을 주기 때문에 어린이 만화, 일상물, 코믹 장르에서 많이 활용됩니다. 특징적으로 선명하고 뚜렷한 선과 밝은 색조를 사용하여 캐릭터와 배경을 직관적으로 표현하며, 독자가 부담 없이 스토리를 빠르게 이해할 수 있도록 돕습니다. 대표적인 예로는 유머러스한 상황에서 캐릭터의 익살스러운 표정이나 과장된 동작이 자주 등장하며, 명랑체는 작품 전체에 긍정적이고 활기찬 에너지를 불어넣는 역할을 합니다.

프롬프트 cartoon style of the cute girl with bicycle at neighborhood alley, friendly and lovely

프롬프트 cartoon style of a teenager boy playing the guitar on a park bench, chill up --niji 6

프롬프트 cartoon style, a teenager girl playing with dog on the river --niji 6

3) 데포르메(Deformation Style)

데포르메는 인물이나 사물의 형태를 의도적으로 과장하거나 단순화하는 표현기법입니다. 캐릭터의 눈, 표정, 신체 비율을 과장하거나 축소해 감정을 강조하고, 다양한 얼굴 변화와 몸짓 표현을 통해 스토리의 유머와 생동감을 더합니다. 또한, 복잡한 디테일을 생략하고 간결한 선과 색감으로 빠르게 내용을 전달하며, 주로 코믹물, 일상물 등 가볍고 유머러스한 분위기의 작품에 활용됩니다.

대표적으로 캐릭터의 큰 눈이나 우스꽝스러운 표정, 귀엽고 단순화된 디자인은 감정선을 효과적으로 표현하여 독자의 몰입과 재미를 높입니다. 데포르메의 캐릭터의 비율과 변형 정도에 따라 SD(Super Deformed), MD(Medium Deformed), LD(Less Deformed)로 분류할 수 있습니다. 실제 웹툰 제작시 가장 많이 활용되는 개념은 SD입니다. SD는 캐릭터가 극단적으로 과장되고 단순화된 형태로, 머리는 크고 몸은 작으며 귀여운 비율을 가지는 스타일입니다. 감정을 빠르게 전달하거나 코믹한 장면에 자주 사용되고 귀엽고 유머러스한 표현이 강조됩니다.

프롬프트 `super deformation style, chibi style, cute girl with sweets, simple drawing --niji 6`

프롬프트 `super deformation style, a young boy with a paper plane in the house yard, chibi`

프롬프트 `super deformation style,a girl with dark curly hair and chubby cheeks skateboarding`

NOTE

일본에서는 SD(Super Deformed)를 치비 스타일(Chibi Style)이라고도 합니다.

6.2 시대별 특징에 따른 스타일

스타일은 시대별로 장르와 특징이 있습니다. 표 6-1을 살펴보고 각 그림들과 함께 어떤 스타일 특징이 부각되는지 알아봅시다.

표 6-1 시대에 따른 장르와 특징

<table>
<tr><th>시대</th><th>주요 장르</th><th>특징</th></tr>
<tr><td rowspan="2">초기 만화
(19세기 후반~
20세기 초반)</td><td>신문 만화(Newspaper Comics)</td><td rowspan="2">흑백 선화(Black-and-white Line Art)
풍자적 유머(Satirical Humor)
단순한 패널 구성(Simple Panel Layouts)</td></tr>
<tr><td>초기 카툰(Pioneering Cartoons)</td></tr>
<tr><td rowspan="2">황금기
(1930년대~
1950년대)</td><td>슈퍼히어로 코믹북(Superhero Comics) : 영웅의 정의 구현과 도덕적 서사를 담은 액션 중심 이야기</td><td rowspan="2">망토를 두른 영웅(Cape-Wearing Heroes)
역동적인 액션(Dynamic Action)
슈퍼히어로 서사(Superhero Narratives)
강렬한 색조(Bold Color Palettes)
4색 인쇄(Four-Color Printing)
역동적인 액션 패널(Dynamic Action Panels)</td></tr>
<tr><td>초기 망가(Early Manga) : 영화적 구도와 전후 일본 문화에 기반한 작품</td></tr>
<tr><td rowspan="2">은색시대
(1960년대~
1970년대)</td><td>슈퍼히어로 팀물(Superhero Team Stories) : 팀 기반의 복잡한 서사와 도덕적 갈등</td><td rowspan="2">도덕적 모호성(Moral Ambiguity)
감정적인 선화(Expressive Linework)
영화적 구도(Cinematic Layouts)
연재 기반 스토리텔링(Serialized Storytelling)</td></tr>
<tr><td>소년/소녀 망가(Shonen/Shojo Manga) : 연령별 독자층을 타깃으로 한 감정 중심의 스토리</td></tr>
<tr><td rowspan="3">청동기와 암흑기
(1980년대~
1990년대)</td><td>다크 에이지 코믹스(Dark Age Comics) : 반영웅과 디스토피아적 세계관 중심의 어두운 서사</td><td rowspan="3">어두운 스토리텔링(Gritty Storytelling)
레트로 퓨처리즘(Retro Futurism)
SF 망가 스타일(Sci-Fi Manga)
스팀펑크 코믹(Steampunk Comics)
독립형 작품(Standalone Works)
다양한 장르 유연성(Genre Versatility)</td></tr>
<tr><td>그래픽 노블(Graphic Novels) : 독립적이고 성숙한 주제를 다룬 작품</td></tr>
<tr><td>망가 국제화(Manga Globalization) : 다양한 장르와 흑백 미학으로 국제적 인지도 상승</td></tr>
<tr><td rowspan="2">디지털화와 글로벌 확장
(2000년대)</td><td>웹툰(Webtoons) : 모바일 최적화된 세로 스크롤과 에피소드 중심의 스토리텔링</td><td rowspan="2">모바일 우선 플랫폼(Mobile-First Platforms)
에피소드 기반 스토리텔링(Episodic Storytelling)
세로 스크롤(Vertical Scrolling)
디지털 맞춤 연출(Digital Pacing)
밝은 디지털 색상(Bright Digital Colors)
애니메이션 각색(Anime Adaptations)</td></tr>
<tr><td>인디 코믹북(Indie Comics) : 다양한 목소리와 틈새 시장을 겨냥한 독립 출판물</td></tr>
</table>

1) 신문 만화(Newspaper Comics) 스타일

신문 만화(19세기 후반~20세기 초반)는 단순한 선과 강한 윤곽선을 특징으로 하며, 신문 인쇄 특성상 흑백으로 표현되었습니다. 유머와 풍자를 중심으로 짧은 연재 형식이 많았으며, 말풍선이 본격적으로 사용되기 시작했습니다. 또한, 캐릭터의 과장된 표정과 동작을 통해 직관적인 스토리 전달이 강조되었습니다.

프롬프트 `1890's newspaper comic style, a character of an oldman with a newspaper in the living room, satirical humor`

2) 다크 에이지 코믹스(Dark Age Comics) 스타일

다크 에이지 코믹스 스타일은 어두운 분위기와 복잡한 서사를 특징으로 합니다. 현실적이고 성인 지향적인 주제가 많아졌으며, 강렬한 명암 대비와 디테일한 그림체가 강조되었습니다. 반영웅(Anti-hero) 캐릭터와 폭력적이고 거친 표현이 두드러지며, 그래픽 노블의 발전에도 영향을 미쳤습니다.

프롬프트 `anime style, comic style with synthwave, a girl with a high-tech, sleek outfit with holographic, a place filled with advanced technology and colorful decorations, creating a modern and vibrant atmosphere elements`

6.3 재료와 표현기법에 따른 스타일

재료와 표현기법에 따른 스타일은 크게 건식 재료(Dry Media), 습식 재료(Wet Media), 혼합 재료(Mixed Media), 디지털 표현(Digital Media)으로 나뉩니다.

건식 재료 표현기법

건식 재료는 마른 상태에서 사용되는 미술 도구로, 선과 명암을 활용한 다양한 표현이 가능합니다. 연필, 목탄, 색연필, 파스텔, 볼펜 등 각 재료마다 고유한 질감과 효과를 가집니다.

❶ 연필 스케치(Pencil Sketch) : 섬세하고 자연스러운 선 표현으로 기본 드로잉에 적합합니다.

❷ 목탄 드로잉(Charcoal Drawing) : 부드러운 음영과 깊은 검정으로 강렬한 감정 표현합니다.

❸ 색연필 표현(Colored Pencils) : 부드러운 색감과 세밀한 디테일을 표현합니다.

❹ 파스텔 드로잉(Pastel Drawing) : 부드럽고 흐릿한 색감으로 감성적인 분위기를 연출합니다.

❺ 볼펜 스케치(Ballpoint Pen Sketch) : 얇고 세밀한 선 표현, 날카롭고 사실적인 디테일을 강조합니다.

1) 연필 스케치(Pencil Sketch)

프롬프트 pencil sketch illustration style, drawing of a woman looking confident wearing sunglasses on a white backdrop

2) 목탄 드로잉(Charcoal Drawing)

프롬프트 comic style with charcoal drawing, dramatic, an old man scared and shouting

3) 볼펜 스케치(Ballpoint pen drawing)

프롬프트 graphic novel style with ballpoint pen outline drawing, black and white drawing, a young woman wet brown hair with an umbrella and walk down in heavy rain

습식 재료 표현기법

습식 재료는 물이나 용제를 활용해 부드럽고 자연스러운 색감과 질감을 연출하는 표현기법입니다. 이 기법에는 물감의 번짐을 살린 수채화, 색의 깊이를 조절하는 과슈 페인팅, 느린 마름을 이용한 유화, 질감과 물성을 극대화한 아크릴화 등이 포함되며, 각 재료의 특성에 따라 다양한 시각적 효과를 연출할 수 있습니다.

❶ 수채화(Watercolor) : 투명한 색감과 부드러운 그라데이션 효과입니다.

❷ 아크릴 페인팅(Acrylic Painting) : 선명한 색감과 강렬한 명암 대비가 특징입니다.

❸ 먹 드로잉(Ink Wash) : 먹의 번짐과 자연스러운 흐름으로 동양적 분위기를 연출합니다.

❹ 유화(Oil Painting) : 풍부한 색감과 텍스처 표현, 클래식한 분위기를 강조합니다.

❺ 페인터리 스타일(Painterly Style) : 붓터치 효과로 디지털 화면에서 회화적 질감을 구현합니다.

1) 유화(Oil Painting)

프롬프트 anime style with oil painting, close-up shot of a cute boy with snowman --fast

2) 수채화(Watercolor)

프롬프트 oriental comic style with water color, young asian man has hair styled in a loose ponytail and dressed in traditional Chinese clothing that is loose-fitting, running

혼합 재료 표현기법

혼합 재료는 서로 다른 재료와 기법을 결합하여 독창적인 시각적 효과를 만드는 표현 방식입니다. 각 기법마다 개성이 뚜렷하며, 다양한 질감과 색감을 활용할 수 있습니다.

❶ 그래피티 아트(Graffiti Art) : 스프레이와 디지털 텍스처를 결합한 강렬한 스타일입니다.

❷ 아크릴 붓기 기법(Acrylic Pour) : 흐르는 색상 패턴으로 추상적인 분위기를 연출합니다.

❸ 블록 프린트 스타일(Block Print Style) : 선명한 윤곽선과 강렬한 색상 대비를 표현합니다.

❹ 리소프린트 스타일(Risograph Style) : 빈티지 프린트 질감과 독특한 색상 팔레트입니다.

❺ 종이 자르기 기법(Cut Paper) : 손으로 자른 듯한 텍스처와 레이어를 표현합니다.

❻ 스프레이 페인팅(Spray Painting) : 대담하고 역동적인 색감, 거리 예술 스타일을 표현합니다.

1) 그래피티 아트(Craffiti Art)

프롬프트 graffiti art style illustration, a charcter of a boy who 's style is for hip hop R&R alternative culture should have a pocket chain on jeans

2) 리소프린트 스타일(Risograph Style)

프롬프트 graphic novle style with risograph, a character of a teenager boy on the windy day

디지털 미디어 표현기법

디지털 미디어는 컴퓨터와 그래픽 소프트웨어를 활용하여 다양한 스타일을 연출하는 방식입니다.

❶ 레트로 팝아트(Retro Pop Art) : 선명한 색감, 강한 윤곽선, 도트 패턴 등을 활용한 복고적인 감성과 현대적인 유머를 결합한 표현기법입니다.

❷ 픽셀 아트(Pixel Art) : 픽셀 단위를 활용해서 낮은 해상도와 제한된 색상 속에서 디테일을 표현해서 레트로 감성을 연출합니다.

❸ 벡터 아트(Vector Art) : 선명하고 깔끔한 선과 색상으로 그래픽적 표현입니다.

❹ 블랙라이트 페인팅(Blacklight Painting) : 어두운 배경에서 선명하고 환상적인 색채 효과를 강조하여 네온 빛 페인팅을 연출합니다.

1) 레트로 팝아트(Retro Pop Art)

프롬프트 comic style with retro pop art, a little girl blows a bubble from chewing gum

2) 블랙라이트 페인팅(Blacklight Painting)

프롬프트 anime style, Blacklight Painting style of a boy with sunglass with neon color

6.4 명암기법에 따른 스타일

명암기법에 따른 스타일은 크게 드로잉 기반 명암 기법(Drawing-Based Shading), 텍스처 기반 명암 기법(Texture-Based Shading), 셰이딩 명암 기법(Shading Techniques)으로 나뉩니다.

드로잉 기반 명암기법

드로잉 기반 명암 기법은 선과 점을 이용해 명암과 깊이를 표현하는 방법입니다. 해칭과 크로스 해칭은 선을 반복하여 음영을 만들며, 선화와 스케치한 선은 자유로운 선을 통해 형태를 강조합니다. 선 굵기를 변형하거나, 스티플링처럼 점을 사용해 미세한 톤 변화를 주며, 다이내믹 잉크 스트로크는 역동적인 선으로 움직임을 표현할 수 있습니다.

❶ 해칭(Hatching) : 평행선으로 명암을 표현하며, 선의 밀도로 어두운 영역을 조정합니다.

❷ 크로스 해칭(Cross Hatching) : 선의 교차를 통해 깊이감과 명암을 표현합니다.

❸ 선화(Line Art) : 선을 중심으로 표현하며, 깨끗하고 명확한 윤곽선을 강조합니다.

❹ 스케치한 선(Sketchy Lines) : 거칠고 자유로운 선으로 생동감을 더합니다.

❺ 스티플링(Stippling) : 점묘법으로 어두운 부분과 밝은 부분을 세밀하게 표현합니다.

❻ 다이내믹 잉크 스트로크(Dynamic Ink Strokes) : 강렬한 잉크 효과로 역동성을 표현합니다.

1) 크로스 해칭(Cross Hatching)

프롬프트 `manga style with cross hatching, a character of a male with dark and bright`

2) 스티플링(Stippling)

프롬프트 Stippling style, retro american comic, young man, halftone, black and white, overprinting

텍스처 기반 명암기법

텍스터 기반 명암 기법은 질감과 패턴을 활용해 명암을 표현하는 방식입니다. 텍스처드 셰이딩, 그레인 효과, 패턴 셰이딩, 노이즈 오버레이 등 다양한 기법을 사용하여 독특한 질감과 깊이를 더할 수 있습니다.

❶ 텍스처드 셰이딩(Textured Shading) : 질감이 드러나도록 다양한 텍스처를 활용한 명암 처리를 합니다.

❷ 그레인 효과(Grain Effect) : 거친 입자감으로 거친 질감과 대비를 더합니다.

❸ 패턴 셰이딩(Pattern Shading) : 반복적인 패턴을 사용해 독특한 분위기를 연출합니다.

❹ 노이즈 오버레이(Noise Overlay) : 디지털 노이즈를 활용해 자연스러운 그림자 효과입니다.

1) 노이즈 오버레이(Noise Overlay)

프롬프트 comic style, noise overlay, a character of a female smilling

셰이딩 명암 기법

셰이딩 명암 기법은 빛과 그림자, 그리고 다양한 톤의 변화를 통해 입체감을 강조하는 기법들입니다. 셀 셰이딩, 에어브러시 셰이딩, 레이어드 셰이딩, 소프트 그레이디언트 등 다양한 기법들이 존재하며, 이를 통해 작품의 분위기와 깊이를 조절할 수 있습니다. 각 기법은 명암 표현에서 중요한 역할을 하며, 그 사용에 따라 작품의 느낌을 크게 변화시킬 수 있습니다.

❶ 셀 셰이딩(Cell Shading) : 명확한 경계선과 단순화된 색상으로 만화적 입체감을 표현합니다.

❷ 에어브러시 셰이딩(Airbrush Shading) : 부드럽고 흐릿한 명암으로 부드러운 질감을 연출합니다.

❸ 레이어드 셰이딩(Layered Shading) : 여러 레이어를 겹쳐 입체감을 강화하는 디지털 명암 기법입니다.

❹ 소프트 그레이디언트(Soft Gradient) : 디지털 도구를 활용해 부드러운 명암을 자연스럽게 연결합니다.

❺ 고대비 셰이딩(High Contrast Shading) : 어둡고 밝은 영역의 극명한 차이로 강렬한 분위기를 연출합니다.

❻ 실루엣 셰이딩(Silhouette Shading) : 전체적인 윤곽을 어둡게 처리하여 강렬한 실루엣을 표현합니다.

❼ 키아로스쿠로(Chiaroscuro) : 빛과 어둠의 극적인 대비로 입체감과 서사성을 강조합니다.

❽ 듀오톤(Duotone) : 극적인 분위기를 전달하기 위해 두 색상 간의 명확한 대비를 통해 시각적으로 강렬한 이미지를 생성하여 인쇄 기술에서 유래한 레트로한 감성을 전달합니다.

1) 듀오톤(Duotone)

프롬프트 comic style, duotone style, a young woman herself smiling at a small friendly party, soft warm light

6.5

실습 예제 01

애니메이션 캐릭터 스타일로 이미지 생성하기

애니메이션 스타일 살펴보기

애니메이션은 스타일에 따라 각각 독창적인 애니메이션 및 비주얼 스타일을 가지고 있습니다. 각 브랜드만의 시각적 요소와 스토리텔링 방식에서 독창적인 특징을 가지고 있으며, 브랜드 아이덴티티를 형성하는 중요한 역할을 합니다.

동화풍 스타일은 스타일은 섬세하고 화려한 배경, 선명한 색채, 사실적이면서도 감정 표현이 풍부한 캐릭터를 통해 전통적인 클래식 애니메이션 스타일의 대명사로 자리 잡았습니다. 동화풍 애니메이션 스타일의 캐릭터는 부드럽고 유려한 곡선 형태를 중심으로 캐릭터를 디자인하며, 감정을 극대화하기 위해 큰 눈과 섬세한 표정을 강조합니다. 캐릭터들은 대체로 이상화된 비율을 가지며, 전통적인 2D 스타일에서부터 현대적인 3D까지 매끄러운 전환을 통해 현실적이면서도 동화 같은 매력을 전달합니다.

3D 애니메이션 스타일은 최신 CGI 기술과 유머, 인간적 감성이 결합된 3D 캐릭터를 특징으로 하며, 사실적이면서도 상상력이 돋보이는 세계관을 구축합니다. 3D 애니메이션 스타일의 캐릭터는 사실적인 움직임과 비율을 기반으로 하면서도, 감정을 풍부하게 표현할 수 있는 과장된 요소를 추가합니다. 캐릭터의 형태는 부드러운 곡선과 독창적인 디테일로 개성을 살리며, 인간뿐 아니라 동물, 사물 등의 의인화를 통해 상상력 넘치는 디자인을 선보입니다.

2D 일본 전통 스타일은 세밀한 자연 묘사와 동양적 감성, 철학적 메시지를 담은 독창적인 캐릭터와 서정적인 배경으로 초현실적이면서도 따뜻한 분위기를 제공합니다. 2D 일본 전통 애니메이션 스타일의 캐릭터는 전통 동양화의 영향을 받은 세밀한 선과 따뜻한 색감을 활용하여 자연스러움을 추구합니다. 캐릭터는 현실적인 비율과 단순하지만, 풍부한 감정 표현을 강조하며, 이야기의 철학적 깊이를 담아내는 데에 중점을 둡니다. 캐릭터의 외형은 서정적이고 섬세하며, 배경과 유기적으로 조화를 이루는 것이 특징입니다.

미국 코믹북 스타일은 강렬한 색감, 입체적인 캐릭터 디자인, 현실적이면서도 과장된 슈퍼히어로 스타일로 역동적인 액션과 감정을 효과적으로 전달하며, 현대적이고 에너제틱한 비주얼을 선보입니다. 미국 코믹북 스타일의 캐릭터는 근육질의 슈퍼히어로를 비롯해 강렬한 대조와 입체적인 비율로 캐릭터를 디자인합니다. 과장된 신체 비율과 화려한 의상 디테일을 통해 강인함과 에너지를 시각적으로 강조하며, 현대적인 3D 기술과 함께 현실적인 질감과 생동감을 더해 캐릭터의 강렬함을 극대화합니다.

각 애니메이션 스튜디오의 캐릭터의 조형적 특징과 표현 스타일의 프롬프트를 사용하여 캐릭터를 생성해보겠습니다.

표 6-2 애니메이션 스타일과 키워드

애니메이션 스타일	영문 키워드
동화풍	a charming fairy tale animation character, large expressive eyes, soft curves, and a fairytale-like appearance. smooth lines, vibrant colors, and a whimsical yet elegant design, in a magical kingdom backdrop with flowing dresses and sparkling details.
3D 애니메이션	a lovable 3D animation style character, rounded features, slightly exaggerated proportions, and a playful personality. detailed textures and realistic lighting combined with a colorful and imaginative setting. designed to convey warmth, humor, and emotional depth.
3D 일본 전통	a serene japanese animation style character, simple yet expressive features, soft pastel tones, and naturalistic proportions. delicate hand-drawn lines with a focus on subtle emotions and a connection to nature, in a lush and fantastical environment, blending realism with a dreamlike quality.
미국 코믹북	a dynamic american comic style superhero, bold, muscular proportions, intricate costume details, and a commanding presence. Realistic textures, metallic finishes, and dramatic lighting, against an action-packed cityscape with dramatic poses and intense energy.

캐릭터 스타일의 기반이 될 인물 사진 생성하기

01 인물 사진을 다양한 애니메이션 스타일의 이미지로 생성하려고 합니다. 미드저니 입력창에서 '/imagine' 프롬프트를 이용하여 소녀와 동물의 사진 이미지를 생성합니다.

프롬프트

```
a girl with short curly hair with bang,
smile, cat and dog, photo
```

02 네 번째 이미지를 활용하여 애니메이션 스타일의 이미지를 생성하기 위해 <U4> 버튼을 클릭하여 업스케일링 합니다. 업스케일링 한 이미지의 시드 번호를 확인합니다.

이미지의 시드 번호 : --seed 4157542876

스타일에 맞춰 캐릭터 이미지 변경하기

각 스타일이 어떤 느낌과 표현을 주는지 살펴보며 스타일을 변경해 봅시다.

1) 웹툰 스타일

한국 웹툰(Korean Webtoon) 스타일은 인물의 감정 표현에 중점을 두고 클로즈업 샷과 표정의 변화, 눈동자의 움직임 등 디테일한 감정선 표현을 강조합니다. 밝고 선명한 색감 표현으로 캐릭터의 개성과 감정을 부각시키고 이야기의 분위기에 따라 다양한 색조와 명도를 활용합니다. 일반적으로 풀 컬러로 제작되고, 조명 효과, 채도, 분위기 색감 등을 적극적으로 활용해 시각적 몰입도를 높입니다. 한국 웹툰 스타일은 다양한 장르에 맞게 캐릭터를 변화시킬 수 있는 유연성을 지니고 디지털 드로잉을 활용해 정밀한 선과 부드러운 그라데이션으로 작화를 표현합니다.

프롬프트 korean webtoon style of a girl with short curly hair with bang, smile, cat and dog --seed 4157542876

2) 동화풍 애니메이션 스타일

동화풍 애니메이션 스타일은 과장된 신체 비율과 큰 눈을 통해 감정을 극대화하고 둥글고 부드러운 곡선과 단순화된 윤곽으로 친근하고 다가가기 쉬운 인상을 줍니다. 밝고 따뜻한 색조 표현으로 캐릭터의 긍정적인 이미지를 강조합니다.

프롬프트 `Classic fairy tale Style, a girl with short curly hair with bang, smile, cat and dog, cartoon, 2D style --seed 4157542876`

3) 3D 애니메이션 스타일

3D 애니메이션 스타일은 부드럽고 유기적인 곡선 중심의 형태를 가지며, 따뜻하고 친근감을 표현합니다. 캐릭터의 크고 생동감 있는 눈, 유연한 표정, 과장된 표정 변화 등을 통해 감정 전달이 직관적이고 강렬합니다. 3D 기술을 활용해 사실적인 질감과 디테일 표현으로 생동감을 더합니다.

프롬프트 `3D animaition style, a girl with short curly hair with bang, smile, cat and dog, cartoon, 3D style --seed 4157542876`

4) 2D 일본 전통 애니메이션 스타일

2D 일본 전통 애니메이션 스타일은 세밀하게 묘사한 배경과 부드러운 색감이 특징으로 따뜻하고 아날로그적인 분위기를 연출합니다. 손그림 작화를 바탕으로 단순하고 부드러운 윤곽선을 사용하고 과도하게 과장되지 않은 비율로 캐릭터의 친근함과 현실감을 강조합니다.

프롬프트 2D anime style, anime character of a girl with short curly hair with bang, smile, cat and dog --seed 4157542876

5) 미국 코믹북 애니메이션 스타일

미국 코믹북 애니메이션 스타일은 강렬하고 역동적인 표현을 통해 영웅적이고 카리스마 넘치는 이미지를 강조합니다. 굵은 아웃라인의 실루엣과 강렬한 색상 대비는 캐릭터의 힘과 에너지를 강조합니다.

프롬프트 American comic book style, retro 1970s comics art style of the superhero girl with short curly hair with bang, smile, cat and dog --seed 4157542876

실습 예제 02

6.6 다양한 장르 스타일로 이미지 생성하기

미드저니로 다양한 장르 스타일을 생성할 때 각 장르에 맞는 시각적 연출과 분위기를 이해하고 반영하는 것이 중요합니다. 단순히 이미지의 외형을 만드는 것을 넘어 장르별 캐릭터가 가진 고유의 감정선, 색감, 구도, 디테일 요소를 정확히 파악하고 시각적으로 표현함으로써 몰입감을 높일 수 있기 때문입니다. 예를 들어, 로맨스 장르는 따뜻하고 부드러운 색조와 감정 표현이 강조되고 액션 장르는 긴장감 넘치는 구도와 역동적인 움직임이 시각적으로 구현되어야 합니다. 이러한 장르적 특성을 이해하고 반영하는 것은 이미지 생성의 완성도를 높이는 핵심입니다.

1) 로맨스(Romance) 장르 스타일

로맨틱한 감정의 교류를 표현하기 위해 따뜻하고 감성적인 분위기를 연출합니다. 부드러운 색감과 꽃이나 하늘 같은 서정적인 배경을 통해 설레고 감미로운 분위기를 전달합니다.

2) 드라마(Drama) 장르 스타일

인물 간의 갈등과 내면의 감정을 중심으로 현실적이면서도 깊이 있는 연출을 합니다. 차분한 톤, 정적인 구도, 섬세한 표정 묘사를 통해 감정 이입을 유도하며 서사 중심의 이미지 구성을 보여 줍니다.

3) 액션(Action) 장르 스타일

역동적인 동작과 극적인 순간을 강조하기 위해 과장된 포즈, 강한 대비와 조명으로 시각적 긴장감을 연출합니다.

4) 호러(Horror) 장르 스타일

공포감과 불안감을 조성하는 어두운 분위기와 괴기스러운 요소들을 강조합니다. 음산한 배경, 기형적인 형상, 그림자 연출을 통해 긴장감 넘치고 불안한 이미지를 만듭니다.

5) 스포츠(Sport) 장르 스타일

인물의 순간적인 집중력과 역동적인 움직임을 중심으로 표현합니다. 경기 중의 동작 포착, 땀과 속도감, 밝은 조명 등을 활용하여 활기차고 박진감 넘치는 장면을 연출합니다.

6) 영웅물(Hero) 장르 스타일

초인적 존재인 영웅 캐릭터의 정의로운 활약과 장엄한 순간을 부각시킵니다. 웅장한 구도, 상징적인 포즈, 강렬한 조명 효과와 이펙트를 통해 캐릭터의 카리스마를 구현합니다.

7) 판타지(Fantasy) 장르 스타일

현실을 벗어난 상상의 세계를 마법적이고 몽환적인 분위기로 표현합니다. 현실에서는 보기 어려운 환상적인 색조를 사용하여 몽환적이고 신비로운 느낌을 강조합니다. 현실을 초월한 세계에 대한 시각적 상상력을 극대화하는 데에 중점을 둡니다.

8) 개그(Humorous) 장르 스타일

유쾌하고 코믹한 요소를 과장된 시각으로 표현하여 즐거움을 유발합니다. 단순한 배경, 과장된 표정과 행동, 재치 있는 구도와 색감으로 가볍고 즐거운 분위기를 조성합니다.

연습 문제 | 다양한 스타일의 이미지 생성

• **예제 파일** : 06\연습_이미지링크.txt

01 미드저니에서 그림체 스타일 '극화체(Realism Style)', '명랑체(Cartoon Style)', '데포르메(Deformation Style)'의 특징을 적용한 프롬프트를 입력하여 다양한 캐릭터 이미지를 생성해 보세요.

02 미드저니에서 아래 캐릭터 이미지를 사용해 다음과 같이 다양한 스타일의 프롬프트를 적용한 캐릭터 이미지를 생성해 보세요.

1. 만화의 황금기 시대에 따른 슈퍼히어로 코믹북(Superhero Comics), 슈퍼히어로 서사(Superhero Narratives) 스타일을 적용해 보세요.
2. 드로잉 기반의 명암기법 중 스티플링(Stippling) 스타일을 적용해 보세요.
3. 개그(Humorous) 장르 스타일을 적용해 보세요.

이미지 주소 링크(URL) :
https://cdn.midjourney.com/37a09305-8722-44d7-824c-3ef1d546f390/0_3.png

WEEK 07

생생한 서사의 중심, 캐릭터 창작

학 습 목 표

챗GPT를 통해 도출한 여자 주인공과 남자 주인공의 외형적 특징을 구글 번역기를 활용해 영문 키워드로 정리한 후, 이를 미드저니 프롬프트에 입력하여 서사를 이끌어갈 매력적인 캐릭터 이미지를 생성합니다. 또한, 다양한 감정을 담은 표정 연출을 시도하고, 미드저니 알파 버전의 에디터 기능을 활용해 캐릭터의 의상과 스타일을 더욱 구체적으로 표현합니다.

이미지 생성 과정에서는 기대와 다른 결과가 나올 수 있으며, 한 번에 만족스러운 캐릭터가 완성되지 않을 수도 있습니다. 그러나 프롬프트를 반복적으로 수정 및 보완하며 인내심을 가지고 작업을 이어가다 보면 원하는 결과물에 점차 가까워지게 됩니다.

7.1 캐릭터 설정과 표현

캐릭터의 외형적 요소 구상

웹툰에서 캐릭터는 서사를 이끌어 가는 역할을 합니다. 캐릭터의 성격과 특징을 시각적으로 표현하며 첫 인상을 심어주는 요소이며, 독자와의 정서적 연결을 형성하는 중요한 요소입니다. 캐릭터의 외형적 요소는 얼굴과 표정, 키와 체형, 헤어스타일과 색상, 의상과 장식품, 아이템 등이 있습니다.

1) 키와 체형

키와 체형은 전체적인 인상을 좌우하며, 이야기에서의 역할과 성격을 암시합니다. 예를 들어, 큰 키와 근육질의 캐릭터는 주로 강한 전사나 보호자 역할을 연상하게 하고, 작고 가녀린 체형은 귀엽고 순진한 캐릭터를 연상시키는 경우가 많습니다. 하지만 웹툰에서는 캐릭터의 특정 신체 비율을 과장하기도 합니다. 손과 발이 작게 표현된 디포르메 스타일의 캐릭터는 귀여운 느낌을 들게 하며, 길고 날씬한 다리와 팔을 강조한 8~9등신의 캐릭터는 우아하고 세련된 인상을 주어 캐릭터를 이상화화고, 로맨틱 또는 판타지한 분위기를 극대화할 때 효과적입니다.

2) 헤어스타일과 색상

헤어스타일과 색상은 캐릭터의 성격과 분위기를 나타내는 중요한 요소입니다. 짧은 헤어스타일은 활동적이고 과감한 성격을 나타내고, 길고 부드러운 헤어스타일은 부드럽고 차분하며 여린 인상을 줍니다. 또한, 머리 색은 캐릭터의 특성을 부각시키는 요소로 독자들이 캐릭터를 쉽게 기억할 수 있도록 돕습니다. 예를 들어, 붉은색 머리는 열정적이고 강한 성격을, 파란색 머리는 냉정하고 차분하며, 신비로운 성격을 연상시킵니다.

특히, 색상은 캐릭터의 성격과 감정을 직관적으로 전달하는 중요한 수단입니다. 각 색상은 특정한 심리적 의미를 갖기 때문에 캐릭터가 입은 옷이나 배경 색상만으로도 그 성격과 상황을 암시할 수 있습니다.

3) 의상과 장식품

의상과 장식품은 캐릭터의 사회적 배경, 직업, 성격, 역할 등을 설명하는 요소입니다. 판타지물의 캐릭터는 갑옷이나 무기를 착용하여 강한 이미지를 강조할 수 있고, 현대물의 캐릭터는 일상복이나 트렌디한 의상을 통해 캐릭터의 직업이나 사회적 역할을 암시합니다. 안경을 착용한 캐릭터는 지적인 이미지를 주고, 반지나 목걸이 같은 소품은 캐릭터의 개성을 강조하는 역할을 합니다.

캐릭터 표정을 통한 독자의 감정 이입 유도

캐릭터의 얼굴형은 기본적으로 성격을 나타냅니다. 예를 들어, 부드럽고 둥근 얼굴형은 친근하고 온화한 인상을 주고 각진 얼굴형은 강인하고 자신감 있는 느낌을 줄 수 있습니다. 표정은 캐릭터가 느끼는 미세한 감정을 직접적으로 표현하고, 표정 변화에 따라 독자가 캐릭터의 내면을 이해하고 이야기의 몰입도를 높입니다. 캐릭터의 기쁜 감정은 눈썹이 살짝 올라가고 입꼬리가 올라간 얼굴로 표현되며, 분노의 감정은 눈썹을 찌푸리고 입을 굳게 다문 표정으로 전달할 수 있습니다.

캐릭터의 표정은 웹툰에서 독자의 감정 이입을 이끌어 내는 중요한 요소로 작용합니다. 표정은 캐릭터의 감정과 내면을 직관적으로 전달하고 독자가 서사에 몰입하도록 돕습니다. 캐릭터의 눈썹 움직임, 입꼬리의 각도, 눈의 크기와 초점까지 세심하게 묘사함으로써 감정 표현을 더욱 생동감 있고 세밀하게 전달할 수 있습니다. 예를 들어, 여자 주인공이 사랑을 느끼는 장면에서는 부드러운 미소와 반짝이는 눈빛으로 따뜻한 분위기를 연출할 수 있습니다. 이러한 표정의 디테일은 독자와 캐릭터 간의 정서적 연결을 강화하며, 스토리에 깊이를 더합니다.

캐릭터의 표정을 효과적으로 전달하기 위해 컷 연출 방식도 중요한 역할을 합니다. 칸 만화에서는 표정이 강조된 컷을 독립적으로 배치해 독자의 시선을 집중시키는 방식이 자주 사용됩니다. 캐릭터의 슬픔을 표현하는 장면에서는 캐릭터의 눈물을 클로즈업한 컷을 활용해 고독감을 극대화할 수 있습니다. 반면, 웹툰 스크롤 형식에서는 세로로 이어지는 구성의 특성을 활용해 표정의 변화를 단계적으로 보여 줄 수 있습니다. 예를 들어, 캐릭터가 놀라움을 느끼는 장면에서는 첫 컷에서 커다랗게 뜬 눈을 클로즈업하고, 다음 컷에서 입이 벌어진 모습으로 감정의 점진적인 변화를 강조할 수 있습니다. 사랑을 느끼는 장면에서는 스크롤을 내리며 캐릭터가 부드럽게 미소 짓는 연속적인 컷을 배치하거나, 배경의 은은한 빛과 꽃잎을 추가해 따뜻한 분위기를 강화할 수 있습니다. 이러한 컷 연출 방식은 독자가 캐릭터의 감정을 따라가며 장면에 몰입하도록 돕고, 감정적 임팩트를 극대화합니다.

표 7-1 감정에 따른 표정

감정	표정
기쁨(Happiness)	부드럽고 약간 위로 올라간 곡선 형태의 눈썹(Eyebrows curved upwards softly), 반달 모양으로 웃는 듯이 좁아진 눈(Smiling crescent-shaped Eyes), 반짝이는 하이라이트 추가(Sparkling highlights), 활짝 벌어진 미소로 위로 향한 곡선 입(Wide-open smile with upward curved), 살짝 붉어진 볼로 생동감 강조(Slightly flushed cheeks for liveliness)
슬픔(Sadness)	안쪽이 아래로 기울어진 슬픈 곡선(Inner ends of eyebrows sloping downwards), 반쯤 감긴 눈과 눈물 고임 표현(Half-closed eyes with tear accumulation), 미세하게 콧날이 떨리는 듯한 느낌(Slight trembling nose along the nose bridge), 아래로 처진 입의 곡선과 축 처진 입꼬리(Downward curved lips with Drooping corners), 창백하거나 볼 주변에 눈물로 인해 붉어진 흔적(Pale with redness around the eyes and cheeks)
분노(Anger)	V자 모양으로 강하게 찡그린 눈썹(Sharp V-shape furrowing eyebrows), 눈을 크게 뜨고 눈동자는 위로 치켜보는 모습(Eyes wide-open with upward glaring pupils), 콧구멍이 벌어지며 강조됨(Flaring nostrils with prominence), 이를 악문 모습과 입꼬리가 아래로 향함(Teeth gritted, corners pulled downward), 붉은색으로 얼굴 전체에 분노 표현(Red flush spreading across the face)
놀람(Surprise)	눈썹이 둥글게 위로 크게 올라감(Eyebrows arched upwards dramatically), 눈을 크게 뜨고 눈동자는 중앙에 고정(Eyes wide-open with pupils fixed centrally), 코가 살짝 들려진 상태로 강조되지 않음(Nose lightly raised, neutral emphasis), 입이 동그랗게 벌어진 모양과 내려간 턱(O-shaped open mouth with lowered jaw), 창백해지거나 볼 주변에 붉은기 추가(Pale or slight redness around cheeks)
두려움(Fear)	눈썹이 안쪽으로 좁혀지고 위로 휘어짐(Eyebrows narrowed and curved upwards inwardly), 눈을 크게 뜨고 동공이 작아짐(Eyes Wide-open with shrunken pupils), 콧구멍이 넓어지고 미세한 떨림 표현(Flared nostrils with slight trembling), 입술을 깨물거나 입이 살짝 벌어짐(Biting lips, mouth slightly open), 창백한 얼굴과 이마의 땀방울(Pale complexion with sweat beads on forehead)
자신감(Confidence)	여유롭게 위로 살짝 올려진 눈썹(Eyebrows slightly raised in a relaxed arc), 강렬한 시선과 하이라이트(Intense gaze with strong highlights), 고개를 들어 강조된 콧날(Prominent nose with head tilted upwards), 한쪽 입꼬리가 올라간 여유로운 미소(One corner of the mouth curved in a confident smirk), 자연스러운 톤과 생기있는 피부(Natural tone with lively complexion)
무시(Indifference/Ignorance)	평평하거나 약간 올라간 상태로 감정이 없는 눈썹(Flat Eyebrows, Eyebrows slightly raised for a neutral look), 눈이 반쯤 감겨 있으며 시선이 다른 곳을 향함(Half-closed with gaze directed elsewhere), 입꼬리가 살짝 내려가거나 입술이 굳게 다물림(Corners slightly downturned or tightly closed), 감정 변화 없이 자연스러운 톤(Neutral tone with no visible flush)
흥겨움(Joyful/Excitement/Exhilaration)	눈썹이 크게 위로 치켜 올라가며 곡선 형태로 활기를 전달(Eyebrows raised high in an expressive curve), 눈이 감긴 눈 웃음(Laughing with my eyes closed), 감정이 눈과 입으로 집중됨(With focus on eyes and mouth), 활짝 웃거나 웃으며 입을 약간 벌려 기쁨을 표현(Broad smile or slightly open mouth showing cheerfulness), 볼에 생기가 도는 붉은 기운(Cheeks flushed with energy), 전체적으로 밝고 건강한 피부 톤(Overall bright complexion)

1) 기쁨(Happiness)

밝은 색조, 활기찬 분위기 그리고 행복감을 느낄 수 있는 표정이나 동작이 특징입니다. 입꼬리가 올라간 미소, 눈웃음 등 긍정적인 에너지를 시각적으로 전달하고, 따뜻한 조명과 생동감 있는 배경 요소가 사용됩니다.

프롬프트 `anime style of a happiness girl, curved upwards softly eyebrows, smiling crescent-shaped eyes with sparkling highlights, wide-open smile with upward curved, slightly flushed cheeks for liveliness --niji 6`

2) 슬픔(Sadness)

저채도의 차분하고 정적인 분위기를 통해 외로움이나 상실감을 시각적으로 강조합니다. 캐릭터의 시선 처리, 눈물 표현, 고개를 숙인 자세 등 감정을 드러내는 표현이 특징입니다.

프롬프트 `anime style of a sadness girl with inner ends of eyebrows sloping downwards, half-closed eyes with tear accumulation, slight trembling nose along the nose bridge, downward curved lips with drooping corners, pale with redness around the eyes and cheeks --niji 6`

3) 분노(Anger)

빨강, 주황, 검정 계열의 강렬한 색조가 주로 사용되어 에너지와 긴장감이 느껴지는 구도가 특징입니다. 찌푸린 눈썹, 다문 입, 불꽃이나 폭발 효과 같은 시각적 연출을 강조하고, 고대비의 조명으로 감정의 격렬함을 시각적으로 표현합니다.

프롬프트 anime style of an anger girl, sharp V-shape furrowing eyebrows, eyes wide-open with upward glaring pupils, flaring nostrils with prominence, teeth gritted, corners pulled downward, red flush spreading across the face --niji 6

4) 놀람(Surprise)

갑작스러운 감정을 드러내는 크게 뜬 눈, 벌어진 입, 뒤로 젖힌 몸짓 등을 표현합니다. 밝고 대비가 강한 색감이나 번쩍이는 효과, 빠르게 확장되는 배경 연출을 극대화하여 긴박감이나 예상치 못한 전개를 시각적으로 강화합니다.

프롬프트 manga style of a surprised girl, eyebrows arched upwards dramatically, eyes wide-open with pupils fixed centrally, nose lightly raised, neutral emphasis, O-shaped open mouth with lowered jaw, pale or slight redness around cheeks --niji 6

5) 두려움(Fear)

떨리는 눈빛, 불안한 표정, 수축된 자세 등이 특징으로, 어둡고 차가운 색조가 주로 사용됩니다. 눈을 크게 뜨거나 고개를 뒤로 젖힌 모습 등은 공포와 불안의 즉각적인 반응을 강조하여 심리적 압박을 효과적으로 전달합니다.

프롬프트 anime style of a scared woman, fearful expression, eyebrows narrowed and curved upwards inwardly, eyes Wide-open with shrunken pupils, flared nostrils with slight trembling, biting lips, mouth slightly open, pale complexion with sweat beads on forehead --niji 6

6) 자신감(Confidence)

또렷한 눈빛, 살짝 올라간 입꼬리, 당당한 자세가 특징입니다. 밝고 선명한 색조, 안정적인 구도, 빛이 인물을 중심으로 비추는 연출을 통해 강한 존재감을 부각시킵니다.

프롬프트 anime style of a confident woman, confident looking down expression. eyebrows slightly raised in a relaxed arc, intense gaze with strong highlights, prominent nose with head tilted upwards, one corner of the mouth curved in a confident smirk, natural tone with lively complexion --niji 6

7) 무시(Indifference/Ignorance)

무표정한 얼굴, 시선을 피하거나 외면하는 자세, 느슨하고 힘이 빠진 몸짓이 특징입니다. 차가운 색감,단조로운 배경 등을 통해 거리감과 관심 없음의 태도를 시각적으로 전달합니다.

프롬프트 anime style of a woman with ignorance expression, flat eyebrows, eyebrows slightly raised for a neutral look, half-closed with gaze directed elsewhere, corners slightly downturned or tightly closed, neutral tone with no visible flush --niji 6

8) 흥겨움(Joyful/Excitement/Exhilaration)

밝게 웃는 표정, 활달한 동작, 에너지가 느껴지는 구도가 특징입니다. 선명하고 화사한 색감, 움직임이 강조된 포즈를 통해 즐거움과 들뜬 감정을 시각적으로 전달합니다.

프롬프트 anime style of a joyful girl with laugh, her arms wide open, excitement, exhilaration, eyebrows raised high in an expressive curve, laughing with my eyes closed, unemphasized, with focus on eyes and mouth, smiling playfully, broad smile or slightly open mouth showing cheerfulness, cheeks flushed with energy, overall bright complexion --niji 6

실습 예제 01

7.2 챗GPT로 주인공의 외형적 특징 구체화하기

주인공의 외형적 특징을 구체적으로 설정하면 캐릭터의 개성이 더욱 뚜렷해집니다. 챗GPT를 활용하면 얼굴형, 헤어스타일, 의상, 분위기 등 다양한 요소를 정리하고 세부적인 묘사를 구체화할 수 있습니다. 이를 통해 보다 생동감 있는 캐릭터를 창조하는 방법을 알아보겠습니다.

01 먼저 챗GPT를 사용해서 웹툰 '소리 없는 마법의 멜로디' 여자 주인공 '아라'에 대한 특징을 도출합니다. 외모를 묘사할 수 있는 핵심 키워드는 구글 번역기를 활용하여 영문 프롬프트로 번역합니다.

1. 위 웹툰 스토리의 '아라' 캐릭터를 이미지로 만들려고 해. '아라'의 외형적 요소(얼굴형, 표정, 키와 체형, 헤어스타일, 의상과 장식품, 색상)를 작성해 줄래?
2. 위 내용을 간단한 단어 중심으로 영문 키워드로 정리해 줄래?

GPT

여자 주인공 '아라' 외형적 요소		영문 키워드
키와 체형	아라는 키 160~165cm 정도로, 작고 마른 우아한 체형을 가지고 있다. 그녀는 연약해 보이지만 속에는 강인함이 있으며, 그녀의 자세에서 조용한 강인함을 느끼게 한다.	160cm, a petite, slim body, delicate yet resilient
얼굴형	얼굴은 부드럽고 온화한 표정을 지녔지만, 청각장애로 인한 미묘한 방어적 표정이 표현될 수 있다. 피부는 밝고 깨끗한 흰 톤으로, 자연스럽고 소박한 아름다움을 표현한다.	soft and friendly appearance, with gentle features, white skin, light and clear
표정	커다랗고 둥근 눈을 가졌으며, 눈동자는 신비로운 초록빛을 띤다. 그녀의 눈은 타인을 주의 깊게 살피는 눈빛에는 미묘한 경계심이 있지만, 내면의 깊은 이해를 담고 있다. 작은 입과 작은 귀가 특징이다. 입술은 자연스러운 핑크빛이며, 얇고 미소를 짓더라도 조심스럽고 미묘한 편이다. 평소엔 입꼬리가 약간 내려가 있지만, 마음이 열리면 작고 부드러운 미소로 바뀌어 아라의 따뜻함을 느낄 수 있게 한다.	large round eyes, green pupils, with a gentle gaze, slightly cautious gzae, small ears, small mouse, naturally pink, somewhat thin, slightly downturned
헤어스타일	머리카락은 부드러운 밤색의 긴 생머리로 약간의 웨이브가 있다. 자연스럽게 흘러내리는 앞머리가 있다.	long straight hair with bangs, dark brown hair

의상과 장식품	아라의 패션은 편안하면서도 소박한 느낌을 준다. 부드러운 파스텔 계열의 색상(연한 파랑, 녹색, 크림색)을 선호하며, 편안하고 흐르는 듯한 옷을 즐겨 입는다. 루즈한 가디건이나 캐주얼한 블라우스, 무릎 길이의 스커트를 입고 다닌다. 아라는 청각 보조 장치를 선별적으로 착용하며, 음악에 대한 애정의 표현으로 항상 헤드폰을 소지하고 다닌다. 차분하고 치유하는 에너지를 발산하여 그녀의 사운드 테라피스트 역할에 어울리게 한다.	comfortable, simple, soft pastel tones, loose cardigans, casual blouses, simple long skirts, jeans, a discreet hearing aid with small, headphone
색상	부드럽고 차분한 톤 다운된 무드의 색상이 적합하다. 차분하고 자연스러운 느낌의 연한 라이트 세이지 그린, 따뜻하고 온화한 느낌을 주는 크림 베이지와 브라운, 차분하고 부드러운 더스티 핑크, 배경과 소품에 어울리는 차분한 소프트 그레이 등이 있다.	light sage green-calm, natural vibe, cream beige warm, gentle feel, dusty pink muted, subtle, soft gray-calming, neutral background or accessory color

02 이번에는 남자 주인공 '도현'에 대한 특징을 도출합니다. 캐릭터의 외형적 묘사 키워드는 구글 번역기를 활용하여 영문 프롬프트로 번역합니다.

1. 위 웹툰 스토리의 '도현' 캐릭터를 이미지로 만들려고 해. '도현'의 외형적 요소(얼굴형, 표정, 키와 체형, 헤어스타일, 의상과 장식품, 색상)를 작성해 줄래?
2. 위 내용을 간단한 단어 중심으로 영문 키워드로 정리해 줄래?

GPT

남자 주인공 '도현' 외형적 요소		영문 키워드
키와 체형	약 180cm 정도의 키에 슬림하면서도 다부진 체격을 가지고 있다. 그가 뮤지션이라는 설정에 맞게, 잦은 공연과 연습으로 자연스럽게 형성된 근육이 느껴지지만, 전체적으로는 날렵한 느낌을 준다.	180cm, lean, toned
얼굴형	얼굴은 선이 부드러우면서도 약간의 남성적인 각이 있는 편이다. 날렵한 턱선과 함께 깊은 이목구비가 인상적이며, 약간 피곤한 표정이 자주 드러나는 얼굴이다. 약간 창백한 피부톤은 자칫 차가워 보일 수 있지만, 오히려 그의 고독한 성격을 잘 나타낸다.	soft but defined features, sharp jawline, tired expression, subtle dark circles pale, slightly fragile look
표정	눈은 어두운 갈색으로, 깊고 신비로운 느낌을 준다. 감정이 깊게 담겨 있는 눈빛을 가지고 있으며, 집중할 때는 매섭게 보이지만 평소에는 조금 무기력하고 피로한 느낌이 드는 눈이다. 눈매는 약간 처진 형태로, 감정적으로 복잡한 내면을 나타낸다. 도현의 입술은 얇고 길며, 입꼬리는 평소엔 조금 내려간 듯한 무표정이 많지만, 미소를 지을 때는 굉장히 따뜻해 보이는 반전 매력을 가지고 있다. 그의 미소는 극히 드물지만, 한 번 웃으면 그 따뜻함이 확실하게 느껴지는 스타일이다.	dark brown, deep, soulful, slightly droopy, melancholic thin, downturned, neutral, rare warm smile

헤어스타일	머리색은 다크 브라운 또는 흑갈색으로, 자연스럽게 조금 흐트러진 스타일이다. 길이는 중간 정도로, 이마를 살짝 덮는 앞머리가 있으며, 뒤쪽은 약간 길게 남겨져 있다. 헤어스타일은 조금 신경 쓰지 않은 듯 자연스러운 스타일로 내린 것이 특징이다.	dark brown/blackish -brown, messy but stylish, medium length, soft bangs
의상과 장식품	뮤지션답게 캐주얼하면서도 세련된 스타일을 선호한다. 기본적으로 어두운 색상의 옷을 자주 입으며, 블랙, 네이비, 다크 그레이 같은 색의 후디나 티셔츠 위에 가벼운 재킷을 걸치는 것이 일반적이다. 때때로 실용적인 가죽 자켓이나 헐렁한 셔츠를 입으며, 전체적으로 편안하고 실용적인 스타일을 추구한다. 청바지나 슬림한 팬츠, 때때로 약간 낡은 운동화나 부츠를 신는다. 액세서리는 거의 하지 않지만, 가끔 기타 스트랩이나 기타 케이스를 들고 다니는 모습이 자주 등장한다.	dark colors(black, navy, gray), casual, hoodie, jacket(leather or denim), slim jeans, worn sneakers/worn guitar case
색상	내면의 깊이와 음악적 감성을 표현할 수 있는 짙고 차분한 색상이 적합하다. 심플하고 세련된 느낌으로 그의 무심한 스타일에 잘 어울리는 블랙, 신비롭고 깊은 감성을 표현하는 어두운 블루 계열, 딥 네이비, 중후한 분위기를 강조하며, 고독한 면을 드러내는 차콜 그레이, 강렬하지만 차분한 느낌으로, 내면의 고요함과 자연에 대한 연결을 암시하는 포레스트 그린, 예술가적 감성과 열정을 상징하는 버건디가 적합하다.	deep Navy-A dark blue tone, expressing depth and mystery charcoal gray, burgundy, forest green-represents inner calm and a subtle connection to nature, black-A classic, simple

실습 예제 02

7.3 미드저니로 여자 주인공 '아라' 캐릭터 제작하기

미드저니를 활용하면 텍스트 프롬프트를 통해 원하는 스타일과 분위기의 캐릭터를 시각적으로 구현할 수 있습니다. 여자 주인공 '아라'의 외형과 개성을 구체적으로 설정하고, 다양한 프롬프트 기법을 활용해 완성도 높은 캐릭터 이미지를 제작하는 과정을 살펴보겠습니다.

01 웹브라우저에서 'discord.com'을 입력하여 디스코드 사이트에 접속합니다. 그림과 같이 미드저니의 환영 화면이 표시됩니다.

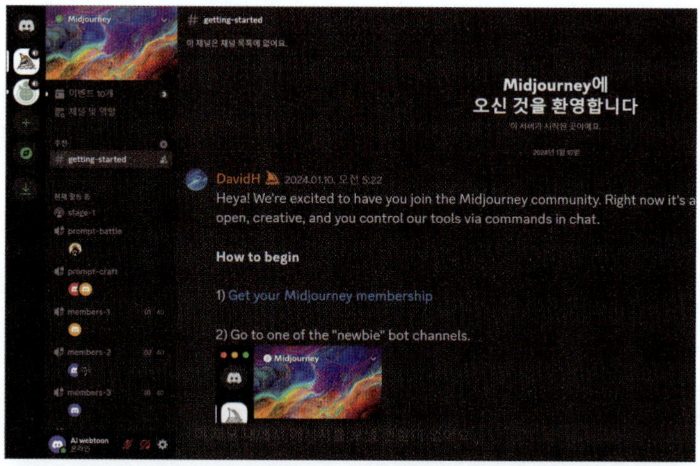

02 미드저니 화면 왼쪽에 있는 '돛단배 원형' 아이콘( )을 클릭합니다.

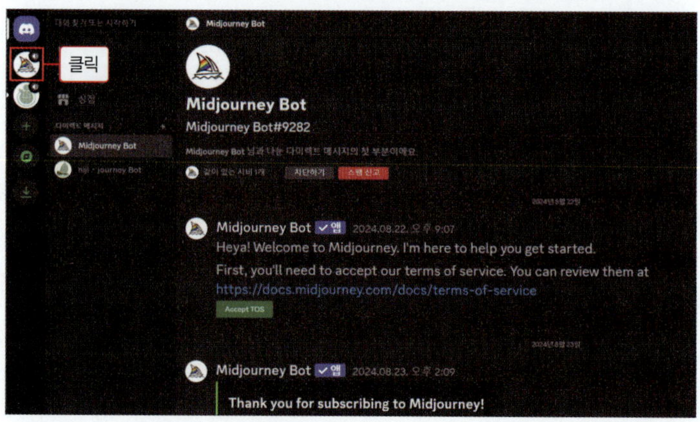

03 왼쪽 메뉴의 'NEWCOMER ROOMS'에서 많은 방을 확인할 수 있습니다. 이 중에서 하나를 선택하여 방으로 입장합니다. 하단 디스코드 입력창에 '/'를 입력하고 표시되는 메뉴에서 '/Imagine prompt'를 택합니다.

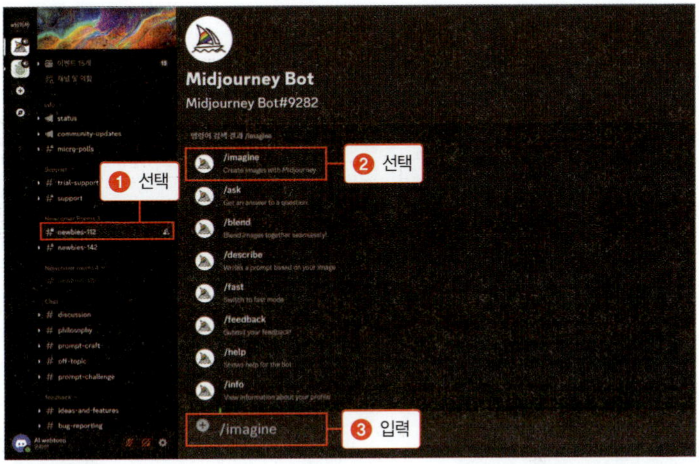

04 앞서 챗GPT를 활용하여 얻는 '아라' 캐릭터의 외형적 요소에 대한 표를 활용하여 대표적인 키워드를 미드저니에 프롬프트를 입력하고 Enter를 눌러 이미지를 생성합니다. 프롬프트 입력 순서는 캐릭터 스타일, 캐릭터 성별과 연령, 외형적 요소를 순차적으로 입력합니다. 네 가지 스타일의 '아라' 캐릭터 이미지가 생성됩니다.

프롬프트 Korean webtoon style, 20-year-old female of South Korean nationality, 160cm tall, slim body, long straight hair with bangs, dark brown hair, white skin, large round eyes, green pupils, small ears, small mouth, plain and plain clothing, sweater and skirt, sneakers

05 네 가지 스타일의 이미지 중 1번 이미지에 대한 다양한 버전을 보기 위해 기존 이미지를 다양하게 베리에이션 하는 <V1> 버튼을 클릭합니다. 다음과 같이 세부적으로 베리에이션 된 이미지를 확인합니다.

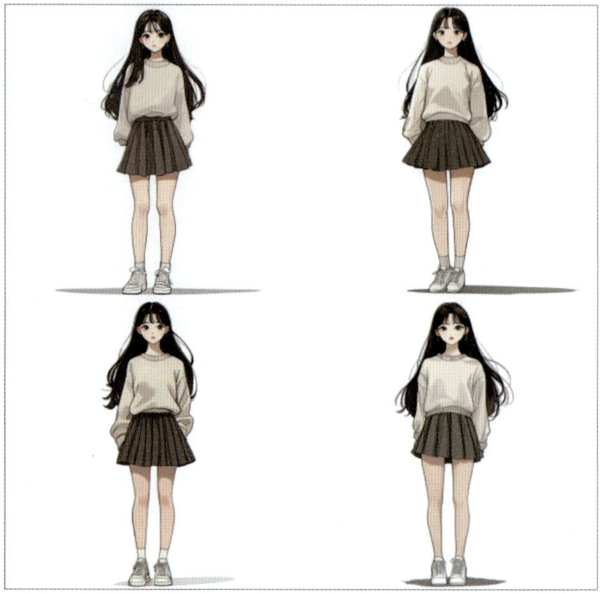

06 '다시 생성하기' 아이콘( )을 클릭하면, 동일한 프롬프트를 적용한 새로운 이미지가 생성됩니다.

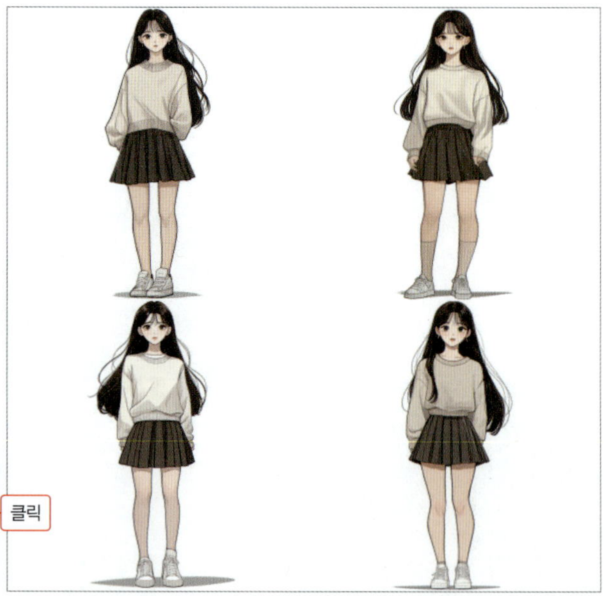

07 이번에는 처음에 생성된 이미지 중에서 3번 이미지를 베리에이션 하기 위해 <V3> 버튼을 클릭합니다.

08 한국 웹툰 스타일의 캐릭터를 만들기 위해 1번과 3번의 캐릭터 이미지를 혼합하여 '아라' 캐릭터를 만들어 봅니다.

먼저 1번과 3번의 캐릭터를 베리에이션 이미지 중에서 가장 적합한 이미지의 <U 번호> 버튼을 클릭하여 대표 이미지를 선택하고 마우스 오른쪽 버튼을 클릭한 다음 **링크 복사하기**를 실행합니다.

본 예제에서는 총 4개 캐릭터 이미지를 사용하기 위해서 각 이미지의 링크를 복사했습니다.

https://s.mj.run/RWPA5EKDO20

https://s.mj.run/K6Px8fCAizs

https://s.mj.run/5LQ-BvPidwU

https://s.mj.run/N8HpT1dOkqI

09 입력창에 '/image' 명령어를 입력합니다. 미드저니 프롬프트에 4개 이미지의 링크를 포함하여 프롬프트를 입력한 다음 강조해야 할 캐릭터 외형적 요소의 영문 키워드와 'Full size body(캐릭터 전신)', 'White background(배경 제외)'를 추가로 입력하여 캐릭터 이미지를 생성합니다.

프롬프트 https://s.mj.run/RWPA5EKD020 https://s.mj.run/K6Px8fCAizs https://s.mj.run/5LQ-BvPidwU https://s.mj.run/N8HpT1dOkqI Korean webtoon style, character, 20-year-old female of South Korean nationality, 160cm tall, slim body, long straight hair with bangs, dark brown hair, white skin, large round eyes, green pupils, small ears, small mouth, sweater, very long skirt, sneakers, full size body, walking, white background

10 '다시 생성하기' 아이콘(🔄)을 클릭하여 유사한 스타일의 이미지를 다양하게 생성합니다.

11 다음은 동일한 프롬프트로 여러 차례 반복하여 생성한 여주 '아라' 캐릭터의 러프 이미지입니다. 이미지마다 캐릭터의 묘사는 미세하게 다르지만, 신비로우면서 무표정한 갸름한 얼굴, 초록빛을 품은 큰 눈과 작은 입과 귀, 아담한 체형과 키, 작은 컬이 들어간 짙은 갈색의 긴 생머리와 자연스러운 앞머리, 긴 주름 스커트와 스웨터, 운동화, 저채도 색상 등은 동일합니다.

실습 예제 03

7.4 여자 주인공 '아라'의 다양한 포즈 만들기

캐릭터 시트란, 캐릭터의 외모, 성격, 특징을 시각적으로 정리한 자료로, 캐릭터의 일관성을 유지하고 스토리 전개에 필요한 참조 자료로 활용됩니다.

이미지 링크 주소(URL)를 활용하여 프롬프트를 작성하면, 이미지 생성의 일관성과 재현성을 높일 수 있습니다. 특정한 스타일의 캐릭터를 반복적으로 생성하거나, 같은 설정에서 여러 변형을 만들어 내기 쉽습니다. 캐릭터의 이미지 링크 주소(URL)를 활용하여 '아라' 캐릭터 시트를 제작해 보겠습니다.

01 여자 주인공인 '아라'의 포즈를 만들기 위해 캐릭터 시트의 기준이 될 '아라'의 이미지 링크 주소(URL)를 복사합니다.

이미지 링크 주소(URL) : https://s.mj.run/7f8eefO03DM

02 미드저니 프롬프트 입력창에 프롬프트를 입력합니다. '다시 생성하기' 아이콘( )을 클릭하면 캐릭터 묘사에 도움이 될 만한 다양한 캐릭터 시트 이미지를 생성할 수 있습니다.

프롬프트 Korean Webtoon Style, character sheet, front view, side. view, back view, white backround --cref https://s.mj.run/7f8eef003DM --cw 100

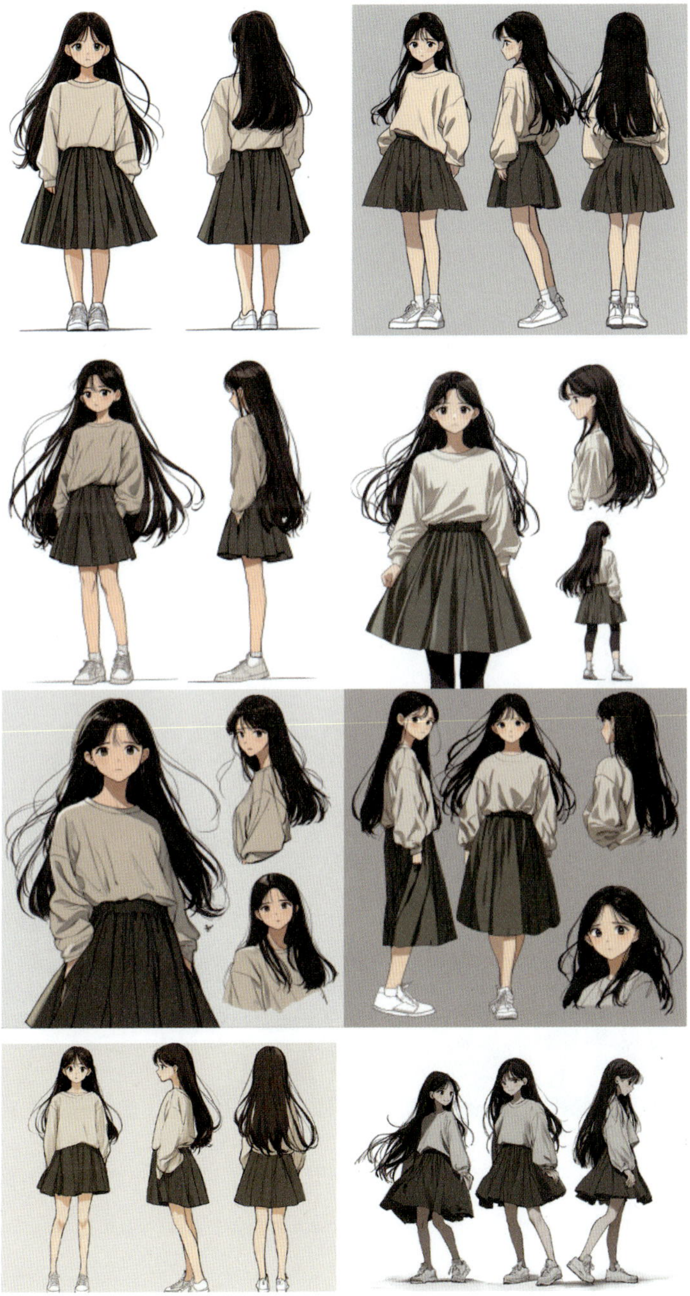

NOTE

- --cref(character reference) : 캐릭터를 일관되게 유지하기 위한 파라미터로, 텍스트 프롬프트 뒤에 '--cref' 입력 사용하고 이미지의 URL을 입력합니다.
- --cw(character weight) : 캐릭터의 유지 범위를 세부적으로 설정해 주는 파라미터로, 100~0까지 설정 가능합니다. --cw 100은 캐릭터 레퍼런스의 얼굴, 헤어스타일, 의상까지 대부분 일관되게 생성하고, --cw 0은 캐릭터 레퍼런스의 얼굴만 일관되게 생성합니다.

03 앞서 생성했던 두 이미지를 활용해서 여자 주인공 '아라'가 헤드폰을 쓰고 있는 이미지를 생성해 봅니다. 왼쪽은 대략적인 캐릭터 콘셉트를 도출하기 위해 초기에 생성한 이미지이고, 오른쪽은 표정 중심의 캐릭터 시트를 만들기 위해 생성한 것입니다.

이미지 링크 주소(URL) : https://s.mj.run/7f8eefO03DM

이미지 링크 주소(URL) : https://s.mj.run/XOPW2j6eVgQ

프롬프트 Full body shot, Korean webtoon style, Standing, listening to music and wearing headphones, looking at the ground, white background --cref (왼쪽 이미지 링크) --cw 100 --sref (오른쪽 이미지 링크) --stylize 1000

NOTE

- --sref(Style Reference) : 이미지 스타일을 일관되게 유지하기 위한 파라미터로, 텍스트 프롬프트 뒤에 '--sref ' 입력을 사용하고 이미지의 URL을 입력합니다.

04 'Full body shot(전신 샷)' 프롬프트를 입력해도 간혹 적용되지 않을 때가 있습니다. 그럴 때에는 캐릭터의 발 부위를 묘사해 주는 것도 방법입니다. 예를 들어, 'White socks and sneakers(흰색 양말과 운동화)'를 프롬프트에 입력하면 전신 이미지가 생성되는데, 이렇게 생성된 이미지 중에서 '아라' 캐릭터 이미지를 최종적으로 선택합니다.

프롬프트 Full body shot, Korean webtoon style, a female walking and listening to music from the headphones, a female has green eyes and brown hair color, wearing warm beige knit, Sagegreen pleated long skirt, white socks and sneakers, white background --cref (왼쪽 이미지 링크) --cw 100 --sref (오른쪽 이미지 링크) --sw 1000 --stylize 1000

NOTE

- **--sw(Style Weight)** : 이미지 스타일의 가중치 범위를 설정하기 위한 파라미터로, 기본적으로 100으로 설정되어 있으며, 최대 1,000까지 설정할 수 있습니다(0 = 스타일이 적용되지 않음).

7.5 실습 예제 04
여자 주인공 '아라'의 감정을 담은 표정 연출하기

캐릭터의 감정 표현은 스토리 전달에서 중요한 요소입니다. '아라'의 행복, 상실, 슬픔, 두려움 등의 감정을 효과적으로 담아내기 위해 표정 연출에 활용할 수 있는 다양한 방법을 살펴보겠습니다.

01 '아라' 캐릭터의 다양한 감정을 담은 표정을 연출하기 위해 이미지를 캐릭터 레퍼런스 파라미터로 활용합니다.

이미지 링크 주소(URL) : https://s.mj.run/XOPW2j6eVgQ

02 프롬프트 키워드 입력으로 여자 주인공 '아라'의 감정을 다양한 표정을 생성하겠습니다. 만화나 애니메이션 스타일의 캐릭터 표정 연출을 위해 파라미터 '--niji 6'을 입력하여 니지저니 모델을 활용해 봅니다.

NOTE

예제에서는 Niji 모델의 버전 6을 사용하였습니다. 이 모델을 사용하여 선명한 라인, 큰 눈, 섬세한 색감, 동세 강조 등 특성을 강화해 좀 더 캐릭터를 돋보이게 할 수 있습니다.

행복(happiness)

프롬프트 korean webtoon style, a character of female smiling, curved upwards softly eyebrows, smiling crescent-shaped eyes with sparkling highlights, wide-open smile with upward curved, slightly flushed cheeks for liveliness --cref https://s.mj.run/X0PW2j6eVgQ --cw 100 --niji 6

상실(loss)

프롬프트 korean webtoon style, a character of a female wailing and crying with distorted facial expression, angled sharply inward, forming a V-shape that conveys intense emotion, Wide-closed eyes with tears streaming down, or tightly shut in anguish, redness around the eyes and blurred pupils, reddened tip of the nose enhances emotional intensity, wide-open mouth screaming or curved downward dramatically, trembling lips with gritted teeth exposed in a cry of agony, overall redness concentrated around cheeks and eyes --cref https://s.mj.run/X0PW2j6eVgQ --cw 100 --niji 6

슬픔(Sadness)

프롬프트 korean webtoon style, a character of a sadness female, big tears welling up in her eyes, inner ends of eyebrows sloping downwards, half-closed eyes with tear accumulation, slight trembling nose along the nose bridge, downward curved lips with drooping corners, pale with redness around the eyes and cheeks --cref https://s.mj.run/X0PW2j6eVgQ --cw 100 --niji 6

두려움(Fear)

프롬프트 korean webtoon style, a character of a scared female, fearful expression, eyebrows narrowed and curved upwards inwardly, eyes Wide-open with shrunken pupils, flared nostrils with slight trembling, biting lips, mouth slightly open, pale complexion with sweat beads on forehead --cref https://s.mj.run/X0PW2j6eVgQ --cw 100 --niji 6

03 캐릭터의 다양한 감정과 표정을 담은 캐릭터 시트를 만들어 봅니다. slightly smiling, calm, shy, happly 등 감정 및 디테일한 표정에 대한 프롬프트를 입력하여 여러 차례 시도하다 보면 퀄리티 높은 이미지를 생성할 수 있습니다.

미드저니 버전

프롬프트 a character sheet, a female with a different and various facial expressions, happiness with happy laughter, crying out with tears, green eyes and brown hair color wearing warm beige knit, without accessories, white background --cref https://s.mj.run/X0PW2j6eVgQ --cw 100

이미지 링크 주소(URL) : https://s.mj.run/X0PW2j6eVgQ

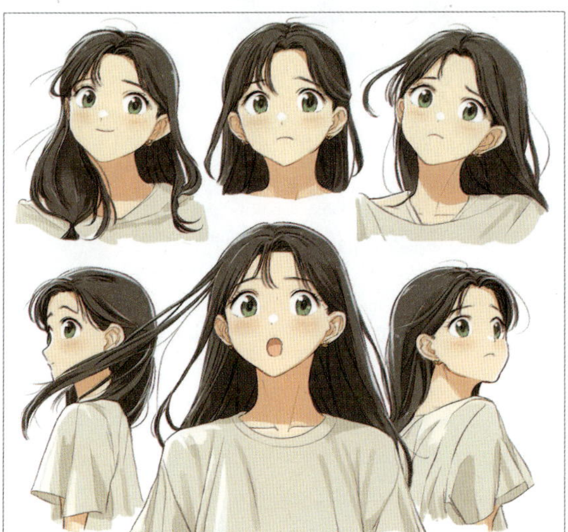

니지저니 버전

프롬프트 a character sheet with different and various facial expressions such as smiling with happiness, crying out with tears, without accessories, without earring, white background --cref https://s.mj.run/IRLmnTaSvcg --cw 100 --niji 6

이미지 링크 주소(URL) : https://s.mj.run/IRLmnTaSvcg

7.6 실습 예제 05 캐릭터 의상 및 스타일을 다채롭게 표현하기

• **예제 파일** : 07\캐릭터의상.png

캐릭터의 의상과 스타일은 개성을 드러내는 중요한 요소입니다. 다양한 색상, 패턴, 소재를 활용하여 분위기와 설정에 맞는 스타일을 연출하는 방법을 살펴보겠습니다.

캐릭터의 상의 변경하기

01 여자 주인공 '아라'의 전신 샷 이미지를 활용하여 캐릭터에게 다양한 의상을 입혀 스타일과 분위기를 표현해 봅시다. 미드저니 알파 버전에 접속하고 '에디터 기능'을 활용하기 위해 왼쪽 메뉴에서 [Edit]을 선택합니다.

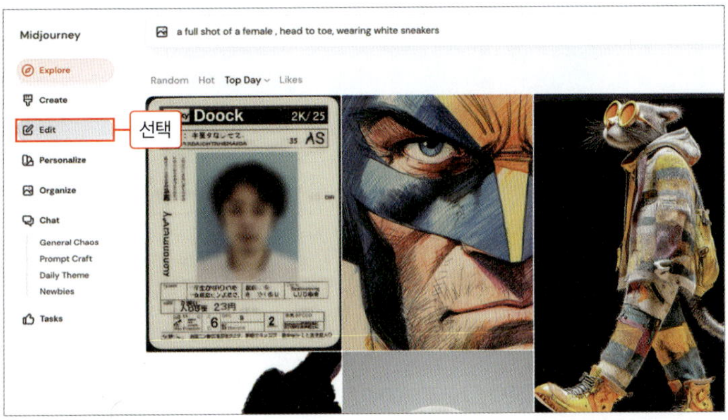

02 입력창에 프롬프트를 입력하고 Enter를 눌러 '아라'의 전신 샷을 생성하고 생성된 이미지의 파일을 컴퓨터 폴더에 저장합니다.

프롬프트

```
a full shot of a female, head to toe, wearing white sneakers
--ar 9:16 --cref https://s.mj.run/IRLmnTaSvcg --cref
https://s.mj.run/SXnpfqYONF8
```

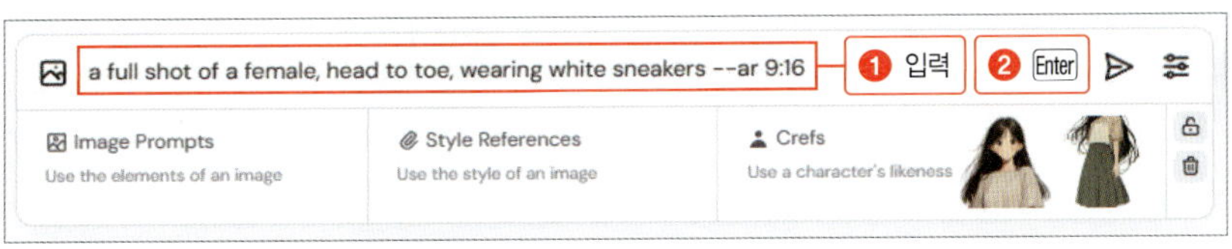

03 왼쪽 메뉴에서 [Edit]을 선택하고 이미지를 불러오기 위해 <Edit Upladed Image> 버튼을 클릭합니다.

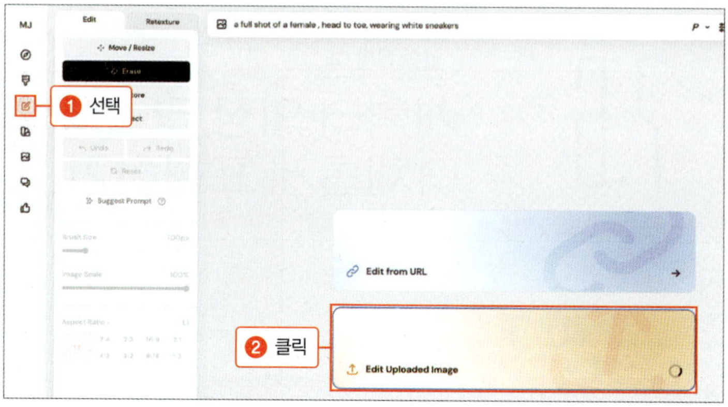

04 열기 대화상자가 표시되면 앞서 저장한 폴더에서 저장한 이미지 파일을 선택하고 <열기(O)> 버튼을 클릭하여 불러옵니다.

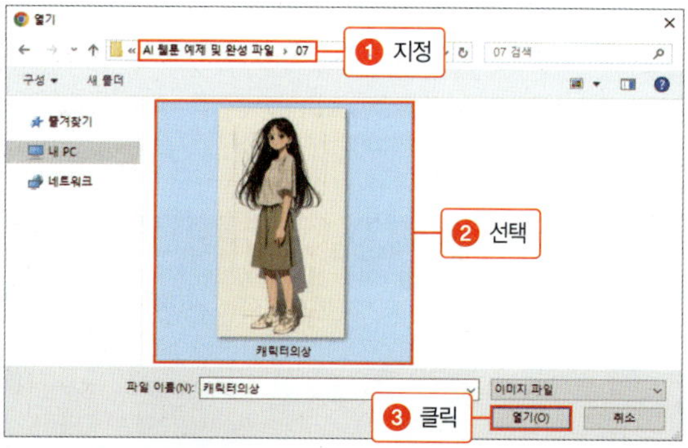

NOTE

예제와 같은 파일을 사용하려면 07 폴더의 '캐릭터의상.png' 파일을 불러오세요.

05 <Select> 버튼을 클릭하고 캐릭터의 티셔츠 영역을 클릭하여 선택합니다.

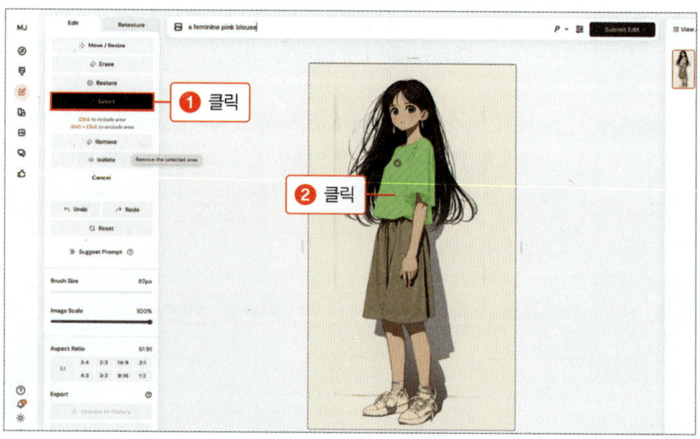

TIP 미드저니 알파 버전의 Editor 도구 알아보기

다음의 도구는 2025년 4월 15일 기준의 도구입니다. 미드저니의 버전이 업데이트되면서 책에서 설명하는 배치와 다를 수 있지만, 기본적인 기능은 같습니다. 각 도구의 기능을 살펴봅시다.

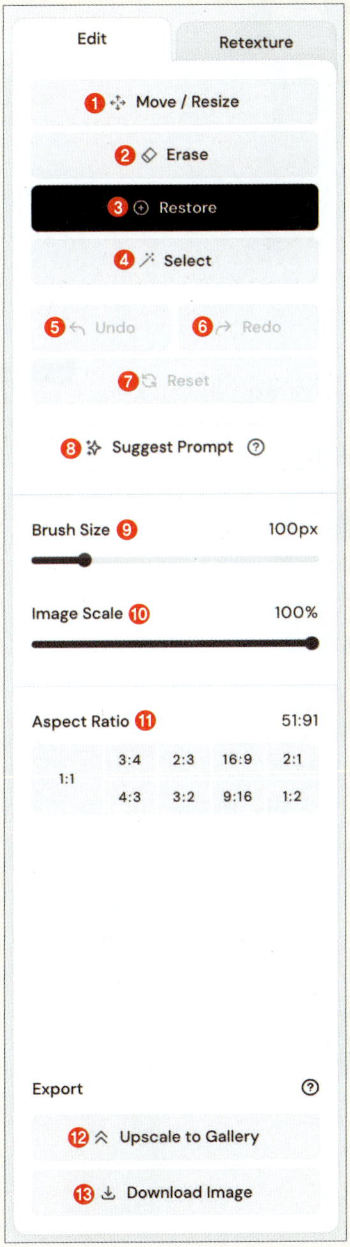

❶ **Move/Resize** : 이미지 내 요소를 선택하여 위치를 이동하거나 크기를 조절할 수 있습니다.

❷ **Erase** : 지정한 영역을 지우개로 삭제하는 기능입니다.

❸ **Restore** : 지워진 영역을 복원하거나 초기 이미지 상태로 되돌릴 수 있는 기능입니다.

❹ **Select** : 편집할 영역을 직접 지정하여 선택할 수 있습니다. Select는 이미지 내 특정 영역을 직접 지정하여 선택할 수 있는 기능입니다. 선택한 영역에 대해 추가적인 조작을 할 수 있으며, 아래와 같은 하위 옵션들이 제공됩니다.

- Remove : 선택한 영역을 이미지에서 깔끔하게 삭제합니다.
- Isolate : 선택한 영역만 남기고 나머지 이미지를 모두 제거합니다.

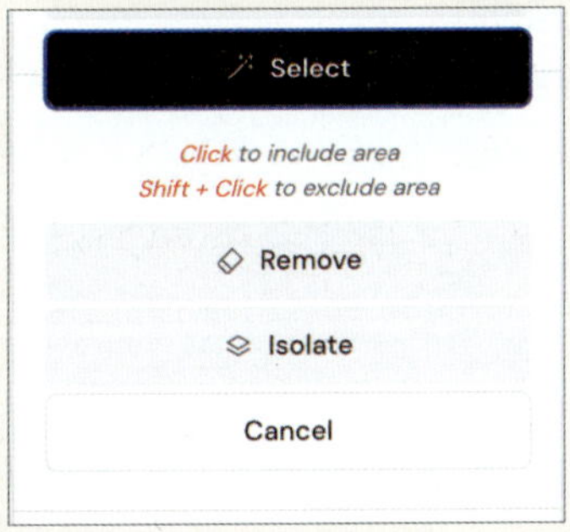

❺ **Undo** : 작업 중 이전 단계로 복구하고 싶을 때 되돌아가는 기능입니다.

❻ **Redo** : 이전 단계 상태에서 다시 원래 상태로 복구하고 싶을 때 사용하는 기능으로, 다음 단계로 되돌아가는 기능입니다.

❼ **Reset** : 전체 편집 내용을 초기화하여 원래의 이미지 상태로 되돌립니다.

❽ **Suggest Prompt** : 선택한 영역에 기반해 미드저니가 자동으로 추천 프롬프트를 제안해주는 기능입니다.

❾ **Bruch Size** : 브러시 크기를 조절하여 지우기 또는 복원 영역의 범위를 세밀하게 조정할 수 있습니다.

❿ **Image Scale** : 이미지 확대/축소 비율을 설정하여 작업 편의성을 높일 수 있습니다.

⓫ **Aspect Ratio** : 원하는 비율로 이미지를 설정하여 전체 구도와 캔버스 형태를 조절할 수 있습니다.

⓬ **Upscale to Gallery** : 편집한 이미지를 고해상도로 업스케일하여 갤러리에 저장합니다.

⓭ **Download Image** : 최종 결과물을 직접 다운로드할 수 있습니다.

06 <Remove> 버튼을 클릭하여 선택한 영역을 지웁니다.

07 옷을 블라우스 형태로 변경하기 위해 입력창에 프롬프트를 입력하고 <Submit Edit> 버튼을 클릭합니다.

프롬프트

```
wearing a feminine pink blouse
```

08 그림과 같이 프롬프트를 적용하여 편집된 이미지가 4개 생성되었습니다. 마음에 드는 이미지를 선택하고 <Upscale to Gallery> 버튼을 클릭하여 편집한 이미지를 고해상도로 업스케일해 갤러리에 저장합니다.

09 그림과 같이 선택한 이미지가 갤러리에 저장된 것을 확인할 수 있습니다.

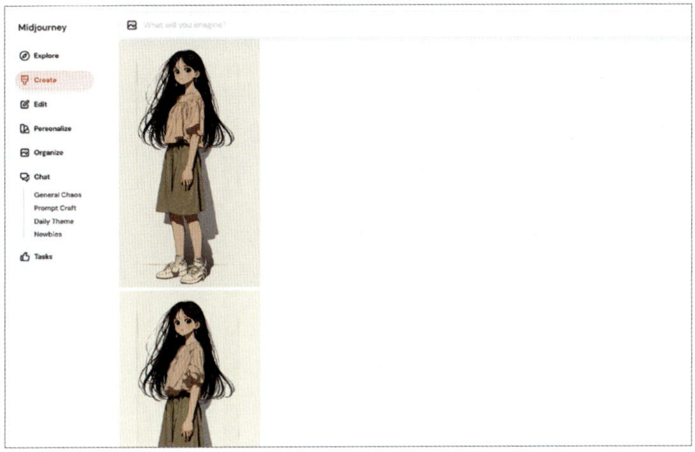

캐릭터의 스타일 전체 변경하기

01 이번에는 머리와 옷 스타일을 전체 변경해 보겠습니다. 다시 처음 업로드한 이미지 상태에서 <Select> 버튼을 클릭한 다음 캐릭터의 얼굴과 팔, 다리를 클릭하여 선택합니다.

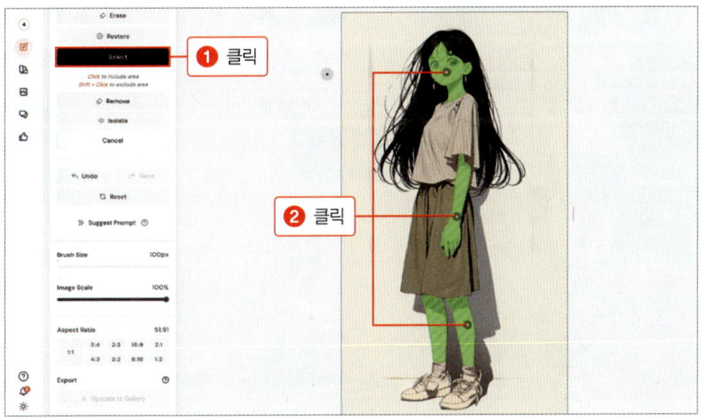

02 <Isolate> 버튼을 클릭하여 선택 영역 이외의 나머지 이미지 부분을 모두 삭제합니다.

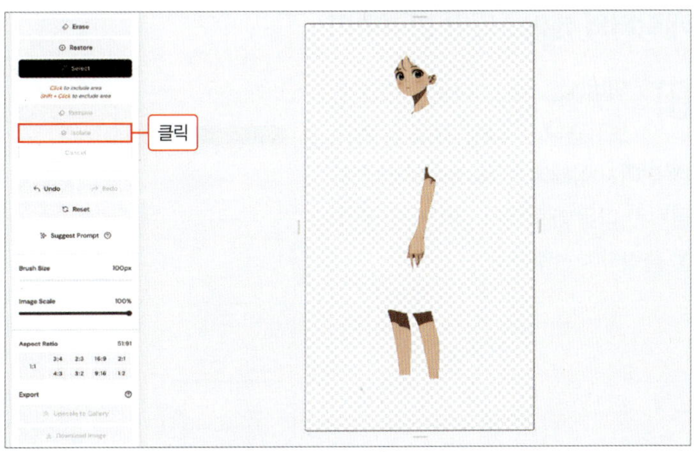

03 스포츠 느낌의 스타일을 생성하기 위해 입력창에 프롬프트를 입력하고 <Submit Edit> 버튼을 클릭합니다.

프롬프트

```
wearing a volleyball uniform,
sneakers, short bob hair
```

04 그림과 같이 프롬프트를 적용하여 편집된 이미지가 4개 생성되었습니다.

캐릭터의 헤어스타일 변경하기

01 이번에는 헤어스타일을 변경해 보겠습니다. 다시 처음 업로드한 이미지 상태에서 <Select> 버튼을 클릭한 다음 캐릭터의 머리카락 영역을 클릭하여 선택합니다.

02 일부 영역이 선택되지 않았다면, <Erase> 버튼을 클릭하고 불필요한 영역을 섬세하게 지웁니다. 단발 형태의 스타일을 생성하기 위해 입력창에 프롬프트를 입력하고 <Submit Edit> 버튼을 클릭합니다.

프롬프트

```
the hairstyles for active women
```

03 다음과 같이 프롬프트를 적용하여 편집된 4개의 이미지가 생성되었습니다.

헤어스타일을 제외한 캐릭터의 다양한 스타일 생성하기

01 <Erase> 버튼을 클릭하여 캐릭터의 얼굴과 머리카락을 제외한 영역을 지우고, <Restore> 버튼을 클릭하여 삭제한 영역을 복구하는 작업을 진행합니다. 그림과 같이 선택 영역을 지정합니다.

02 에디터 기능 창에 다음과 같이 프롬프트를 입력하고 <Submit> 버튼을 클릭합니다.

프롬프트

```
wearing long jeans and a gray hooded zip-up, putting both hands in hoodie zip-up pockets, wearing a black backpack, a black cap, and black boots --ar 9:16 --niji 6
```

03 이번에는 색 다른 분위기의 붉은 플로럴 원피스를 착용해 봅니다. 의상과 스타일에 어울리도록 손의 포즈를 프롬프트로 입력합니다.

프롬프트

```
wearing a red floral lace dress and summer sandals, hands together --ar 9:16 --niji 6
```

04 이미지에 마우스 커서를 위치하여 표시되는 <Vary Strong> 버튼을 클릭하면 좀 더 다양한 포즈의 캐릭터 이미지를 생성할 수 있습니다.

05 각 스타일 컨셉에 어울리는 의상과 아이템의 디테일을 프롬프트에 입력하여 동일한 캐릭터의 다채로운 변화를 시도해 봅니다.

판타지 전사 룩(Fantasy Warrior Look)

프롬프트

a fearless female warrior wearing intricately engraved silver armor with a polished chest plate and shoulder pauldrons, her long wavy hair flowing freely behind her, her arms are protected by articulated gauntlets, holding a long, ornate sword with a glowing blue gem in the hilt, around her waist, a dark leather belt holds small pouches and a dagger, boots are high and armored with reinforced steel at the toes and heels, adorned with subtle vine-like engravings. a tattered red cape drapes from her shoulders --niji 6

프롬프트로 생성한 이미지(좌)/<Vary Strong>을 적용한 이미지(우)

미래적 사이버펑크 룩(Futuristic Cyberpunk Look)

프롬프트

waring a fierce cyberpunk heroine dressed in a sleek black leather jacket with glowing neon blue patterns running across the sleeves and back her headgear includes a high-tech visor with holographic displays, and her short, asymmetrical haircut is dyed in electric blue with streaks of neon pink, waring a form-fitting metallic bodysuit under the jacket, layered with utility belts holding small gadgets and a holstered plasma piㅌstol, her hands are covered in cybernetic gloves with glowing fingertips, and she carries a compact energy blade at her side. Her pants are reinforced with lightweight armor plates, and her high boots are equipped with magnetic soles and glowing circuits along the sides --niji 6

프롬프트로 생성한 이미지(좌)/<Vary Strong>을 적용한 이미지(우)

얼굴을 제외한 캐릭터의 다양한 스타일 생성하기

01 의상을 포함한 헤어스타일도 모두 변경하여 다양한 스타일을 살펴보겠습니다. <Select> 버튼을 클릭하여 얼굴 영역을 선택하고, <Isolate> 버튼을 클릭하여 선택한 얼굴 외에 다른 영역을 모두 삭제합니다.

02 입력창에 프롬프트를 입력한 다음 <Submit Edit> 버튼을 클릭합니다.

탐정 룩(Victorian Detective Look)

프롬프트

```
a clever female detective dressed in a tailored gray trench coat with a matching houndstooth-patterned hat, er hair is neatly tied into a low bun, and she carries a vintage magnifying glass in one hand. wearing leather gloves, practical ankle boots, and a utility belt with a pocket watch and a small notebook. Her expression is sharp and inquisitive as she crouches by a fireplace in a victorian-style study, examining clues with her keen eyes --niji 6
```

마법사 룩(Mystic Sorceress Look)

프롬프트

```
a mysterious female sorceress dressed in a flowing deep purple robe with golden embroidery that glows faintly, her headpiece is a crescent-shaped tiara adorned with amethyst gems, and her long, straight black hair cascades down her back, holding an ornate wooden staff with glowing runes and a large crystal orb at the top, wearing a pendant shaped like a star around her neck, her fingers are adorned with intricate rings, wearing boots with soft leather with subtle magical symbols etched into them --niji 6
```

고딕 로맨스 룩(Gothic Romance Look)

프롬프트

a hauntingly beautiful woman wearing a long, black lace gown with intricate floral patterns and a sheer veil draping over her head, her hair is styled into loose waves, wearing a delicate choker with a blood-red ruby pendant and matching drop earrings, her shoes are simple yet elegant black heels --niji 6

동화 속 공주 룩(Fairy tale Princess Look)

프롬프트

anime style, a princess girl, wearing a pink dress, white knee socks, turquoise heels, gold crown with purple stones, white long gloves --niji 6

무협 로맨스 판타지 룩 (Fantasy Wuxia Romance Look)

프롬프트

Redesign clothing to fantasy wuxia romance style, elegant flowing hanfu with soft translucent layers, ornate embroidery of phoenix and flowers, magical glowing details on sleeves and belt, holding a delicate folding fan with jade and tassel decorations, shimmering pastel fabric, feminine and graceful silhouette, intricate textures, cinematic lighting --niji 6

실습 예제 06

7.7 미드저니 알파 버전으로 남자 주인공 '도현' 캐릭터 제작하기

기존의 미드저니는 디스코드 기반의 이미지 생성 방식에서 확장하여 웹 기반의 미드저니 알파를 2024년 4월에 발표했습니다. 기존의 디스코드를 활용한 미드저니와 비교하면, 미드저니 알파는 무척 직관적인 인터페이스와 새로운 기능을 제공하여 이미지 생성과 관리 기능이 편합니다.

01 이번에는 웹툰 '소리 없는 마법의 멜로디'의 23살의 뮤지션인 남자 주인공 '도현'을 만들겠습니다. 웹브라우저에서 'alpha.midjourney.com'을 입력하여 미드저니 알파에 접속합니다.

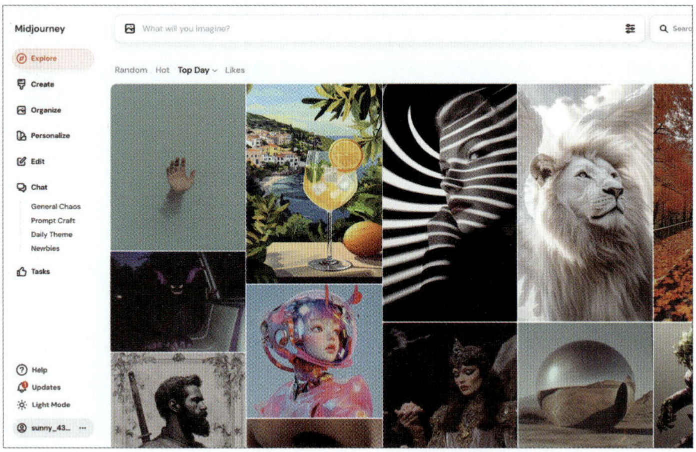

02 미드저니 알파에서 '도현'에 대한 키워드를 프롬프트를 다음과 같이 입력하고 Enter를 누릅니다. 마음에 드는 이미지가 나올 때까지 여러 차례 프롬프트를 입력하는 것도 좋습니다.

프롬프트

```
front angle, full body, Korean webtoon style, simlpe line and color, 23-year-old male of South Korean nationality, a musician and guitarist, 180cm tall, lean and toned body, Soft but defined features, sharp jawline, tired expression, Dark brown and deep eyes, soulful and slightly droopy eyes, Pale and clear skin, slightly fragile look, Thin and downturned lip, Dark brown colored hairstyle, messy but stylish, medium length, soft bangs, Dark colors(black, navy, gray) casual style, hoodie or jacket(leather or denim), slim jeans, worn sneakers or boots, Worn guitar case, stickers, patches
```

03 동일한 프롬프트를 몇 차례 입력한 결과, 다음과 같이 다양한 '도현' 캐릭터 이미지가 생성되었습니다.

04 그 중에서 '도현' 캐릭터와 가장 적합한 이미지를 선택합니다.

05 이미지를 선택했다면, 미드저니 창 오른쪽 하단의 <Prompt> 버튼을 클릭하여 추가 키워드를 입력합니다. 'Holding a worn guitar case on one shoulder(기타 케이스를 어깨에 메고 있는)' 프롬프트를 입력하여 '도현'을 자세하게 묘사합니다.

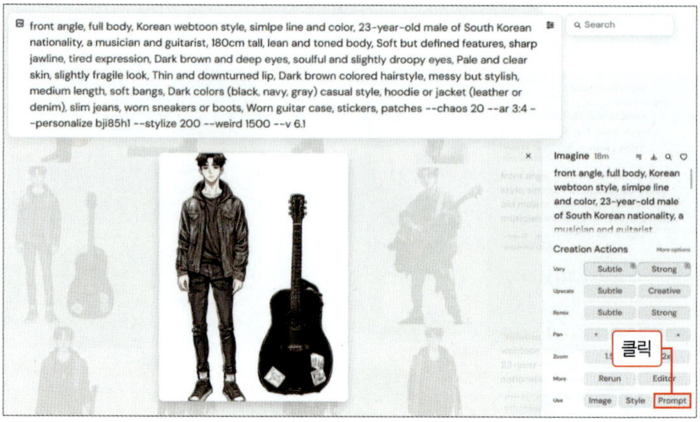

프롬프트 front angle, full body(head to toe), Korean webtoon style, simple drawing, simlpe line and color, 23-year-old male of South Korean nationality, a musician and guitarist, 180cm tall, lean and toned body, Soft but defined features, sharp jawline, tired expression, Dark brown and deep eyes, soulful and slightly droopy eyes, Pale and clear skin, slightly fragile look, Thin and downturned lip, Dark brown colored hairstyle, messy but stylish, medium length, soft bangs, Dark colors(black, navy, gray) casual style, hoodie or jacket(leather), slim jeans, worn sneakers, Holding a worn guitar case on one shoulder, stickers, patches --chaos 20 --ar 3:4 --stylize 200 --weird 1500

06 오른쪽 하단의 Use 항목에서 <Image> 버튼을 클릭하거나 입력창의 섬네일에 마우스를 위치하여 표시되는 Use as Character Ref [--cref] (shift for multiple) 사람 모양의 아이콘( )을 클릭한 다음 프롬프트를 입력합니다.

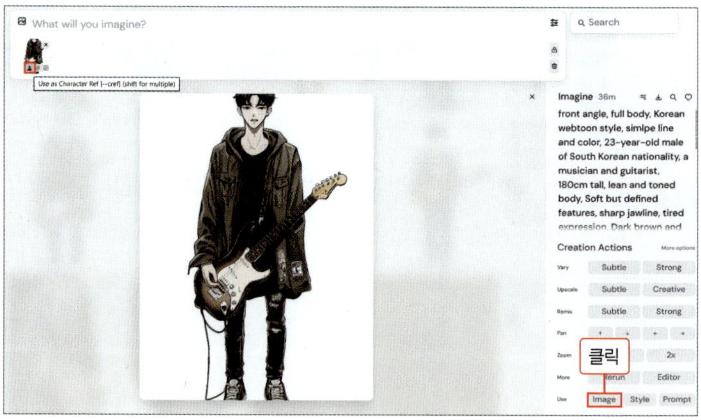

프롬프트 front view, korean webtoon style, full size body, walking at the street, Carrying a guitar bag on one shoulder, white background --cw 100

07 다음과 같이 '도현' 캐릭터 이미지가 생성됩니다. 이 중에서 가장 적절한 이미지를 선택합니다. 예제에서는 두 번째 이미지를 선택하였습니다.

08 선택한 링크(https://s.mj.run/K8yiW2j7IjU)를 활용해서 '도현'의 캐릭터 시트를 만듭니다. 미드저니 알파 버전 입력창에 다음과 같이 프롬프트를 입력합니다.

프롬프트 `Korean webtoon style, character sheet --cref https://s.mj.run/K8yiW2j7IjU --cw 100`

09 생성된 '도현' 캐릭터 이미지를 앞서 생성한 여자 주인공 '아라'와 비교하면 작화 스타일과 퀄리티 차이가 납니다. 그래서 남자 주인공 '도현' 캐릭터의 레퍼런스를 유지하면서 '아라' 캐릭터의 작화 스타일을 적용하기 위해 미드저니 알파 버전 입력창에 다음과 같은 프롬프트를 입력합니다.

프롬프트

```
Full body shot, Korean webtoon style, Various facial expression, White background,
--ar 3:4 --cref (왼쪽 이미지 링크) --cw 100 --sref (오른쪽 이미지 링크) --sw 1000
--stylize 1000
```

이미지 링크 주소(URL) : https://s.mj.run/LqL3jd98SeY

이미지 링크 주소(URL) : https://s.mj.run/_7ivvJC5hoc

10 이전 작업보다 퀄리티 높은 '도현' 캐릭터 이미지가 생성됩니다.

실습 예제 07

7.8 두 캐릭터를 한 컷으로 연출하기

• **예제 파일** : 07\아라.png, 도현.png • **완성 파일** : 07\아라와도현_완성.png

앞서 웹툰 '소리 없는 마법의 멜로디'의 두 주인공 '아라'와 '도현' 캐릭터 이미지를 생성해 보았습니다. '아라'는 디스코드의 미드저니를 활용하여 캐릭터를 생성했고, '도현'은 미드저니 알파 버전(웹사이트)을 활용하여 캐릭터를 생성했습니다.

이야기 속의 주인공에 대한 설정과 외형적 특징을 이끌어 내기 위해 캐릭터 이미지를 각각 만들었지만, 하지만 웹툰에서 두 주인공이 함께 등장하는 컷들이 연출될 계획이므로, 여자 주인공 '아라'와 남자 주인공 '도현'이 함께 있는 장면을 이미지로 만들어 보려고 합니다.

디스코드의 미드저니를 활용해 생성한 '아라' 캐릭터

미드저니 알파 버전(웹사이트)을 활용해 생성한 '도현' 캐릭터

01 미드저니 알파 버전(웹사이트)에서 '아라'와 '도현'의 이미지를 입력창에 추가합니다. '도현' 이미지에서 우측 캐릭터 표정 묘사를 삭제하고, '아라'의 전신 이미지를 추가하겠습니다. '도현' 이미지를 선택하고 오른쪽 하단의 More 항목에서 <Editor> 버튼을 클릭합니다.

02 Editor 도구에서 'Erase'를 선택하고 지우개의 크기를 조절한 다음 불필요한 영역을 지웁니다.

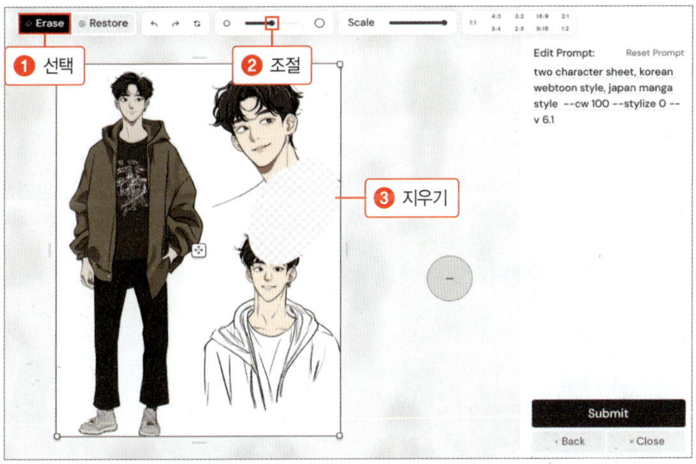

03 '아라' 이미지가 있는 웹사이트 창으로 돌아가서 마우스 오른쪽 버튼을 클릭한 다음 **Copy Image URL**을 실행합니다.

04 '도현' 이미지가 있는 웹사이트 창으로 돌아와서 오른쪽의 Edit Prompt 패널에서 기존에 입력된 프롬프트의 가장 마지막에 '아라' 캐릭터의 URL을 붙여넣기(Ctrl+V) 합니다. Edit Promt 패널에 '아라' 캐릭터 이미지가 표시되면 <Submit> 버튼을 클릭합니다.

프롬프트 korean webtoon style, japan manga style, anime style, two character together, 180cm male and 160cm female, small girl, Equal body proportions, white background --cref https://cdn.midjourney.com/5ce916b1-c0c1-4ce7-a8cb-b0b96c1c369a/0_1.png --cw 100 --sref 1000

05 생성된 이미지를 살펴보면 '도현' 캐릭터 레퍼런스는 고정적으로 유지되고, '아라' 캐릭터가 베리에이션 됩니다. 이 과정에서 다음과 같이 두 캐릭터의 인체 비율이나 카메라 거리 등에 차이가 발생하고, 기존 '아라' 캐릭터의 섬세한 묘사가 변형되기도 합니다.

06 미드저니를 비롯한 생성형 AI에서 즉각적으로 만족스러운 이미지를 얻는 것은 쉽지 않습니다. 그래서 반복적으로 <Submit> 버튼을 클릭하여 여러 가지 이미지를 생성합니다. 생성된 이미지를 확인하고 프롬프트를 추가해 보는 것도 방법입니다. 다음과 같이 프롬프트에 스타일과 캐릭터의 대표적인 외모를 다시 한번 강조하고, 프롬프트 설정을 조정합니다.

프롬프트	`webtoon style, manga style, anime style, two character on the same drawing style, Uniform body proportions, 180cm male and 160cm female who standing and looking at the ground, Female characters are placed very smaller, white background`
설정	`--ar 3:4, --sref 1000, --cw 100`

07 적절하게 생성된 이미지는 다음과 같습니다. 이 이미지 중에서 두 캐릭터의 배치가 가장 자연스러운 이미지를 선택합니다.

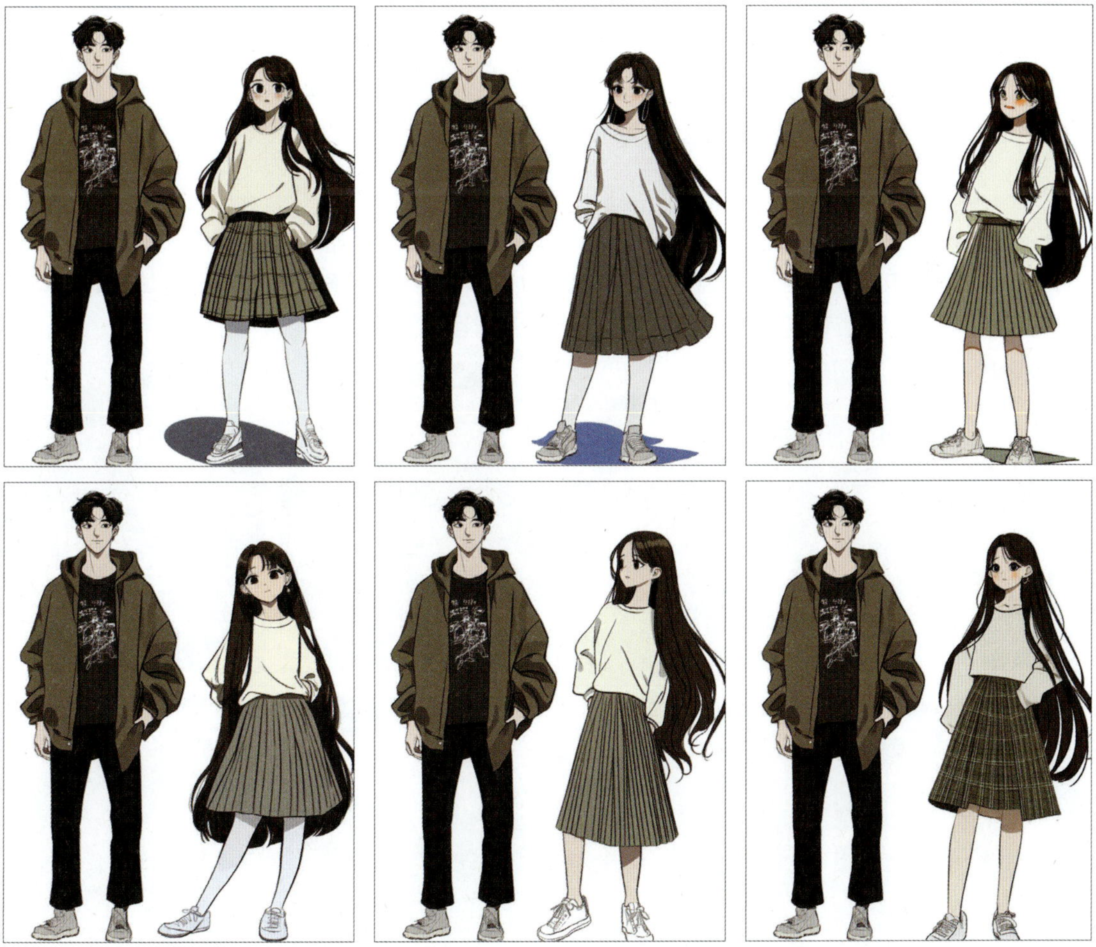

08 선택한 이미지를 활용해서 '아라', '도현' 두 캐릭터를 자연스러운 한 장면에 연출해 봅니다. 일반적으로 두 캐릭터의 자연스러운 모습이 담긴 이미지를 만들기 위해 'Front view(정면 뷰)', 'Eye level angle(눈높이 앵글)', 'Long shot(전신 샷)' 등의 키워드를 프롬프트로 입력하여 활용합니다.

프롬프트

```
korean webtoon style, Japan manga style, Anime style, Front view, Eye level angle, Long shot, 180cm tall male, 160cm tall female, The two characters walking and holdding hands, white backround --ar 3:4 --cref https://s.mj.run/QuAhzcQvQbQ --cw 100 --stylize 1000
```

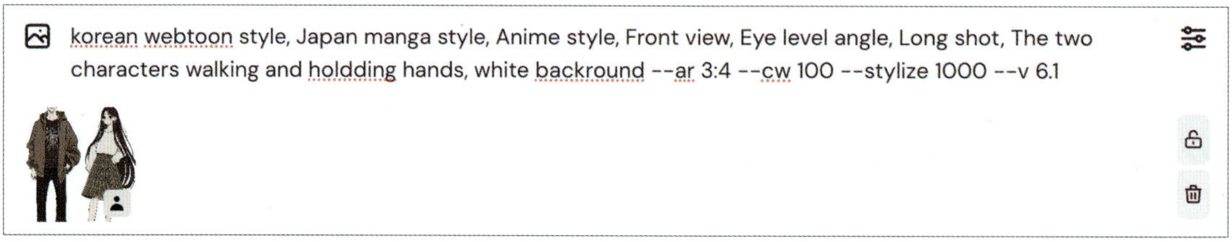

NOTE

웹툰 컷 장면의 연출 기법은 **WEEK 08**에서 이론과 함께 자세히 살펴봅니다.

09 캐릭터 레퍼런스로 활용한 '아라'와 '도현'의 이미지가 프롬프트를 입력한 대로 웹툰 스타일, 일본 만화 스타일, 애니메이션 스타일 등으로 다양하게 생성됩니다. 이 중에서 적절한 이미지를 선택하여 레퍼런스로 활용합니다. 예제에서는 아래에서 두 번째 이미지를 선택하여 이미지 링크로 활용하겠습니다.

10 선택한 이미지를 캐릭터 레퍼런스로 활용해 '아라'와 '도현'의 캐릭터 행동을 설정하여 다양한 컷을 만듭니다. 미드저니 알파 버전 입력창에 'The two characters sitting side by side on a bench(두 캐릭터가 벤치에 나란히 앉아있는)'를 입력합니다.

프롬프트

```
korean webtoon style, sitting on the bench together, two character,white background
--ar 3:4 --cref https://s.mj.run/3bQANpX3IlM --stylize 0
```

11 같은 방법으로 'The two characters sitting side by side on a bench(두 캐릭터가 벤치에 나란히 앉아있는)', 'Listening to music with headphones together(헤드폰으로 음악을 함께 듣고 있는)'를 입력합니다.

프롬프트

```
korean webtoon style, Japan manga style,
Anime style, Front view, Eye level angle,
Long shot, The two characters sitting side
by side on a bench, Listening to music with
headphones together, white backround --ar 3:4
--stylize 1000
```

NOTE

--stylize는 스타일의 일관성을 유지하는 기능입니다. 0에 가까우면 캐릭터의 얼굴은 비슷하게 유지되지만, 의상과 포즈, 작화가 일관적이지 않습니다. 반대로 '1000'을 입력하면 유사한 극화체 스타일로 이미지가 생성됩니다.

12 앞서 생성한 이미지는 사진과 유사한 극화체 스타일로 생성되어 앞서 도출한 두 캐릭터 이미지의 작화 스타일이 맞지 않습니다. 다음과 같이 stylize를 0으로 변경한 프롬프트를 입력하여 웹툰이나 애니메이션 스타일로 이미지를 생성합니다. 하지만 두 캐릭터의 포즈, 의상과 소품 등은 일관적이지 않습니다.

프롬프트 korean webtoon style, Japan manga style, Anime style, simple style, Front view, Eye level angle, Long shot, The two characters sitting side by side on a bench, Listening to music with headphones together, white backround --ar 4:3 --stylize 0

13 이번에는 두 캐릭터의 얼굴은 유지한 상태로 다양한 장면을 연출하여 최종 이미지를 완성합니다.

서로 마주 보며 웃는 장면

프롬프트 korean webtoon style, full body, long shot, female and male laughing each outher, white background --cref https://s.mj.run/3bQANpX3IlM --cw 100

서로 껴안고 있는 장면

프롬프트 korean webtoon style, full body, long shot, female and male who hugging together, two character, white background --cref https://s.mj.run/3bQANpX3IlM --cw 100

손을 잡고 달리는 장면

프롬프트 korean webtoon style, full body, haed to toe, long shot, female and male running together, female and male holding each other's hands, two character, white background --ar 3:4 --cref https://s.mj.run/3bQANpX3IlM --cw 100

NOTE

--ar은 생성된 이미지의 화면 비율을 뜻합니다.

연습 문제 | 생생한 서사의 중심, 캐릭터 창작

• **예제 파일** : 07\연습_이미지링크.txt

01 챗GPT를 통해 도출한 주인공의 외형적 특징(키와 체형, 얼굴형, 표정, 헤어스타일, 의상과 장식품, 색상)을 구글 번역기를 활용해 영문 키워드로 정리합니다. 이를 미드저니 프롬프트에 입력하여 캐릭터 이미지를 생성해 보세요.

02 미드저니 알파 버전의 Editor 도구를 사용해 아래 제공되는 캐릭터의 의상 및 스타일을 다양하게 표현해 보세요.

이미지 주소 링크(URL) :
https://cdn.midjourney.com/37a09305-8722-44d7-824c-3ef1d546f390/0_3.png

WEEK 08

분위기의 완성, 배경 이미지 표현

학 습 목 표

배경은 독자가 장면을 마치 실제로 존재하는 공간처럼 느끼게 하며 이를 통해 이야기에 자연스럽게 몰입할 수 있도록 돕습니다. 특히, 투시는 단순히 공간의 깊이를 표현하는 데에 그치지 않고 등장인물과 배경 간의 관계를 시각적으로 드러냄으로써 이야기 전개의 핵심적인 도구로 기능합니다.
시간, 날씨, 계절감의 무드를 적용한 다양한 배경 이미지를 생성해 보고, 미드저니의 부분 편집 기능을 활용해서 같은 풍경에서 계절감의 변화를 적용합니다. 미드저니로 생성한 캐릭터와 배경 이미지를 조화롭게 배치하여 웹툰 컷 장면을 연출하고, 배경 톤을 활용해 캐릭터의 감정선을 강조합니다.

8.1 웹툰의 분위기를 만드는 투시 이해

투시는 평면 위에 입체적인 공간을 표현하기 위해 사용하는 원근법입니다. 투시는 물체가 멀어질수록 작아지고 가까워질수록 커지는 시각적 원리를 바탕으로 하며, 배경의 입체감, 깊이, 현실감을 표현하는 데에 중요한 역할을 합니다. 쉽게 말하면 2차원 공간에 두 가지 이상의 물체가 놓인 관계를 표현하여 3차원 공간으로 표현하는 것입니다.

모든 웹툰의 공간과 배경을 현실과 유사하게 표현할 필요는 없습니다. 사실적인 극화체가 아닌 개그툰이나 일상툰에 주로 사용되는 데포르메 형식에서 배경은 투시 표현이 없이 단순하고 평면적으로 표현하기도 합니다.

투시는 장면의 공간감을 강조하고 독자가 이야기 속에 몰입할 수 있도록 돕습니다. 지면, 건물, 실내 등 배경 이미지에서 투시는 장면의 입체감과 현실감을 표현하는 데에 중요한 역할을 합니다. 투시를 적절히 활용하면 공간의 깊이와 거리감을 명확히 드러낼 수 있어 독자가 장면에 몰입하도록 돕습니다. 특히 인물과 배경을 효과적으로 구성하면 장면의 조화로움을 높이고 캐릭터의 감정 전달을 강화할 수 있습니다. 따라서 웹툰 제작에서 투시를 이해하고 활용하는 것은 작품의 완성도를 높이는 핵심적인 요소가 됩니다.

투시의 기본 개념

투시는 그림에 깊이와 입체감을 부여하는 중요한 원리입니다. 소실점과 지평선의 개념을 이해하면 원근법을 활용하여 더욱 사실적인 공간을 표현할 수 있습니다.

❶ 소실점(Vanishing Point) : 투시의 기본 원리로 모든 평행선이 멀어질수록 한 점으로 수렴하게 보이는 지점입니다. 소실점은 화면의 시선을 유도하고 장면의 공간적 구성을 결정합니다.

❷ 지평선(Horizon Line) : 소실점이 위치하는 선으로 관찰자의 눈높이를 나타냅니다. 지평선 위나 아래에 소실점이 위치함에 따라 시점(앵글)이 달라집니다.

투시의 유형

투시의 유형에는 1점 투시, 2점 투시, 3점 투시가 있으며, 화면에서 눈높이 평행선에 위치한 소실점은 사물 혹은 건물의 형태의 연장선을 그었을 때 교차하는 점을 말합니다.

❶ 1점 투시(One-Point Perspective) : 하나의 소실점으로 모든 선이 향하는 원근법으로, 직선적이고 안정적인 구도를 표현할 때 사용됩니다. 예를 들어, 긴 복도, 도로, 철로 등 단순한 시선 방향을 강조하는 구도 등이 있습니다.

❷ 2점 투시(Two-Point Perspective) : 2개의 소실점이 눈높이 평행선 위에 있는 원근법으로, 복잡한 구조물이나 입체감을 강조하는 장면에 적합합니다. 예를 들어, 건물 외관, 도시의 거리, 방의 코너 등 다양한 각도로 입체적인 구도를 보여 주는 장면이 있습니다.

❸ 3점 투시(Three-Point Perspective) : 3개의 소실점에서 선이 교차하는 원근법으로, 극적인 시각 효과나 다이내믹한 구도를 표현할 때 활용됩니다. 세 번째 소실점이 눈높이 평행선보다 위에 위치하면 화면은 하이앵글 구도가 되고, 아래에 위치하면 로우앵글 구도가 됩니다. 3점 투시도의 예시는 높은 빌딩을 아래에서 올려다보는 구도, 또는 하늘에서 내려다보는 장면처럼 극적인 공간감을 요구하는 구도 등이 있습니다.

투시의 역할

투시는 웹툰 배경 표현에서 장면의 공간감과 현실감을 부여하는 데에 핵심적인 역할을 합니다. 배경의 입체감을 부각시켜 독자가 장면을 마치 실제로 존재하는 공간처럼 느끼게 하며, 이를 통해 이야기에 자연스럽게 몰입할 수 있도록 돕습니다. 또한, 소실점을 활용하여 독자의 시선을 특정 지점으로 유도함으로써 스토리의 중요한 요소를 강조하거나 시각적 흐름을 설계하는 데에 기여합니다. 예를 들어, 긴 복도를 표현할 때 1점 투시를 사용하면 자연스럽게 시선이 소실점으로 집중되며, 장면에 긴장감이나 깊이를 더할 수 있습니다. 3점 투시와 같은 복잡한 투시법은 웅장함이나 극적인 분위기를 연출하는 데에 효과적입니다.

높은 빌딩을 아래에서 올려다보는 구도나 하늘에서 내려다보는 구도는 장면을 다이내믹하고 강렬하게 표현해 독자에게 강한 인상을 남깁니다. 무엇보다도 투시는 단순히 공간의 깊이를 표현하는 데 그치지 않고 등장인물과 배경 간의 관계를 시각적으로 드러냄으로써 이야기 전개의 핵심적인 도구로 기능합니다. 투시를 통해 등장인물이 속한 환경의 크기, 구조, 분위기를 설계하면 등장인물의 심리 상태나 상황을 독자에게 직관적으로 전달할 수 있습니다. 예를 들어, 넓고 텅 빈 공간에서 작은 인물을 배치하면 고독감을, 복잡한 도시 거리에서 등장인물을 강조하면 긴박감을 효과적으로 표현할 수 있습니다.

이처럼 투시는 웹툰의 장면 연출에서 현실감과 감정을 더하는 동시에 독자의 시선을 조율하고 이야기를 더욱 드라마틱하게 전달하는 중요한 역할을 합니다.

8.2 투시를 이용한 배경 이미지

투시법을 활용하면 더욱 입체적이고 사실적인 배경을 표현할 수 있습니다. 1점, 2점, 3점 투시법을 이해하고, 카메라 각도에 따른 하이앵글과 로우앵글을 적용하여 다양한 분위기의 배경 이미지를 생성하는 방법을 살펴보겠습니다.

1점 투시

1점 투시의 도시 풍경은 거리와 건축물이 하나의 소실점으로 수렴하여 깊이감과 균형감을 강조하고 있습니다. 도로, 건물의 구조선 등의 모든 직선이 중심부의 소실점으로 모이며 시선을 자연스럽게 유도하고 안정적인 구도를 형성합니다. 건물과 도로의 크기가 소실점에 가까워질수록 작아지며 원근감이 강조되어 도시의 현실감을 더합니다. 또한, 대칭적이고 정돈된 구성으로 도시 풍경의 규모와 질서를 시각적으로 전달하며 주요 인물의 등장을 강조할 때 효과적입니다. 1점 투시 구도는 도시의 넓고 규칙적인 거리, 중심부의 초점을 부각시키는 장면 연출에 적합합니다.

프롬프트

```
anime style, the one-point perspective of the a busy modern city center street --ar 9:16
```

프롬프트 anime style, the one-point perspective of the a busy modern city center street --ar 16:9

2점 투시

2점 투시를 활용하여 2개의 소실점으로 모이는 수직선들을 통해 건물의 입체감과 원근감이 강조되며 거리의 깊이감이 표현됩니다. 건물의 각 면이 서로 다른 소실점으로 수렴하면서 구조적 디테일과 공간의 개방감을 부각합니다. 교차로를 중심으로 배치된 택시와 사람들의 활동적인 모습은 도시의 생동감을 더하며, 다양한 높이와 형태의 건물들은 대도시의 복잡하고 활기찬 분위기를 효과적으로 전달합니다. 이러한 구도는 도시의 스케일과 구조적인 복잡성을 시각적으로 표현하는 데에 적합합니다.

프롬프트 anime style, the two-point perspective of the high building in a busy city center street --ar 16:9

3점 투시

3점 투시는 높이까지 고려한 원근법으로, 극적인 시각적 효과를 연출하는 데에 유용합니다. 하이앵글을 적용하면 위에서 내려다보는 시점으로 공간이 넓어 보이며, 로우앵글을 사용하면 아래에서 올려다보는 시점으로 웅장하고 강렬한 느낌을 줄 수 있습니다.

1) 3점 투시+하이앵글

3점 투시를 활용한 하이앵글 구도의 도시 풍경은 높은 시점에서 내려다보는 구도는 도시의 복잡한 구조와 입체감을 극적으로 표현합니다. 각 건물의 수직선과 도로의 선들이 각각의 소실점으로 수렴하며, 화면 전체에 입체적 깊이를 부여합니다. 하이앵글은 도시의 전경을 넓게 담아내며, 교차로, 도로 위의 차량, 건물 사이의 사람들 움직임 등을 하나의 장면에 조화롭게 표현합니다. 건물의 세부적인 디테일과 그림자의 방향성은 시간대와 환경의 변화를 시각적으로 전달합니다. 이 구도는 도시의 규모와 생동감을 한눈에 보여 주는 데에 효과적입니다.

프롬프트

```
anime style, high angle, the three point perspective of the a busy modern city center street --ar 9:16
```

프롬프트

```
anime style, high angle, the three point perspective of the a busy modern city center street --ar 16:9
```

2) 3점 투시+로우앵글

3점 투시를 활용하여 소실점 3개를 통해 상하좌우의 원근감을 극대화하여 건물이 위로 솟아오르는 느낌을 강조하며 아래에서 올려다본 시점이 웅장함과 공간의 깊이를 전달하는 장면입니다. 고층 빌딩의 직선이 각 소실점으로 수렴하면서 입체감과 스케일을 부각시키고, 건물의 유리 외벽에 반사된 하늘은 장면에 생동감을 더합니다. 3점 투시와 로우앵글이 적용된 경우에 공기원근법이 자연스럽게 적용됩니다. 공기원근법이란, 가까운 것은 뚜렷하고 선명하게 보이는 반면에, 멀리 있는 곳은 점차 흐릿해지고 희미해지는 원근법을 말합니다. 예를 들어, 고층 건물과 높은 산에 명도 대비를 주게 되면, 진하고 뚜렷할수록 가까이 있는 것처럼 보이고, 반대로 흐리고 희미할수록 멀리 있는 것처럼 보입니다.

프롬프트

```
anime style, air perspective, the three point perspective of the high building in a busy modern city center street --ar 9:16
```

프롬프트

```
anime style, air perspective, the three point perspective of the high building in a busy modern city center street --ar 16:9
```

실습 예제 01

8.3 투시 배경과 인물을 자연스럽게 합성하기

• **예제 파일** : 08\투시배경인물합성_프롬프트.txt

미드저니에서 각각 생성한 인물과 배경 이미지를 활용하여 자연스러운 한 장면을 연출해 봅니다. 인물과 배경의 조화로운 배치를 통해 인물의 감정과 상황을 전달할 수 있습니다.

2점 투시로 카페 외관 생성하기

01 미드저니에서 프롬프트를 활용하여 여자 주인공 '아라'가 운영하는 카페 외관을 2점 투시로 생성합니다.

프롬프트

```
anime style, low wide angle, the two-point perspective, the outside of the corner of the 1st floor cafe building, wooden and cosy place, a mood of cozy and warm, no people --cref https://s.mj.run/5Q0HtA8D9Do --cw 100 --ar 16 :9
```

02 <V4> 버튼을 클릭하여 네 번째 카페 이미지에서 세부적으로 변형된 4개 이미지를 다시 생성합니다.

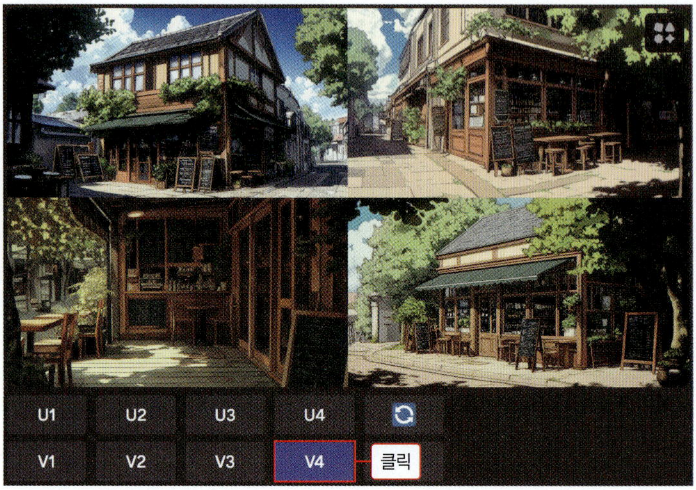

03 가장 적절한 첫 번째 이미지를 확대하기 위해 <U1> 버튼을 클릭하여 해상도를 높이고 큰 이미지로 만듭니다.

04 <Upscale (Creative)> 버튼을 클릭하여 선택한 이미지를 고해상도로 업스케일링 합니다.

배경과 인물 합성하기

01 합성할 캐릭터와 배경 이미지에서 마우스 오른쪽 버튼을 클릭한 다음 **링크 복사하기**를 실행하여 이미지 링크 주소를 확인합니다.

배경 이미지 링크 주소(URL) : https://s.mj.run/JJ68qMbVjfQ

왼쪽 이미지 링크 주소(URL)
https://s.mj.run/O--j8BkEH7M

오른쪽 이미지 링크 주소(URL)
https://s.mj.run/X0PW2j6eVgQ

02 미드저니 입력창에 프롬프트를 작성할 때, 복사한 캐릭터 이미지 주소 링크와 배경 이미지 주소 링크를 순서대로 붙여넣습니다. 이후 캐릭터의 위치, 장면의 분위기, 배치 등에 대한 설명을 상세히 입력하고 캐릭터 스타일의 일관성을 높이기 위해 --sref 파라미터를 입력합니다.

프롬프트

```
https://s.mj.run/O--j8BkEH7M https://s.mj.run/JJ68qMbVjfQ korean webtoon style, wide long angle, a female 'Ara' standing at the entrance outside the cafe a female 'Ara' has green eyes and brown long hair, warm beige short sleeve knit and sage green pleated long skirt with white apron --sref https://s.mj.run/X0PW2j6eVgQ --sw 100 --ar 16 :9
```

03 카페 앞에 있는 여자 주인공 '아라'의 이미지가 생성되었습니다. 배경의 여백과 자연스러운 시점이 형성된 두 번째 이미지를 기준으로 세부적으로 변형된 이미지를 생성하기 위해 <V2> 버튼을 클릭합니다.

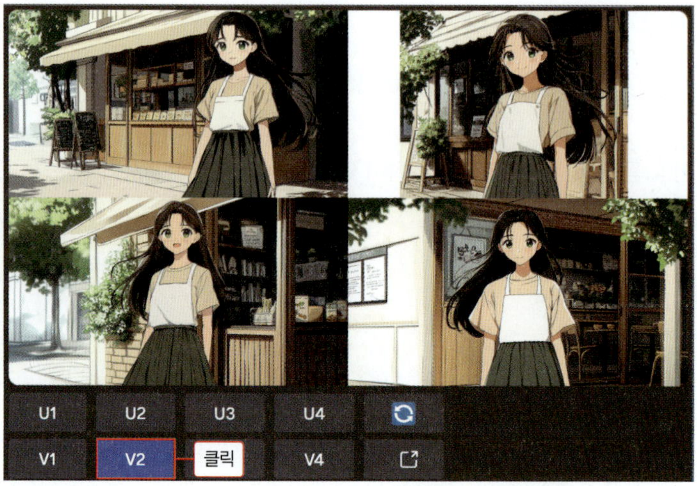

04 2차로 생성된 이미지 중에서 <U3> 버튼을 클릭하여 세 번째 이미지를 확대합니다.

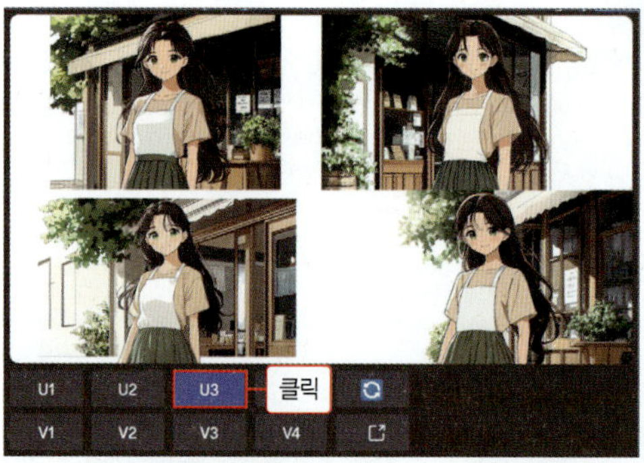

05 <Vary (Strong)> 버튼을 클릭하여 기존 이미지에서 강한 변화가 적용된 이미지를 추가로 생성합니다.

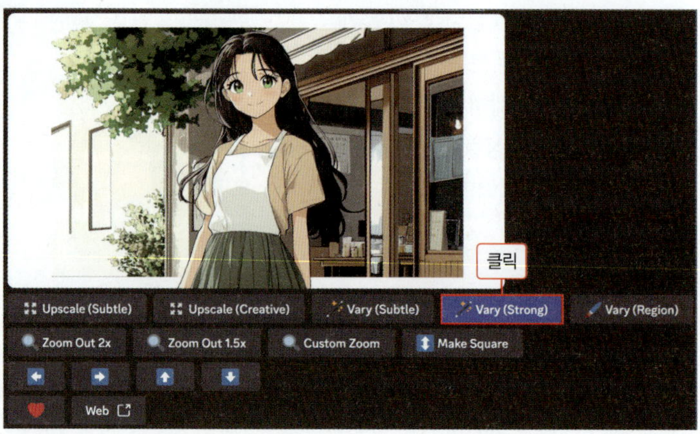

06 <U1> 버튼을 클릭하여 첫 번째 이미지를 디테일이 더욱 선명한 고해상도의 이미지로 업스케일링 합니다.

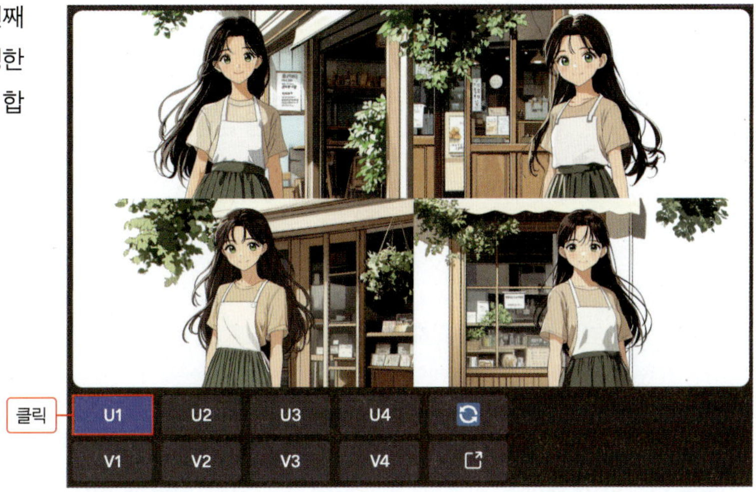

07 <Upscale (Subtle)> 버튼을 클릭하여 이미지를 고해상도로 업스케일링 하면서도 원본의 자연스러운 디테일을 유지합니다.

08 이미지를 저장하기 위해 생성된 이미지에서 마우스 오른쪽 버튼을 클릭한 다음 **이미지 저장**을 실행하여 이미지를 PC에 저장합니다.

8.4 시간의 흐름을 적용한 배경 이미지

미드저니에서 프롬프트를 활용해 시간대별로 웹툰 배경을 생성하면, 각 시간대의 특성을 시각적으로 효과적으로 표현할 수 있습니다.

아침의 배경은 부드럽고 따뜻한 파스텔 톤의 색감을 사용하며, 연한 핑크와 오렌지빛이 조화를 이루어 새로운 시작의 상쾌함을 강조합니다. 낮에는 강렬한 햇살과 선명한 파란 하늘을 바탕으로 밝고 생동감 있는 분위기를 표현하며, 그림자는 짙고 명확하게 드러납니다. 해질녘인 저녁에는 주황빛 광선과 보라색이 자연스러운 그라데이션을 이루며 따뜻하고 감성적인 분위기를 만듭니다. 이때 그림자는 진한 파랑이나 어두운 보라색으로 표현하여 극적인 대비를 추가할 수 있습니다. 밤의 배경은 어두운 파랑과 회색의 차분한 색조를 활용하며, 은은한 달빛과 도시의 인공 조명이 조화를 이루어 고요하면서도 신비로운 분위기를 전달합니다.

이러한 시간대별 색감과 표현적 특징은 장면의 감정과 서사를 강화하며 독자가 몰입하도록 돕습니다. 시간대별로 색감과 분위기를 세밀히 표현하면 장면의 감정과 정서를 강화할 수 있으며, 각 시간대의 빛과 색채를 활용하여 웹툰 배경의 몰입감을 높이고, 스토리에 어울리는 분위기를 효과적으로 전달할 수 있습니다. 시간대별 키워드와 프롬프트 예시는 표 8-1과 같습니다.

표 8-1 시간대별 프롬프트 키워드

시간대	키워드
이른 새벽(Dawn)	at dawn, soft pastel colors, gentle morning light, soft mist hovering, calm and serene atmosphere
아침(Morning)	in the morning, bright sunlight, lively atmosphere
정오(Noon)	at noon, clear blue sky, vibrant sunlight
오후(Afternoon)	in the afternoon, warm sunlight, sunset
저녁(Evening)	at sunset, golden hour lighting, calm ambiance
황혼(Twilight)	twilight, fading light, silhouettes against the sky
밤(Night)	at night, starry sky

이른 아침 골목 배경 이미지 생성

먼저 이른 아침의 골목 배경 이미지를 생성합니다. 다음과 같이 프롬프트를 입력합니다. 생성된 4개의 이미지 중에서 주택 골목과 하늘이 자연스럽게 표현된 세 번째 이미지를 업스케일링 하기 위해서 <U3> 버튼을 클릭합니다.

프롬프트 `alley with two-story houses, on early morning, sunrising --ar 4:3 --niji 6`

해당 이미지 위에서 마우스 오른쪽 버튼을 클릭한 다음 링크 복사하기를 실행하여 이미지 주소 링크를 복사합니다.

이미지 링크 주소(URL) : https://s.mj.run/tA7sEyvORyM

시간대에 따른 이미지 생성

시간대에 따라 주택 골목이 변화하는 배경 색을 확인해 봅니다. 유사한 구도의 주택 골목 이미지를 생성하기 위해 배경 이미지를 레퍼런스 파라미터 '--cref'로 입력합니다.

1) 깊은 새벽의 주택 골목

태양이 떠오르기 전, 아직 밤의 어둠이 완전히 걷히지 않은 깊은 새벽의 주택 골목은 낮은 채도의 색감으로 짙은 남색과 보랏빛, 미묘한 회색 톤으로 구성되어 있습니다. 하늘의 별이나 희미한 달빛이 풍경에 어렴풋이 반사되기도 합니다. 모든 것이 멈춰 있는 듯한 적막하고 몽환적인 분위기를 연출합니다.

프롬프트 a quiet residential alley before dawn, the deep blue sky and dim street lights, moody and atmospheric lighting, soft shadows, night mist --cref https://s.mj.run/tA7sEyvORyM --cw 100 --ar 4:3 --niji 6

2) 이른 새벽의 주택 골목

이른 새벽의 하늘은 태양이 막 떠오르기 전의 약한 빛으로 인해 풍경은 실루엣 형태로 표현되며, 조용하고 고요한 분위기를 강조합니다. 연한 핑크, 라벤더, 밝은 오렌지 톤이 하늘에 은은한 그라데이션을 이루며, 차분하고 희망적인 분위기를 만듭니다.

프롬프트 a peaceful alley with two-story houses at dawn, pastel pink and orange hues in the sky, soft mist hovering over rooftops, quiet with faint light glowing from some windows, a calm and serene atmosphere --cref https://s.mj.run/tA7sEyvORyM --cw 100 --ar 4:3 --niji 6

3) 아침의 주택 골목

아침의 하늘은 선명한 하늘색과 따뜻한 노란빛의 조합으로 맑고 상쾌한 분위기를 연출합니다. 햇살은 부드럽고 풍경의 디테일이 선명하게 드러나면서 생동감이 더해지고, 그림자는 길고 부드럽게 표현됩니다.

프롬프트 a bright alley with two-story houses at noon, sunlight casting sharp shadows on the cobblestone street, colorful laundry hanging between buildings, bicycles leaned against walls, vibrant and warm atmosphere --cref https://s.mj.run/tA7sEyvORyM --cw 100 --ar 4:3 --niji 6

4) 정오의 주택 골목

정오의 하늘은 선명한 파란 하늘과 강렬한 햇빛이 주요 특징이며, 그림자는 짧고 강렬합니다. 풍경의 색감은 채도가 높아 생동감과 활력을 강조합니다. 모든 사물이 명확하게 보이며, 햇빛의 강렬함이 전체적인 장면에 생기를 부여합니다.

프롬프트 a bright alley with two-story houses at noon, sunlight casting sharp shadows on the cobblestone street, colorful laundry hanging between buildings, bicycles leaned against walls, vibrant and warm atmosphere --cref https://s.mj.run/tA7sEyvORyM --cw 100 --ar 4:3 --niji 6

5) 오후의 주택 골목

오후의 햇살은 노란빛이 더 두드러지며 주변 색감은 따뜻하고 안정적이며, 그림자는 길어지기 시작합니다. 풍경은 여유롭고 평온하며, 따뜻한 분위기를 조성합니다.

프롬프트 a tranquil alley with two-story houses in the afternoon, warm sunlight filtering through overhanging trees, children playing with a ball, flower pots along the pathways, a calm and inviting ambiance --cref https://s.mj.run/tA7sEyvORyM --cw 100 --ar 4:3 --niji 6

6) 저녁의 주택 골목

저녁의 하늘은 주황색과 붉은 톤이 하늘을 물들이며, 노을의 그라데이션은 따뜻하고 감성적인 분위기를 만듭니다. 빛이 점점 약해지면서 풍경이 어둡게 변해 가며, 그림자는 길고 부드럽습니다.

프롬프트 a picturesque alley with two-story houses at sunset, golden and pink light reflecting on windows, chimneys with light smoke curling upward, people walking leisurely, a peaceful and nostalgic atmosphere --cref https://s.mj.run/tA7sEyvORyM --cw 100 --ar 4:3 --niji 6

7) 황혼의 주택 골목

황혼의 하늘은 보라색과 짙은 주황, 푸른빛의 조화로 몽환적이고 낭만적인 분위기를 연출하며, 하늘은 짙어지고 빛과 어둠이 공존합니다. 풍경의 디테일은 점점 어둡게 변하며, 집 안의 불빛, 골목 가로등이 강조됩니다.

프롬프트 a magical alley with two-story houses during twilight, soft purple and blue tones in the sky, warm light glowing from inside the houses, street lanterns casting gentle shadows, a quiet and enchanting vibe --cref https://s.mj.run/tA7sEyvORyM --cw 100 --ar 4:3 --niji 6

8) 밤의 주택 골목

밤의 하늘은 남청색에 가까우며, 달빛과 별빛이 어둠 속에서 은은하게 퍼져 하늘을 부드럽게 밝혀줍니다. 골목길은 대부분 어둠에 잠겨 있지만, 간간이 켜진 가로등이나 창문 틈새에서 새어 나오는 불빛이 주변 사물의 윤곽을 드러냅니다. 모든 것이 멈춰 있는 듯 고요하고 몽환적인 분위기가 연출됩니다.

프롬프트 a quiet residential alley at night, dark blue and black sky, dark night without lights, wet pavement, soft moonlight, faint starlight, subtle reflections, calm and silent mood, quiet and mysterious atmosphere --cref https://s.mj.run/tA7sEyvORyM --cw 100 --ar 4:3 --niji 6

8.5 계절감의 무드를 적용한 풍경 이미지

프롬프트를 활용해 봄, 여름, 가을, 겨울의 계절감이 돋보이는 다양한 풍경 이미지를 생성해 보겠습니다. 계절마다 고유한 분위기와 정서가 있으며, 이를 시각적으로 표현하는 데에 있어 프롬프트 설계는 매우 중요한 역할을 합니다. 특히, 각 계절의 대표적인 자연 요소나 기후, 색감, 감정적 뉘앙스를 시각 언어로 풀어내는 것이 이미지 생성의 핵심입니다.

계절감을 효과적으로 표현하기 위해서는 우선 각 계절의 특징을 잘 이해하고, 이를 드러낼 수 있는 키워드를 프롬프트에 포함해야 합니다. 특히 웹툰 배경 이미지에서 계절감을 효과적으로 표현하려면 색상 정보가 특히 중요합니다. 각 계절은 고유한 색조와 분위기를 지니고 있으며, 이를 이미지에 적절히 반영하면 독자에게 계절의 정서를 자연스럽게 전달할 수 있습니다. 예를 들어, 봄은 파스텔 톤의 화사한 색상, 여름은 선명하고 청량한 색감, 가을은 따뜻하고 깊은 톤, 겨울은 차분하고 무채색 계열의 색상을 사용하는 것이 효과적입니다.

계절별로 다른 이미지를 생성하기에 앞서, 계절마다 어떤 시각적 요소가 주로 사용되는지 파악하는 것이 필요합니다. 계절의 분위기를 구성하는 주요 요소들을 명확히 이해하고, 이를 시각적 언어로 프롬프트에 담는 것이 중요합니다. 표 8-2에 제시된 계절별 키워드들을 참고하여, 계절감을 잘 나타낼 수 있는 프롬프트를 어떻게 구성하면 좋을지 살펴보겠습니다.

표 8-2 계절별 프롬프트 키워드

계절	키워드
봄(Spring)	soft pastel tones, blooming cherry blossoms, light green leaves, warm and fresh morning light, vibrant and hopeful atmosphere, gentle breeze, petals scattered on the ground, dewy grass, bright and lively spring energy
여름(Summer)	vivid blue skies, golden sunlight, lush green trees, warm and energetic ambiance, bright and intense colors, sparkling water, clear shadows, vibrant flowers in full bloom, dynamic and lively summer day
가을(Autumn)	warm golden and orange hues, falling leaves, rustic and nostalgic atmosphere, soft golden sunlight, rich brown tones, autumn breeze, cozy and tranquil fall vibes, ivy-covered walls with red and yellow leaves
겨울(Winter)	snow-covered rooftops, icy blue and white tones, soft and quiet ambiance, warm light glowing from windows, frosted trees, gentle snowfall, cold and serene winter night, a peaceful and magical atmosphere

작은 시골 마을 풍경 이미지 생성

작은 시골 마을 강 위로 나무다리가 있는 풍경 이미지를 생성합니다. 다음과 같이 프롬프트를 입력합니다.

프롬프트

```
a rural village scene
with a small wooden
bridge over the river
--ar 4:3 --niji 6
```

생성된 4개의 이미지 중에서 구도가 가장 자연스러운 네 번째 이미지를 선택하기 위해 <U4> 버튼을 클릭해서 업스케일링 합니다. 이 업스케일링 된 이미지를 이용해 계절감을 표현하기 위해 업스케일링 된 이미지에서 마우스 오른쪽 버튼을 클릭한 다음 링크 복사하기를 실행합니다.

이미지 링크 주소(URL) : https://s.mj.run/WixoeVRWr0g

계절별 배경 이미지 생성

미드저니 입력창에 위 표의 계절별 프롬프트를 입력하여 봄, 여름, 가을, 겨울에 따라 시골 마을의 강 풍경의 색과 분위기가 달라지는 것을 확인해 봅니다. 유사한 구도의 시골 마을의 풍경을 생성하기 위해 레퍼런스 파라미터 '--cref'를 이용하여 배경 이미지를 생성합니다.

1) 벚꽃이 만개한 시골 마을의 봄 풍경

벚꽃이 흐드러지게 핀 시골 마을은 분홍빛과 연둣빛이 감도는 풍경입니다. 부드러운 산들바람과 강물 위로 반사되는 햇살이 어우러져 생기 넘치고 상쾌한 봄의 정취를 자아냅니다.

> 프롬프트 a rural village scene with a small wooden bridge over the river in spring, cherry blossoms blooming along the riverbank, pastel pink and green tones, light morning mist, gentle breeze, soft sunlight reflecting on the water, vibrant and fresh atmosphere --cref https://s.mj.run/WixoeVRWr0g --cw 100 --ar 4:3 --niji 6

2) 초록잎이 돋아난 시골 마을의 여름 풍경

푸른 하늘 아래 초록잎이 무성한 여름 시골 마을 풍경입니다. 반짝이는 햇살이 비치는 강의 물결과 활짝 핀 야생화들이 어우러져 따뜻하고 활기찬 분위기를 자아냅니다.

> 프롬프트 a rural village scene with a small wooden bridge over the river in summer, lush green trees and grass, bright blue skies, golden sunlight reflecting on the flowing water, villagers walking along the path, vibrant wildflowers, warm and energetic ambiance --cref https://s.mj.run/WixoeVRWr0g --cw 100 --ar 4:3 --niji 6

3) 단풍이 물든 시골 마을의 가을 풍경

붉게 물든 나무들이 늘어서 있는 시골 마을의 가을 풍경입니다. 서늘한 공기 속에서 느껴지는 잔잔하고 아련한 황금빛 분위기가 가을의 정취를 표현합니다.

> **프롬프트** a rural village scene with a small wooden bridge over the river in autumn, golden and orange leaves scattered along the riverbank, soft golden sunlight, a tranquil and nostalgic vibe, crisp air, trees turning shades of red and brown, reflections of warm hues on the water --cref https://s.mj.run/WixoeVRWr0g --cw 100 --ar 4:3 --niji 6

4) 눈이 내린 시골 마을의 겨울 풍경

하얀 눈이 소복이 쌓인 겨울 풍경입니다. 얼어붙은 강둑과 눈 덮인 지붕과 나무들이 고요한 분위기를 자아냅니다. 포근한 불빛이 새어 나오는 집들과 흩날리는 눈발이 어우러져 차가우면서도 따뜻한 겨울의 마법 같은 풍경을 완성합니다.

> **프롬프트** A rural village scene with a small wooden bridge over the river in winter, snow-covered trees and rooftops, icy riverbanks, a peaceful and quiet atmosphere, soft white snow falling, warm light glowing from distant cottages, frosty air, magical winter charm --cref https://s.mj.run/WixoeVRWr0g --cw 100 --ar 4:3 --niji 6

8.6 실습 예제 02 같은 풍경에서 계절감의 변화를 적용하기

캠핑카가 있는 이미지를 생성하고, 이미지에 봄, 여름, 가을, 겨울의 분위기를 적용해 같은 풍경이지만 계절감이 느껴지는 이미지를 생성하겠습니다.

01 그림과 같이 프롬프트를 입력하여 배경이 없는 캠핑카 이미지를 생성합니다.

프롬프트

```
anime style, focus on a cozy camping car, white background --ar 4:3
```

02 배경이 없고 빛의 방향이 분명하지 않은 두 번째 이미지를 활용하여 사계절을 표현해 보겠습니다. <U2> 버튼을 클릭하여 두 번째 이미지를 업스케일링 합니다.

03 이미지에서 캠핑카의 배경에 계절감을 주기 위해서 이미지 하단의 <Vary (Region)> 버튼을 클릭합니다.

04 올가미 도구( )를 선택하여 캠핑카를 제외한 배경을 모두 선택하고 기존에 입력한 프롬프트에 봄의 계절감을 표현하는 프롬프트를 추가로 입력한 다음 'Submit' 아이콘( )을 클릭합니다.

프롬프트 anime style, focus on a cozy camping car with cherry blossoms blooming, pastel pink and green tones, light morning mist, gentle breeze, soft sunlight, vibrant and fresh atmosphere

05 캠핑카 위로 벚꽃이 날리는 봄 풍경의 이미지가 생성되었습니다.

06 <U4> 버튼을 클릭하여 네 번째 이미지를 업스케일링 해 완성합니다.

07 이번에는 가을 풍경을 연출하기 위해 **03**번과 같은 방법으로 <Vary (Rigion)> 버튼을 클릭합니다.

08 올가미 도구( )를 선택하여 캠핑카를 제외한 배경을 모두 선택하고 다음과 같이 프롬프트를 입력한 다음 'Submit' 아이콘( )을 클릭합니다.

프롬프트 anime style, focus on a cozy camping car in autumn, golden and orange leaves scattered, soft golden sunlight, a tranquil and nostalgic vibe, crisp air, trees turning shades of red and brown --ar 4:3

09 그림과 같이 캠핑카 위로 단풍이 날리는 가을 풍경의 이미지가 생성되었습니다.

10 <U3> 버튼을 클릭하여 세 번째 이미지를 업스케일링 해 완성합니다.

11 이번에는 여름과 겨울 풍경을 연출하기 위해 03번과 같은 방법으로 <Vary (Region)> 버튼을 클릭합니다.

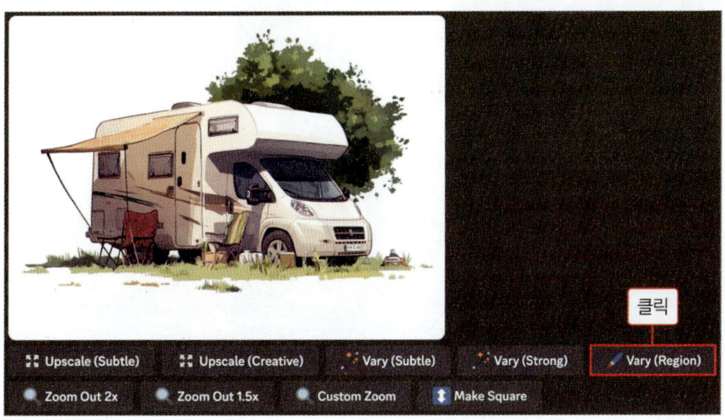

12 그림과 같이 프롬프트를 입력하고 'Submit' 아이콘(➡)을 클릭하여 여름과 겨울 이미지를 생성합니다. 풍경 속 나무의 종류와 위치가 동일하게 유지되지 않아 일관성이 다소 아쉽지만, 입력한 프롬프트에 따라 계절의 색조와 분위기가 적절하게 반영되어 자연스러운 풍경이 표현되었습니다.

프롬프트 in summer, lush green trees and grass, bright blue skies, golden sunlight, vibrant wildflowers, warm and energetic ambiance --ar 4:3

프롬프트 in winter, snow-covered trees, icy riverbanks, a peaceful and quiet atmosphere, soft white snow falling, warm light glowing, frosty air, magical winter charm --ar 4:3

8.7 날씨의 변화를 적용한 배경 이미지 생성

날씨의 변화는 웹툰 배경에서 장면을 생동감 있고 몰입감 있게 만드는 중요한 요소입니다. 날씨 표현은 장면의 감정과 스토리를 강화하며, 독자가 작품에 깊이 공감하도록 돕습니다. 특히 실외 장면에서는 날씨가 배경의 색감과 분위기에 큰 영향을 미칩니다. 날씨에 따라 프롬프트에 구체적인 조건과 색조, 조명, 분위기를 포함하면 효과적인 배경 이미지를 생성할 수 있습니다.

맑은 날씨는 밝은 햇빛과 선명한 색감을 강조하고, 안개 낀 날씨에는 흐릿한 실루엣과 은은한 조명을 사용해 신비로운 분위기를 표현합니다. 폭풍우나 황사 같은 극단적인 날씨는 강렬한 색조와 조명으로 장면의 긴장감을 높일 수 있습니다. 이러한 표현은 하늘의 색상과 구름의 배치를 통해 더욱 효과적으로 전달됩니다. 하늘의 색은 날씨에 따라 크게 달라지며, 맑은 날은 연한 파랑, 해 질 녘은 주황, 밤에는 회색이나 진한 파랑으로 자연스럽게 그라데이션이 처리됩니다. 구름 역시 날씨에 따라 흰색에서 회색으로 변화하며, 구름의 그림자는 희미한 파란빛으로 표현하는 것이 자연스럽습니다. 특히, 구름의 배치에 따라 시선을 유도하고 화면에 깊이감을 부여할 수 있습니다.

흐린 날과 비 오는 날은 회색조가 주를 이루며, 하늘과 풍경 전반에 무거운 분위기를 더합니다. 빗줄기의 두께와 길이를 조절하면 세밀한 날씨 표현도 가능합니다. 예를 들어, 비 오는 날은 어두운 구름과 빗방울의 반사를 활용하며, 눈 오는 날은 부드러운 흰색 톤과 눈송이를 더해 계절감을 표현합니다. 비나 눈이 내리는 장면은 수직 방향 또는 사선 효과선과 하얀 점으로 표현합니다.

날씨는 단순한 배경 요소를 넘어, 장면의 정서적 분위기와 캐릭터의 감정을 드러내는 서사적 장치로 기능합니다. 따라서 프롬프트 설계 시 날씨 요소를 적극적으로 활용하면, 보다 풍부하고 몰입도 높은 배경 이미지를 제작할 수 있습니다. 표 8-3에 제시된 날씨별 키워드들을 참고하여, 프롬프트를 어떻게 구성하면 좋을지 살펴보겠습니다.

표 8-3 날씨별 프롬프트 키워드

날씨	키워드
맑은 날(Clear Weather)	bright sunlight, clear blue sky, crisp and vibrant colors, soft shadows, warm and cheerful atmospher
흐린 날(Cloudy Weather)	overcast sky, soft gray clouds, diffused light, muted colors, calm and serene mood
비 오는 날(Rainy Weather)	rain falling, wet ground reflections, misty air, dark gray clouds, cool and melancholic mood
눈 오는 날(Snowy Weather)	falling snow, snow-covered rooftops and trees, soft white tones, frosty air, quiet and magical atmosphere
안개 낀 날(Foggy Weather)	dense fog, muted tones, diffused light, silhouettes of trees and buildings, mysterious and calm mood
폭풍우 치는 날 (Stormy Weather)	dark storm clouds, heavy rain, lightning bolts, dramatic and intense atmosphere, strong wind effects

초원 위의 고성 이미지 생성

각 키워드별로 날씨를 표현하기 위해 초원 위의 고성 이미지를 하나 생성합니다.

프롬프트

```
the old castle on a green meadow
--ar 4:3 --niji 6
```

이미지 링크 주소(URL) : https://s.mj.run/n4VhOBvJrck

날씨별 고성의 풍경 이미지 생성

미드저니 입력창에 위 표의 날씨별 프롬프트를 입력하여 초원 위 고성의 색과 분위기가 달라지는 것을 확인해 봅니다. 유사한 구도의 고성 풍경을 생성하기 위해 고성 이미지 링크 주소를 캐릭터 레퍼런스 파라미터인 '--cref' 프롬프트와 함께 입력합니다.

1) 맑은 날의 고성

푸른 하늘 아래 드넓은 초원 위에 우뚝 선 고성의 풍경입니다. 맑고 청량한 하늘 아래, 밝은 햇살이 성벽을 환하게 비추고 초원 곳곳에는 꽃들이 만발해 생동감을 더합니다.

프롬프트 a majestic castle on a green meadow under clear blue skies, bright sunlight illuminating the castle walls, vibrant flowers scattered across the meadow, crisp and cheerful atmosphere --ar 4:3 --cref https://s.mj.run/n4VhOBvJrck --cw 100 --niji 6

2) 흐린 날의 고성

구름이 드리운 흐린 하늘 아래, 초원 위에 고성이 웅장하게 서 있는 풍경입니다. 성벽을 감싸고 있는 회색빛 구름은 채도가 낮아 한층 차분하고 고요한 분위기를 자아냅니다.

프롬프트 a towering castle on a lush meadow under an overcast sky, soft gray clouds creating diffused light, muted colors in the landscape, calm and serene atmosphere --ar 4:3 --cref https://s.mj.run/n4VhOBvJrck --cw 100 --niji 6

3) 비 오는 날의 고성

장엄하게 서 있는 고성 위로 먹구름이 드리운 풍경입니다. 떨어지는 빗방울이 젖은 풀밭 위로 고요히 퍼지고 적막하면서도 쓸쓸한 분위기를 자아냅니다.

프롬프트 a grand castle on a meadow in the rain, wet grass reflecting the faint light, dark gray clouds looming above, raindrops falling gently, spat, melancholic and peaceful ambiance --ar 4:3 --cref https://s.mj.run/n4Vh0BvJrck --cw 100 --niji 6

4) 눈 오는 날의 고성

부드러운 눈송이가 흩날리는 눈 덮인 초원 위의 고성 풍경입니다. 성을 둘러싼 나무들은 하얗게 서리가 내려앉았고 풀밭 위엔 얼음이 내려앉아 고요하고 신비로운 분위기가 느껴집니다.

프롬프트 a castle on a snow-covered meadow, soft white snowflakes falling from a cloudy sky, frosted trees and icy grass surrounding the castle, a quiet and magical winter atmosphere --ar 4:3 --cref https://s.mj.run/n4Vh0BvJrck --cw 100 --niji 6

5) 안개 낀 날의 고성

짙은 안개가 드리운 고성의 성탑은 윤곽마저 흐릿하게 감춰진 신비로워 보입니다. 저채도의 색감은 차분하고 고요해서 몽환적인 분위기를 자아냅니다.

프롬프트 a mysterious castle on a meadow shrouded in dense fog, muted tones and silhouettes of the castle towers fading into the mist, tranquil and enigmatic atmosphere --ar 4:3 --cref https://s.mj.run/n4VhOBvJrck --cw 100 --niji 6

6) 폭풍우 치는 날의 고성

고성 위로 번쩍이는 번개가 긴장감을 더하고, 빗방울에 젖은 초원의 풀들은 어둡고 눅눅한 분위기를 자아냅니다.

프롬프트 a grand castle on a meadow in the rain, wet grass reflecting the faint light, dark gray clouds looming above, raindrops falling gently, diagonal raindrops, melancholic and peaceful ambiance --ar 4:3 --cref https://s.mj.run/n4VhOBvJrck --cw 100 --niji 6

날씨별 대도심 풍경 이미지 생성

이번에는 다음의 이미지를 사용하여 다양한 날씨 속 대도심 풍경 이미지를 생성해 봅니다.

프롬프트 `panoramic view of down town in the city, landscape, anime style --ar 4:3`

이미지 링크 주소(URL) : https://s.mj.run/9XaXh7a_xx0

1) 맑은 날의 대도심 풍경

맑고 푸른 하늘 아래 고층 빌딩들이 빛나는 대도심의 풍경입니다. 유리 건물에 반사된 햇살이 거리를 환히 밝힙니다. 넓은 인도 위를 걷는 분주한 사람들과 차량들이 활기차고 생동감 넘치는 분위기를 담아냅니다.

프롬프트

```
a bustling metropolitan city with towering skyscrapers under clear blue skies, bright sunlight reflecting off glass buildings, vibrant and cheerful atmosphere, people walking on wide sidewalks, modern and lively ambiance --cref https://s.mj.run/9XaXh7a_xx0 --cw 100 --niji 6 --ar 4:3
```

2) 비 오는 날의 대도심 풍경

회색빛 구름 아래 비가 내리는 대도심의 풍경입니다. 젖은 도로 위엔 차량과 건물의 불빛이 반사되어 반짝입니다. 전체적으로는 쓸쓸하면서도 차분한 도시의 분위기가 감돌며 고요한 정서를 자아냅니다.

> **프롬프트** a rainy cityscape with towering skyscrapers, wet streets reflecting the lights of cars and buildings, gray storm clouds above, rain falling steadily, people with umbrellas on the sidewalks, melancholic yet serene atmosphere --cref https://s.mj.run/9XaXh7a_xx0 --cw 100 --niji 6 --ar 4:3

3) 눈 오는 날의 대도심 풍경

눈이 소복이 쌓여있는 대도심의 겨울 풍경입니다. 따스한 불빛이 건물 창문 너머로 새어 나와 차가운 공기 속에서도 아늑함을 전달합니다. 도로 위엔 차량과 사람들이 분주히 오가며 겨울 도시의 낭만적인 분위기를 표현합니다.

> **프롬프트** a snowy metropolitan city with tall buildings covered in snow, soft white snowflakes falling, streets lightly dusted with snow, warm lights glowing from windows, frosty air and a magical winter atmosphere --cref https://s.mj.run/9XaXh7a_xx0 --cw 100 --niji 6 --ar 4:3

4) 안개 낀 날의 대도심 풍경

짙은 안개가 대도심을 감싸며 고층 빌딩들의 실루엣마저 희미하게 흐려진 풍경입니다. 안개 속에 잠긴 듯 회색빛이 퍼진 도심은 고요하고 몽환적인 분위기를 담아냅니다.

프롬프트 a foggy city with skyscrapers partially obscured by dense mist, muted gray tones, silhouettes of buildings fading into the fog, quiet and mysterious atmosphere, few cars and people visible --cref https://s.mj.run/9XaXh7a_xx0 --cw 100 --niji 6 --ar 4:3

5) 폭풍우 치는 날 대도심 풍경

짙은 먹구름이 도시 하늘을 뒤덮고 번개가 빌딩 숲 너머로 강렬하게 번쩍이는 폭풍우 속 대도심의 풍경입니다. 그런 가운데 도시의 불빛은 폭풍 속에서도 선명하게 빛나며 혼란스러우면서도 역동적인 분위기를 자아냅니다.

프롬프트 a stormy urban skyline with dark storm clouds looming over skyscrapers, heavy rain and strong winds, dramatic lightning bolts striking in the distance, intense and chaotic atmosphere, glowing city lights through the storm --cref https://s.mj.run/9XaXh7a_xx0 --cw 100 --niji 6 --ar 4:3

8.8 실습 예제 03 두 명의 인물을 함께 배치한 장면 생성하기

• **예제 파일** : 08\ara.png, dohyun.png • **완성 파일** : 08\aradohyun_완성.png

두 인물을 함께 배치할 때는 관계와 감정을 효과적으로 전달하는 구도가 중요합니다. 거리감, 시선 처리, 자세 등을 활용하여 자연스럽고 조화로운 장면을 연출하는 방법을 살펴보겠습니다.

01 미드저니에서 생성했던 여자 주인공 '아라'와 남자 주인공 '도현'의 이미지를 PNG 파일로 다운로드하여 미드저니 08 폴더에 저장합니다. 캐릭터의 일관성을 높이기 위해 --sref 파라미터를 사용하겠습니다. 이미지 링크 주소를 확인합니다.

이미지 링크 주소(URL) : https://cdn.midjourney.com/fa668314-8cb3-42c8-acff-dbf4edcff606/0_3.png

이미지 링크 주소(URL) : https://s.mj.run/ibVJBWgNmqs

02 미드저니 입력창에서 <+> 버튼을 클릭하고 '파일 업로드'를 선택하여 업로드할 이미지 파일을 추가합니다.

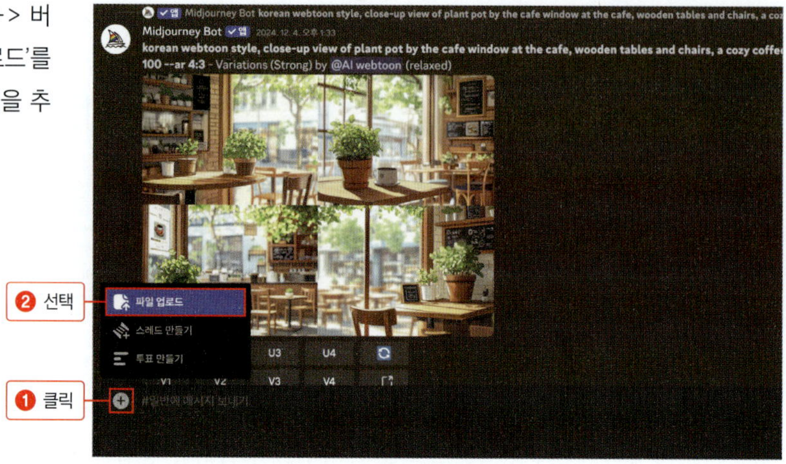

03 대화상자가 표시되면 08 폴더에서 'ara.png', 'dohyun.png' 파일을 선택하고 <열기(O)> 버튼을 클릭합니다.

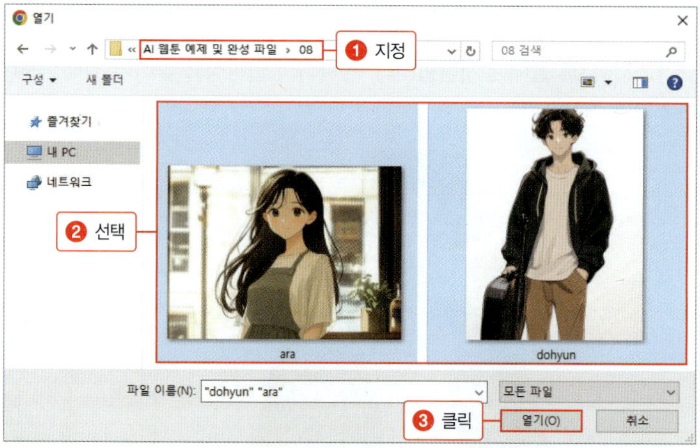

04 미드저니 입력창에 선택한 아라와 도현 캐릭터의 이미지가 업로드되면 Enter를 누릅니다.

05 아라와 도현 캐릭터 이미지를 활용하여 두 인물이 함께 등장하는 장면을 연출하려고 합니다. 미드저니 입력창에 '/imagine'을 입력하고 프롬프트를 상세하게 입력한 다음 Enter를 누릅니다.

프롬프트 medium shot of a scene where a female and a male, two people standing and facing each other at a certain distance in the cafe, a female 160cm tall is standing on left side of scene and a male 180cm tall is standing on right side of scene, a female has green eyes and brown hair color and wearing light beige short-sleeved knit and sage green pleated long skirt with white apron, a male wearing the dark green and khaki hoodie, the beige jean --sref https://s.mj.run/Koncz4zb5Ww --sw 100 --ar 4:3

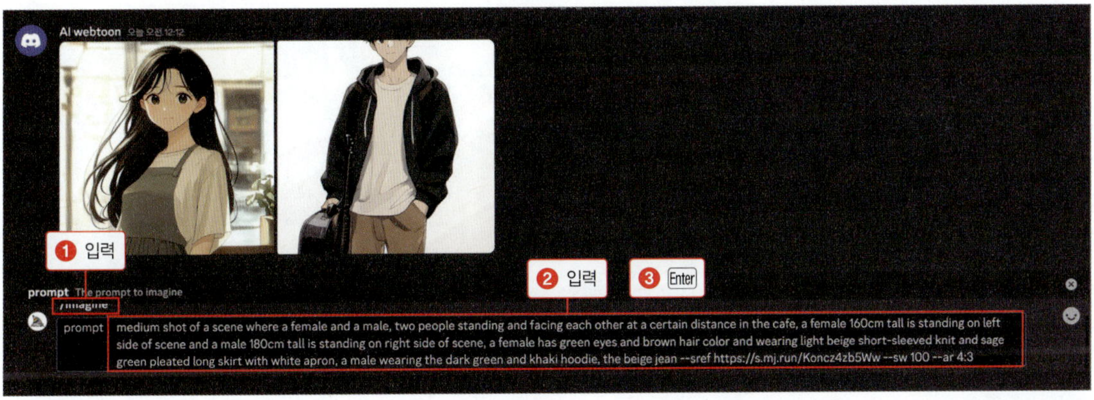

06 아라와 도현 캐릭터가 함께 등장하는 한 장면의 이미지가 생성되었습니다. 이 중에서 두 인물이 눈을 마주하고 있는 두 번째 이미지가 가장 자연스럽게 표현되었습니다. 그러나 아라 캐릭터는 스타일과 분위기가 일관되게 생성된 반면, 도현 캐릭터는 헤어스타일이 이전과 다르게 표현되었습니다.

07 부분 수정을 하겠습니다. 먼저 <U2> 버튼을 클릭하여 두 번째 이미지를 업스케일링 합니다.

> **NOTE**
> 부분 수정 기능인 Vary (Region)을 사용하기 위해서는 먼저 이미지를 업스케일 해야 합니다.

08 업스케일이 완료되면 도현 캐릭터의 헤어스타일을 수정하기 위해 <Vary (Region)> 버튼을 클릭합니다.

09 지정된 수정 영역에 적합한 스타일을 반영하려고 합니다. 부분 수정 창이 표시되면 올가미 도구( )를 선택하고 이미지 내 수정할 영역을 드래그하여 지정합니다. 하단 입력창에 수정되어야 할 내용을 작성하고 --cref 파라미터를 사용하여 도현 캐릭터의 헤어스타일이 잘 드러난 측면 이미지를 나타내는 링크 주소를 Ctrl+V로 입력한 다음 'Submit' 아이콘( )을 클릭합니다.

프롬프트 a male with brown colored hairstyle, messy but stylish --cref https://s.mj.run/5c8Y-iR1mJ0 --cw 100 --ar 4:3

> **NOTE**
> 여기에서는 영역을 지정할 때 도현 캐릭터의 헤어스타일 영역만 지정합니다.

10 도현 캐릭터의 헤어스타일이 적절하기 반영된 네 번째 이미지를 업스케일링하기 위해 <U4> 버튼을 클릭합니다.

11 이번에는 두 인물에 시선을 집중시키기 위해 배경의 불필요한 요소를 삭제하려고 합니다. 배경에 등장하는 여성의 실루엣을 삭제하기 위해 <Vary (Region)> 버튼을 클릭합니다.

12 부분 수정 창이 표시되면 올가미 도구( )를 선택하고 배경에 있는 여성 실루엣의 영역을 드래그하여 지정합니다. 하단 입력창에 해당 영역에서 삭제되어야 할 내용을 상세히 입력하고 'Submit' 아이콘( )을 클릭합니다.

프롬프트 `focus on two people, no people on the background --ar 4:3`

13 그림과 같이 생성된 4개의 이미지 중에서 배경에 인물 실루엣이 생략된 것은 세 번째 이미지입니다. <U3> 버튼을 클릭하여 해당 이미지를 업스케일링 합니다.

14 미드저니 창의 업스케일링 된 이미지에서 마우스 오른쪽 버튼을 클릭한 다음 **이미지 저장**을 실행하여 폴더에 저장합니다.

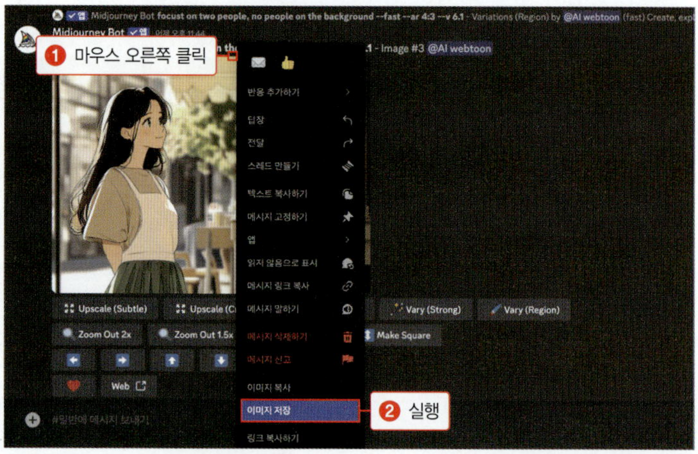

15 완성된 이미지를 확인합니다.

8.9 감정선을 강조하는 배경 톤 표현

결합하여 사용하는 웹툰의 배경 톤

웹툰에서 색상과 패턴으로 구성된 배경 톤은 주인공의 감정과 정서를 시각적으로 전달하는 중요한 도구로 활용됩니다. 배경 톤 주로 심리적 상태를 은유적으로 표현하는 데 사용되며, 기하학적 패턴이나 흐트러진 선들은 혼란과 갈등을 상징할 수 있습니다. 배경 톤의 역할은 독자의 정서적 몰입을 유도하며, 서사의 감정선을 강조하는 역할을 하며, 웹툰 작품의 메시지를 효과적으로 전달하는 데에 목적이 있습니다.

배경 톤의 색상은 감정의 직접적인 상징으로 작용하며, 특정 색조와 명도, 채도의 조합을 통해 장면의 분위기와 감정적 뉘앙스를 극대화합니다. 예를 들어, 따뜻한 색상인 노랑, 오렌지, 빨강은 희망, 열정, 따뜻함과 같은 긍정적인 감정을 전달하는 반면, 차가운 색상인 파랑, 회색, 보라는 슬픔, 고독, 불안을 표현합니다. 반대로 강렬한 색 대비는 분노나 극적인 긴장감을 전달하는 데에 효과적입니다.

배경 톤의 패턴은 장면의 분위기를 심화하거나 주인공의 내면을 암시하는 데에 사용됩니다. 행복한 감정을 표현할 때는 꽃이나 부드러운 곡선형의 패턴이 사용되며, 불안과 공포는 뒤틀린 선이나 복잡한 모양을 통해 혼란스러운 심리를 드러냅니다.

색상과 패턴을 결합하면 주인공의 정서를 더욱 생생하게 전달할 수 있습니다. 예를 들어, 차가운 색조의 배경에 물방울 패턴을 추가해 슬픔을 강조하거나, 따뜻한 색조와 부드러운 곡선 패턴을 조합해 행복한 장면을 더욱 돋보이게 할 수 있습니다. 창작자는 이러한 색상과 패턴을 작품의 감정적 흐름에 맞게 활용하여 독자의 공감을 이끌고 장면의 몰입도를 극대화할 수 있습니다. 반복적으로 사용된 원형 패턴은 안정감과 평온함을, 복잡한 선과 불규칙한 형태는 불안정함과 혼란을 나타냅니다. 이러한 시각적 요소는 단순히 장면의 시각적 미감을 높이는 데에 그치지 않고, 독자가 주인공의 내적 상태를 직관적으로 이해하도록 돕는 역할을 합니다.

1) 호위무사의 갑옷 속에 숨겨진 미소, 사랑스러운 여주

따뜻한 색조의 배경과 화려한 장미꽃 패턴은 여자주인공의 긍정적이고 희망적인 정서를 암시하며, 여자주인공의 부드러운 표정과 자연스럽게 연결되어 안정감과 평온함을 강조합니다. 부드럽고 곡선적인 머리카락의 흐름과 유기적인 패턴은 장면에 생동감을 부여하며, 따뜻한 노랑과 오렌지 색상은 따뜻함과 사랑스러움을 표현합니다.

캐릭터와 배경 톤의 조합은 주인공의 성격을 더욱 돋보이게 하며, 독자로 하여금 그녀의 내면 상태를 직관적으로 이해하도록 유도할 수 있습니다. 특히 배경의 반복적인 곡선 패턴은 안정적이고 조화로운 분위기를 더합니다.

배경 프롬프트 rose pattern background with digital hand drawing, 2d style, light yellow, very sparse --ar 3:4

캐릭터 프롬프트 a character with long blonde hair and medieval dress, romance fantasy female protagonist, she looks like she's in love --ar 3:4 --niji 6

미드저니로 생성한 배경과 캐릭터 이미지

캐릭터와 배경 이미지를 조합한 이미지

추가 후보정 이미지

2) 별빛 아래, 슬픔을 간직한 여주

캐릭터의 차분한 표정과 눈에 고인 눈물은 감정의 깊이를 나타내며, 차가운 블루 계열의 머리카락과 조화롭게 연결되어 슬픔과 고독감을 강조합니다. 배경톤은 부드러운 파스텔 색조와 하트, 기하학적 형태의 빛나는 패턴으로 구성되었습니다. 반짝이는 효과와 부드러운 빛의 표현은 장면에 몽환적인 분위기를 더하며, 캐릭터의 내면적인 갈등과 복합적인 정서를 시각적으로 강화합니다.

배경 프롬프트 `simple background pattern for manga, glitter pattern, pastel color --ar 3:4`

캐릭터 프롬프트 `a refreshing atmosphere, a romance manga style of a female protagonist, side view with head slightly raised --ar 3:4 --niji 6`

미드저니로 생성한 배경과 캐릭터 이미지

캐릭터와 배경 이미지를 조합한 이미지

추가 후보정 이미지

3) 초록빛 행복을 느끼는 여주

배경 톤은 부드러운 녹색 잎사귀와 따뜻한 빛의 노란 톤으로 구성되어 자연 속에서의 여유와 생기를 강조합니다. 캐릭터는 살짝 미소를 띤 채 눈을 감고 있어 행복과 편안함을 느끼는 소박한 느낌을 줍니다. 배경 톤과 캐릭터의 채도를 높여서 은은하고 부드러운 색감과 캐릭터 평온한 감정을 더욱 부각합니다. 전반적으로 따뜻함, 희망, 자연과의 조화를 담아내며 캐릭터의 감정적 안정감을 강조합니다.

배경 프롬프트 petals fluttering pattern background with digital hand drawing, 2d style, light green on light yellow background, very sparse --ar 3:4 --niji 6

캐릭터 프롬프트 a refreshing atmosphere, a romance manga style of a female protagonist, side view with head slightly raised --ar 3:4 --niji 6

미드저니로 생성한 배경과 캐릭터 이미지

캐릭터와 배경 이미지를 조합한 이미지

추가 후보정 이미지

4) 첫눈에 사랑에 빠진 소년

부드러운 파스텔 톤의 배경 속에서 소년의 두 눈은 반짝이며 설렘을 가득 머금고 있습니다. 주변의 온화한 빛과 따뜻한 색감이 그의 두근거리는 감정을 더욱 강조하며, 순간의 마법 같은 사랑과 순수한 감정을 담아냅니다.

배경 프롬프트 a simple background pattern for manga, sSonge-printed circle pattern, bright pink pastel color, bokeh, very sparse --ar 3:4

캐릭터 프롬프트 anime style, a boy in school uniform with surprised expression, the boy who fell in love at first sight, white background --ar 3: 4 --niji 6

미드저니로 생성한 배경과 캐릭터 이미지

캐릭터와 배경 이미지를 조합한 이미지

추가 후보정 이미지

5) 분노감이 치밀어 오르는 중년 남성

중년 남성의 얼굴에는 깊은 주름이 새겨지고, 두 눈은 날카롭게 빛납니다. 턱을 굳게 다문 채 속에서 끓어오르는 분노를 억누르고 있지만, 미묘하게 떨리는 주먹과 팽팽한 긴장감이 감정을 그대로 드러냅니다. 거친 숨결과 함께 점점 고조되는 격렬한 감정이 공간을 뒤덮으며, 폭발 직전의 긴박한 분위기를 자아냅니다.

배경 프롬프트 a background features manga-style speed lines or a dramatic burst effect to enhance the Intensity of the scene, red and black and white line --ar 3:4

캐릭터 프롬프트 full shot of a man with black suit, A man full of anger, white background --ar 3:4

미드저니로 생성한 캐릭터와 배경 이미지

캐릭터와 배경 이미지를 조합한 이미지

추가 후보정 이미지

실습 예제 04

8.10 분위기 있는 핵심 컷 연출하기

• **완성 파일** : 08\핵심컷_완성.png

웹툰에서는 감정이나 상황을 강조하기 위해 두 인물이 동시에 등장하는 컷이 자주 연출됩니다. 투 샷(Two Shot)은 인물 간의 관계를 시각적으로 부각시키거나 대화를 더욱 생동감 있게 표현하는 데에 매우 효과적인 기법입니다. 특히 갈등, 화합, 또는 긴장감을 강조하는 장면에서 독자에게 강렬한 인상을 심어 줄 수 있어, 웹툰 연출에서 핵심적인 요소로 활용됩니다. 앞서 생성한 각 캐릭터의 이미지를 바탕으로, 자연스럽게 구성된 장면을 생성하려고 합니다.

이번 예제는 1화의 마지막 장면을 만들어 봅니다. 카페에서 처음 만난 두 주인공이 서로에게 끌리는 순간을 표현한 컷으로 독자는 앞으로의 특별한 관계를 암시할 수 있습니다. 마지막 컷은 독자의 호기심을 자극하며, 자연스럽게 다음 화로 이어지도록 만드는 중요한 역할을 합니다. 이 컷에서는 두 주인공의 감정이 시각적으로 드러나도록 시선, 표정, 그리고 분위기에 집중하여 연출합니다. 마치 바람에 꽃잎이 날리는 듯한 연출과 함께 주인공들의 설렘과 긴장감이 느껴지도록 배경을 구성합니다. 이로써 독자는 주인공들의 관계에 대해 궁금증을 가지게 되고, 다음 이야기에 대한 기대감을 갖게 됩니다.

01 마지막 장면을 연출하기 위해서 다음과 같이 프롬프트를 입력합니다.

프롬프트
```
wide long shot of two people facing each other from a distance in the cafe, as if the wind is blowing --ar 16:9
```

02 <U1> 버튼을 클릭하여 두 주인공의 감정을 드러낼 수 있도록 바람이 불어오는 연출과 빛의 효과가 적절하게 생성된 첫 번째 이미지를 선택하여 업스케일링 이미지를 얻습니다.

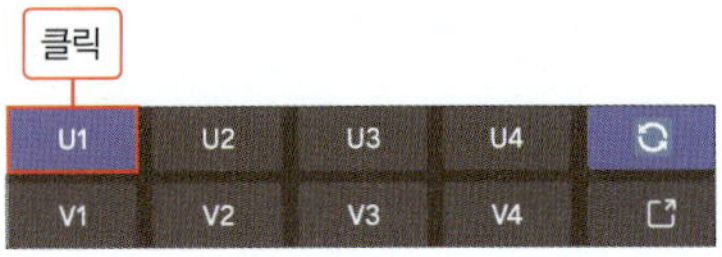

03 이미지 속 여성과 남성을 '아라'와 '도현'으로 변경하기 위해 <Vary (Region)> 버튼을 클릭합니다.

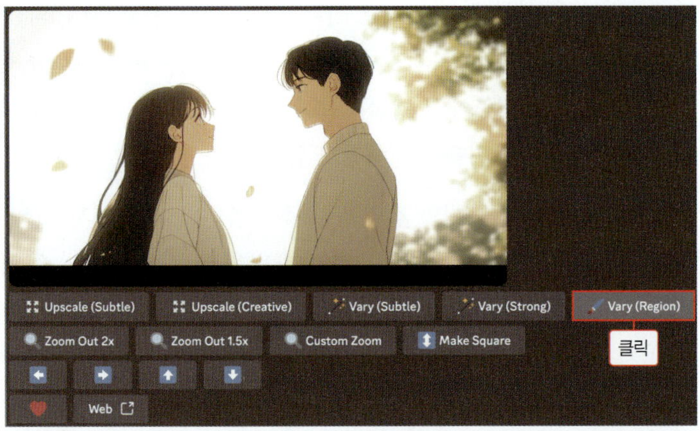

04 올가미 도구( )를 선택하고 여성 캐릭터의 두상과 헤어스타일 영역을 드래그하여 지정하고 입력창에 아라의 특징과 이미지 링크를 프롬프트로 입력한 다음 'Submit' 아이콘( )을 클릭합니다.

프롬프트 korean webtoon style, a female has green eyes and brown long hair color, wearing warm beige knit --cref https://s.mj.run/ibVJBWgNmqs --cw 100

TIP 여자 주인공 참조 이미지

여자 주인공인 '아라'의 특징을 프롬프트로 입력한 링크는 다음과 같습니다.

이미지 링크 주소(URL) : https://s.mj.run/ibVJBWgNmqs

05 기존의 여성 캐릭터가 아라의 특징을 반영하여 새 이미지로 생성되었습니다. 아라와 가장 닮은 첫 번째 이미지를 업스케일링 하기 위해 <U1> 버튼을 클릭합니다.

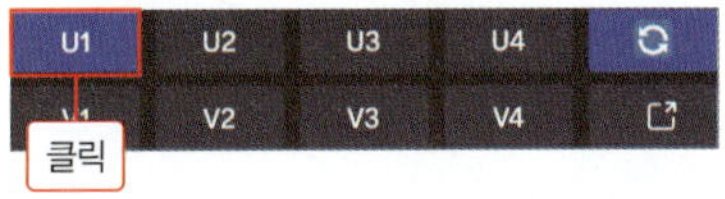

06 이번에는 남성 캐릭터를 도현으로 변경하려고 합니다. 이미지 하단의 <Vary (Region)> 버튼을 클릭합니다.

07

올가미 도구(🔍)를 선택하고 남성 캐릭터의 두상을 클릭 드래그로 지정한 다음 입력창에 도현의 특징을 프롬프트로 입력합니다. 도현의 이미지 중에서 해당 캐릭터와 포즈가 가장 유사한 이미지를 선정하여 캐릭터 레퍼런스 파라미터로 사용하고 'Submit' 아이콘(➡)을 클릭합니다.

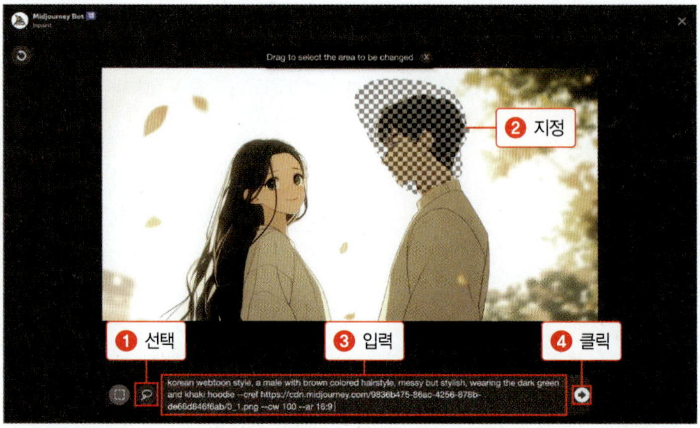

프롬프트 korean webtoon style, a male with brown colored hairstyle, messy but stylish, wearing the dark green and khaki hoodie --cref https://s.mj.run/UuC8IOmUGQg --cw 100

TIP **남자 주인공 참조 이미지**

남자 주인공인 '도현'의 특징을 프롬프트로 입력한 링크는 다음과 같습니다.

이미지 링크 주소(URL) : https://s.mj.run/UuC8IOmUGQg

08

두 번째 이미지를 선택하기 위해 <U2> 버튼을 클릭하여 업스케일링 하고 '외부 링크' 아이콘(↗)을 클릭합니다.

09 웹브라우저가 실행되며 디스코드 미드저니에서 생성한 이미지가 미드저니 알파 버전(웹)에 표시됩니다. 가로 비율 16:9 이미지를 세로 비율 9:16으로 확장하여 배경을 자연스럽게 연출하려고 합니다. 해당 이미지를 클릭하면 그림과 같이 편집 화면으로 전환됩니다.

10 상단 오른쪽의 이미지 비율을 조정하는 옵션에서 '9:16'을 선택하고 프롬프트를 입력한 다음 <Submit> 버튼을 클릭합니다.

프롬프트

korean webtoon style, a scene of two people

11 화면의 위아래 부분에 자동으로 풍경이 생성되었습니다. 웹툰 1화의 마지막 장면으로 세 번째 이미지를 선택하기 위해 <Upscale (Subtle)> 버튼을 클릭하고 고품질의 이미지를 PC에 다운로드합니다.

연습 문제 | 분위기의 완성, 배경 이미지 표현

• **예제 파일** : 08\연습_이미지링크.txt

01 미드저니에서 아래 배경 이미지와 인물 이미지를 한 장면으로 합성해 보세요.

before

after

캐릭터 이미지 주소 링크(URL) : https://s.mj.run/mnHhu9lWCbg
배경 이미지 주소 링크(URL) : https://s.mj.run/JjqhNf1_ZJY

02 미드저니에서 생성한 남자 주인공과 여자 주인공 이미지를 사용하여 다음과 같은 이미지에 두 주인공을 적용해 하나의 핵심 컷으로 연출해 보세요.

이미지 주소 링크(URL) :
https://cdn.midjourney.com/0c8c0bcd-4dae-4e18-a2ed-4f54d36ca9fd/0_1.png

WEEK 09

독자의 몰입을 유도하는 장면 연출

학 습 목 표

웹툰에서 카메라 샷과 앵글은 장면을 단순하게 보여 주는 것 이상의 의미를 가집니다. 서사의 감정적 강약을 조절하며 독자가 이야기 속으로 몰입하게 만드는 중요한 연출 도구로, 장면의 감정적 깊이를 더하여 독자의 시선을 유도하는 데에 효과적입니다. 카메라 샷과 앵글에 대한 개념을 이해를 바탕으로, 미드저니에서 생성한 캐릭터의 일관성을 유지하며 다양한 장면을 생성합니다.

9.1 카메라 샷과 앵글

웹툰은 스크롤 기반의 매체로 독자가 장면을 따라가는 방식이 수직 방향입니다. 스크롤 컷의 리듬을 고려해서 카메라 샷과 앵글을 적절하게 배치하면 장면 전환이 부드럽게 이루어져서 독자의 몰입을 쉽게 유도할 수 있습니다. 그래서 웹툰에서 카메라 샷과 앵글은 장면을 단순하게 보여 주는 것 이상의 의미를 가집니다. 서사의 감정적 강약을 조절하며 독자가 이야기 속으로 몰입하게 만드는 중요한 연출 도구로, 장면의 감정적 깊이를 더하여 독자의 시선을 유도하는 데에 효과적입니다.

웹툰에서 카메라는 작가나 독자의 시점이 되고 피사체는 작가나 독자가 바라보는 대상이 되고, 동일한 피사체의 카메라 샷과 앵글에 따라 각 장면이 내포하는 의미가 달라집니다. 카메라 샷에 따라서 인물의 감정 변화와 행동 묘사를 바탕으로 구체적으로 장면을 표현할 수 있습니다. 반면에, 배경의 면적이 넓으면, 현재 인물이 어디에서 무엇을 하고 있는지 전반적인 상황을 전달할 수 있습니다.

카메라 샷과 앵글의 구성에 따라서 독자는 해당 컷을 객관적이거나 주관적인 관점으로 읽게 됩니다. 따라서 샷과 앵글은 단순한 물리적 간격뿐만 아니라, 피사체에 대한 독자의 심리적, 정서적 관계를 이끌어 냅니다. 예를 들어, 연인 관계인 두 남녀의 모습을 표현하고자 할 때, 클로즈업 샷을 활용하면 롱 샷과는 달리 인물의 얼굴 표정이나 손짓, 시선 처리 등 세밀한 감정 표현을 보다 밀도 있게 담아낼 수 있습니다. 이를 통해 인물 간의 감정 상태(설렘, 긴장, 갈등, 애정 등)를 보다 직접적으로 보여 줄 수 있으며, 독자는 두 사람 사이에 흐르는 미묘한 분위기와 정서를 더욱 생동감 있게 느낄 수 있습니다.

웹툰에서 컷마다 카메라 샷과 앵글을 달리 설정하는 것은 단조로움을 피하기 위함입니다. 효과적인 카메라 샷과 앵글의 연출은 서사적 흐름에 강약을 부여하기 때문에 독자는 인물의 감정 변화나 장면의 긴장감을 느낄 수 있습니다.

샷과 앵글 기초와 웹툰에서의 연출 예시

미드저니를 활용하면 다양한 카메라 샷을 시각적으로 이해하고 실험해 볼 수 있습니다. 시계탑이 있는 한적한 공원을 배경으로 두 마리의 개가 있는 장면을 설정하고, 다양한 카메라 샷의 키워드를 프롬프트로 입력하여 앵글에 따라 장면이 어떻게 변화하는지 살펴보겠습니다.

1) 미드저니로 기준이 되는 이미지 만들기

디스코드 미드저니에서 다음과 같이 프롬프트를 입력하여 이미지를 생성합니다.

프롬프트 two dogs sitting, park scenery with benches, clock tower, no people

미드저니에서 <U1> 버튼을 클릭하여 첫 번째 이미지를 업스케일링 합니다. 업스케일링 된 이미지에서 마우스 오른쪽 버튼을 클릭한 다음 링크 복사하기를 실행하여 이미지의 링크를 복사합니다.

이미지 주소 링크(URL) : https://s.mj.run/_cOJ-ZNPG4s

2) 익스트림 롱 샷(Extreme Long Shot)

두 마리의 개를 매우 먼 거리에서 촬영한 '익스트림 롱 샷(Extreme Long Shot)'을 알아보겠습니다. 익스트림 롱 샷은 피사체보다는 배경에 집중되어 있는 샷입니다. 또한, 피사체가 배경에 묻혀서 매우 작게 보이므로, 피사체보다 배경에 대한 정보와 의미를 강조하기에 적절합니다. 'Extreme Long shot', 'Extreme panorama long shot', 'Wide-angle long shot' 프롬프트 등을 사용해서 이미지를 생성할 수 있습니다.

다음 이미지에서 시계탑이 있는 공원이라는 공간적 정보와 두 마리의 동물이 앉아있는 상황적 정보를 보여 줍니다. 날씨와 시간대 등을 유추할 수도 있지만, 피사체가 매우 작고 자연스럽게 배경에 동화되어 있기 때문에 개가 아니라 여우나 늑대로 보일 수도 있습니다. 시계탑이 있는 한적한 공원에 두 마리의 동물이 앉아있다는 객관적인 사실 외에 동물들의 정확한 상태는 알 수 없습니다.

프롬프트 `wide-angle long shot, bird's eye angle, focus on the scenery, two dogs sitting, park scenery with benches, clock tower, no people --ar 4:3`

웹툰에서 익스트림 롱 샷은 넓고 웅장한 배경적 특성을 표현할 때뿐만 아니라, 한 화의 도입부, 장면 전환, 마무리에서 사용됩니다. 독자는 익스트림 롱 샷의 피사체에 감정적 공감이나 몰입보다는 관조적인 관점으로 바라보게 됩니다. 그래서 사건의 전개 속도를 늦추거나 독자가 느끼는 긴장감을 이완할 수도 있습니다.

3) 롱 샷(Long Shot)

두 마리의 개를 먼 거리에서 촬영한 '롱 샷(Long Shot)'입니다. 익스트림 롱 샷과 비교하면 피사체와 가까워졌습니다. 시계탑이 있는 공원의 공간적 특성에 대한 정보는 줄어들었지만, 개의 행동과 상태를 이해할 수 있는 샷입니다. 한적한 공원에 나란히 앉아있는 두 마리 개의 행동과 표정에 시선이 집중되어, 개들의 시선이 어디를 향하고 있는지 궁금증이 생기기도 합니다. 롱 샷은 익스트림 롱 샷보다 피사체의 상황과 심리 상태를 알 수 있는 정보가 더 많습니다.

프롬프트 long shot, wide-angle shot, focus on the scenery, two dogs sitting, park scenery with benches, clock tower, no people --cref https://s.mj.run/_cOJ-ZNPG4s --ar 4:3

웹툰에서 롱 샷은 주로 사건에 대해 알려주거나 사건의 전개가 전환된 이후에 사용됩니다. 일반적으로 등장인물 간의 감정선을 상세히 표현할 수 있는 '클로즈업 샷(Close-up Shot)'이 연속적으로 사용됩니다. 이때 인물들의 상황과 장소를 객관적으로 설명할 수 있는 롱 샷의 연출이 중요합니다. 장면의 리듬을 조절하고, 지나치게 좁아졌던 시야를 넓히며 독자에게 새로운 정보를 제공하는 역할도 수행합니다. 독자의 관점에서 몰입과 긴장감이 고조되다가 롱 샷의 등장으로 분위기를 전환시킬 수 있으며, 극적인 감정선에서 잠시 거리를 두고 상황을 정리하게끔 유도합니다.

4) 풀 샷(Full Shot)

두 마리의 개를 가까운 거리에서 촬영한 '풀 샷(Full Shot)'입니다. 풀 샷은 화면에서 피사체가 차지하는 면적이 넓습니다. 그래서 사건이 벌어지는 공간과 상황에 대한 정보보다 피사체의 상태나 동작을 강조합니다. 앞선 롱 샷과 비교하여 풀 샷을 살펴보면 등장하는 개들의 앉아있는 자세, 표정, 분위기 등이 좀 더 강조됩니다.

프롬프트

```
full shot, two dogs sitting, lovely dogs, park scenery with benches, clock tower, no people --cref https://s.mj.run/_cOJ-ZNPG4s --cw 100 --ar 3:4
```

웹툰에서 풀 샷은 등장 인물의 동작을 강조하기 위한 연출 기법으로 자주 사용됩니다. 전체 신체가 화면에 담기기 때문에 특정 행동이나 자세를 효과적으로 연출함으로써 독자가 등장 인물의 심리 상태나 장면의 분위기를 직관적으로 파악하게 합니다.

5) 미디움 샷(Medium Shot)

'미디움 샷(Medium Shot)'은 장면 속 피사체의 구체적인 표정과 동작, 상태가 잘 드러납니다. 영화에서는 미디움 샷을 세분화하여 무릎까지 보여 주는 '니 샷(Knee Shot)', 허리까지 보여 주는 '웨이스트 샷(Waist Shot)', 가슴까지 보여 주는 '체스트 샷(Chest Shot)'으로 구분할 수 있습니다. 체스트 샷은 피사체의 얼굴 표정을 중심으로 상반신의 구체적인 동작이나 움직임을 묘사할 수 있기 때문에, 웹툰에서 일반적인 대화 장면을 연출하기 위해 주로 사용됩니다.

프롬프트 medium shot, waist shot, two dogs sitting, lovely dogs, park scenery with benches, clock tower, no people --cref https://s.mj.run/_cOJ-ZNPG4s --cw 100 --ar 3:4

웹툰에서 미디움 샷은 인물의 허리 위나 가슴 위까지를 보여 주는 구도로, 표정과 몸짓을 함께 담아낼 수 있어 감정과 상황 설명의 균형을 맞추기 좋은 앵글입니다. 분위기와 인물의 감정이 함께 전달되기 때문에 몰입도를 높일 때 유리한 구성입니다.

6) 클로즈업 샷(Close-up Shot)

가까운 거리에서 촬영한 '클로즈업 샷(Close-up Shot)'은 얼굴에서 어깨 윗부분을 보여 줍니다. 배경에 대한 정보는 적고, 피사체의 감정과 정서를 중점으로 표정의 변화가 표현됩니다. 그래서 독자는 피사체의 감정의 상태, 심리적 변화에 쉽게 이입할 수 있습니다. 롱 샷과 비교하면 두 마리의 개 표정, 상태 그리고 관계성도 담겨있습니다.

프롬프트

```
close-up shot, two dogs sitting, park scenery with benches, clock tower, no people
--cref https://s.mj.run/_cOJ-ZNPG4s --cw 100 --ar 4:3
```

웹툰에서 일반적으로 등장인물 간의 감정선을 상세히 표현할 수 있는 클로즈업 샷이 연속적으로 사용됩니다. 웹툰에서 클로즈업 샷은 인물의 미묘한 감정 변화를 효과적으로 전달하는 데에 핵심적인 역할을 합니다. 첫 번째 이미지에서는 인물의 눈동자, 미소, 머릿결에 비치는 햇살까지 섬세하게 표현되어 따뜻하고 설레는 감정을 극대화합니다. 아래에서 두 번째 이미지에서는 무대 위의 인물이 마이크를 들고 관객을 향해 웃고 있는 모습을 클로즈업하여, 생동감 넘치는 열정과 자신감을 전달합니다. 이처럼 클로즈업 샷은 대사를 넘어서 인물의 내면과 분위기를 시각적으로 드러내며, 독자가 캐릭터의 감정에 몰입하게 만드는 중요한 연출 기법입니다.

7) 익스트림 클로즈업 샷(Extreme Close-up Shot)

매우 근접한 거리에서 촬영한 '익스트림 클로즈업 샷(Extreme Close-up Shot)'은 등장인물의 신체 일부를 확대하거나 사물의 특정 부분을 극대화하여 강조한 샷입니다. 웹툰에서 인물의 이목구비뿐만 아니라, 손의 동작, 발걸음, 사물 등을 확대하여 묘사합니다. 인물의 극적인 감정 상태를 강조하여 표현할 때 효과적이지만, 명확한 연출 의도 없이 자주 사용하지 않는 것이 좋습니다. 클로즈업 샷보다 사용하는 빈도가 낮아야 합니다.

프롬프트

```
extreme close-up shot, extreme facial shot, focus on eyes and nose, two dogs friendly
and lovely, at the park --cref https://s.mj.run/_cOJ-ZNPG4s --cw 100 --ar 4:3
```

9 독자의 몰입을 유도하는 장면 연출

NOTE

익스트림 클로즈업 샷에서 개들의 표정을 중심으로 이미지를 생성하기 위해서 'friendly and lovely'라는 표현을 추가로 입력하였습니다.

웹툰에서 익스트림 클로즈업 샷은 인물의 눈, 입술, 손 등 세부적인 신체 일부만을 확대해 표현하는 구도로, 극도의 감정 표현이나 서사적인 암시, 상징적 장면에 자주 활용됩니다. 극적인 상황이나 중요한 디테일을 부각시킬 때 사용되며, 시선의 집중도를 높이고 장면의 인상을 강하게 남기는 효과가 있습니다. 감정의 폭발, 긴장감의 최고조, 결정적인 순간을 강조할 때 유용하며, 클로즈업보다 한층 더 극단적인 몰입을 유도할 수 있는 연출 방식입니다.

9.2 캐릭터 일관성을 적용한 카메라 샷

하이퍼리얼리즘 스타일의 카메라 샷

WEEK 07에서 생성한 여자 주인공 '아라'의 이미지를 활용해서 캐릭터의 일관성을 유지하며 다양한 카메라 샷과 카메라 앵글을 생성해 보겠습니다. 미드저니 알파 버전(웹사이트)에서 아라와 고양이 한 마리가 함께 있는 다양한 장면을 연출해 봅니다. 이번에는 기존 웹툰 스타일이 아니라, 하이퍼리얼리즘(Hyperrealism), 시네마틱(Cinematic) 스타일로 만들어 보겠습니다.

> **NOTE**
>
> 기존에 생성했던 이미지를 바탕으로 프롬프트 '--cref(character refernce : 캐릭터 이미지 참조)' 혹은 '--sref(style reference : 스타일 이미지 참조)'를 사용하였습니다.

이미지 주소 링크(URL) : https://s.mj.run/LqL3jd98SeY

하이퍼리얼리즘, 시네마틱 스타일의 캐릭터를 생성하기 위해 캐논 EF 렌즈가 장착된 캐논 EOS R5 카메라와 캐논 80D 카메라(Canon EOS R5, Canon EF lens, Canon 80D)를 선택하여 프롬프트를 작성하였습니다. ISO는 카메라의 민감도를 나타내는 설정으로, 값이 높을수록 카메라는 더 많은 빛을 받아들이지만, 노이즈가 증가할 수도 있습니다. ISO 240은 자동 감도, f/3.6 aperture는 조리개, shutter speed 1/750은 빛이 카메라 센서에 도달하는 시간을 조절하는 기능입니다. 셔터 스피드는 빠를수록 움직이는 피사체를 더 정확하게 잡아낼 수 있습니다.

```
hyperrealism camera details: Canon EOS R5, Canon EF lens, Canon 80D, ISO 240, f/3.6 aperture,
                                       (카메라 종류)                (감도)    (조리개)
shutter speed 1/750 second
      (셔터 스피드)
```

1) 익스트림 클로즈업 샷(Extream Close-up Shot)

익스트림 클로즈업 샷으로 인물의 이목구비나 손, 발 등의 신체 일부 등 세부적인 요소만 강조합니다. 프롬프트에 '--cref(캐릭터 레퍼런스)' 파라미터를 사용해서 링크를 입력했기 때문에 긴 생머리를 한 소녀의 모습을 유지한 채로 세부적인 요소가 강조된 이미지가 생성됩니다.

프롬프트 extreme close up shot, The image has a hyper-realistic, cinematic style, a hand of girl, a cat, hyperrealism camera details: Canon EOS R5, Canon EF lens, Canon 80D, ISO 240, f/3.6 aperture, shutter speed 1/750 second --cref https://cdn.midjourney.com/6840e314-12d8-4437-88fe-243d88d459d6/0_1.png --ar 4:3

이번에는 구체적인 동작을 연출해 봅니다. 소녀가 고양이의 코를 손가락으로 살짝 만지는 장면을 익스트림 클로즈업 샷으로 표현하기 위해, 프롬프트에 'touch the cat's nose with index finger(검지로 고양이의 코를 만지는 손가락)'과 같은 구체적인 키워드를 추가합니다. 다음과 같이 긴 생머리를 한 소녀의 외형을 유지한 채, 손과 고양이의 코에 집중된 섬세한 이미지가 생성됩니다.

프롬프트 extreme close up shot, The image has a hyper-realistic, cinematic style, a finger of girl, a cat, touch the cat's nose with your finger, hyperrealism camera details: Canon EOS R5, Canon EF lens, Canon 80D, ISO 240, f/3.6 aperture, shutter speed 1/750 second --cref https://cdn.midjourney.com/6840e314-12d8-4437-88fe-243d88d459d6/0_1.png --ar 4:3

이번에는 'girl's hand stroking a cat(고양이를 쓰다듬는 소녀의 손)'이라는 구체적인 동작을 프롬프트에 추가해 연출을 시도합니다. 손의 움직임이라는 세부적인 장면을 통해 고양이와의 상호작용을 섬세하게 표현할 수 있습니다.

프롬프트 extreme close up shot, The image has a hyper-realistic, cinematic style, girl's hand stroking a cat, hyper-realism camera details: Canon EOS R5, Canon EF lens, Canon 80D, ISO 240, f/3.6 aperture, shutter speed 1/750 second --cref https://cdn.midjourney.com/6840e314-12d8-4437-88fe-243d88d459d6/0_1.png --ar 4:3

인물이 등장하는 이전 이미지와 달리, 이번에는 고양이를 쓰다듬는 손만 강조된 장면을 연출하기 위해 --cref 파라미터 부분을 모두 삭제한 상태로 이미지를 생성합니다. 이렇게 하면 특정 캐릭터 외형에 고정되지 않고 장면 중심의 이미지를 보다 자유롭게 구현할 수 있습니다.

프롬프트 extreme close up shot, The image has a hyper-realistic, cinematic style, a girl's hand stroking a cat, hyperrealism camera details: Canon EOS R5, Canon EF lens, Canon 80D, ISO 240, f/3.6 aperture, shutter speed 1/750 second --ar 4:3

2) 클로즈업 샷(Close-up Shot)

클로즈업 샷은 인물의 얼굴을 중심으로 상반신까지 보여 주는 것으로, 감정 표현에 중점을 둡니다. 웹툰에서 클로즈업 샷에 등장하는 인물이나 사물은 서사적 전개에서 중요한 역할을 합니다. 인물의 심리 상태를 강조하는 등, 감정 표현에 중점을 둡니다. 때론 독자의 호기심을 자아내는 복선의 역할을 하기도 합니다. 이미지를 생성하기 위해서는 프롬프트에 'close up head', 'profile shot', 'portrait' 등을 입력하는 것도 방법입니다.

캐릭터 일관성을 유지하게 위해 앞서 활용했던 캐릭터 래퍼런스 파라미터를 프롬프트에 입력합니다. 프롬프트에서 특정 동작과 관련된 키워드는 삭제하고, 'a girl with cat(소녀와 고양이)'을 입력합니다.

프롬프트 close up shot, The image has a hyper-realistic, cinematic style, the eye of girl, a girl with cat, hyperrealism camera details: Canon EOS R5, Canon EF lens, Canon 80D, ISO 240, f/3.6 aperture, shutter speed 1/750 second --cref https://cdn.midjourney.com/6840e314-12d8-4437-88fe-243d88d459d6/0_1.png --ar 4:3

웹툰에서 클로즈업 샷이 반복되는 경우가 있습니다. 이는 일정한 카메라 거리와 앵글을 유지하게 되어 장면이 정적이고 역동성이 떨어지는 느낌을 줄 수 있습니다. 그러나 이러한 연출은 역으로, 인물의 내면 변화를 섬세하게 보여 줄 때 효과적으로 활용될 수 있습니다. 겉으로는 큰 변화가 없지만, 인물의 미묘한 심리 변화나 내적 갈등, 몰입의 흐름 등을 강조할 수 있습니다.

TIP 클로즈 업 샷 연출 예시

다음과 같이 웹툰 세로 스크롤의 형식으로 구성된 이미지는 등장하는 인물의 입 모양이 미세하게 변화됩니다. 무표정하거나 방어적인 표정에서 살며시 미소 짓는 표정으로 변화하는 컷의 연속성을 보면서 캐릭터의 심리적 변화가 일어나고 있다는 것으로 이해할 수 있습니다.

3) 미디움 샷(Medium Shot)

미디움 샷은 인물의 상반신을 중심으로 표정과 동작을 함께 보여 주는 연출로, 감정과 행동을 균형 있게 전달하는 데에 적합합니다. 웹툰에서는 주로 두 인물 간의 대화나 상호작용을 자연스럽게 보여 줄 때 활용되며, 서사 흐름을 부드럽게 이어주는 역할을 합니다. 'mid shot', 'shoulder-up', 'upper body', 'half body' 등의 키워드를 입력하여 사용할 수 있습니다.

프롬프트 medium up shot, The image has a hyper-realistic, cinematic style, the eye of girl, a girl with cat, hyperrealism camera details: Canon EOS R5, Canon EF lens, Canon 80D, ISO 240, f/3.6 aperture, shutter speed 1/750 second --cref https://cdn.midjourney.com/6840e314-12d8-4437-88fe-243d88d459d6/0_1.png --ar 4:3

4) 풀 샷(Full Shot)

풀샷은 인물의 전신이 화면에 모두 담기는 구도로, 인물의 자세나 전체적인 동작을 강조할 때 주로 사용됩니다. 배경 정보는 최소화되고 인물 중심의 구성이 강조되므로, 캐릭터의 포즈나 의상, 실루엣 등을 전달하는 데 효과적입니다. 특히 인물 주위에 여유 공간이 없는 구도를 표현하고자 할 경우, 프롬프트에 'Tight Shot' 등의 키워드를 활용할 수 있습니다.

프롬프트 full shot, eye level angle, The image has a hyper-realistic, cinematic style, a girl with cat, hyperrealism camera details: Canon EOS R5, Canon EF lens, Canon 80D, ISO 240, f/3.6 aperture, shutter speed 1/750 second --cref https://cdn.midjourney.com/6840e314-12d8-4437-88fe-243d88d459d6/0_1.png --ar 4:3

프롬프트에 단순히 'Full Shot'만 입력하면 인물의 하체가 잘려 나오는 경우가 발생할 수 있습니다. 이럴 땐 'Full Body', 'Head to Toe' 등의 키워드를 함께 입력하면 인물의 발끝까지 포함된 이미지를 생성할 확률이 높아집니다. 인물의 동작을 명확히 묘사하고자 할 경우 'Standing in ~' 등의 표현을 활용할 수 있으며, 보다 구체적인 외형 설정을 위해 신장을 설정하는 '165cm tall size', 옷의 길이를 설정하는 'Long Skirt' 등의 키워드를 추가하는 것이 좋습니다. 또한, 인물의 전신을 세로 비율로 보여 주기 위해 화면 비율을 '--ar 3:4'로 설정하는 것도 좋습니다.

프롬프트 full shot, eye level angle, the image has a hyper-realistic, cinematic style, a girl with cat, 165cm tall size, long skirt, hyperrealism camera details: Canon EOS R5, Canon EF lens, Canon 80D, ISO 240, f/3.6 aperture, shutter speed 1/750 second --cref https://cdn.midjourney.com/6840e314-12d8-4437-88fe-243d88d459d6/0_1.png --ar 3:4

기존의 실내 배경을 자연 풍경으로 전환하고 싶을 경우, 프롬프트에 'Scenery Shot'이라는 키워드를 추가하면 자연스러운 외부 배경으로 변경된 이미지를 생성할 수 있습니다.

프롬프트

```
full shot, long shot, scenery shot, the image has a hyper-realistic, cinematic style, a girl with cat, 165cm tall size, long skirt, hyperrealism camera details: Canon EOS R5, Canon EF lens, Canon 80D, ISO 240, f/3.6 aperture, shutter speed 1/750 second --cref https://cdn.midjourney.com/6840e314-12d8-4437-88fe-243d88d459d6/0_1.png --ar 3:4
```

소녀의 구체적인 동작을 표현하기 위해 'sitting(앉다)'라는 단어를 추가하여 'a girl sitting with a cat(고양이와 앉아 있는 소녀)'이라는 프롬프트로 변경합니다.

프롬프트 full shot, long shot, eye level angle, The image has a hyper-realistic, cinematic style, a girl sitting with a cat, 165cm tall size, long skirt, hyperrealism camera details: Canon EOS R5, Canon EF lens, Canon 80D, ISO 240, f/3.6 aperture, shutter speed 1/750 second --cref https://cdn.midjourney.com/6840e314-12d8-4437-88fe-243d88d459d6/0_1.png --ar 3:4

가로 화면으로 연출하기 위해 비율 프롬프트를 '--ar 4:3'으로 프롬프트를 변경합니다.

프롬프트 long shot, eye level angle, The image has a hyper-realistic, cinematic style, a girl sitting with a cat, 165cm tall size, long skirt, hyperrealism camera details: Canon EOS R5, Canon EF lens, Canon 80D, ISO 240, f/3.6 aperture, shutter speed 1/750 second --cref https://cdn.midjourney.com/6840e314-12d8-4437-88fe-243d88d459d6/0_1.png --ar 4:3

5) 롱 샷(Long Shot)

롱 샷은 피사체가 있는 장소와 상황을 표현하므로, 롱 샷의 구도에서 독자는 장면에 대해 객관적으로 인지하게 됩니다.

'Wide-angle Long Shot', 'Loose Shot(느슨한 화면)' 등의 키워드를 사용하여 롱 샷의 구도를 설정하고 다음 이미지의 캐릭터를 레퍼런스로 사용해 이미지를 생성합니다.

예제에서는 프롬프트에 'Sneakers(운동화)'를 입력하여 신발 묘사를 정확히 하고, 가로 화면으로 생성하기 위해 '--ar 3:2'를 추가로 입력해 이미지를 생성하였습니다.

이미지 주소 링크(URL) : https://s.mj.run/jDS7i8Vv_Jg

NOTE

간혹 생성한 이미지에서 인물의 발이 잘리는 경우가 있습니다. 이러한 경우, 프롬프트에 인물이 신고 있는 신발을 직접 입력하거나, 'Head to toe(머리부터 발)'을 입력하는 것도 좋은 방법입니다.

프롬프트 wide-angle long shot, landscape shot, eye level angle, The image has a hyper-realistic, cinematic style, a girl with cat, 165cm tall size, long skirt, sneakers, hyperrealism camera details: Canon EOS R5, Canon EF lens, Canon 80D, ISO 240, f/3.6 aperture, shutter speed 1/750 second --cref https://s.mj.run/jDS7i8Vv_Jg --ar 3:2

6) 익스트림 롱 샷(Extreme Long Shot)

익스트림 롱 샷은 인물이 매우 작게 보일 정도로 배경이 중심이 되는 구도로, 광활한 공간감이나 고립된 분위기를 전달하는 데에 효과적입니다. 이 구도는 배경 자체가 서사의 분위기를 주도할 때 활용되며, 인물의 존재감을 의도적으로 줄이고 환경적 맥락을 강조하는 데에 사용됩니다. 다음의 이미지를 캐릭터 레퍼런스로 사용하여 이미지를 생성하겠습니다.

이미지 복사 링크(URL) : https://s.mj.run/jDS7i8Vv_Jg

미드저니 프롬프트에 단순히 'Extreme Long Shot' 키워드만 입력할 경우, 기대하는 만큼 먼 거리의 배경이 잘 표현되지 않을 수 있습니다. 이럴 때는 광활한 배경이 자연스럽게 연상되는 구체적인 키워드를 추가하는 것이 좋습니다. 예를 들어, 'in the middle of a farm(넓은 농장 한가운데)'처럼 특정 장소를 명확히 서술하면 더 원하는 이미지에 가까운 결과를 얻을 수 있습니다.

추가로 'extreme wide shot', 'scenery shot', 'overlooking angle', 'landscape shot', 'drone shot', 'perspective' 등의 키워드를 함께 입력하면 원거리 표현을 더욱 극대화할 수 있습니다.

프롬프트

```
wide-angle shot, extreme long shot, bird's eye angle shot, the image has a hyper-realistic, cinematic style, hyperrealism camera details: ISO 240, f/3.6 aperture, shutter speed 1/750 second, in the middle of a large farm, a scenery for a girl walking with long hair with slightly curls, 165cm tall size, a girl wearing a long skirt in green and white sweater, sneakers, a cat, in the middle of a large corn farm --cref https://s.mj.run/jDS7i8Vv_Jg --ar 4:3
```

이미지 복사 링크(URL) : https://cdn.midjourney.com/7b79b05e-3d17-493e-aa95-fefe0365f950/0_0.png

두 번째 이미지에서 등장한 캐릭터를 레퍼런스로 지정한 후, 'in the middle of a vast corn farm(광할한 옥수수밭 한가운데)'이라는 문장을 프롬프트에 추가하여 이미지를 생성합니다.

프롬프트

```
extreme long shot, drone shot, the image has a hyper-realistic, cinematic style, hyperrealism camera details: ISO 240, f/3.6 aperture, shutter speed 1/750 second, in the middle of the vast farm, a scenery for a girl walking with long hair, a girl wearing a long skirt in green and white sweater, sneakers, a cat, in the middle of a vast corn farm --cref https://cdn.midjourney.com/7b79b05e-3d17-493e-aa95-fefe0365f950/0_0.png --ar 4:3
```

이처럼 프롬프트를 여러 차례 수정하면서 구도와 배경이 조화를 이루는 익스트림 롱 샷을 완성할 수 있습니다.

9.3 캐릭터 일관성을 적용한 카메라 앵글

하이퍼리얼리즘 스타일의 카메라 앵글

카메라 앵글은 피사체를 어떤 눈높이에서 바라보느냐에 따라 달라지며, 이를 통해 시각적 인상과 분위기를 조절할 수 있는 중요한 연출 요소입니다. 피사체를 위에서 아래로 내려다보는 각도를 '하이앵글'이라 하고, 아래에서 위로 올려다보는 각도를 '로우앵글'이라고 합니다.

하나의 피사체라도 어떤 각도로 그리느냐에 따라 독자가 받아들이는 인상이 달라집니다. 예를 들어, 서 있는 인물을 아래에서 올려다보는 로우앵글로 표현하면 당당함, 자신감, 웅장함, 또는 신격화된 느낌을 줄 수 있습니다. 반대로 같은 인물을 위에서 내려다보는 하이앵글로 표현하면 초라함, 연약함, 고독함 등 감정적 거리감이 강조된 인상으로 연출할 수 있습니다.

웹툰에서는 카메라 앵글의 변화가 없는 컷이 일반적인 상황이나 평이한 장면을 표현할 때 사용됩니다. 반면, 다양한 각도의 앵글을 사용하는 컷은 인물 간의 감정 변화나 극적인 상황을 효과적으로 보여 줄 수 있어 장면의 역동성을 높여 줍니다. 영화나 애니메이션에서는 카메라 앵글이 자연스럽게 연속적으로 전환되지만, 웹툰은 컷 단위로 이루어져 있어 시각적인 단속성이 존재합니다. 따라서 컷에서 다음 컷으로 넘어갈 때, 카메라 앵글의 자연스러운 변화와 그 흐름은 매우 중요합니다.

앵글의 적절한 활용은 장면의 감정선과 메시지를 강화하는 데에 큰 역할을 합니다. 앞서 살펴본 샷의 예시들과 같은 방식으로, 이번에는 각 앵글이 어떻게 표현되는지를 살펴보겠습니다.

이미지 주소 링크(URL) : https://s.mj.run/LqL3jd98SeY

1) 프론트 뷰(Front View)

정면 또는 수평 각도를 의미하는 프론트 뷰는 사람의 일반적인 눈높이에서 피사체를 바라보는 시점을 말합니다. 프론트 뷰는 독자의 입장에서 일상적이고 자연스러운 시선이기 때문에 해당 컷에 등장하는 피사체에 대한 상태와 상황을 과장 없이 편안하게 느낄 수 있습니다. 프롬프트에 'Front Shot', 'Frontal View' 등의 유사한 키워드로 입력하여 이미지를 생성할 수 있습니다.

프롬프트

```
front shot, front view, the image has a hyper-realistic, cinematic style, frontal side of girl, a cat, hyperrealism camera details: Canon EOS R5, Canon EF lens, Canon 80D, ISO 240, f/3.6 aperture, shutter speed 1/750 second --cref https://s.mj.run/LqL3jd98SeY --ar 4:3
```

프론트 뷰에서 인물이 정면을 응시하여 독자와 눈이 마주칠 때, 독자는 인물의 감정 상태와 상황에 몰입하게 됩니다.

2) 사이드 뷰(Side View)

인물의 얼굴이나 신체의 측면을 강조한 것으로, 보다 중립적이고 차분한 장면을 연출할 수 있습니다. 유사한 프롬프트로는 'Side Angle' 등이 있습니다.

프롬프트 `side view, the image has a hyper-realistic, cinematic style, a girl with cat, hyperrealism camera details: Canon EOS R5, Canon EF lens, Canon 80D, ISO 240, f/3.6 aperture, shutter speed 1/750 second --cref https://s.mj.run/LqL3jd98SeY --ar 4:3`

3) 백 뷰(Back View)

피사체의 뒷모습을 중심으로 촬영한 시점입니다. 캐릭터의 내면을 암시할 수 있어 신비로움, 고독감, 상실감, 여운, 결단의 순간 등을 표현할 수 있습니다. 유사한 프롬프트로는 'Rear Shot', 'Back Shot', 'Shot form behind' 등이 있습니다.

프롬프트 `back view, the image has a hyper-realistic, cinematic style, a girl with cat, hyperrealism camera details: Canon EOS R5, Canon EF lens, Canon 80D, ISO 240, f/3.6 aperture, shutter speed 1/750 second --cref https://s.mj.run/LqL3jd98SeY --ar 4:3`

4) 후면 45도 각도 뷰(Rear 45-degree Angle View)

피사체의 뒷면을 기준으로 하여 약간 비스듬한 방향에서 촬영된 장면을 의미합니다. 인물의 얼굴은 보이지 않지만, 어깨 너머로 고개를 돌리거나 걸어가는 동작을 묘사할 수 있어, 내면의 정서나 분위기를 간접적으로 전달하기에 적합한 구도입니다. 고독감, 회상, 결단, 여운, 이별 등 감정의 여백을 표현할 때 효과적입니다. 유사한 프롬프트로는 'Rear Shot', 'Back View', 'Back Angle', 'Shot from behind' 등이 있습니다.

프롬프트
```
reat shot, rear 45-degree angle view, the image has a hyper-realistic, cinematic style, a girl sho has untied long hairstyle, a cat, hyperrealism camera details: Canon EOS R5, Canon EF lens, Canon 80D, ISO 240, f/3.6 aperture, shutter speed 1/750 second --cref https://s.mj.run/LqL3jd98SeY --ar 4:3
```

5) 정면 45도 각도 뷰(Front 45-degree Angle View)

피사체의 전면을 기준으로 하여 약간 비스듬한 방향에서 촬영된 장면을 의미합니다. 피사체의 얼굴과 몸의 양쪽 면이 동시에 어느 정도 노출되기 때문에 인물의 표정과 자세, 전체적인 실루엣까지도 자연스럽게 표현할 수 있습니다. 인물의 정체성과 감정 표현을 동시에 살리기에 효과적인 구도입니다. 유사한 프롬프트로는 'Front 45-degree angle', 'Slightly turned head', 'Half profile' 등이 있습니다.

프롬프트
```
front 45-degree angle view, the image has a hyper-realistic, cinematic style, a girl with cat, looking at the camera, hyperrealism camera details: Canon EOS R5, Canon EF lens, Canon 80D, ISO 240, f/3.6 aperture, shutter speed 1/750 second, --cref https://s.mj.run/LqL3jd98SeY --ar 4:3
```

9 독자의 몰입을 유도하는 장면 연출

6) 에어리어 뷰(Aerial View)

수직 방향으로 위에서 아래를 내려다보는 앵글로, 극적이고 압도적인 상황을 연출할 수 있습니다. 유사한 프롬프트로는 'Bird's eye View', 'Drone cam View', 'Top-down Shot' 등이 있습니다.

프롬프트 aerial view, bird's eye view, drone cam view, top-down shot, the image has a hyper-realistic, cinematic style, a girl with cat, hyperrealism camera details: Canon EOS R5, Canon EF lens, Canon 80D, ISO 240, f/3.6 aperture, shutter speed 1/750 second, --ar 4:3 --cref https://s.mj.run/LqL3jd98SeY

7) 하이앵글 뷰(High-angle View)

인물을 위에서 아래로 내려다보는 시점으로, 독자는 장면 속 인물을 작고 연약한 대상으로 느끼게 합니다. 유사한 프롬프트로는 'High-angle shot from above', 'Top View', 'Overhead Shot' 등이 있습니다.

프롬프트 high angle, overhead shot, the image has a hyper-realistic, cinematic style, a girl with cat, hyperrealism camera details: Canon EOS R5, Canon EF lens, Canon 80D, ISO 240, f/3.6 aperture, shutter speed 1/750 second --cref https://s.mj.run/LqL3jd98SeY --ar 4:3

인물의 자연스러운 포즈를 연출하기 위해 'a girl sitting on with cat(고양이와 앉아 있는 소녀)'과 같은 키워드를 프롬프트에 입력할 수 있습니다. 이러한 문장은 인물이 특정 배경이나 사물과 상호작용하는 장면을 자연스럽게 구성하는 데에 도움이 되며, 인물의 안정된 자세나 분위기를 강조할 수 있습니다.

프롬프트 high-angle, overhead shot, the image has a hyper-realistic, cinematic style, a girl sitting on with cat, hyperrealism camera details: Canon EOS R5, Canon EF lens, Canon 80D, ISO 240, f/3.6 aperture, shutter speed 1/750 second --cref https://s.mj.run/LqL3jd98SeY --ar 4:3

8) 아이 레벨 뷰(Eye Level View)

장면 속 인물의 눈높이와 동일한 시점으로 가장 안정적이고 자연스러운 뷰로, 마치 인물과 눈높이에서 바라보며 대화하는 듯한 효과를 주기 때문에 일상적인 대화나 장면을 연출할 수 있습니다. 유사한 프롬프트로는 'Head-level View', 'Front Angle View' 등이 있습니다.

프롬프트 eye level view, the image has a hyper-realistic, cinematic style, a girl sitting on with cat, hyperrealism camera details: Canon EOS R5, Canon EF lens, Canon 80D, ISO 240, f/3.6 aperture, shutter speed 1/750 second --cref https://s.mj.run/LqL3jd98SeY --ar 4:3

9) 로우앵글 뷰(Low-angle View)

인물을 아래에서 위로 올려다보는 듯한 시점으로, 대상이 강하고 웅장해 보일 수 있습니다. 인물의 힘, 권위, 위협감 등을 강조할 때 적절합니다. 유사한 프롬프트로는 'Under Shot', 'From Below' 등이 있습니다.

프롬프트

```
low-angle view, the image has a hyper-realistic, cinematic style, a girl sitting on with cat, hyperrealism camera details: Canon EOS R5, Canon EF lens, Canon 80D, ISO 240, f/3.6 aperture, shutter speed 1/750 second --cref https://s.mj.run/LqL3jd98SeY --ar 4:3
```

10) 웜즈 아이 뷰(Worm's Eye View)

가장 낮은 각도에서 인물을 바라보는 시점으로, 마치 벌레의 시점에서 보는 것을 비유한 뷰입니다. 유사한 프롬프트로는 'From Below', 'View from the ground', 'Extreme low-angle' 등이 있습니다.

프롬프트

```
Worm's eye view, the image has a hyper-realistic, cinematic style, a girl sitting on with cat, hyperrealism camera details: Canon EOS R5, Canon EF lens, Canon 80D, ISO 240, f/3.6 aperture, shutter speed 1/750 second --cref https://s.mj.run/LqL3jd98SeY --ar 4:3
```

11) 더치 앵글(Dutch Angle)

장면 속 피사체가 기울어진 듯 연출된 카메라 앵글입니다. 수평 각도의 장면과 비교하여 안정적이지 않기 때문에 인물의 불안정함과 혼란스러움, 상황의 긴장감 조성 등을 표현할 수 있습니다. 유사한 프롬프트로는 'Canted Angle', 'Tilted Angle', 'Oblique Shot' 등이 있습니다.

프롬프트 `dutch angle, canted angle, the image has a hyper-realistic, cinematic style, a girl sitting on with cat, hyperrealism camera details: Canon EOS R5, Canon EF lens, Canon 80D, ISO 240, f/3.6 aperture, shutter speed 1/750 second --cref https://s.mj.run/LqL3jd98SeY --ar 4:3`

NOTE

미드저니는 수평 지향적으로, 안정적인 이미지를 생성하는 경향이 있습니다. 이미지가 원하는 대로 생성되지 않는다면 'Dynamic Pose', 'Intense Action' 등의 프롬프트를 추가하는 방법도 있습니다.

TIP 미드저니 알파 버전의 이미지 수정 편집 기능, Editor

❶ 미드저니 알파 버전의 편집 기능은 직관적인 인터페이스로 활용도가 높습니다. 다음의 이미지는 앞서 풀 샷으로 생성한 인물의 전신 이미지입니다. 마음에 드는 이미지로 사용하고 싶지만, 신체 부위 중 발이 생략되어 있습니다.

9 독자의 몰입을 유도하는 장면 연출

❷ 이러한 경우, 'Editor' 기능을 활용하면 좋습니다. 미드저니 알파 버전 웹브라우저 하단 오른쪽에 있는 Creation Actions 항목의 More에서 <Editor> 버튼을 클릭합니다.

❸ 마우스 커서가 원형의 아이콘으로 변경되었습니다.

❹ 작업 화면의 조절점을 드래그하여 신발이 생성될 수 있는 공간만큼 간격을 확보하여 이미지 크기를 줄입니다. 'Erase'가 선택되어 있는 상태로 신발이 생성되어야 할 영역을 드래그하여 영역으로 지정하고, 하단 오른쪽의 <Submit> 버튼을 클릭합니다.

❺ 신발을 신고 있는 인물의 이미지 4개가 생성되었습니다. 이렇게 마음에 드는 이미지를 선택하여 원하는 형태로 이미지를 활용할 수 있습니다.

9.4 실습 예제 01 카메라 앵글과 샷 연출로 커피를 내리는 웹툰 컷 생성하기

앞서 살펴본 샷과 앵글 개념을 바탕으로, 웹툰의 여자 주인공 '아라'가 카페 안에서 커피를 든 모습을 연출해 봅니다.

미디움 샷과 아이레벨 앵글로 컷 이미지 생성하기

01 디스코드 미드저니에서 캐릭터 일관성을 적용할 이미지에서 마우스 오른쪽 버튼을 클릭한 다음 **링크 복사하기**를 실행합니다. 또는 예제에서 제시한 이미지 링크를 복사합니다.

이미지 주소 링크(URL) :
https://s.mj.run/XOPW2j6eVgQ

02 미드저니 디스코드 입력창에 '/'을 입력하고 표시되는 메뉴에서 '/imagine'을 선택합니다.

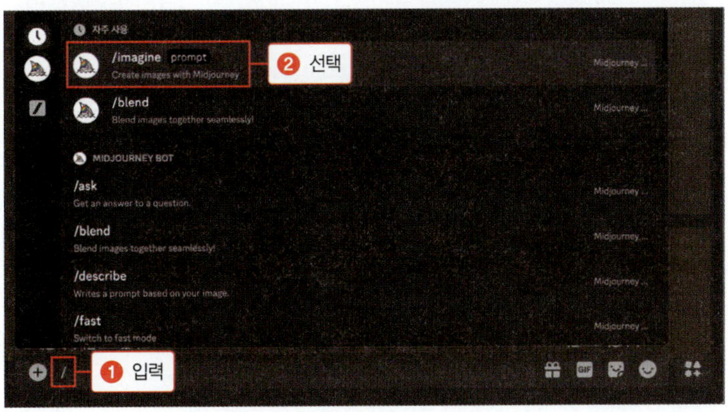

03 '아라' 캐릭터의 외형적 특징과 행위를 프롬프트에 입력하고 캐릭터 일관성을 적용하기 위해 파라미터 '--cref (이미지 링크)'와 가중치 '--cw (수치)'를 입력한 다음 Enter를 누릅니다. 캐릭터 일관성을 적용한 다양한 '아라' 캐릭터 이미지가 생성됩니다.

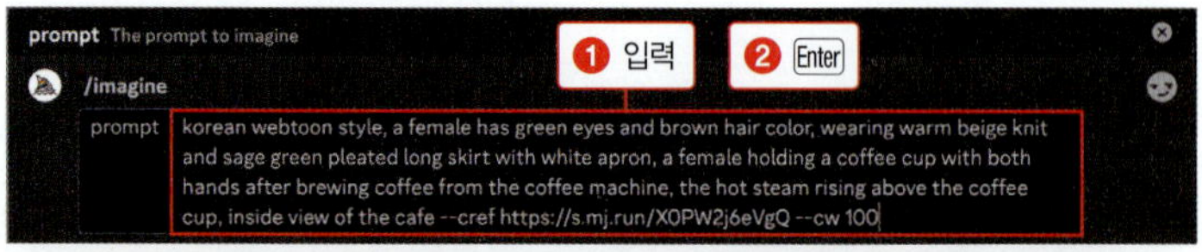

프롬프트 korean webtoon style, a female has green eyes and brown hair color, wearing warm beige knit and sage green pleated long skirt with white apron, a female holding a coffee cup with both hands after brewing coffee from the coffee machine, the hot steam rising above the coffee cup, inside view of the cafe --cref https://s.mj.run/X0PW2j6eVgQ --cw 100

NOTE

프롬프트 문장을 하나씩 해석하여 살펴보겠습니다.

❶ **korean webtoon style** : 웹툰 스타일을 표현하기 위해 입력한 프롬프트입니다.

❷ **female has green eyes and brown hair color, wearing warm beige knit and sage green pleated long skirt with white apron** : '아라' 캐릭터의 외적 특징 '녹색 눈동자와 갈색 머리, 따뜻한 베이지색 니트와 세이지 그린색의 롱스커트, 흰색 앞치마'를 입력한 프롬프트입니다.

❸ **a female holding a coffee cup with both hands after brewing coffee from the coffee machine** : '아라' 캐릭터가 '커피 머신에서 커피를 내린 후, 양손으로 커피잔을 들고 있는' 행위를 표현하기 위한 프롬프트입니다.

❹ **the hot steam rising above the coffee cup** : '커피잔 위로 뜨거운 증기가 솟아오르는' 느낌을 표현하기 위한 프롬프트입니다.

❺ **--ar 4:3** : 화면의 가로세로 비율을 4:3으로 설정하는 파라미터입니다.

❻ **--cref** : 캐릭터 참조를 위한 파라미터로, 이미지 링크의 캐릭터를 학습하여 일관성을 적용합니다.

❼ **--cw** : cref의 가중치 매개변수로 0부터 100까지 수치를 설정할 수 있습니다. '100'에 가까울수록 강도가 강해져서 캐릭터의 얼굴, 헤어스타일, 의상을 가장 유사하게 해 줍니다.

프롬프트에는 '미디움 샷'과 '아이레벨 앵글'에 대한 지시가 없지만, 이처럼 해당 구도는 별도의 명시 없이도 기본값처럼 자주 적용됩니다. 다만, 연출 의도를 더욱 뚜렷하게 전달하고 싶다면 'medium shot', 'eye-level angle'과 같은 구체적인 지시어를 프롬프트에 포함하는 것이 좋습니다.

04 프롬프트에 입력한 대로 양손으로 커피잔을 들고 있고, 캐릭터의 시선이 자연스럽게 처리된 세 번째 이미지의 느낌으로 더 다양하게 생성하기 위해 <V3> 버튼을 클릭합니다.

05 선택한 세 번째 이미지에서 '아라' 캐릭터가 들고 있는 컵의 형태, 커피 머신, 배경 등이 세부적으로 변형된 결과물들이 생성되었습니다. 커피잔을 들고 있는 손과 손가락의 표현이 가장 자연스러운 이미지에서 더 다양한 버전으로 한 번 더 생성하기 위해 <V4> 버튼을 클릭합니다.

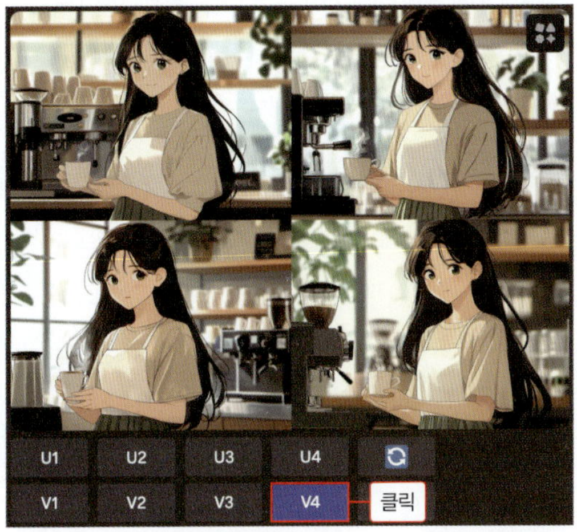

06 커피잔과 커피 머신의 형태가 조금씩 변형된 4개의 이미지가 생성되었습니다. 이 중에서 두 번째 이미지를 웹툰 컷으로 사용하기 위해 <U2> 버튼을 클릭하여 최종적으로 확정합니다.

07 업스케일된 이미지가 생성됩니다. 최적화된 디테일로 이미지를 생성하기 위해 <Upscale (Subtle)> 버튼을 클릭합니다.

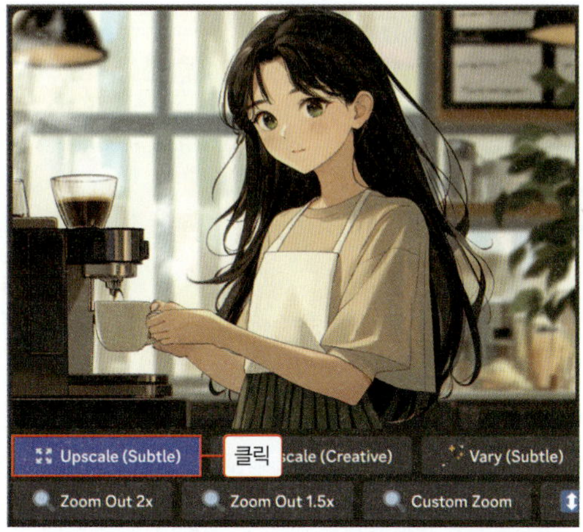

> **NOTE**
>
> Upscale (Subtle) 기능은 이미지 크기를 2배로 확대하고 원본과 매우 유사한 디테일을 유지합니다.

08 Upscale (Subtle) 기능이 적용된 이미지가 생성되면, 이미지를 선택하고 이미지를 컴퓨터에 저장하기 위해 '브라우저 열기'를 클릭합니다.

09 새로운 브라우저 창에 이미지가 표시되면 마우스 오른쪽 버튼을 클릭한 다음 **이미지를 다른 이름으로 저장**을 실행하여 해당 이미지를 PC에 저장합니다.

실습 예제 02

9.5 카메라 앵글과 샷 연출로 커피를 건네는 웹툰 컷 생성하기

오버 숄더 샷을 활용하여 '아라'가 누군가에게 커피를 건네는 장면을 연출합니다. '--cref' 파라미터로 캐릭터의 일관성을 유지하면서 컷 간 연결감을 고려한 구도를 연습해, 화자의 시점을 살짝 뒤에서 포착하는 구도를 통해 관계성과 감정선을 자연스럽게 드러내 보겠습니다.

오버 숄더 샷으로 컷 이미지 생성하기

01 디스코드 미드저니에서 캐릭터 일관성을 적용할 이미지에 마우스 오른쪽 버튼을 클릭한 다음 링크 복사하기를 실행합니다. 또는 예제에서 제시한 이미지 링크를 복사합니다.

이미지 주소 링크(URL) : https://s.mj.run/X0PW2j6eVgQ

02 **WEEK 05**에서 챗GPT를 활용해 작성한 스토리를 컷 장면의 장소, 분위기, 상황을 설명글로 구체적으로 구성합니다. 각 컷마다 구성한 내용을 바탕으로 카메라 샷과 앵글을 설정하고 프롬프트를 입력하여 웹툰 컷을 연출하겠습니다.

컷 5	장소	카페 내부 전경 Inside view of the cafe
	분위기/상황	[아라가 커피를 손님에게 건네는 모습] 손님이 감사 인사를 건네지만, 아라는 미소로만 답한다. [Ara handing coffee to a customer] The customer says thank you, but Ara only responds with a smile.
	설명글	소리를 들을 수 없지만, 아라는 카페를 완벽히 운영한다. Even though she can't hear, Ara runs the cafe perfectly.

03 프롬프트 입력창에 'over the shoulder shot(오버 더 숄더 샷)'과 'in the back view(인 더 백 뷰)'의 프롬프트를 입력하여 '아라' 캐릭터가 손님에게 커피잔을 건네는 장면을 연출해 이미지를 생성합니다. 여기서 '아라' 캐릭터의 행위에 대한 묘사를 구체적으로 해 주는 것이 좋습니다.

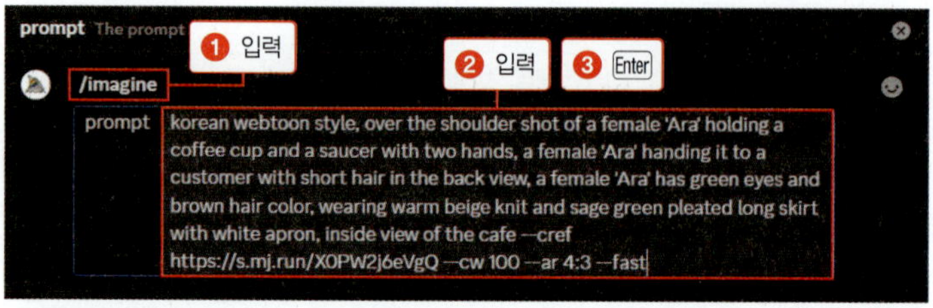

프롬프트 korean webtoon style, over the shoulder shot of a female 'Ara' holding a coffee cup and a saucer with two hands, a female 'Ara' handing it to a customer with short hair in the back view, a female 'Ara' has green eyes and brown hair color, wearing warm beige knit and sage green pleated long skirt with white apron, inside view of the cafe --cref https://s.mj.run/X0PW2j6eVgQ --cw 100 --ar 4:3

NOTE

1. **over the shoulder shot** : 'over the shoulder shot(오버 더 숄더 샷)'은 두 인물이 마주 보고 있는 상황에서 한 사람의 어깨너머 다른 사람의 얼굴이 보이도록 연출한 샷을 의미합니다.
2. **a female 'Ara' holding a coffee cup and a saucer with two hands** : 아라가 두 손으로 커피 컵과 잔을 들고 있는 모습이 보이는 것을 설명합니다.

04 양손으로 커피잔을 들고 있는 자연스러운 이미지를 세부적으로 변형하기 위해 <V4> 버튼을 클릭하여 다양한 변형 이미지를 생성합니다.

05 생성된 4개의 이미지 중에서 구도가 자연스러운 두 번째 이미지를 선택하려고 합니다. <U2> 버튼을 클릭하여 해당 이미지를 업스케일링 합니다.

06 업스케일링한 이미지를 다시 살펴봅니다. 구도는 자연스럽지만 무언가 어색합니다. 따뜻한 커피에서 모락모락 피어오르는 김을 표현하여 좀 더 자연스럽게 표현하겠습니다. <Vary (Region)> 버튼을 클릭합니다.

07 수정할 수 있는 창이 표시되면 올가미 도구( )를 사용하여 커피잔 위를 선택 영역으로 지정하고 프롬프트를 추가로 입력한 다음 'Submit Job' 아이콘( )을 클릭합니다.

프롬프트

steam rising from the coffee cup

08 커피잔 위로 김이 표현되어 따뜻해 보이는 느낌으로 이미지가 수정되었습니다. 가장 자연스러운 세 번째 이미지를 선택하기 위해 <U3> 버튼을 클릭하여 업스케일링 합니다.

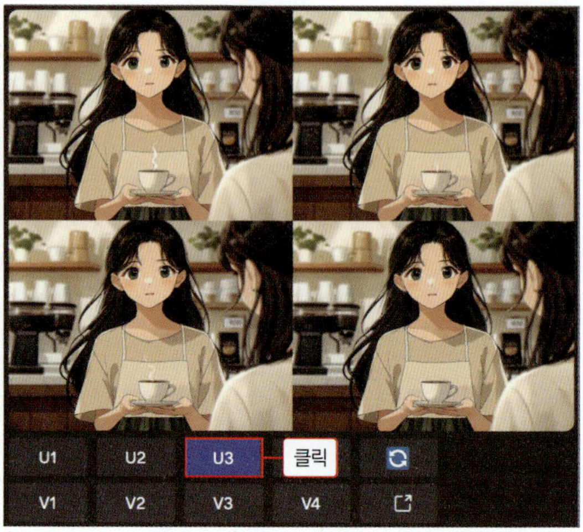

09 변형없이 이미지의 퀄리티만 최상으로 만들기 위해 <Upscale (Subtle)> 버튼을 클릭하여 고품질의 이미지를 생성합니다.

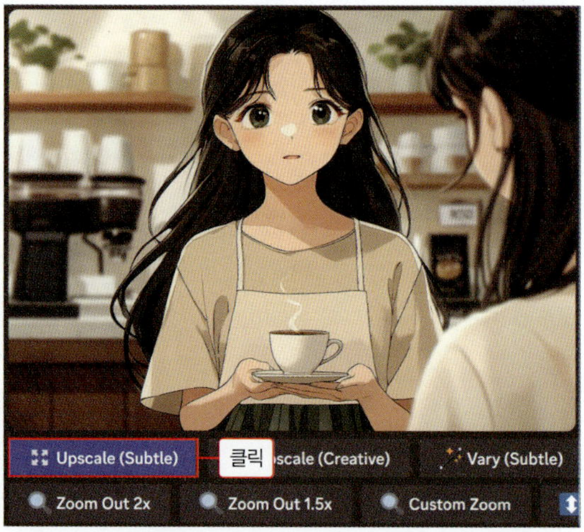

10 생성된 고품질의 이미지에서 마우스 오른쪽 버튼을 클릭한 다음 **이미지 저장**을 실행하여 PC에 이미지를 저장합니다.

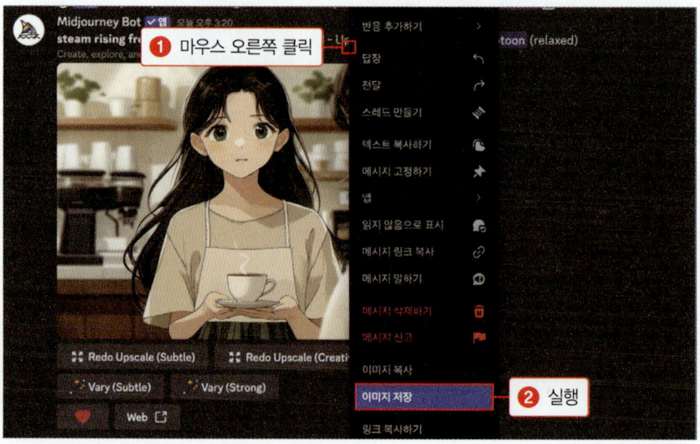

1인칭 시점으로 컷 이미지 생성하기

01 '아라' 캐릭터가 커피를 손님에게 건네는 이미지는 오버 더 숄더 샷으로 연출하여 생성한 3인칭 관찰 시점 이미지입니다. 이번에는 이 이미지를 활용하여 손님이 관찰하는 1인칭 정면 시점으로 연출한 장면을 생성하겠습니다.

이미지 주소 링크(URL) : https://s.mj.run/5pyM4eEugTk

02 캐릭터 일관성을 유지하기 위해 앞서 사용한 동일한 이미지를 캐릭터 레퍼런스 파라미터로 활용하고, 3인칭 관찰 시점 이미지는 스타일 레퍼런스 파라미터를 입력하여 프롬프트를 작성해 이미지를 생성합니다.

프롬프트

```
korean webtoon style, frontal view, closd-up shot of a female 'Ara's two hands, a female 'Ara' holding the white coffee cup and a saucer with two hands and politely holding out a coffee cup with steam rising, a female 'Ara' Wearing a white apron over a warm beige short-sleeved knit, inside view of the cafe --cref https://s.mj.run/X0PW2j6eVgQ --cw 100 --sref https://s.mj.run/5pyM4eEugTk --sw 100
```

03 의상과 컵을 들고 있는 손의 포즈가 가장 자연스러운 두 번째 이미지에 세부적인 변형을 적용하기 위해 <U2> 버튼을 클릭하고 <Vary (Region)> 버튼을 클릭합니다.

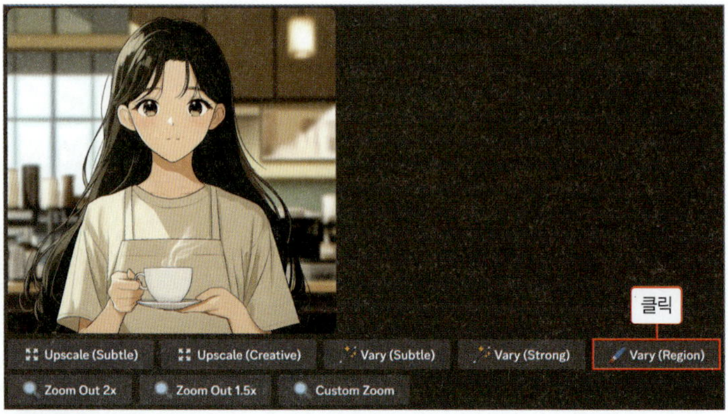

04 수정할 수 있는 창이 표시되면 사각형 도구(▢)를 사용하여 커피잔 위를 선택 영역으로 지정하고 프롬프트를 추가로 입력한 다음 'Submit Job' 아이콘(➔)을 클릭합니다.

프롬프트

a female 'Ara' Holding the saucer of a coffee cup with one's hand

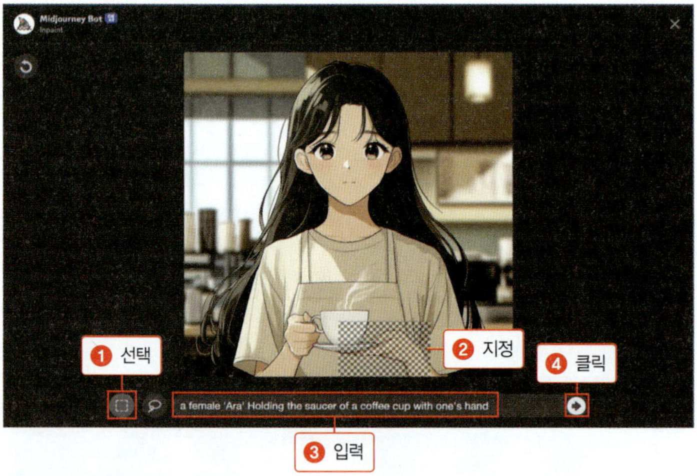

05 추가로 생성된 이미지 중에 손이 가장 자연스러운 첫 번째 이미지를 사용하기 위해 <U1> 버튼을 클릭하여 업스케일링 하고 최상의 이미지로 만들기 위해 <Upscale (Subtle)> 버튼을 클릭하여 고품질의 이미지를 생성합니다.

06 생성된 고품질의 이미지에서 마우스 오른쪽 버튼을 클릭한 다음 **이미지 저장**을 실행하여 PC에 이미지를 저장합니다.

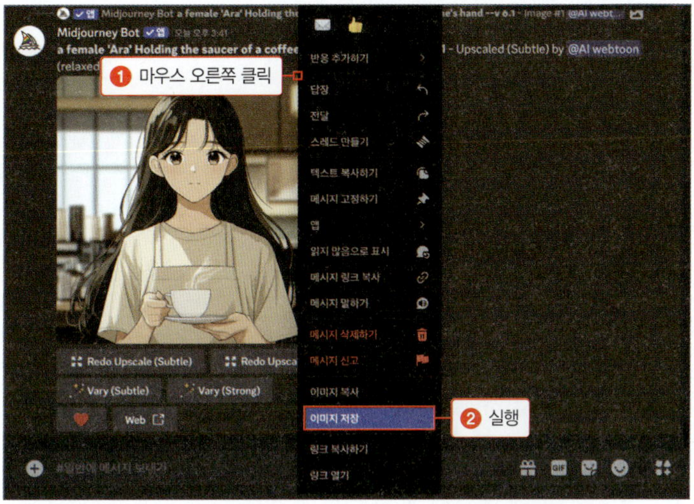

07 편집 프로그램에서 저장한 이미지들을 불러와 배치하여 이어지는 컷 연출을 진행해 보세요.

연습 문제 | 독자의 몰입을 유도하는 장면 연출

• **예제 파일** : 09\연습_이미지링크.txt

01 다음 캐릭터 이미지를 사용해 미드저니에서 다양한 카메라 샷과 앵글을 연출해 보세요.

이미지 주소 링크(URL) :
https://cdn.midjourney.com/af652ac8-69f6-4263-9c42-10f8ee8f7bbb/0_2.png

HINT 클로즈업 샷(Close-up Shot), 익스트림 롱 샷(Extreme Long Shot), 사이드 뷰(Side View), 에어리어 뷰(Aerial View), 로우 앵글 뷰(Low-angle View)

02 다음 이미지를 참고하여 **01**번의 캐릭터가 일렉트로닉 기타를 연주하고 있는 미디움 샷의 장면을 생성해 보세요.

• **참고 프롬프트** : the medium up shot, anime style, a scene of a girl holding an electric guitar in both hands and playing the guitar --cref --cw 50 --ar 4:3 --niji 6

이미지 주소 링크(URL) :
https://cdn.midjourney.com/af652ac8-69f6-4263-9c42-10f8ee8f7bbb/0_2.png

WEEK 10

독자를 사로잡는 장면전환 연출법

학 습 목 표

웹툰의 스크롤 형식에서 컷의 형태와 크기에 따른 표현적 특징을 이해하고, 세로 읽기 방식에 최적화된 컷 배치의 원칙을 학습합니다. 카메라 촬영 기법, 편집 기법, 시점 처리, 장면 전환 등 웹툰 연출에 활용되는 다양한 기법들을 사례 중심으로 살펴봅니다. 특히 점프 컷과 컷백 기법의 예제를 통해 장면의 흐름과 감정의 전환을 효과적으로 연출하는 방법을 익힙니다.

10.1 웹툰 스크롤 컷의 이해

영화의 연속적인 프레임과 달리, 만화의 칸과 웹툰의 스크롤 컷은 각 장면을 개별적으로 전달하는 단속성을 지닙니다. 독자는 컷과 컷 사이의 간격, 칸새를 통해 이야기를 연결하고 상상하며 능동적으로 해석하는 역할입니다. 이러한 단속성은 만화와 웹툰의 고유한 매력을 이루는 핵심 요소입니다.

만화의 '칸'은 종이책 기반의 연출 방식으로 페이지 단위의 정형화된 구성을 특징으로 합니다. 각 칸은 일정한 크기와 배치를 유지하며, 독자는 좌에서 우로, 위에서 아래로 순차적으로 읽어나갑니다. 이러한 구성은 장면 간의 연속성과 페이지 전체의 시각적 균형을 유지하는 데에 중점을 둡니다. 하지만 칸은 펼침면 페이지의 한정된 공간 안에서 사건과 감정을 효과적으로 표현하기 위해 압축적이고 정돈된 연출을 요구합니다. 전통적인 만화 '칸'과 디지털 환경에서 발전된 웹툰의 '스크롤 컷'은 매체와 형식의 차이로 인해 구성과 연출 방식에서 뚜렷한 차이를 보입니다. 웹툰의 '스크롤 컷'은 디지털 환경, 특히 스마트폰 화면에 최적화된 연출 방식으로 위에서 아래로 이어지는 세로 스크롤 형식으로 구성됩니다. 독자가 화면을 스크롤하며, 장면을 읽어나가는 방식은 컷과 컷 간의 간격을 유연하게 조정할 수 있는 장점을 가집니다. 컷 간의 간격을 넓혀 긴장감을 조성하거나 세로 컷을 길게 구성해 장면의 몰입감을 극대화하며 시간성과 감정선의 표현이 강조된 특성을 보입니다.

웹툰 스크롤 컷은 이야기의 흐름에 따라 형태와 크기가 다양하게 구성됩니다. 컷의 크기는 이야기 흐름을 전달하는 방식과 감정 표현의 강도를 조절하는 중요한 요소입니다. 큰 컷은 중요 장면이나 클라이맥스를 표현하며, 독자의 시선을 집중시킵니다. 또한, 주인공이 적과 대면하는 장면에서 화면 전체를 차지하는 큰 컷으로 긴장감을 극대화합니다. 작은 컷은 세밀한 감정이나 부가적인 정보를 전달하는 데 사용하며, 주인공의 손짓이나 눈빛을 작게 표현해 디테일을 강조합니다.

컷의 형태와 크기

웹툰에서 컷의 형태와 크기는 이야기를 전달하고 감정을 강조하는 데 중요한 역할을 합니다. 각 컷은 독자에게 시각적 정보를 제공하며, 연출의 방향성과 분위기를 형성하는 핵심 요소로 작용합니다.

1) 가로 컷

가로 컷은 주로 장면의 넓은 전경이나 여러 캐릭터를 한 번에 보여 줄 때 사용됩니다. 장면의 넓은 공간을 표현하며, 배경과 캐릭터의 상호작용을 강조해 스토리 전환이나 장소의 변화를 전달할 때 효과적입니다. 예를 들어, 주인공이 도시에 도착하는 장면에서 도시 전경을 가로로 길게 보여 주어 웅장한 느낌을 전달합니다. 전투 장면에서 여러 캐릭터의 위치를 한 컷에 담아 전략적 구도를 설명합니다.

2) 세로 컷

세로 컷은 깊이 있는 시각적 경험을 제공하며, 웹툰 스크롤 형식에 최적화된 형태입니다. 컷의 높이를 활용해 시간의 흐름이나 감정의 고조를 표현합니다. 또한, 독자가 화면을 스크롤하면서 장면을 자연스럽게 따라갈 수 있도록 유도합니다. 예를 들어, 높은 빌딩이나 절벽을 묘사할 때 세로 컷을 활용하면 공간의 높이를 효과적으로 전달할 수 있습니다. 또한, 긴박한 추격 장면에서는 인물의 움직임을 강조하여 장면의 긴장감과 속도감을 높이는 데에 유리합니다.

3) 사선 컷

사선 컷은 컷의 가장자리가 대각선으로 배치된 형태로, 역동성과 긴박감을 전달하는 데 사용됩니다. 화면에 비대칭적인 구도를 만들어 긴장감을 조성하며, 빠른 움직임이나 액션을 표현할 때 효과적입니다. 독자의 시선을 특정 방향으로 유도하여 스토리의 흐름에 맞는 시각적 효과를 줍니다. 일반적으로 스크롤 컷은 직사각형과 사각형 형태이지만, 경우에 따라 사선형, 사다리꼴, 평행사변형 등으로 표현될 수 있습니다.

4) 도입부 컷

도입부 컷은 이야기의 배경과 상황을 독자에게 명확히 제시하기 위해 장소나 시간, 환경을 한눈에 파악할 수 있도록 묘사합니다. 이야기의 시작 포인트나 장면 전환 시 주로 사용됩니다. 웹툰의 세로형 레이아웃에 맞춰 배경을 강조하거나 세로로 길게 연출하기도 합니다. 예를 들어, 이야기 속 공간과 시간을 이해할 수 있도록, 도심 속 카페 전경이나 해가 뜨는 고성의 풍경을 보여 주는 도입부 컷은 작품의 분위기와 세계관을 한눈에 전달하며 독자의 몰입을 돕습니다.

5) 분할 컷

분할 컷은 하나의 컷을 여러 장면으로 나누어 동시에 일어나는 상황이나 여러 캐릭터의 반응을 효과적으로 보여 주는 연출 기법입니다. 시간적 흐름 없이 사건의 동시성을 표현하기에 적합하며, 사건의 전개와 관계를 한 화면에 담아 독자에게 명확하게 전달할 수 있습니다. 예를 들어, 한쪽에서는 주인공이 적을 추격하는 장면을, 다른 한쪽에서는 적이 도망치는 모습을 분할 컷으로 구성하면 두 장면 간의 긴장감과 관계성을 효과적으로 드러낼 수 있습니다. 이때 컷 간의 간격은 시간의 흐름과 감정의 템포를 조절하는 데에 사용됩니다. 중요한 장면에서는 간격을 넓혀 여운을 남기고, 긴박한 장면에서는 간격을 좁혀 속도감을 높이는 연출이 가능합니다.

6) 파노라마 컷

파노라마 컷은 넓은 공간과 배경을 강조하여 장면의 분위기와 스케일을 전달하는 데 활용됩니다. 특히 세로로 길게 연출하여 웅장함과 공간감을 극대화할 수 있습니다. 예를 들어, 광활한 평야나 도시의 야경을 보여 주는 파노라마 컷은 작품의 스케일을 독자에게 직관적으로 전달하며 감정적인 깊이와 장면의 여운을 강조합니다.

칸새

만화에서 칸과 칸 사이의 간격을 '칸새'나 '홈통'이라고 불렀습니다. 칸새(홈통)는 만화에서 칸과 칸 사이, 웹툰에서 컷과 컷 사이를 이어주는 매개체로, 이야기의 흐름과 독자의 상상력을 유도하는 역할을 합니다. 초기에는 칸새가 단순히 장면을 구분하는 수동적인 요소로 기능했지만, 만화의 역사와 함께 칸새는 점차 독창적이고 능동적인 연출 장치로 발전해 왔습니다.

칸새는 시간과 공간의 변화, 이야기가 전개되는 새로운 장면을 암시하는 역할을 합니다. 예를 들어, 좁은 칸새에서 넓은 칸새로 전환하면 시간의 흐름이나 공간적 이동을 표현할 수 있습니다. 웹툰의 등장과 디지털 매체로의 전환은 칸새의 역할을 더욱 확장시켜 연출 기법의 중요한 요소로 자리 잡게 했습니다. 디지털 매체에 최적화된 웹툰에서 칸새는 독자가 장면을 자연스럽게 읽어나가도록 유도하는 유연한 연출 장치로 사용됩니다.

칸새의 간격을 넓히거나 좁혀 감정의 템포와 시간의 흐름을 조절합니다. 예를 들어, 여운을 남기고 싶은 장면에서는 칸새를 넓게 사용합니다. 주인공이 절망감에 빠져 있는 장면에서 칸새를 넓게 배치해 고독과 침묵의 분위기를 전달하고, 반대로 긴박감을 높이고 싶을 때는 칸새를 좁게 배치합니다. 세로 스크롤의 특성상 독자는 칸새의 간격을 스크롤 속도로 능동적 참여로 경험할 수 있게 됩니다.

10.2 시선의 흐름을 고려한 컷 배치의 법칙

웹툰은 디지털 환경에서 읽히는 특성상, 독자가 스크롤을 통해 자연스럽게 이야기에 몰입할 수 있도록 시선의 흐름을 고려한 컷 배치가 매우 중요합니다. 기존의 만화는 페이지 단위로 왼쪽에서 오른쪽, 위에서 아래로 읽히는 방식이었다면, 웹툰은 세로 읽기 형식으로 위에서 아래로 이어지는 구조로 되어 있습니다. 세로 스크롤 연출에서는 속도성과 연속성의 개념이 형성됩니다. 디지털 환경에서 보이는 웹툰은 컷 구성에 대한 제한이 없기 때문에, 이러한 특성은 컷 구성과 배치 방식에서 독특한 차별성을 만들어 냅니다.

좋은 웹툰 연출이란 적절히 구성된 컷들의 자연스러운 흐름을 의미합니다. 컷은 서사의 시간성과 공간성을 포함하고 있으며, 컷의 형태와 배치는 웹툰의 서사적 맥락을 결정짓는 데에 중요한 영향을 미칩니다. 컷의 구성 방식에 따라 이야기가 전달되는 흐름과, 독자가 느끼는 감정선 및 작품에 대한 몰입감이 크게 달라지기 때문에, 세심한 설계와 전략적인 연출이 필수적입니다.

중심선 배치

웹툰의 세로 스크롤 형식에서는 독자의 시선이 자연스럽게 중심을 따라 움직입니다. 따라서 중요한 컷은 스크롤 흐름의 중심에 배치하여 독자가 해당 장면에 주목하도록 유도합니다. 부차적인 정보는 중심에서 벗어난 위치에 배치해 독자의 시선을 부드럽게 보조합니다. 예를 들어, 주인공이 거대한 탑의 내부를 처음 발견하는 장면에서 긴 세로 컷을 활용해 탑의 웅장함과 신비로운 분위기를 전달합니다. 이때 주인공을 컷의 중심에 배치하고, 탑의 구조를 위로 이어지게 그려 독자가 탑의 높이를 직관적으로 느낄 수 있도록 합니다.

칸새와 연결성

칸새는 독자의 시선을 조절하는 핵심 요소로 작용합니다. 좁은 간격은 긴박감이나 속도감을 조성하고 넓은 간격은 시간의 흐름이나 감정의 여운을 암시합니다. 예를 들어, 주인공이 로맨틱한 감정을 느끼는 장면에서는 컷 간의 간격을 넓혀 감정의 여운을 전달합니다. 캐릭터의 시선이 독자의 시선을 자연스럽게 유도하며, 배경에 꽃잎이나 빛 효과를 추가해 시각적 집중과 분위기를 강화합니다.

동적 시선 흐름

배경의 선형적 구성, 등장인물의 시선, 또는 움직임의 방향을 활용해 독자가 컷을 순서대로 따라가도록 합니다. 한 인물이 왼쪽에서 오른쪽으로 걸어가는 장면에서, 다음 컷에서 인물이 같은 방향으로 이동하는 모습을 유지합니다. 이를 통해 독자가 컷을 읽는 방향을 부드럽게 이어나가도록 돕습니다. 또는 전투 장면에서는 검의 궤적, 총알의 방향, 또는 폭발의 확산 방향 등을 이어지게 구성해 긴박함과 몰입감을 표현합니다.

컷 배치로 시점 전환

교차 시선 연출을 통해 독자의 몰입감을 높이고 캐릭터 간의 관계를 효과적으로 전달할 수 있습니다. 예를 들어, 두 인물이 대화를 나누는 장면에서는 한 인물의 시선을 표현한 컷 다음에 상대방의 반응을 담은 컷을 배치해 시선의 교차와 인물 간의 상호작용을 자연스럽게 보여 줍니다. 또는 위기 상황에서 인물의 정면 모습과 상대방의 반응을 교차로 배치해 긴장감을 극대화할 수 있습니다.

위 원칙들은 독자가 스토리와 감정선을 직관적으로 따라갈 수 있도록 돕는 핵심적인 연출 기법으로 웹툰의 세로 스크롤 환경에서 더욱 효과적으로 작용합니다.

10.3 웹툰의 영화적 연출 기법

웹툰은 디지털 환경을 기반으로 한 서사 매체로 영화적 연출 기법을 응용하여 독자의 몰입감을 높이고 장면을 효과적으로 전달하는 데에 탁월합니다. 영화에서 사용되는 카메라 워크, 편집, 시점 연출 등 다양한 기법이 웹툰에서 독창적으로 변형되어 활용되고 이를 통해 독자는 단순히 이야기를 읽는 것을 넘어 시각적으로 생생한 경험을 하게 됩니다. 웹툰의 세로 스크롤 특성과 디지털 플랫폼의 유연성은 이러한 영화적 기법을 새롭게 변형하고 발전시킬 수 있는 가능성을 제공합니다. 장면의 길이와 간격을 조절하거나, 초점을 이동시키는 블러 효과를 활용해 특정 요소를 강조하는 등, 영화적 연출 기법은 웹툰의 스토리 전달력을 극대화하는 중요한 도구로 자리 잡고 있습니다.

카메라 촬영 기법

다양한 카메라 움직임과 연출 방식을 통해 장면을 더욱 생동감 있게 만드는 방법을 알아보겠습니다.

1) 틸트 샷(Tilt Shot)

카메라가 위아래로 이동하며 수직적 피사체를 강조하는 기법으로, 캐릭터의 시선 변화나 높은 건물 등 특정 대상의 높이나 깊이를 강조할 수 있습니다. 웹툰의 세로 스크롤의 특성을 활용해 위에서 아래로 이동하는 방식으로 자연스럽게 시선을 유도합니다.

예를 들어, 주인공이 높은 탑이나 빌딩을 올려다보는 장면에서 끝없는 높이감을 강조하여 공간적 스케일을 표현할 수 있습니다. 또는 적을 내려다보는 캐릭터의 시점으로 긴장감을 형성할 수도 있습니다.

프롬프트 anime style, manga style, tilt Shot, from the busy road to the clouds in the sky, a long Shot of the back of a country boy looking up at a tall building in the city, the grandeur of the building, complex traffic in the city, taxis --ar 9:16

프롬프트 manga style, full color, tilt Shot of a scene where a girl follows an unfamiliar mountain path, the journey is shown slowly through long vertical cuts --ar 9:16

2) 패닝 샷(Panning Shot)

패닝 샷은 카메라가 좌우로 이동하며 넓은 풍경이나 공간의 전경을 보여 주는 기법으로, 장소 전환이나 동적인 장면을 표현할 때 주로 사용됩니다. 웹툰에서 패닝 샷은 세로 스크롤 방식과 결합해 공간감을 극대화하거나 특정 장면의 스케일을 강조할 수 있습니다.

예를 들어, 주인공이 도심을 걸으며 도시의 활기를 표현하는 장면이나 전투 장면에서 적들이 주인공을 둘러싸는 모습을 부각할 때 사용됩니다.

프롬프트 anime style, manga style, panning Shot of a man, a battle scene where the main character is surrounded by 5 different enemies --ar 16:9

3) 트래킹 샷(Tracking Shot)

트래킹 샷은 특정 인물이나 객체를 따라가는 카메라 움직임으로 이동의 과정을 부드럽게 이어가며 독자에게 몰입감을 주는 기법입니다.

웹툰에서는 세로 스크롤을 활용해 연속된 컷으로 표현되며, 인물의 동적 행동과 이동 경로를 강조하여 독자가 장면에 몰입하도록 유도합니다. 공간의 변화를 자연스럽게 전달하며 이동 중의 감정 변화나 사건 전개를 효과적으로 표현할 수 있습니다. 골목길에서의 긴박한 추격전을 표현할 때, 주인공이 어두운 골목길을 빠르게 달리는 장면에서 카메라는 주인공의 긴박한 움직임과 거친 숨소리 등을 연출하며 긴장감을 표현할 수 있습니다. 연속된 세로 컷으로 좁은 골목길의 답답함과 긴박한 상황을 전달합니다.

프롬프트 `full color, manga style, a comic with two panels. First panel has the urgent steps of a man running away. The second panel has the facial expression of a man running away with a scared expression --ar 9:16`

4) 크레인 샷(Crane Shot)

크레인 샷은 화면 상단에서 아래를 내려다보는 기법으로 장면의 전체적인 스케일이나 공간감을 강조하는 연출 기법입니다. 웹툰에서는 세로 스크롤의 특성을 활용하여 넓은 시야를 제공하고, 장면의 웅장함이나 인물의 고독감을 표현하는 데에 자주 사용됩니다.

예를 들어, 거대한 전투 장면에서 크레인 샷은 전장의 전경을 보여 주며 혼란스러운 상황과 전투의 규모를 강조합니다. 수많은 병사가 싸우고 있는 전투 장면에서 상단 시점으로 화면을 구성해 군대의 진형, 병사들의 움직임, 전장의 혼란을 한 컷에 담아냅니다. 긴 세로 컷에서 상단 시점에서 인물과 공간을 조망하며 전체적인 상황을 한눈에 보여 줍니다. 전장의 넓이와 병사들의 대치 상황을 드라마틱하게 표현할 수 있습니다.

프롬프트 `anime style, crane shot of medieval battle scene, from the battlefield where the battle takes place to the distant burning castle and smoky sky background --ar 9:16`

5) 롱 테이크(Long Take)

한 장면을 카메라의 컷 없이 긴 시간 동안 촬영하거나 표현하는 기법으로, 사건의 흐름과 시간성을 동시에 전달합니다. 캐릭터의 지속적인 행동을 자연스럽게 보여 주거나 시간의 흐름을 강조하며, 관객이나 독자가 장면에 몰입하도록 만들 수 있습니다.

웹툰에서는 세로로 길게 이어지는 컷을 사용해 장면을 한 번에 보여 주는 방식으로 연출할 수 있습니다. 예를 들어, 주인공이 산길을 따라가는 장면에서 주변 풍경이 계속 이어지지는 등 긴 화면으로 연결해 여정을 느리게 보여 줄 수 있습니다. 또는 전투 장면에서 주인공의 움직임을 하나의 컷 안에 묘사해 긴박감을 극대화할 수 있습니다.

프롬프트 anime style, slow motion of the 3 vertical panels of the five fighter characters fighting together, bleach effect, large battle with strong and powerful --ar 1:2

6) 랙 포커스(Rack Focus)

하나의 씬(Scene) 안에서 초점을 전경의 피사체에서 배경의 피사체로 이동시키는 기법입니다. 특정 피사체를 강조하거나 부각시키기 위해 초점을 전환하는 방법으로 두 피사체 간의 관계나 서사적 중요도를 강조합니다. 웹툰에서는 블러 효과나 초점 이동의 시각적 표현을 통해 특정 인물이나 사물에 주의를 집중시킬 수 있습니다. 예를 들어, 전경의 인물이 말을 하는 장면에서 배경에서 다가오는 위협을 초점 전환으로 드러낼 수 있습니다.

프롬프트 `anime style, a young man holding a long sword in the foreground looking straight ahead pointing a sword is in sharp focus, while a villain with a long sword in the background has a blurred effect --ar 4:3`

편집 기법

다양한 편집 기법은 장면 간의 연결을 더욱 매끄럽게 하고 이야기를 효과적으로 전달하는 핵심 요소입니다. 대표적인 편집 기법들을 살펴보겠습니다.

1) 매치 샷(Match Shot)

두 장면의 시각적 또는 의미적 유사성을 연결해 자연스럽게 전환하는 기법입니다. 이 기법은 웹툰에서도 활용되어 장면 전환의 매끄러움을 제공하거나, 두 장면 간의 상징적 연관성을 효과적으로 표현할 수 있습니다.

예를 들어, 여학생이 빨간색 책을 들고 수줍게 미소 짓고 있는 모습이 클로즈업으로 표현되었습니다. 여주인공의 표정으로 수줍음과 설렘이 전달됩니다. 다음 컷에서 남학생에게 전달된 책에는 여학생의 메시지가 있고, 마주 보는 두 캐릭터의 표정이 클로즈업되면서 두 인물의 감정 교류를 시각적으로 표현합니다.

프롬프트

```
manga page style with two panels. the top panel has a female student wearing a school uniform shyly holding a red book, the bottom panel has a cut witch a female student wearing a school uniform very shyly handing the red book with a love letter to a male student in school uniform. full color --ar 9:16
```


2) 컷백(Cutback)

동시에 벌어지는 두 사건을 교차 배치하여 긴장감을 조성하거나 사건의 연관성을 강조하는 연출 기법입니다. 독자는 두 장면이 서로 연결되었음을 인식하며, 각 장면의 감정적 긴장과 몰입감을 동시에 느낄 수 있습니다. 이 기법은 특히 속도감과 긴박함을 표현하거나 사건의 클라이맥스를 효과적으로 전달하는 데에 사용됩니다. 세로 스크롤 형식을 통해 컷 간의 길이와 간격을 조절하여 컷백 효과를 강화할 수 있습니다.

예를 들어, 쫓기는 자와 쫓는 자를 번갈아 보여 주는 장면에서, 쫓기는 인물이 좁은 골목길로 도망치고, 바로 다음 컷에서 추적자가 골목을 따라가며 그를 찾는 모습을 보여 줍니다. 두 캐릭터의 시선을 맞추지 않으면서도 각자의 움직임을 번갈아 배치해 긴장감과 흥미를 높입니다.

프롬프트

```
comic book style, 2 panels of an extreme close-up shot on the head of a short-haired boy who is looking at his anime, who is driving his motorcycle at high speed towards him --ar 4:3 --niji 6
```

3) 스니크 인(Sneak In)

독자를 천천히 작품의 세계로 끌어들이는 연출 기법으로, 조용히 진행되는 장면을 통해 캐릭터와 배경에 대한 정보를 자연스럽게 제시합니다. 이 기법은 독자의 몰입감을 서서히 높이며 이야기의 긴장감을 점진적으로 고조시키는 데 효과적입니다. 특히 배경과 캐릭터를 섬세하게 묘사하여 장면의 분위기를 형성하고 독자가 작품에 점진적으로 몰입하도록 돕습니다. 주인공이 어두운 골목을 천천히 걸어가는 장면에서 희미한 가로등 불빛을 강조해 독자를 주인공의 심리에 동화되게 만듭니다. 캐릭터의 발걸음, 주위의 그림자, 주변의 소리를 세밀하게 보여 주며 점진적으로 긴장감을 조성합니다.

프롬프트

```
minimalistic comic book style, 4 panels of beautiful overgrown post apocalyptic scenery and a man walking through it, multiple comic book panels site style --niji 6
```

4) 몽타주(Montage)

여러 장면을 빠르게 교차하여 하나의 이야기를 형성하는 연출 기법으로 시간의 경과나 여러 사건의 병렬 진행을 효과적으로 표현합니다. 이를 통해 긴 시간에 걸쳐 일어난 사건이나 복잡한 상황을 짧은 시간 안에 전달할 수 있으며, 서사의 압축과 감정의 고조를 강조하는 데에 사용됩니다. 웹툰에서는 몽타주 기법을 세로 스크롤에 활용하여 컷 간의 간격을 조절하며 시간의 흐름을 시각적으로 전달합니다.

예를 들어, 주인공이 성장하는 과정을 보여 줄 때, 훈련의 다양한 단면을 연속적인 컷으로 배치해 시간 경과를 자연스럽게 느끼게 합니다. 주인공이 고된 훈련 과정을 겪는 다양한 장면을 짧은 컷으로 구성합니다. '아침 일찍 일어나는 모습-땀을 흘리며 운동하는 모습-지친 얼굴로 휴식을 취하는 모습'으로 구성하면 빠르게 이어지며 주인공의 노력을 시각적으로 보여 줄 수 있습니다.

프롬프트 `anime style, montage layer, the image shows a series of manga panels flowing from left to right, gradually transforming into anime characters. the panels start in black and white and progressively become more colorful. In the background, subtle outlines of various manga characters can be seen. the color scheme should include shades of blue, purple, and white to create a dreamy atmosphere --ar 4:3`

5) 점프 컷(Jump Cut)

동일한 공간이나 인물에서 시간의 비약을 표현하기 위해 중간 과정을 생략하고 연속된 컷을 배치하는 연출 기법입니다. 이는 긴박감과 속도감을 전달하거나 시간의 압축을 통해 서사의 리듬을 빠르게 전개하는 데에 효과적입니다.

예를 들어, 주인공의 하루를 보여 줄 때 아침 준비, 이동, 회사 업무를 각각 하나의 컷으로 표현해 시간을 압축할 수 있습니다. 이는 독자에게 이야기를 빠르게 이해시키고 다음 주요 사건으로 초점을 전환합니다.

주인공이 아침에 일어나 준비를 하고, 출근 후 업무를 처리하는 일상적인 과정을 짧은 컷으로 빠르게 교차하며 시간의 흐름을 요약적으로 보여 줍니다.

프롬프트 anime style, a middle-aged man wearing old blue sprite top and bottom pajamas, reaching out to turn off the clock alarm on the table, waking up to the sound of an alarm early in the morning in the bed, looking very tired

프롬프트 anime style, long shot, a middle-aged busy businessman holding two telephone receivers at the office in the morning, a chaotic morning filled with the constant ringing of the phone forces him to pause repeatedly, his voice growing hoarse from urgent requests and reports

6) 디졸브(Dissolve)

한 장면이 서서히 사라지면서 다른 장면으로 부드럽게 전환되는 기법으로, 시간 경과나 회상 장면을 자연스럽게 연결하는 데에 효과적입니다. 이 기법은 두 장면의 감정적 연결성을 강조하며, 장면 전환을 시각적으로 매끄럽게 처리하는 데에 사용됩니다.

예를 들어, 회상 씬에서 주인공이 과거를 떠올리면서 현재의 모습이 흐릿해지며 과거의 장면으로 자연스럽게 이어져 독자가 두 시점을 연결해 이해하도록 돕습니다. 주인공이 과거의 중요한 사건을 떠올릴 때 현재 장면이 흐려지고 과거의 배경이 서서히 나타나는 연출로 시간의 변화를 암시합니다. 이는 독자가 시간의 이동을 직관적으로 이해하게 만듭니다.

프롬프트 anime style, dissolve effect of a woman's appearance in the present scene at left side becomes blurred and a child's appearance in the past background at the right side gradually appears, visually smooth scene transitions from a woman's appearance to a child's appearance --ar 3:4 --niji 6

시점 기법

시점 기법은 독자가 장면을 바라보는 관점을 결정하며, 몰입감을 높이는 중요한 요소입니다. 다양한 시점 기법들을 살펴보겠습니다.

1) 리버스 샷(Reverse close-up Shot)

두 캐릭터 간의 대치나 갈등 상황에서 각각의 정면 모습을 클로즈업으로 교차 표현하여 긴장감을 극대화하는 연출 기법입니다. 인물 간의 시선 교환과 감정의 강도를 강조하여 독자로 하여금 두 캐릭터의 의도와 관계를 깊이 이해하도록 돕습니다.

예를 들어, 악당과 주인공이 서로를 날카롭게 응시하는 순간 주인공의 결의에 찬 표정과 악당의 냉소적인 미소를 각각 클로즈업하여 교차 연출합니다. 이를 통해 독자는 두 인물 간의 긴장감과 대립 구조를 직관적으로 느낄 수 있습니다. 리버스 샷은 특히 긴박한 순간이나 감정이 고조된 장면에서 효과적으로 사용되며 독자에게 강렬한 심리적 인상을 남기는 데에 유용한 연출 기법입니다.

프롬프트 anime style, over the shoulder shot of the confessional expression of a girl in school uniform over the shoulder of a boy in school uniform --ar 4:3 --niji 6

2) 오버 더 숄더 샷(Over-the-shoulder Shot)

대화를 나누는 두 인물 간의 관계를 시각적으로 표현하거나 특정 상황에서 긴장감을 부여하는 기법입니다. 한 인물의 어깨너머로 상대 인물이나 상황을 보여줌으로써 독자에게 대화나 사건의 맥락을 효과적으로 전달할 수 있어 두 인물 간의 대립 관계, 신뢰, 또는 상황의 중요성을 강조하기 좋습니다.

예를 들어, 로맨스물에서 주인공이 상대방의 고백을 듣는 장면에서 어깨너머로 상대방의 떨리는 표정을 보여 주어 감정의 고조를 전달합니다. 이 기법은 어깨너머로 보이는 상대에 초점을 맞춤으로써 관계와 감정 등의 중요한 요소에 주의를 집중시킵니다.

프롬프트 anime style, over the shoulder shot of the confessional expression of a girl in school uniform over the shoulder of a boy in school uniform --ar 4:3 --niji 6

3) POV(Point of View)

서사를 주도하는 주인공이 보고 느끼는 것을 독자가 직접 체험하도록 설계된 연출 기법으로 독자가 주인공의 시선과 감정을 함께 느낄 수 있도록 돕습니다. 주인공이 관찰하는 대상만을 보여 주며 독자가 마치 주인공의 눈으로 세상을 바라보는 듯한 몰입감을 제공합니다. 특히, 인물 간의 관계와 감정을 직관적으로 전달하는 데에 효과적입니다.

예를 들어, 주인공이 위급한 상황에서 친구를 구하는 장면을 연출할 때 친구의 떨리는 눈과 손을 클로즈업하여 주인공의 시선을 따라감으로써 친구의 두려움과 안도감을 강조할 수 있습니다. 이러한 연출은 독자에게 극적인 감정 경험을 제공합니다. 이 기법은 전투 장면, 감정 전달, 혹은 미스터리 상황에서 독자의 주의를 집중시키는 데에 유용하며, 스토리의 몰입감을 한층 높이는 중요한 도구로 활용됩니다.

프롬프트 an anime boy in school uniform, the boy who fell in love at first sight, dramatic lighting, white background --ar 3:4 --niji 6

프롬프트 anime style, focusing effect of a girl at the alley, oblique back view --ar 4:3 --niji 6

4) 포커스 시프트(Focus Shift)

특정 피사체에서 다른 피사체로 초점을 이동시켜 독자의 시선을 유도하고 장면의 핵심 의미를 강조하는 연출 기법입니다. 이 기법은 독자가 자연스럽게 이야기를 따라가도록 시각적 주의를 이동시키며 서사의 핵심 요소를 효과적으로 전달하는 데에 사용됩니다. 랙 포커스(Rack Focus)와 달리, 포커스 시프트는 여러 쇼트 또는 장면 간의 초점 연결에 더 초점이 맞춰진 기법이라고 볼 수 있습니다.

예를 들어, 굳게 닫힌 중세 성의 문이 등장하는 장면에서 초점이 처음에는 문에 맞춰져 있다가 이어지는 컷에서는 떨리는 표정의 주인공이 들고 있는 열쇠로 초점이 이동합니다. 이 연출은 주인공이 성문을 열어야 하는 긴박한 상황과 심리적 압박을 전달하며 독자를 스토리에 몰입하게 만듭니다. 또 다른 예시로, 전투 장면에서 처음에는 적의 무기에 초점이 맞춰졌다가 이어지는 컷에서 주인공의 방어 자세로 초점이 이동해 전투의 긴장감을 극대화할 수 있습니다. 포커스 시프트는 독자의 시선을 능숙하게 조작해 서사의 흐름을 명확히 하고, 감정적 긴장감을 강화하는 데에 유용한 기법입니다. 미묘한 디테일을 부각시켜 독자에게 강렬한 몰입감을 선사하며 서사적 메시지를 효과적으로 전달합니다.

프롬프트 webtoon style, a comic with two panels. the first panel of the scene of the medieval castle with closed doors. the second panel of a girl wearing a medieval dress holding a key with trembling hands, full color --ar 9:16

프롬프트 comic book style with the three panels. the first panel of the scene of the medieval castle with closed doors. the second panel of a girl wearing a medieval dress and looking up at a tightly closed door, the third panel of the girl wearing a medieval dress holding a key with trembling hands, full color --ar 9:16 --niji 6

5) 터부 브레이크(Taboo Break)

평온한 상황에서 갑작스럽고 예상치 못한 사건이나 행동을 통해 독자의 몰입을 극대화하는 연출 기법입니다. 이는 스니크 인(Sneak In)의 서서히 분위기를 고조시키는 전개와 대조적으로 순간적인 전환과 충격으로 독자의 시선을 사로잡습니다. 갑작스러운 액션 장면이나 충격적인 사건 전개를 통해 이야기의 템포를 급격히 변화시키며, 긴장감과 몰입도를 높이는 데에 효과적입니다.

예를 들어, 고요한 호숫가에서 주인공이 풍경을 감상하는 장면 뒤로 갑자기 거대한 괴물이 물속에서 튀어나오는 컷이 이어져 긴박한 상황을 조성합니다. 웹툰에서 주요 사건의 분기점이나 클라이맥스 장면에서 주로 사용되며 독자에게 강렬한 인상을 남기고 이야기에 대한 몰입도를 극대화하는 데에 유용합니다.

프롬프트

```
Cut, Tubu Break, Action, Webtoon Style with a giant monster suddenly popping out of the water behind the scene where the main character enjoys the scenery by a calm lake, --ar 9:16
```

장면 연출 기법

장면 연출 기법은 이야기의 분위기를 강화하고 시각적 흥미를 더하는 데에 중요한 역할을 합니다. 대표적인 장면 연출 기법들을 살펴보겠습니다.

1) 프레임 속의 프레임(Frame within a Frame)

프레임 속의 프레임은 창문, 문, 거울과 같은 사물로 자연스럽게 만들어진 틀을 활용해 장면을 연출하는 기법입니다. 이 기법은 특정 인물을 강조하거나 상황을 제한적으로 보여 주어 독자의 시선을 집중시키고 이야기에 몰입하도록 돕습니다. 인물의 심리적 상태나 감정, 혹은 장면의 미스터리와 긴장감을 전달하기에도 효과적입니다. 주인공이 창문 너머로 누군가를 몰래 엿보는 장면에서, 창문의 틀은 프레임 속의 프레임 역할을 하며 관음적 시선을 강조합니다. 독자는 창문 너머의 인물을 관찰하며 주인공의 불안감이나 긴장감을 느낄 수 있습니다.

프롬프트 `anime style, a young woman looking into a square mirror, on the other side she sees a young man of her dreams looking at her, reaching out to each other but they are too far apart --ar 4:3 --niji 6`

2) 포어그라운드와 백그라운드(Foreground and Background)

장면의 전경과 배경을 활용해 시각적 대비를 강조하고 독자의 시선을 특정 요소로 집중시키는 연출 기법입니다. 이 기법은 사건의 중심을 부각하거나 긴장감과 서사를 심화하는 데에 효과적입니다. 전경과 배경의 조화로운 배치는 감정적 몰입을 강화하고 장면의 심도를 더하는 역할을 합니다.

예를 들어, 불타는 도시를 배경으로 주인공이 전경에 결연한 표정을 짓고 있는 장면은 위기 상황의 긴박함과 주인공의 결의를 강렬하게 대조시킵니다. 배경의 혼란스러운 분위기와 전경의 차분한 주인공의 모습은 독자에게 강렬한 인상을 남기며, 주인공의 의지를 부각시킵니다. 세로 스크롤 컷에서 공간감과 시각적 대비를 극대화해 장면의 몰입도를 높이고 이야기의 핵심 메시지를 효과적으로 전달하는 데에 유용한 연출 기법입니다.

프롬프트 anime style, a bustling shopping mall with people moving quickly and pass by in a blur, a single person sitting alone on a bench, seemingly forgotten amidst the crowd, you can see a scene that focuses precisely on one of them --ar 3:2 --niji 6

3) 슬로 모션(Slow Motion)

특정 장면의 속도를 느리게 표현하여 감정이나 상황의 극적인 순간을 강조하는 연출 기법입니다. 웹툰에서는 동일한 장면을 여러 컷으로 나누거나 세로로 길게 구성하여 시간이 느리게 흐르는 듯한 효과를 줍니다. 이는 독자에게 장면의 중요성을 각인시키고 감정적 몰입을 극대화하는 데에 사용됩니다.

예를 들어, 주인공이 검을 휘두르는 순간 칼날에 맺힌 빗방울이 흩어지는 모습을 긴 세로 컷으로 연출하거나 검이 움직이는 궤적을 따라 독자가 장면의 웅장함과 섬세함을 동시에 느낄 수 있도록 부각하여 감정의 고조와 상황의 극적인 전환을 시각적으로 강조합니다. 긴박하거나 감동적인 순간에 독자의 시선을 집중시켜 장면의 감정적 여운을 남길 수 있습니다.

프롬프트 anime style, a bustling shopping mall with people moving quickly and pass by in a blur, a single person sitting alone on a bench, seemingly forgotten amidst the crowd, you can see a scene that focuses precisely on one of them --ar 3:2 --niji 6

4) 타임랩스(Time-lapse)

사건이나 시간의 흐름을 빠르게 요약해 표현하는 연출 기법입니다. 세로 스크롤 컷에서 단일 컷 또는 복수 컷들을 통해 긴 시간의 변화를 압축적으로 보여 줍니다. 타임랩스는 독자가 시간의 경과를 직관적으로 이해하도록 돕고 이야기의 템포를 조절하는 데에 효과적입니다.

예를 들어, 밤하늘에서 동이 트는 과정을 단 한 컷의 배경 변화(별이 빛나는 밤하늘에서 여명이 밝아오는 장면)로 표현하여 시간의 흐름을 전달하거나 도시의 풍경이 낮에서 밤으로 변하며 사건의 새로운 전개를 암시하는 장면을 연출할 수 있습니다.

프롬프트 `anime style, midnight to morning time lapse scene within one scene, the top of scene is the midnight, the down of scene is the morning, connecting midnight to morning with a natural gradation expression --ar 4:3 --niji 6`

10.4

실습 예제 01

점프 컷으로 반복되고 단조로운 일상 장면 연출하기

• **완성 파일** : 10\점프컷_완성.png, 점프컷_완성.cilp

영화적 연출 기법 중, 점프 컷(Jump Cut) 연출 기법으로 중년 남성의 지친 하루를 표현하려고 합니다. 점프 컷은 동일한 공간이나 인물에서 시간의 비약을 표현하기 위해 중간 과정을 생략한 연속된 컷을 배치하는 기법으로, 긴박감, 속도감, 또는 반복적 일상의 단조로움을 효과적으로 전달할 수 있습니다.

중년 남성의 지친 하루를 점프 컷으로 표현하면 단순히 시간의 흐름을 보여 주는 것이 아니라, 그의 반복적이고 고단한 삶을 압축적으로 전달할 수 있습니다. 시간과 공간을 빠르게 넘나드는 점프 컷은 독자가 주인공의 하루를 빠르게 체감하면서도, 피로와 스트레스를 느낄 수 있게 만듭니다.

한 중년 남성의 하루 일과를 '새벽-이른 아침-오전-정오-점심-오후-저녁-늦은 밤'으로, 총 8개의 컷으로 표현하려고 합니다. 먼저 중년 남성의 표정, 손짓 등 감정과 정서를 직관적으로 전달할 수 있는 클로즈업 컷을 주로 활용합니다. 또한, 컷의 리듬감 있는 편집과 빠른 전환으로 독자가 장면 간의 흐름을 이해할 수 있도록 연출하는 것이 중요합니다.

인물을 생성하고 하루 일과 연출하기

01 디스코드 미드저니 입력창에 '/imagine' 명령어를 입력하고 프롬프트를 입력하여 중년 남성의 이미지 4장을 생성합니다.

프롬프트

```
anime style, long shot, a character of middle-aged man in his 50s, lonely and timid --niji 6
```

02 고단해 보이는 중년 남성 콘셉트로 적합한 두 번째 이미지를 선택하려고 합니다. <U2> 버튼을 클릭하여 두 번째 이미지를 업스케일링 합니다.

03 업스케일링 된 이미지에서 마우스 오른쪽 버튼을 클릭한 다음 **링크 복사하기**를 실행하여 이미지의 링크 주소를 복사합니다.

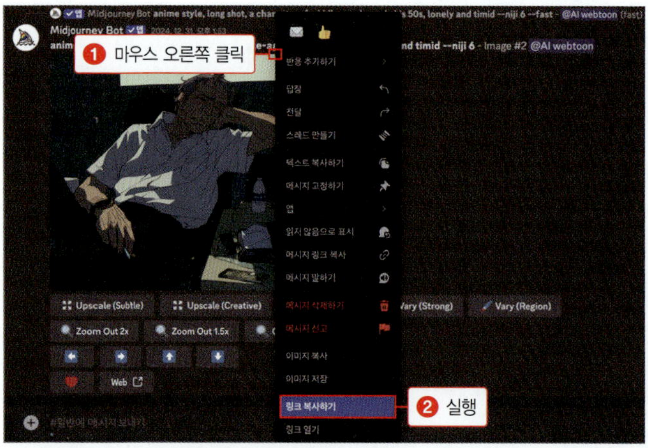

이미지 주소 링크(URL) : https://s.mj.run/WBzhXLMKBeY

04 생성한 이미지를 스타일 레퍼런스로 활용하여 중년 남성의 하루 일과를 보여 줄 수 있도록 프롬프트를 시간대별 캐릭터의 행동과 착용하고 있는 의상, 장소와 소품 등 키워드를 상세하게 작성합니다. 새벽부터 늦은 밤까지 시간대별 특성을 프롬프트를 입력하여 이미지를 생성합니다.

NOTE

캐릭터의 일관성을 유지하려면 --cw 값을 적절히 설정하는 것이 중요합니다. --cw 100으로 설정하면 캐릭터의 외형과 의상이 그대로 반영되지만, 시간과 장소에 따른 의상 변화가 필요할 때는 --cw 50으로 설정하여 유연성을 확보합니다. 특정 장면의 분위기와 상황을 고려하여 캐릭터 의상을 변경하려면 프롬프트에 의상을 구체적으로 명시합니다.

예를 들어, 원 이미지에서 중년 남성은 흰 셔츠를 입고 있지만, 새벽녘 침실에서 일어나는 남성의 의상은 잠옷이 적절합니다. 따라서 프롬프트에 'wearing old blue sprite top and bottom pajamas'를 입력합니다.

새벽

새벽의 고요한 분위기 속, 낡은 파란색 잠옷을 입은 중년 남성이 피곤한 표정으로 침대에서 알람을 끄려 합니다. 애니메이션 스타일로 묘사된 장면은 새벽의 적막함과 하루의 시작을 담고 있습니다.

프롬프트 anime style, a middle-aged man wearing old blue sprite top and bottom pajamas, reaching out to turn off the clock alarm on the table, waking up to the sound of an alarm early in the morning in the bed, looking very tired --cref https://s.mj.run/WBzhXLMKBeY --cw 50

이른 아침

이른 아침의 분주한 출근길, 지하철 기둥을 잡고 선 중년 남성이 하품하며 휴대폰을 스크롤합니다. 애니메이션 스타일로 표현된 장면은 빼곡한 인파 속에서 피곤하지만 익숙한 일상의 모습을 담고 있습니다.

프롬프트 anime style, long Shot, a middle-aged man who yawning on his way to work in the early morning, standing while holding onto a pillar of the crowded subway with the full of people, shoulder to shoulder with people, no seat in sight, he scrolls through his phone --cref https://s.mj.run/WBzhXLMKBeY --cw 100

오전

서류와 신문이 산처럼 쌓인 책상 앞에서 바쁘게 일하는 중년 비즈니스맨의 모습을 담고 있습니다. 오전부터 업무에 몰두하는 그의 모습이 분주한 분위기를 강조합니다.

프롬프트 anime style, long Shot, a middle-aged busy businessman working in the morning, a desk piled high with various documents and newspapers --cref https://s.mj.run/WBzhXLMKBeY --cw 100

정오

사무실에서 양손에 전화기를 들고 통화하는 중년 비즈니스맨의 혼란스러운 정오를 보여 줍니다. 끊임없이 울리는 전화 속에서 요청과 보고가 쏟아지며, 그의 목소리는 점점 쉰 듯한 느낌을 줍니다.

프롬프트 anime style, long Shot, a middle-aged busy businessman holding two telephone receivers at the office in the morning, a chaotic morning filled with the constant ringing of the phone forces him to pause repeatedly, his voice growing hoarse from urgent requests and reports --cref https://s.mj.run/WBzhXLMKBeY --cw 100

점심

점심시간에도 바쁜 중년 비즈니스맨이 서류와 신문으로 가득 찬 책상에서 편의점 도시락을 급하게 먹으며 일하는 모습을 담고 있습니다. 제대로 된 휴식 없이 업무에 쫓기는 그의 모습이 바쁜 직장인의 현실을 보여 줍니다.

프롬프트 anime style, long Shot, a middle-aged busy businessman working during lunch with a quick convenience store lunch on the table, a desk piled high with various documents and newspapers, leaving no room for real recharge --cref https://s.mj.run/WBzhXLMKBeY --cw 100

오후

끊임없는 전화 속에서 집중력이 흐려지는 오후, 마감 시간을 맞추기 위해 분투하는 중년 비즈니스맨의 모습이 담겨 있습니다. 사무실 창밖으로는 석양이 지고, 그는 커피를 마시며 담배를 피우며 잠시나마 정신을 가다듬습니다.

프롬프트 anime style, long Shot, a middle-aged busy businessman racing against deadlines as focus fades amid constant phone calls in the afternoon, drinking coffee and smoking a cigarette in his office in the afternoon, sunset outside the office window --cref https://s.mj.run/WBzhXLMKBeY --cw 100

저녁

사무실 안은 어둠에 잠겼지만, 그의 책상 위 조명만이 희미하게 빛납니다. 피곤에 지친 중년 비즈니스맨이 의자에 몸을 기댄 채 잠깐의 휴식을 취하며 긴 하루를 되돌아봅니다.

> **프롬프트** anime style, long Shot, a middle-aged busy businessman with an exhausted figure leaning on a chair for a moment, an office with only the desk light lit outside the dark window --cref https://s.mj.run/WBzhXLMKBeY --cw 100

늦은 밤

퇴근길 지하철 속, 피곤에 지친 남자가 머리를 숙인 채 힘겹게 앉아 있습니다. 스트레스 가득한 교통 체증과 긴 하루의 여운 속에서 그가 내쉬는 한숨이 고된 일상의 무게를 보여 줍니다.

> **프롬프트** anime style, long Shot, a middle-aged busy businessman on the stressful traffic and weary sighs during the long commute home, a middle-aged man with his head down and barely able to keep himself together in a fully occupied subway on his way home from work, in the evening --cref https://s.mj.run/WBzhXLMKBeY --cw 100

05 각 시간대별로 생성한 이미지 중에서 대표 이미지를 하나씩 선정하여 저장합니다. 다음과 같이 정렬하여 점프 컷으로 연출한 스크롤 컷을 만들 수 있습니다.

효과음을 추가하여 장면의 분위기 강조하기

01 한 명의 중년 남성만 등장하는 연출의 특성상, 대화가 오가지는 않기 때문에 장면에 어울리는 효과음을 넣습니다. 효과음을 손글씨 형태로 삽입하고 장면의 분위기를 강조하기 위해 그라데이션 효과, 조명 효과 등을 추가하여 후보정을 진행합니다. 왼쪽은 미드저니로 생성한 이미지이고 우측은 클립 스튜디오에서 보정한 이미지입니다.

> **NOTE**
>
> AI가 이미지 생성을 기반으로 학습되었기 때문에 텍스트 정보를 명확하게 인식하고 재현하는 데에 한계가 있으므로, 미드저니의 특성상 글자나 숫자가 정확하게 표현되지 않은 경우가 있습니다. 따라서 문자나 숫자가 포함된 이미지를 생성할 때는 후보정 작업을 통해 직접 수정할 필요가 있습니다.

새벽

첫 번째 컷은 요란하게 울리는 알람시계를 클로즈업한 장면입니다. 그다음으로 이른 새벽에 중년 남성이 힘겹게 알람시계를 끄고 있습니다. 미드저니로 생성된 기존 이미지는 시계 속 숫자의 배열이 정확하지 않습니다. 따라서 클립 스튜디오에서 숫자를 수정하고 이른 새벽이라는 설정에 맞춰 새벽 4시 40분으로 시침과 분침을 표현합니다.

알람시계의 '삐비빅-' 효과음과 중년 남성의 '후우..', '부스스' 효과음을 추가하여 함께 몸을 일으키는 동작선을 넣습니다.

> **NOTE**
>
> 클립 스튜디오를 활용한 '후보정' 과정은 **WEEK 11**을 참고해 주세요.

미드저니로 생성한 컷

클립 스튜디오에서 후보정한 컷

이른 아침

두 번째 컷은 중년 남성의 출근길입니다. 인물에 시선을 집중시키기 위해 오른쪽 하단을 어둡게 처리합니다. 이미지 속 장소가 지하철 내부라는 것을 설명하기 위해 '다음역은 ㅇㅇㅇ역입니다.'를 추가하고, 만원 지하철 내부의 상황을 '웅성 웅성' 효과음으로, 중년 남성의 피로를 '하암~' 효과음으로 표현합니다.

미드저니로 생성한 컷

클립 스튜디오에서 후보정한 컷

오전

세 번째 컷은 중년 남성이 회계사무실에서 업무를 보고 있는 장면입니다. 미드저니에서 생성한 이미지 속 책장의 책등에는 알아볼 수 없는 문자로 되어 있습니다. 대표적인 책들의 제목을 '회계감사법', '세무회계', '전산회계운영사3급', '실무자료집' 등으로 수정하여 현실감을 높입니다. 인물에 초점을 맞추기 위해 하단 좌우에 블러 효과를 적용합니다.

미드저니로 생성한 컷

클립 스튜디오에서 후보정한 컷

정오

네 번째 컷의 이미지 속 배경에 불필요한 문자를 지우고 '세무회계사무소'나 다이어그램 등을 추가합니다. 중년 남성이 업무를 처리하기 위해 바쁘게 전화 통화를 하는 장면입니다. 적절한 효과음을 넣습니다.

미드저니로 생성한 컷

클립 스튜디오에서 후보정한 컷

점심

다섯 번째 컷도 같은 방법으로 책장의 책 제목을 '회계학개론', '실무설명서', '회계학'으로 수정하고 화이트보드에 불필요한 이미지를 삭제한 다음 그래프를 추가합니다. 또한, 중년 남성이 서류를 작성하고 있는 모습을 표현하기 위해 '사각- 사각' 효과음을 삽입합니다.

미드저니로 생성한 컷

클립 스튜디오에서 후보정한 컷

오후

여섯 번째 컷은 사무실 창밖으로 노을이 붉게 지고 있는 풍경을 뒤고 잠시 휴식을 취하고 있는 중년 남성의 모습입니다. 오른손으로 쥐고 있는 담배의 형태를 자연스럽게 수정하고 담배가 타오르는 '칙-' 효과음과 연기를 삽입하여 자연스럽게 만듭니다.

미드저니로 생성한 컷

클립 스튜디오에서 후보정한 컷

저녁

일곱 번째 컷도 이미지 속 배경의 불필요한 부분을 수정합니다. 늦은 저녁이지만 아직 사무실에서 퇴근하지 못한 중년 남성은 책상 위에서 졸고 있습니다. 졸고 있는 모습을 묘사하기 위해 동작선과 '꾸벅' 효과음을 넣습니다.

미드저니로 생성한 컷

클립 스튜디오에서 후보정한 컷

늦은 밤

마지막 여덟 번째 컷은 늦은 밤에 지하철 막차를 타고 퇴근 중인 중년 남성의 지친 모습입니다. 지하철 내부 전광판에 '이번 역은 ㅇㅇㅇ역 입니다. 내리실 문은 왼쪽 입니다.' 문구를 추가하고, 지하철 안내 방송인 '이번 역은 우리 열차의 종착역인 ㅇㅇㅇ역입니다.' 문구를 추가합니다. 중년 남성의 하루가 마무리되는 듯한 여운을 표현하기 위해 검은색에서 흰색의 그라데이션으로 표현해 완성합니다.

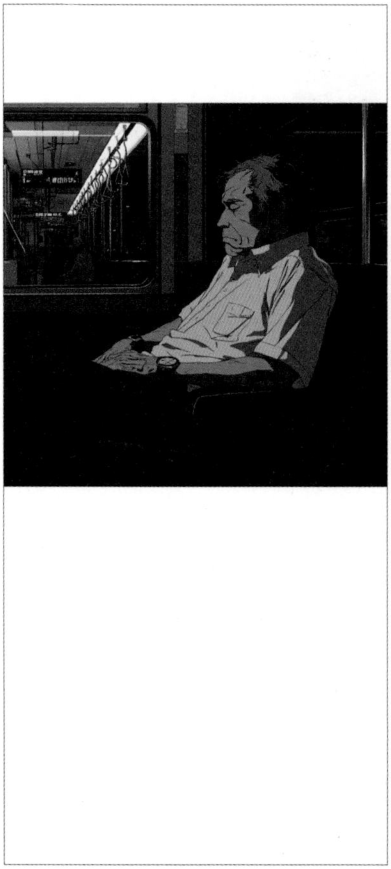

미드저니로 생성한 컷

클립 스튜디오에서 후보정한 컷

실습 예제 02

10.5 컷백으로 긴박감 넘치는 추격 장면 연출하기

• **완성 파일** : 10\컷백_완성.png, 컷백_완성.clip

긴박감 넘치는 추격 장면을 컷백 연출 기법으로 표현하려고 합니다. 컷백은 2개 이상의 서로 다른 장소나 상황을 교차하며 보여줌으로써, 독자가 쫓는 자와 쫓기는 자의 시점을 번갈아 따라가도록 유도합니다. 이러한 연출을 통해 추격 장면의 속도감과 역동성을 극대화할 수 있습니다. 특히 사선 컷은 인물의 불안정한 심리와 상황의 긴박함을 시각적으로 강조할 수 있기 때문에 독자가 추격 장면에 몰입하게 만들 수 있습니다.

쫓기는 인물 이미지 생성하기

01 쫓기는 주인공 인물을 생성하겠습니다. 디스코드 미드저니 입력창에 다음과 같이 프롬프트를 입력하여 이미지를 생성합니다.

프롬프트

```
anime style, a charater of female driving
her car at breakneck speed because someone
is chasing her, diagonal composition,
placed in a diagonal direction --ar 3:4
```

02 추격전 장면에 적절해 보이는 세 번째 이미지를 다양한 각도로 생성하겠습니다. <V3> 버튼을 클릭하여 세 번째 이미지에 대한 베리에이션을 합니다.

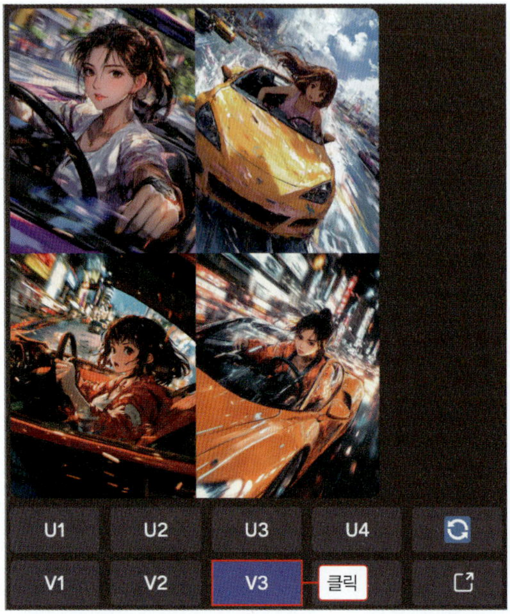

03 베리에이션 된 이미지 중에서 긴박감 넘치는 네 번째 이미지를 선택하겠습니다. <U4> 버튼을 클릭하여 네 번째 이미지를 업스케일링 합니다.

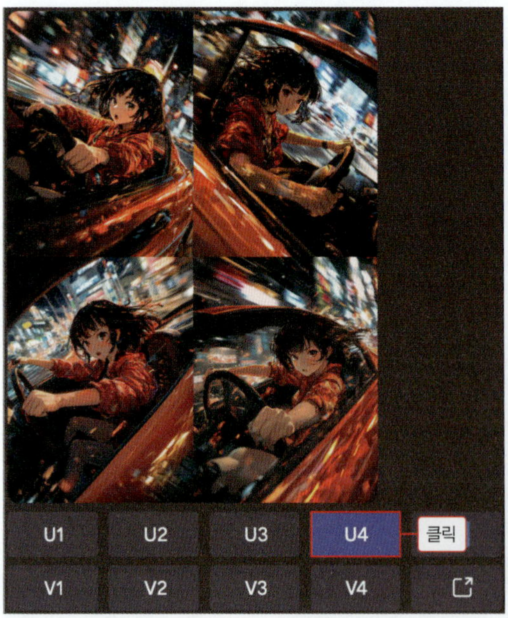

04 업스케일링 한 이미지에서 <Upscale (Subtle)> 버튼을 클릭하여 고화질의 이미지로 생성합니다.

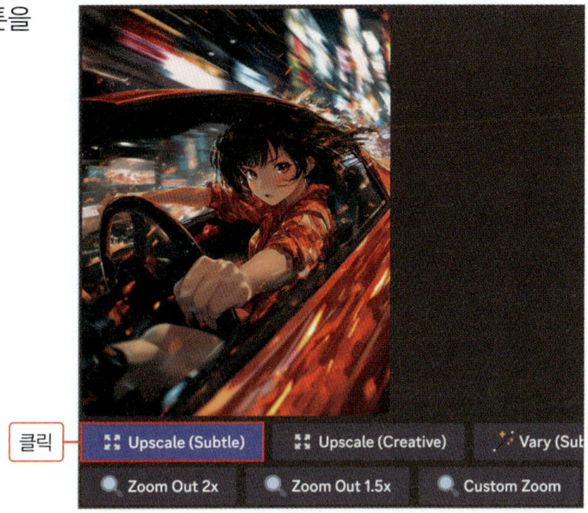

05 고화질 이미지에서 마우스 오른쪽 버튼을 클릭한 다음 **이미지 저장**을 실행하여 컴퓨터에 이미지를 저장합니다.

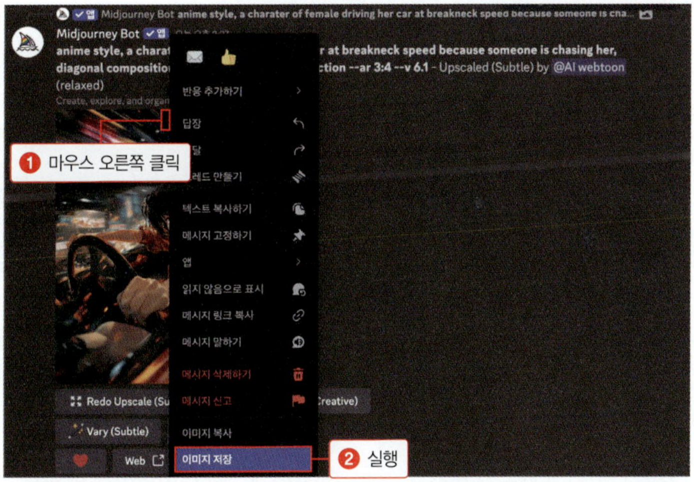

06 저장한 이미지에서 캐릭터의 왼손 약지, 새끼손가락이 부자연스럽습니다. AI 이미지 생성 기술이 발전했지만, 간혹 디테일에서 오류가 발생할 수 있습니다.

미드저니 웹사이트 버전에서 어색한 왼손을 수정하려고 합니다. 왼쪽에서 〔Edit〕 메뉴를 선택하고 'Edit Uploaded Image'를 클릭하여 다운로드한 이미지를 업로드합니다.

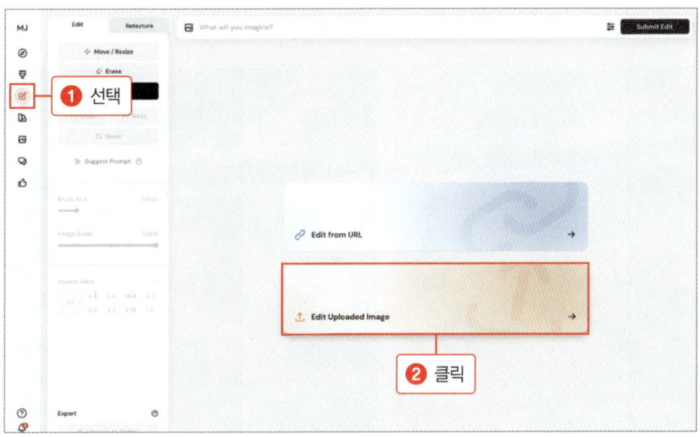

07 왼쪽의 Brush Size를 조절하여 브러시 크기를 적절하게 설정하고 그림과 같이 왼손 영역을 지운 다음 상단 프롬프트 입력창에 'five fingers of left hand clenched'를 입력하고 <Submit Edit> 버튼을 클릭합니다.

08 <Submit Edit> 버튼을 클릭할 때마다 오른쪽 패널에 4개의 수정된 이미지가 생성됩니다. 생성된 이미지가 마음에 들지 않는다면 버튼을 여러 번 클릭하여 이미지를 생성하고 생성된 이미지를 하나씩 선택하여 확인합니다.

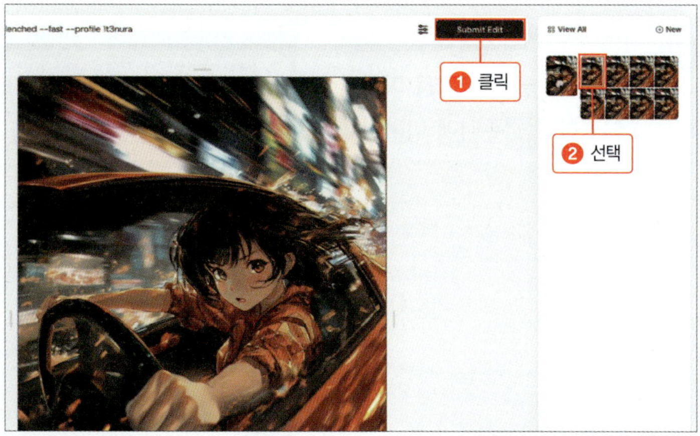

09 왼손이 수정되어 추가 생성된 것 중 자연스러운 이미지는 다음과 같습니다. 예제에서는 이 중에서 세 번째 이미지를 사용하겠습니다. 사용할 이미지를 선택하여 화면에 표시하고 왼쪽 하단의 <Download Image> 버튼을 클릭하여 이미지를 다운로드합니다.

추격하는 인물 생성하기

01 이번에는 주인공을 추격하는 인물을 생성하겠습니다. 미드저니 입력창에 다음과 같이 프롬프트를 입력하여 이미지를 생성합니다.

프롬프트

```
anime style, close up Shot of a masked villain wearing blue is quickly chasing on a motorcycle diagonal composition, placed in a diagonal direction --sref https://s.mj.run/7hgmJbz8Dr0 --sw 100 --ar 3:4
```

02 첫 번째 이미지와 네 번째 이미지를 베리에이션 하기 위해 <V1>, <V4> 버튼을 각각 클릭합니다.

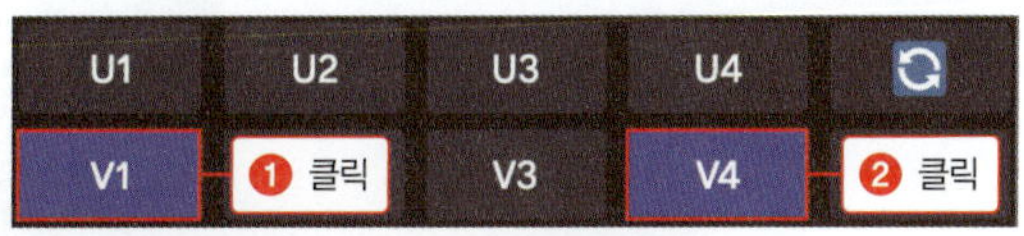

<V1> 베리에이션

<V4> 베리에이션

03 <V1> 베리에이션 이미지에서 첫 번째 이미지를 최종 이미지로 사용하겠습니다. <U1> 버튼을 클릭하여 첫 번째 이미지를 업스케일링 하고, 업스케일링 한 이미지에서 <Upscale (Subtle)> 버튼을 클릭하여 고화질의 이미지로 생성합니다.

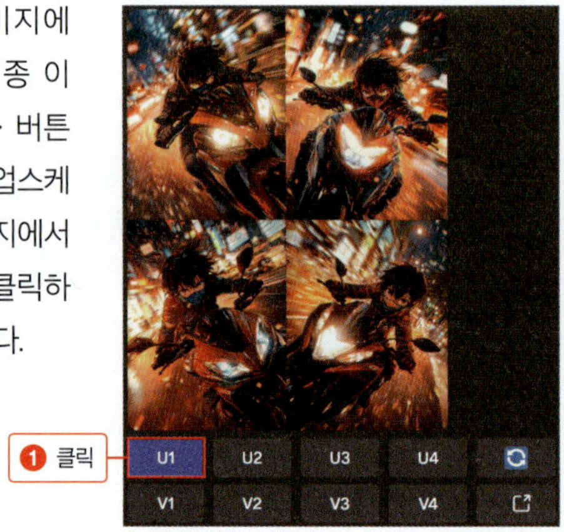

04 고화질 이미지에서 마우스 오른쪽 버튼을 클릭한 다음 **이미지 저장**을 실행하여 컴퓨터에 이미지를 저장합니다.

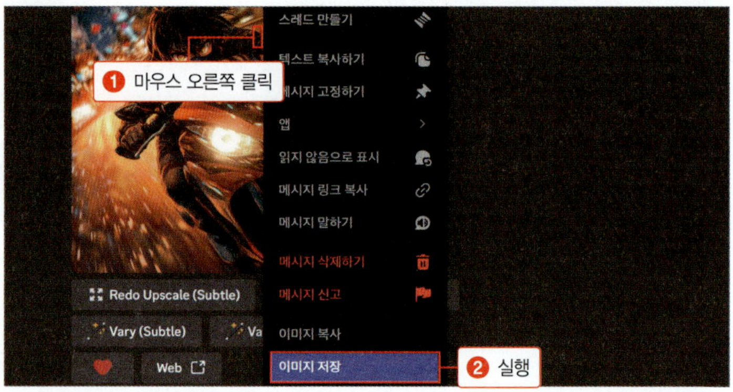

도망자와 추격자가 등장하는 추격 장면 생성하기

01 이번에는 오토바이가 빨간 스포츠카를 추격하는 장면을 관찰자 시점으로 생성하겠습니다. 미드저니 입력창에 앞서 생성한 이미지를 스타일 레퍼런스로 참고하여 파라미터 링크를 추가한 프롬프트를 입력하여 이미지를 생성합니다.

프롬프트

```
anime style, extreme long shot, rear view of a motorcycle chasing a red sport car, diagonal composition, placed in a diagonal direction --sref https://s.mj.run/CfkSj_rBfvk --ar 4:3
```

02 두 번째 이미지와 세 번째 이미지를 베리에이션하기 위해 <V2>, <V3> 버튼을 클릭합니다.

V2 베리에이션

V3 베리에이션

03 V3 베리에이션의 <U1> 버튼을 클릭하여 첫 번째 이미지를 업스케일링 합니다.

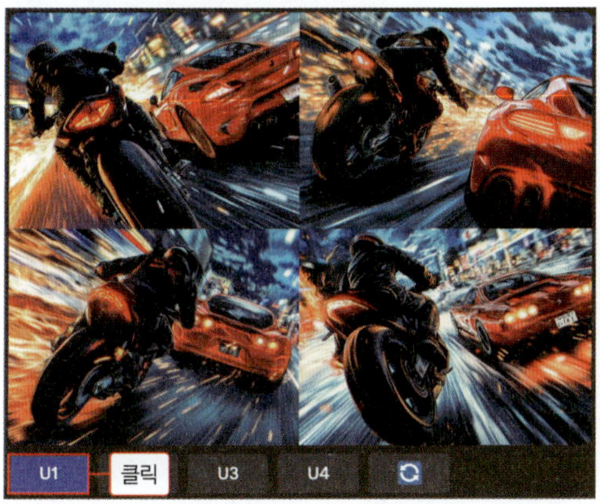

04 업스케일링 된 이미지에서 마우스 오른쪽 버튼을 클릭한 다음 **이미지 저장**을 실행하여 컴퓨터에 이미지를 저장합니다.

긴장감이 넘치는 추격 장면 후보정하기

01 편집 도구 프로그램을 이용하여 다운로드한 3장의 이미지를 순차적으로 배열하고 서사적 맥락과 컷의 연결성을 확인합니다.

02 추격 씬에 간단한 대사와 효과음을 삽입하기 위해 챗GPT에게 도움을 받겠습니다. 챗GPT 입력창에 이미지를 업로드하고 다음과 같이 질문합니다.

웹툰 추격 씬의 한 장면이야. 도망가는 자동차 안 캐릭터와 추격하는 오토바이 캐릭터 간의 대사나 독백, 효과음을 세 가지 예시로 작성해 줘.

GPT

예시 1 : 긴박한 추격 대화

- **자동차 캐릭터(도망자)**
  - "하, 하하! 네가 따라올 수 있을 것 같아?"
  - "속도 좀 내볼까?"
- **오토바이 캐릭터(추격자)**
  - "도망칠 수 있을 거라고 생각했나?"
  - "끝까지 따라간다. 넌 못 빠져나가!"
- **효과음**
  - **자동차** : '끼이이익!' (급커브)
  - **오토바이** : '브르르르르르!' (엔진 소리)
  - **타이어** : '쓱쓱—' (도로 위 타이어 마찰)

예시 2: 자신감 넘치는 대화

- **자동차 캐릭터(도망자)**
  - "너무 집요한 거 아니야? 이제 그만 포기해!"
  - "하지만 너한테 잡힐 것 같진 않네."
- **오토바이 캐릭터(추격자)**
  - "네 말, 후회하게 될 거야."
  - "절대 놓칠 수 없어"
- **효과음**
  - **자동차** : '부우우웅!' (가속)

- **오토바이** : '웅웅웅!' (속도를 높이며 추격)
- **도로** : '팟팟!' (길가의 조명이 지나가며 바람 소리)

예시 3 : 심리전 대화

- **자동차 캐릭터(도망자)**
  - "너무 집요한 거 아냐?!"
  - "하아... 이러다 진짜 사고 나겠네!"
- **오토바이 캐릭터(추격자)**
  - "멈춰! 끝내자!"
  - "더 늦기 전에 포기해."
- **효과음**
  - **자동차** : '꽝!' (벽에 스치는 소리)
  - **오토바이** : '드르륵!' (타이어가 급히 도로를 파고드는 소리)
  - **바람** : '휘잉—' (속도감 강조)

이 대화와 효과음은 추격 씬의 긴장감과 캐릭터 간의 갈등을 극대화하며, 독자의 몰입도를 높이는 데 효과적입니다. 선택한 분위기에 따라 조합하여 사용할 수 있습니다!

NOTE

이미지 분석 기능은 챗GPT의 유료 버전에서만 사용 가능합니다. 이미지를 분석하여 텍스트로 설명하거나 관련 정보를 제공합니다.

03 챗GPT가 작성해 준 예시를 참고하여 대사와 독백, 효과음을 정리합니다.

도망자 : (독백) '도대체 어디까지 따라올 셈이지?'
효과음 : 부아아아앙
도망자 : "이봐!! 너무 집요한 거 아니야? 이제 그만 포기해!"
효과음 : 부아아아앙
추격자 : 시끄러워!!
효과음 : 부아아아앙
추격자 : (독백) '여기서 절대 놓칠 수 없어!!'
효과음 : 부우우우웅

04 01번에서 배치한 이미지에서 추격 씬의 역동성을 전달하기 위해 일부 컷을 사선 형태로 잘라 배치합니다. 왼쪽의 세로 스크롤은 미드저니에서 생성한 원본 이미지를 여러 형태의 컷으로 배치한 것이고, 오른쪽의 세로 스크롤은 클립 스튜디오에서 속도 선과 이펙트 효과를 넣고 독백과 대사를 말풍선으로 입력한 것입니다.

05 첫 번째 컷은 도망가는 캐릭터가 자동차의 운전대를 꽉 쥐고 있는 모습을 익스트림 클로즈업으로 연출하여 추격 스토리에 대한 궁금증을 불러일으킵니다. 인물과 자동차가 나아가는 방향과 동일한 사선 형태의 속도 선으로 빠른 움직임을 강조하고 자동차 엔진소리인 '부아아앙-' 효과음을 그려 추가합니다.

미드저니로 생성한 컷

클립 스튜디오에서 후보정한 컷

06 두 번째 컷은 첫 번째 컷과 동일한 이미지를 활용한 것입니다. 마치 카메라가 줌 아웃된 장면으로 도망자의 표정과 모습을 전반적으로 보여 줍니다. 인물의 긴장된 감정을 강조하기 위해 오른쪽 배경은 블러 효과를 적용하고 속도 선을 그리고 인물의 독백과 대사를 말풍선에 추가합니다. 그림과 같이 말풍선과 효과음을 넣을 때 시선이 자연스럽게 유도되도록 배치하는 것이 중요합니다.

미드저니로 생성한 컷

클립 스튜디오에서 후보정한 컷

07 도망자를 빠르게 쫓고 있는 추격자가 고함치는 '시끄러워!!' 대사를 말풍선에 넣고 속도를 높이는 오토바이 엔진음인 '부아아아앙-' 효과음을 컷 하단에 크게 그려 추가해 박진감을 표현합니다.

미드저니로 생성한 컷

클립 스튜디오에서 후보정한 컷

08 추격 장면을 후보정하겠습니다. 기존에 만든 추격 장면은 가로 비율로 생성했습니다. 그러나 웹툰에서 임팩트 있는 컷을 연출하기 위해서는 세로 컷으로 구성하는 것이 좋습니다. 추격하는 오토바이를 강조하기 위해 후미등에 발광 효과를 추가하고 뒷바퀴에 자연스러운 블러 효과를 적용해 이미지를 세로로 확대합니다. 속도선과 불꽃 스파크 효과도 추가하고 독백 말풍선을 삽입하여 긴박감을 표현한 후 보정을 완성합니다.

미드저니로 생성한 컷

클립 스튜디오에서 후보정한 컷

09 자연스럽게 배치된 컷을 전체적으로 확인하고 어색한 부분은 조절하여 완성합니다.

연습 문제 | 독자를 사로잡는 장면전환 연출법

01 미드저니에서 바다의 배 위에서 대형 상어를 발견한 노인이 겁에 질린 장면을 트래킹 샷(Tracking Shot)으로 생성해 보세요.

- **참고 프롬프트** : full color, manga style, a comic with two panels. First panel has the surprised expression of an old man on a boat who discovered a large shark. The second panel has the terrified old man running away from a boat to avoid being eaten by a large shark --ar 9:16

02 미드저니에서 '편의점 야간 아르바이트생의 무기력한 하루'를 점프 컷(Jump Cut)으로 생성해 보세요.

HINT 저녁 무렵 편의점에 출근하기 → 진열대 음료 정리하기 → 졸린 눈으로 손님 응대하기 → 쓰레기통 비우기 → 계산대에서 반복적인 업무하기 → 피곤한 모습으로 컵라면 먹기 → 새벽 퇴근하기 → 집에 돌아와 침대에 쓰러져 잠들기

WEEK 11

웹툰을 완성하는 놀라운 터칭, 후보정

학 습 목 표

클립 스튜디오는 일본 셀시스(Celsys)에서 개발한 디지털 드로잉 소프트웨어로, 디지털 작화에 최적화된 다양한 도구와 기능을 활용하여 완성도 높은 웹툰을 제작할 수 있도록 돕습니다.
이번 장에서는 미드저니에서 생성한 이미지를 클립 스튜디오에 불러온 후, 레이어 활용, 색 보정, 텍스처 추가 등 다양한 후보정 기법을 직접 실습합니다. 캐릭터의 감정선을 강조하는 작업, 핵심 아이템을 그려서 추가하는 작업, 대사나 독백 등 식자 작업 등을 통해 웹툰 작품의 형식을 갖추어 봅니다.

11.1 클립 스튜디오 페인트의 워크스페이스 소개

클립 스튜디오 페인트는 디지털 드로잉에 최적화된 다양한 기능을 제공하며, 작업 효율성을 높이기 위해 체계적인 워크스페이스 구성을 지원합니다. 효과적으로 작업할 수 있는 워크스페이스의 주요 구성 요소와 활용 방법을 알아보겠습니다.

도구 팔레트

클립 스튜디오 페인트의 도구 팔레트는 다양한 제작 작업에 활용되는 주요 도구들이 모여 있는 핵심 공간입니다. 드로잉, 편집, 선택, 도형, 텍스트 등 웹툰 제작에 필요한 기능을 손쉽게 선택할 수 있도록 구성되어 있으며, 각 도구는 작업 방식에 따라 세분화되어 있습니다. 작업 흐름에 맞게 팔레트를 자유롭게 커스터마이징할 수 있어, 사용자에게 최적화된 작업 환경을 제공한다는 점도 큰 장점입니다. 도구 팔레트를 구성하는 주요 항목들을 하나씩 살펴보겠습니다.

1) 이동 도구

클립 스튜디오 페인트에서 이동 도구는 오브젝트나 레이어를 손쉽게 위치 변경할 수 있도록 도와주는 기본 도구입니다. 캐릭터 배치나 요소 정렬 등 작업 효율성을 높이는 데에 필수적인 이동 도구의 사용법을 알아보겠습니다.

❶ 돋보기( ) : 돋보기 도구는 작업 화면의 확대 및 축소를 지원하는 도구입니다. 기본적인 클릭을 통해 화면을 확대하거나 축소할 수 있으며, 도구 속성 패널에 있는 클릭 또는 드래그 항목에서 세부 반응을 변경할 수 있습니다.

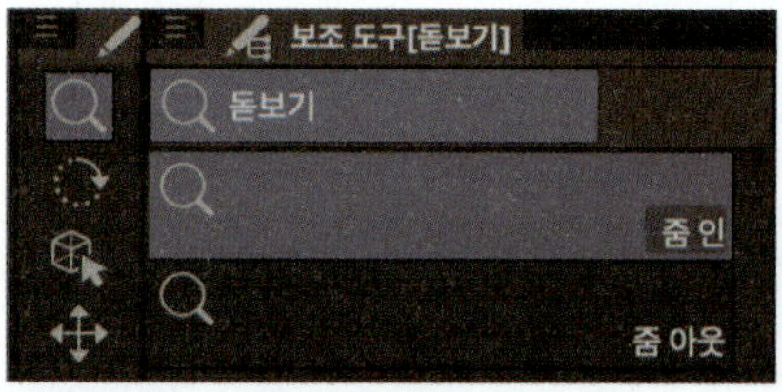

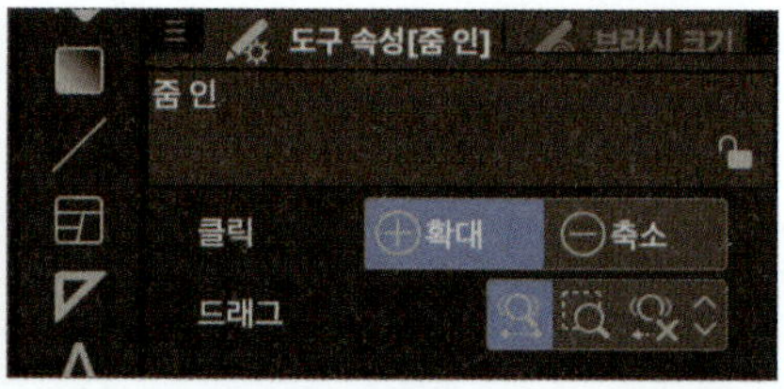

- **왼쪽으로 축소 오른쪽으로 확대( )** : 드래그 방향에 따라 빠르게 화면의 확대와 축소를 조정합니다.
- **직사각형으로 지정( )** : 드래그로 특정 영역을 지정하여 해당 부분을 즉시 확대합니다.
- **없음( )** : 드래그 동작으로는 확대 또는 축소가 발생하지 않도록 설정합니다.

❷ 이동( ) : 현재 보고 있는 캔버스 전체의 표시 위치를 움직이는 데에 사용됩니다. 캔버스의 표시 범위를 자유롭게 변경할 수 있어 세부적인 작업이나 넓은 범위를 빠르게 탐색할 때 매우 유용합니다.

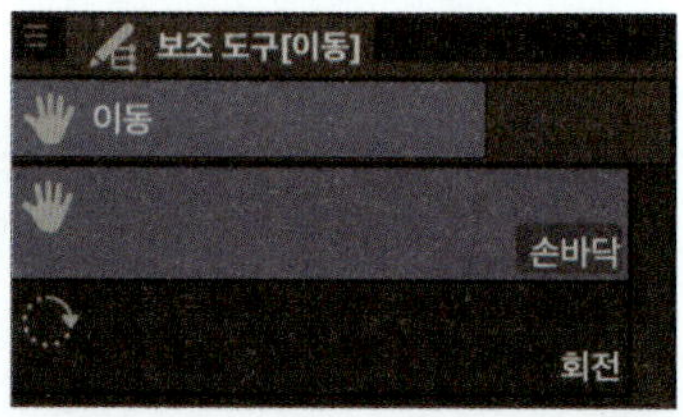

- **손바닥( )** : 화면 내에서 상하좌우로 자유롭게 이동합니다.
- **회전( )** : 화면을 회전합니다.

❸ 레이어 이동( ) : 레이어 이동 도구는 선택된 특정 레이어에 포함된 오브젝트나 그림만 개별적으로 이동할 때 사용하는 도구입니다. 다른 레이어에는 영향을 미치지 않고 특정 레이어의 작업물만 독립적으로 위치를 조정하거나 재배치할 수 있어 정교한 레이아웃 작업이 가능합니다.

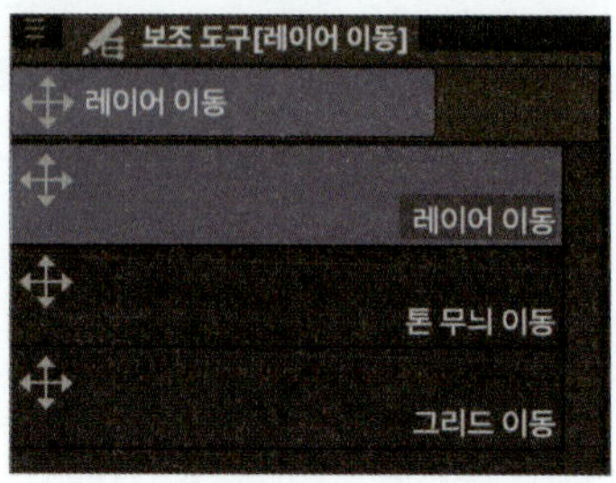

- **레이어 이동** : 선택된 레이어의 내용을 이동합니다.
- **톤무늬 이동** : 레이어에 적용된 톤 무늬의 위치를 이동합니다.
- **그리드 이동** : 설정된 그리드를 따라 내용을 이동합니다.

2) 편집 도구

클립 스튜디오 페인트의 편집 도구는 이미지나 오브젝트를 수정하고 변형하는 데 활용됩니다. 웹툰 제작 과정에서 세밀한 보정이나 위치 수정 작업이 필요한 경우, 유용하게 사용할 수 있습니다. 다양한 편집 도구의 활용법을 알아보겠습니다.

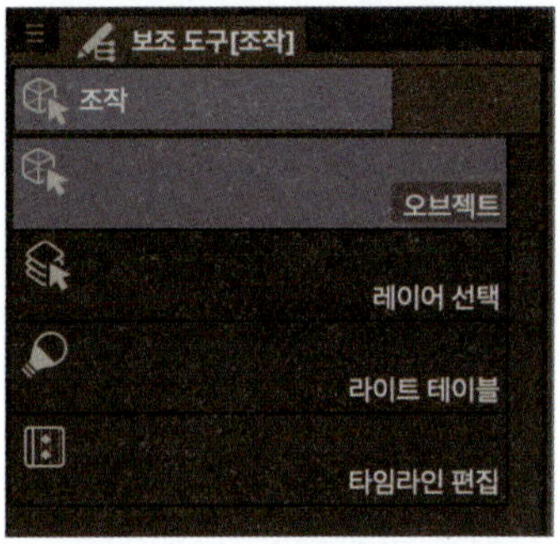

❶ 조작() : 조작 도구는 캔버스 내에서 오브젝트나 레이어 등을 다양한 방식으로 선택하고 조정할 때 사용됩니다.

- **오브젝트()** : 텍스트, 그림, 말풍선 등 개별 오브젝트를 선택하여 위치, 크기, 각도 등을 조절합니다.
- **레이어 선택()** : 특정 레이어를 손쉽게 선택하거나 전환할 수 있으며, 복잡한 레이어 구조 속에서도 빠르게 작업 대상 레이어를 지정합니다.
- **라이트 테이블()** : 여러 이미지를 겹쳐서 참고할 수 있는 기능으로, 애니메이션이나 일러스트 작업에서 하단 이미지를 투명하게 비춰 참고 이미지로 활용할 수 있습니다.
- **타임라인 편집()** : 애니메이션 타임라인 내에서 프레임의 위치를 변경하거나, 프레임 추가 및 삭제 등의 작업을 효율적으로 수행합니다.

3) 선택 도구

클립 스튜디오 페인트의 선택 도구는 특정 영역을 지정하여 편집하거나 수정할 때 사용됩니다. 선택 범위와 자동 선택 기능을 통해 원하는 부분만 빠르고 정확하게 지정할 수 있어 작업 효율을 높입니다.

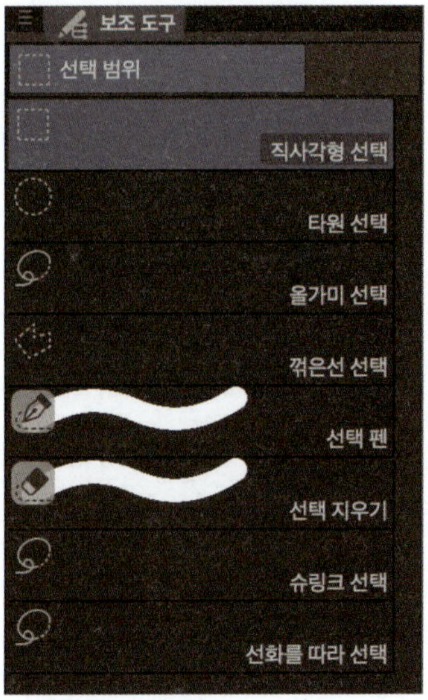

❶ 선택 범위() : 선택 범위 도구는 캔버스의 특정 영역을 선택하여 작업 시 원하는 부분만을 편집하거나 조정할 수 있습니다.

- **직사각형 선택()** : 직사각형 형태로 선택 영역을 지정합니다.
- **타원 선택()** : 타원형 또는 원형으로 선택 영역을 지정합니다.
- **올가미 선택()** : 자유로운 형태로 드래그하여 선택 영역을 지정합니다.
- **꺾은선 선택()** : 클릭하여 직선을 연결해 다각형 형태로 선택 영역을 지정합니다.
- **선택 펜()** : 펜 형태로 드래그하여 원하는 부분을 정교하게 선택 영역으로 지정합니다.
- **선택 지우기()** : 지정된 선택 영역 중 불필요한 부분을 제거합니다.
- **슈링크 선택()** : 클릭 또는 드래그하여 자동으로 이미지 가장자리를 인식해 선택 영역을 보다 편리하게 지정합니다.
- **선화를 따라 선택()** : 이미지의 선화를 자동으로 인식하여 빠르고 정확하게 선택 영역을 지정합니다.

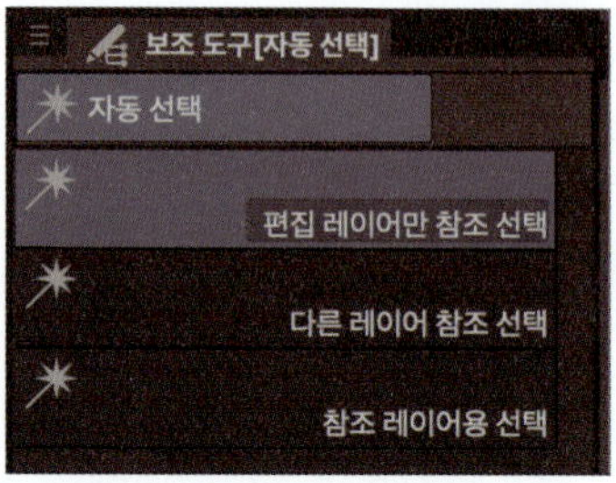

❷ 자동 선택(✳) : 클릭 한 번으로 색상이나 톤의 유사한 영역을 자동으로 인식하여 선택 영역을 설정합니다.

- **편집 레이어만 참조 선택** : 현재 활성화된 편집 레이어에서만 자동 선택 영역을 설정합니다.
- **다른 레이어 참조 선택** : 활성화된 레이어뿐만 아니라 다른 레이어의 내용을 참조하여 선택 영역을 설정합니다.
- **참조 레이어용 선택** : 지정된 참조 레이어를 기준으로 자동 선택 영역을 설정하여 효율적인 작업을 지원합니다.

4) 그리기 도구

그리기 도구는 웹툰의 다양한 작화 스타일과 표현을 가능하게 하는 핵심 도구입니다. 펜, 마커, 연필 등 다양한 도구를 활용하여 선화부터 채색까지 디테일하게 작업할 수 있습니다. 각 도구의 특성과 사용법을 익히면 더욱 자연스럽고 독창적인 그림을 완성할 수 있습니다.

❶ 펜(🖊) : 펜 도구는 클립 스튜디오에서 선화와 채색 작업에 널리 사용되는 기본 도구로, 펜과 마커를 이용해 다양한 선과 색을 표현할 수 있습니다.

● 펜(🖊)

펜 도구는 웹툰의 선화 작업에서 주로 사용하는 도구로, 캐릭터의 윤곽선을 또렷하고 섬세하게 표현할 수 있습니다.

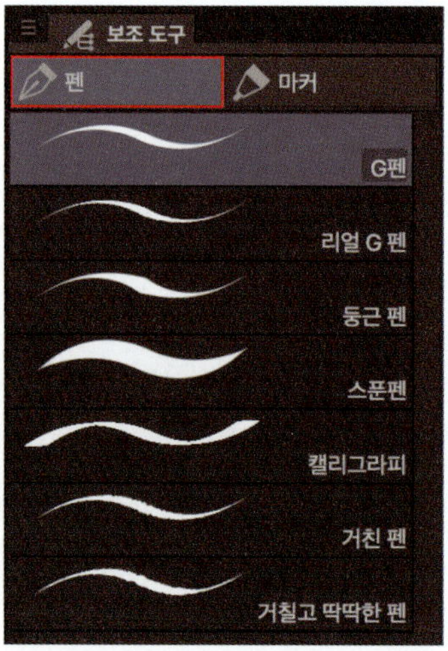

- **G펜** : 전통 만화 원고에서 사용되는 G펜촉 느낌을 재현한 펜으로, 선의 필압 차이가 가장 뚜렷하여 인물의 동세 강조, 감정 표현 등 필압의 강약 조절로 다이내믹한 느낌을 내고 싶을 때 사용합니다.
- **리얼 G펜** : G펜의 느낌에 실제 펜촉의 질감과 잉크 번짐을 더한 펜으로, 아날로그적이고 자연스러운 텍스처 표현이 가능합니다.
- **둥근 펜** : 균일한 굵기의 선을 표현할 때 좋으며, 깔끔한 라인과 세밀한 묘사가 가능합니다.
- **스푼펜** : 부드러운 곡선을 표현합니다.
- **캘리그라피** : 필압과 속도의 변화를 통해 캘리그라피 같은 독특하고 예술적인 필체를 표현합니다.
- **거친 펜** : 거친 질감과 강렬한 느낌을 표현할 때 적합합니다.
- **거칠고 딱딱한 펜** : 선의 결이 거칠고 질감이 강하게 드러나는 펜으로, 날카롭고 강렬한 분위기를 연출할 때 적합합니다. 선의 밀도나 방향에 따라 드라마틱한 표현이 가능하며, 감정이 격한 장면이나 역동적인 장면에서 사용하면 효과적입니다.

- **마커()**

마커 도구는 색을 채우거나 명암 표현, 텍스처 효과 등을 추가할 때 사용합니다.

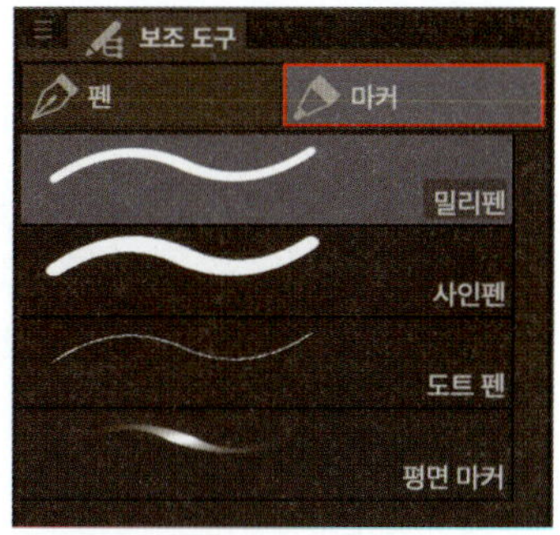

- **밀리펜** : 섬세하고 깔끔한 선으로, 세밀한 묘사에 적합합니다.
- **사인펜** : 균일하고 선명한 선을 제공하며, 윤곽선이나 글씨를 쓸 때 유용합니다.
- **도트 펜** : 점 형태로 반복적인 패턴이나 독특한 텍스처를 표현할 때 유용합니다.
- **평면 마커** : 평면적이고 부드러운 색상 표현으로, 넓은 영역에 균일하게 색을 채울 때 사용합니다.

❷ 연필() : 클립 스튜디오 페인트에서 연필은 스케치와 드로잉 작업에 주로 사용되는 도구로, 연필과 파스텔을 이용해 자연스러운 질감과 선 표현이 가능합니다.

- **연필()**

연필 도구는 자연스러운 손맛을 살린 드로잉에 적합한 도구로, 실제 연필 느낌의 선을 표현할 수 있습니다.

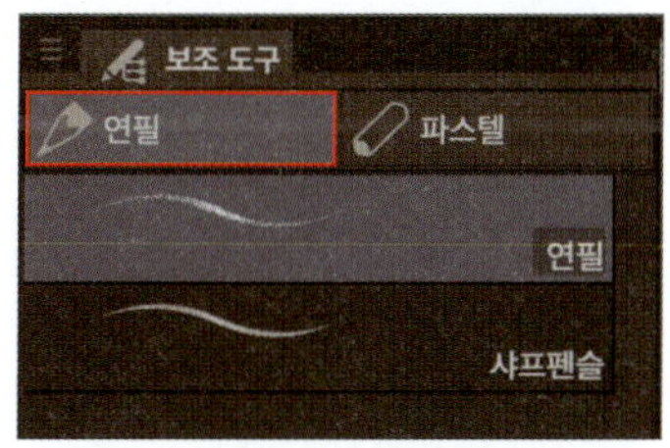

- **연필** : 거칠고 부드러운 질감이 특징이며, 연필로 종이에 그린 듯한 자연스러운 선을 표현할 수 있습니다. 스케치나 러프 드로잉에 적합합니다.
- **샤프펜슬** : 선이 가늘고 균일하며, 보다 정밀한 드로잉에 적합합니다. 깔끔하고 섬세한 선 작업에 유리합니다.

- **파스텔()**

파스텔 도구는 질감이 살아 있는 표현에 적합한 브러시 도구로, 손으로 문지른 듯한 부드러운 터치부터 거칠고 입체감 있는 질감까지 표현할 수 있습니다.

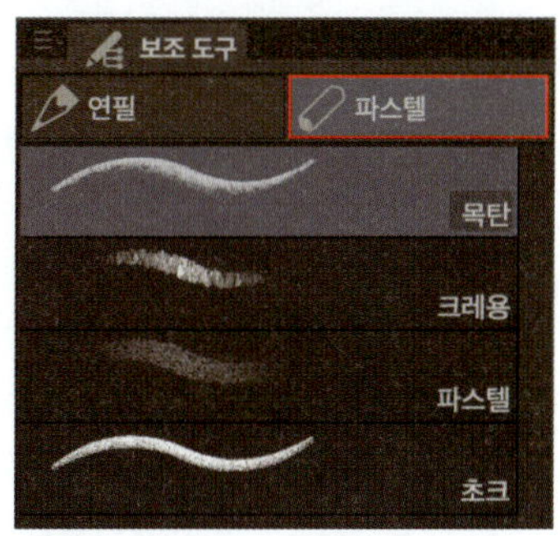

- **목탄** : 거칠고 강한 질감이 특징이며, 흑연이나 숯으로 그린 듯한 드로잉을 연출할 수 있습니다. 드라마틱한 명암 표현이나 강한 인상을 줄 때 효과적입니다.
- **크레용** : 두껍고 불규칙한 터치가 특징으로, 어린이 그림 느낌이나 감성적인 표현에 적합합니다.
- **파스텔** : 부드럽고 흐릿한 질감으로, 손으로 문지른 듯한 느낌을 연출할 수 있습니다.
- **초크** : 칠판에 글씨를 쓴 듯한 텍스처가 표현되며, 흩날리는 입자가 살아 있는 느낌을 줍니다.

❸ 붓() : 붓 도구는 회화적인 느낌을 살릴 수 있는 브러시 도구입니다.

● 수채( )

수채는 투명한 수채화 느낌을 표현할 수 있고 자연스러운 번짐, 투명도 조절, 붓결 표현이 가능합니다.

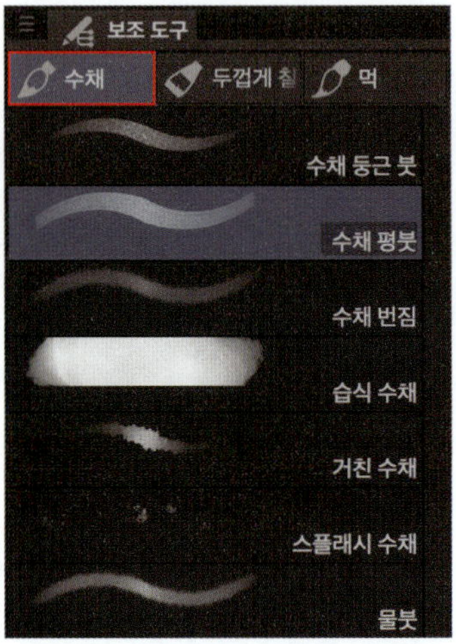

- **수채 둥근 붓** : 둥근 모양의 붓 터치감을 살리는 브러시로, 부드럽고 자연스러운 색 번짐이 특징입니다.
- **수채 평붓** : 붓끝이 납작한 붓 터치감의 브러시로, 넓은 면적을 칠하거나 붓 방향에 따라 다양한 느낌의 붓결을 낼 수 있습니다.
- **수채 번짐** : 닿는 영역을 따라 색이 번지듯 확산되는 효과가 나타나며, 경계가 흐려지도록 자연스러운 그라데이션을 만들 때 효과적입니다.
- **습식 수채** : 젖은 종이 위에 물감이 번지듯 표현되는 브러시입니다.
- **거친 수채** : 거칠고 강한 수채 효과를 표현하고 종이 질감의 텍스처를 강조한 브러시입니다.
- **스플래시 수채** : 물방울이 튀는 듯한 스플래시 효과를 낼 수 있으며 포인트 효과나 역동적인 장면에서 사용됩니다.
- **물붓** : 색을 번지게 하거나 부드럽게 블렌딩할 때 사용하는 도구입니다.

● 두껍게 칠하기( )

두껍게 칠하기는 농도가 높은 터치감을 표현할 수 있습니다.

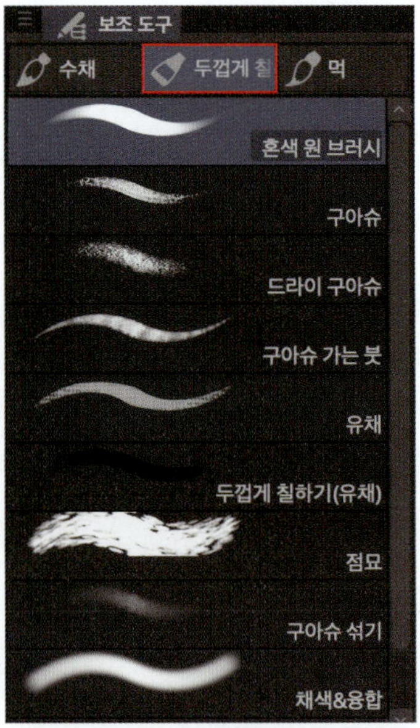

- **혼색 원 브러시** : 원형 브러시 형태로 색상 간의 부드러운 전환을 원할 때 사용됩니다. 색을 칠할 때, 주변 색과 자연스럽게 섞이는 효과를 주는 브러시입니다.
- **구아슈** : 구아슈는 불투명한 수채화로 두꺼운 칠 느낌을 표현하는 브러시입니다. 붓 결이 적당히 남고 색이 진하게 올라가며, 선명하고 밀도 높은 채색에 적합합니다
- **드라이 구아슈** : 드라이 구아슈는 구아슈와 비교했을 때, 구아슈보다 붓 자국이 선명하게 남고 질감이 강조된 거친 표현이 가능합니다.
- **구아슈 가는 붓** : 얇은 선과 섬세한 묘사가 가능한 구아슈 스타일로, 디테일한 묘사나 작은 영역의 터치에 적합합니다.
- **유채** : 두껍고 유성 재질의 브러시로, 붓의 방향에 따라 강한 질감과 깊이감을 표현할 수 있습니다.
- **두껍게 칠하기(유채)** : 유화 특유의 농도 높은 붓 터치를 살릴 수 있는 브러시로, 색을 바르면서 주변 색과 섞이는 느낌도 표현할 수 있습니다.
- **점묘** : 붓 터치 대신 점을 찍듯이 색을 표현하는 브러시입니다. 점묘법 같은 회화 스타일이나 질감 효과, 부드러운 그라데이션에 활용됩니다.
- **구아슈 섞기** : 채색된 부분을 부드럽게 섞어주는 브러시로, 색의 경계를 자연스럽게 만들거나 색끼리 혼합할 수 있습니다.
- **채색&융합** : 색을 칠하면서 번짐과 덧칠이 동시에 표현되어 부드럽게 융합시키는 브러시입니다.

- **먹(![icon])**

먹은 먹의 번짐과 터치감을 표현할 수 있으며, 다양한 색을 적용할 수 있습니다.

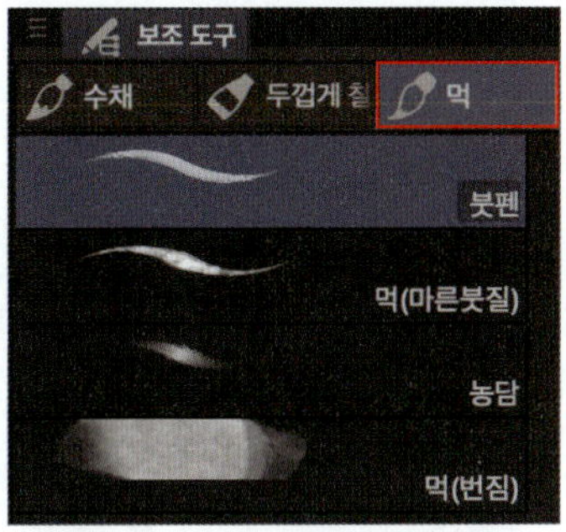

- **붓펜** : 깔끔하고 선명한 선을 그리는 브러시로, 압력에 따라 선 굵기가 자연스럽게 조절되어 펜처럼 사용할 수 있습니다. 주로 웹툰 작업에서 선명한 외곽선 작업인 선화 단계에서 사용됩니다.
- **먹(마른붓질)** : 먹이 거의 마른 붓으로 칠한 듯한 질감을 표현하는 브러시입니다. 붓자국이 뚜렷하게 남기 때문에 거칠고 드라이한 표현을 강조할 때 사용됩니다.
- **농담** : 먹의 농담 표현을 자연스럽게 낼 수 있는 브러시로, 필압과 터치에 따라 색의 농도가 달라지며, 수묵화 스타일의 표현에 적합합니다.
- **먹(번짐)** : 젖은 종이에 먹이 번지는 듯한 효과를 표현하는 브러시로, 번짐 효과와 흐림 효과가 특징입니다.

❹ 에어브러시(![icon]) : 에어브러시 도구는 브러시 크기와 불투명도 조절을 통해 다양한 분위기를 연출할 수 있습니다. 특히, 레이어의 합성 모드(스크린, 오버레이 등)와 함께 사용하면 더욱 효과적입니다.

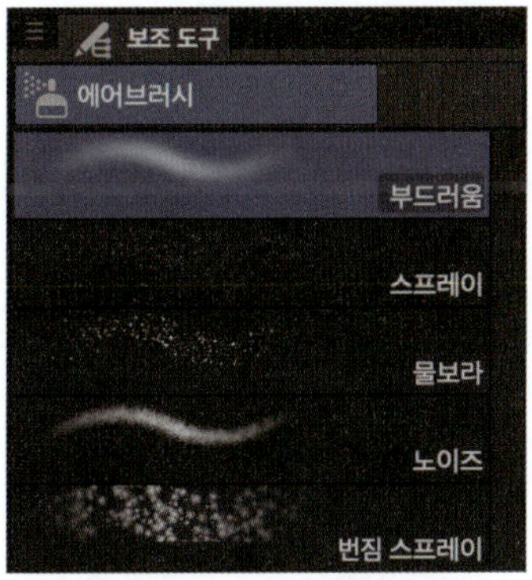

- **부드러움** : 채색의 경계가 부드럽고 흐리게 퍼지는 브러시로, 자연스러운 피부 톤 표현, 그림자 표현, 빛 번짐 효과 등에 자주 사용됩니다.
- **스프레이** : 불규칙한 입자들이 흩뿌려지듯 표현되며 질감 텍스처 표현과 배경 효과에 활용됩니다.
- **물보라** : 물방울이 튀는 듯한 스플래시 효과 표현이 가능하며 역동적인 장면이나 효과적인 배경 묘사에 적합합니다.
- **노이즈** : 입자가 촘촘하게 분포된 브러시로 색상의 질감이나 거친 질감을 표현할 수 있습니다.
- **번짐 스프레이** : 스프레이 느낌과 함께 색이 번지는 효과가 동시에 적용되는 브러시로, 부드럽게 흩어지는 효과를 표현할 수 있습니다. 안개, 연기, 자연스러운 전환이나 분위기 연출에 적합합니다.

NOTE

햇살이 스며드는 듯한 따뜻한 광원 효과를 표현하려면, 다음과 같은 도구를 활용하면 됩니다.

- 부드러움 에어브러시+스크린 합성 모드+밝은 노란색

❺ 데코레이션(![icon]) : 데코레이션 도구는 다양한 패턴과 장식을 손쉽게 추가할 수 있는 도구로, 배경이나 소품의 디테일을 강화하거나 꾸밈 요소를 삽입할 때 유용합니다.

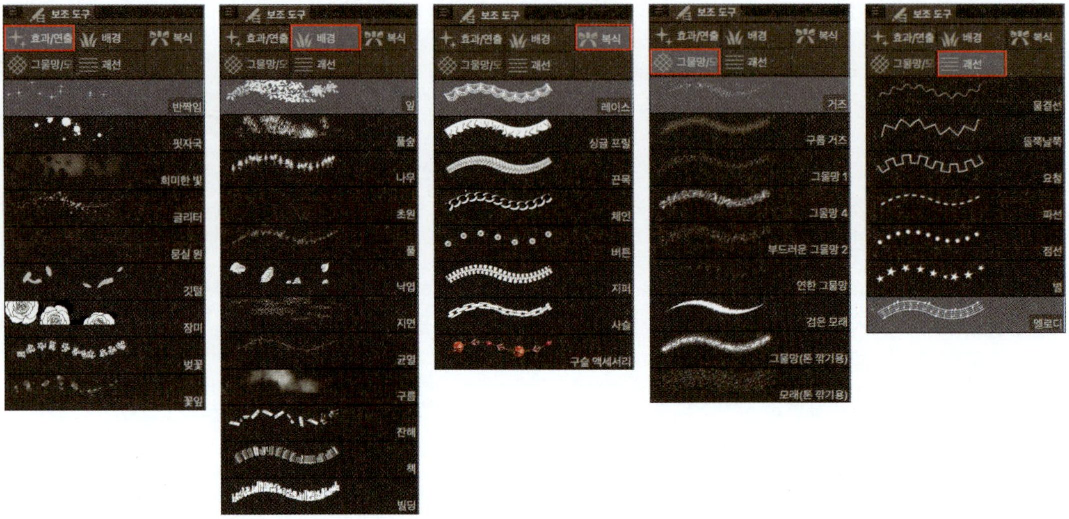

- **효과/연출( )** : 반짝임, 글리터, 빛 등의 시각적 효과를 연출할 수 있는 브러시 모음으로, 액션 장면, 감정 강조, 마법 효과, 빛 번짐 등 극적인 연출에 사용됩니다.
- **배경( )** : 자연물이나 도시 요소 등 반복적이고 복잡한 배경을 빠르게 그릴 수 있도록 도와주는 브러시 모음으로, 구름, 수풀, 돌길 등의 다양한 재질을 붓으로 그리듯 간편하게 표현을 할 수 있습니다.
- **복식( )** : 레이스, 자수, 주름 같은 의상 디테일을 빠르게 그릴 수 있는 브러시 모음으로, 캐릭터 의상에 정교한 표현과 반복 무늬나 장식 효과에 활용도가 높습니다.
- **그물망/모래( )** : 화면의 밀도를 높이거나 질감을 표현하고 싶을 때 사용되는 브러시 모음으로, 메시 형태나 입자 형태를 빠르게 적용 가능합니다.
- **괘선( )** : 특정 연출에 활용되는 다양한 패턴 브러시 모음입니다.

❻ 지우개( ) : 지우개 도구는 잘못 그린 선이나 불필요한 부분을 제거할 때 사용하는 기본 도구입니다. 다양한 브러시 설정으로 섬세한 수정이 가능합니다.

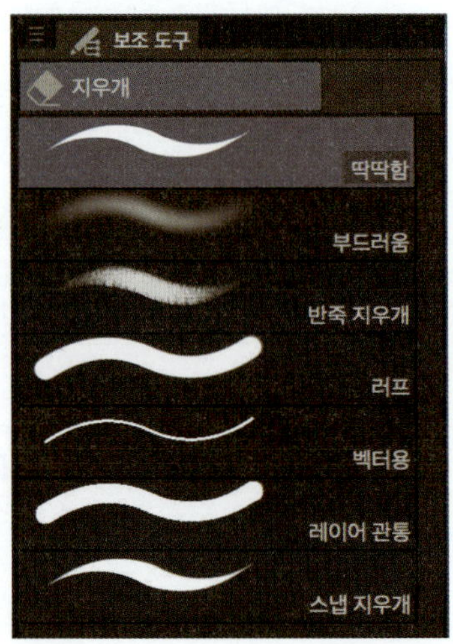

- **딱딱함** : 경계가 또렷하고 날카롭게 지워지는 기본 지우개입니다. 정확한 형태 정리, 깔끔한 선화 수정 등 정리 작업에 적합합니다.
- **부드러운** : 가장자리가 흐릿하게 퍼지는 지우개로, 자연스럽고 부드럽게 지워지는 블렌딩 효과, 그라데이션 조절, 채색 경계 다듬기가 가능합니다. 에어브러시처럼 활용이 가능하며, 불투명도 조절과 함께 사용하면 효과적입니다.
- **반죽 지우개** : 채색을 완전히 지우지 않고 닦아내는 방식의 지우개로, 러프한 스케치나 명암 조정 시, 미묘한 지움 효과가 필요할 때 사용됩니다. 일부를 살짝 지워 흐림 효과를 줄 수 있습니다.

- **러프** : 붓 느낌이 섞인 거칠고 흐트러진 지우개로, 연필이나 목탄 스타일의 펜 터치를 수정할 때, 독특한 터치감을 살릴 수 있습니다.
- **벡터용** : 벡터 레이어에서만 작동하는 지우개로, 선 단위로 지워줍니다. '선과 선 사이 지우기' 등 벡터 지우개의 모드 설정을 잘 활용하면 벡터 선화 수정이 편리해집니다.
- **레이어 관통** : 현재 선택된 레이어뿐만 아니라 아래에 있는 다른 레이어도 함께 지우는 지우개로, 그려진 선이나 색을 한 번에 지워야 할 때 유용합니다. 다만, 불필요한 삭제 방지를 위해 잠금 레이어 설정을 적절하게 활용합니다.
- **스냅 지우개** : 일반 지우개와 달리, 스냅 기능이 적용된 선만 정밀하게 지워주는 지우개입니다. 스냅에 따라 제어된 퍼스선, 평행자, 대칭자 등을 따라 그린 선만 깨끗하게 지웁니다.

NOTE

자연스러운 광원 경계를 표현하려면, 다음과 같은 도구를 혼합하여 활용하면 됩니다.

- 부드러운 지우개+에어브러시

❼ 색 혼합( ) : 색 혼합 도구는 여러 색을 자연스럽게 섞어 그라데이션 효과를 줄 때 사용하며, 채색의 입체감과 질감을 표현하는 데에 유용합니다.

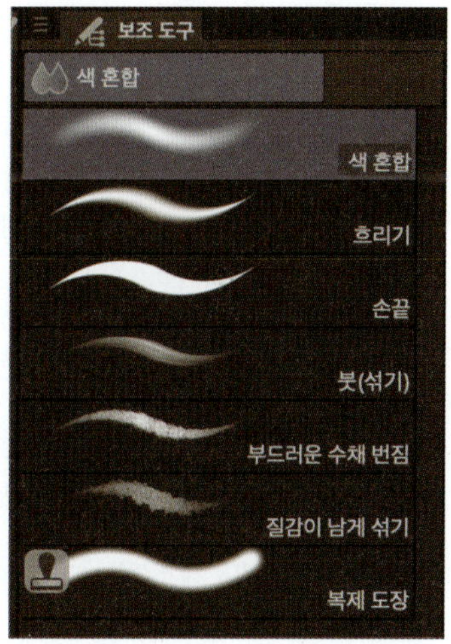

- **색 혼합** : 서로 다른 색의 경계를 섞는 블렌딩 도구로, 채색 경계 흐리기, 피부 톤 그라데이션, 색 전환 등을 표현할 수 있습니다.
- **흐리기** : 색상이나 형태의 경계를 부드럽게 흐리는 도구로, 그림자 경계 흐리기, 배경의 원근감 표현 등을 표현할 수 있습니다.
- **손끝** : 색을 손가락으로 문지르는 듯한 효과를 표현하는 도구로, 경계를 끄는 표현이 가능하여 머리카락 끝을 터치하여 자연스럽게 표현할 수 있습니다.
- **붓(섞기)** : 브러시의 움직임에 따라 자연스럽게 색을 혼합하는 도구로, 회화적인 터치 표현과 자연스러운 색감 전환에서 효과적입니다.
- **부드러운 수채 번짐** : 수채화 특유의 농담과 번짐이 표현되는 도구로, 잉크 번짐, 투명한 색상 표현, 수채 채색 후 정리할 때 사용합니다.
- **질감이 남게 섞기** : 두껍게 칠한 브러시 질감을 유지하며 색을 혼합하는 도구로, 서로 다른 브러시의 질감 표현을 유지하며 자연스럽게 혼합할 때 사용합니다.
- **복제 도장** : 특정 영역을 그대로 복제하여 다른 위치에 찍는 도구로, 배경 복제, 반복 무늬 복사 등을 통해서 부분을 수정할 수 있습니다. Alt+클릭으로 복제 원본 위치 설정하고, 클릭하여 도장처럼 사용합니다.

NOTE

피부 톤의 자연스러운 그라데이션을 표현하려면, 다음과 같은 도구를 혼합하여 활용하면 됩니다.

- 색 혼합 도구+손끝 도구

8 픽셀 유동화(▣) : 픽셀 유동화 도구는 이미 그려진 이미지를 자유롭게 변형하여 왜곡하거나 조정할 때 활용하며, 인물 표정이나 형태 수정에 주로 사용됩니다.

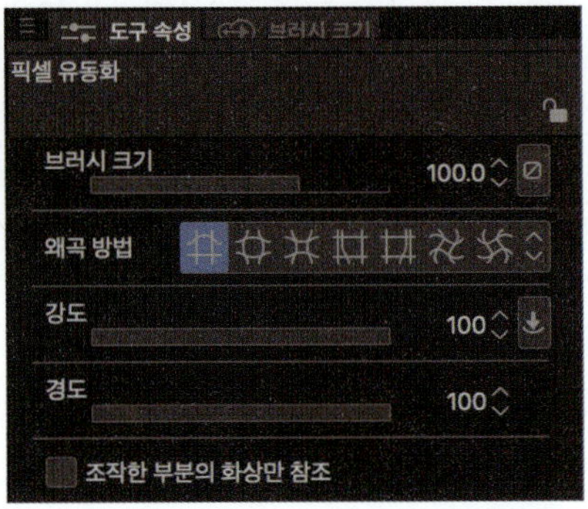

- **픽셀 유동화** : 픽셀 기반의 이미지에 적용 가능한 도구로, 이미지 일부를 부드럽게 밀고, 늘리고, 비틀 수 있는 기능입니다. 이미지의 세부 사항을 수정할 때 유용하며, 도구 속성에서 왜곡 방법을 선택할 수 있습니다. 진행 방향, 팽창, 수축, 진행 방향의 왼쪽, 진행 방향의 오른쪽, 시계 방향으로 회전, 반시계 방향으로 회전 등이 있습니다.

> **NOTE**
>
> 픽셀 유동화는 캐릭터 턱선 다듬기, 눈 크기 조절하기, 입꼬리 올리기, 옷 주름 수정하기, 머리카락의 흐름 수정하기를 진행할 수 있습니다. 다만 이미 화질의 손상이 있을 수 있으므로 유의하여 사용합니다.

9 채우기(◆) : 지정된 영역의 채색에 대한 정확도와 효율성을 높여 주는 기능으로, 특히 선화와 채색 레이어가 분리된 작업 방식에서 활용도가 높습니다.

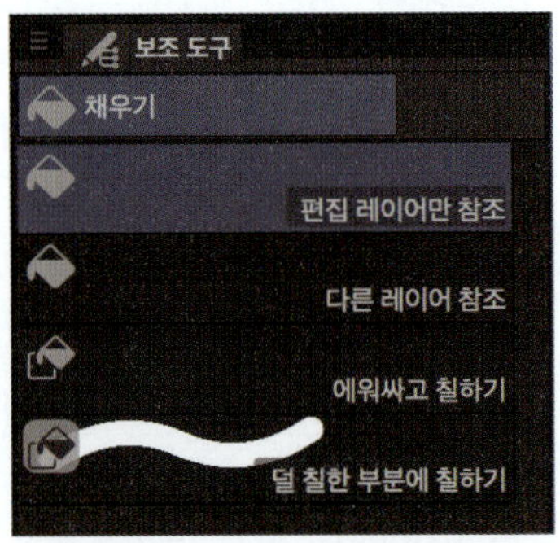

- **편집 레이어만 참조(◆)** : 현재 채색 중인 편집 레이어만 참조해서 색을 채우는 기능으로, 동일한 레이어에 선화와 채색이 함께 있을 때 사용합니다.
- **다른 레이어 참조(◆)** : 현재 채색하려는 레이어 외에 다른 선화 레이어를 기준으로 색을 채우는 기능으로, 선화 레이어와 채색 레이어를 분리하여 작업할 때 사용합니다.
- **에워싸고 칠하기(◆)** : 채색을 원하는 영역을 둘러싸듯 그리면 그 안을 자동으로 채우는 기능으로, 직관적이고 빠른 채색이 가능합니다.
- **덜 칠한 부분에 칠하기(◆)** : 채색 작업 중 놓친 빈틈이나 경계 부분을 자동으로 감지하여 추가 채색을 하는 기능으로, 한 번 채색한 후 이 옵션으로 덧칠하면 채색 마무리에 효과적입니다.

> **NOTE**
>
> 선화 레이어가 위에 있고 채색 레이어가 아래에 있을 경우, 레이어 패널에서 '참조 레이어로 설정' 아이콘(▣)을 클릭하여 활성화해야 정확히 영역이 인식됩니다.

⑩ 그라데이션(■) : 그라데이션 도구는 두 가지 이상의 색상을 자연스럽게 연결하여 부드러운 색 변화를 표현할 때 사용합니다. 배경이나 광원 효과를 줄 때 유용하며, 다양한 그라데이션 타입을 설정할 수 있습니다.

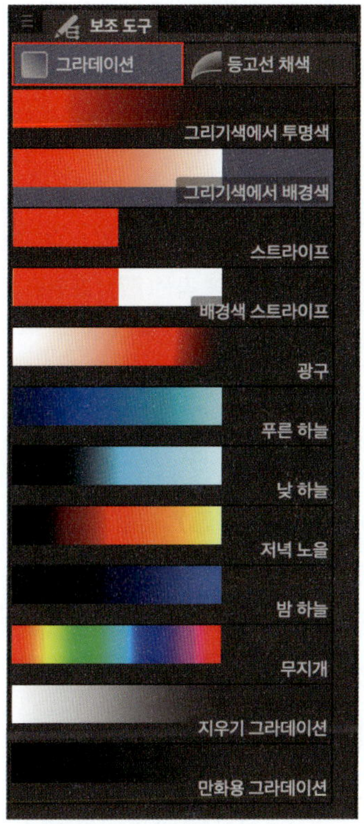

- **그리기색에서 투명색** : 설정된 전경색에서 점점 투명하게 사라지는 그라데이션으로, 자연스러운 빛 효과, 부드러운 명암, 하이라이트 연출 등에 적합합니다.
- **그리기색에서 배경색** : 설정된 전경색에서 배경색까지 점진적으로 변하는 그라데이션으로, 두 색상을 조합하는 색상 전환 표현, 배경 색감 변화 등을 사용합니다.
- **스트라이프** : 일정한 간격의 줄무늬 그라데이션의 도구로, 만화 톤의 느낌을 연출할 수 있습니다.
- **배경색 스트라이프** : 배경색 기준으로 스트라이프 패턴이 생성되는 도구입니다.
- **광구** : 중심에서 바깥으로 밝아지는 원형 그라데이션 도구로, 광원, 태양, 빛나는 효과 등을 표현할 수 있습니다.
- **푸른 하늘/낮 하늘/저녁 노을/밤 하늘** : 시간대별 하늘 색감을 자동으로 반영한 그라데이션 프리셋입니다.
- **무지개** : 무지개와 같이 여러 가지 색이 설정된 화려한 그라데이션입니다.
- **지우기 그라데이션** : 그라데이션 방식으로 레이어를 지우는 효과의 도구로, 자연스러운 페이드 아웃, 빛/연기 흐림 등의 전환을 표현할 수 있습니다.
- **만화용 그라데이션** : 만화 스타일의 흑백 그라데이션으로, 배경에 깊이감을 부여하거나 감정 표현을 할 때 유용합니다.

> **NOTE**
>
> 자연스러운 햇살을 표현하려면, 다음과 같은 도구를 혼합하여 활용하면 됩니다.
>
> - 그리기색에서 투명색 + '스크린' 합성 모드

⑪ 도형(■) : 도형 도구는 사각형, 원, 다각형 등 기본 도형을 손쉽게 그릴 수 있도록 도와줍니다. 도형의 크기와 모양을 자유롭게 조절할 수 있어 배경이나 패턴 제작에 유용하게 활용됩니다.

● 직접 그리기(■)

자유롭게 선이나 도형을 그릴 수 있는 기능으로, 직접 그린 듯한 자연스러운 형태를 표현할 수 있습니다.

- **직선(■)** : 두 점을 클릭하여 깔끔한 직선을 긋는 도구로, 건물, 구조물, 속도선, 프레임 등 직선 표현에 사용합니다. Shift를 누르면 정확한 수직선과 수평선을 그을 수 있습니다.

- **곡선()** : 클릭한 지점을 기준으로 둥글게 휘어진 곡선을 자동으로 생성하는 도구로, 포인트를 늘릴수록 더 세밀한 곡선 조정이 가능합니다.
- **꺾은선()** : 클릭 지점마다 직선이 꺾이며 이어지는 선을 긋는 도구로 입니다.
- **연속 곡선()** : 클릭한 지점을 기준으로 곡선이 계속 이어지는 도구로, 물결, 장식 라인 등 자연스럽고 부드러운 흐름을 표현할 수 있습니다.
- **베지에 곡선()** : 포인트 클릭 후 드래그하여 곡선의 방향과 세기를 자유롭게 조절할 수 있는 곡선 그리기 도구입니다.
- **올가미 채색()** : 자유롭게 올가미로 그린 영역을 채색하는 도구입니다.
- **직사각형()** : 드래그하여 사각형 도형을 그리는 도구입니다. Shift를 누르면 정사각형으로 그릴 수 있습니다.
- **타원()** : 원형 또는 타원형 도형을 그리는 도구로, Shift를 누르면 정원을 그릴 수 있고, Alt를 누르면 중심을 기준으로 그릴 수 있습니다.
- **다각형()** : 원하는 꼭짓점을 클릭해가며 다각형 형태를 생성하는 도구입니다.

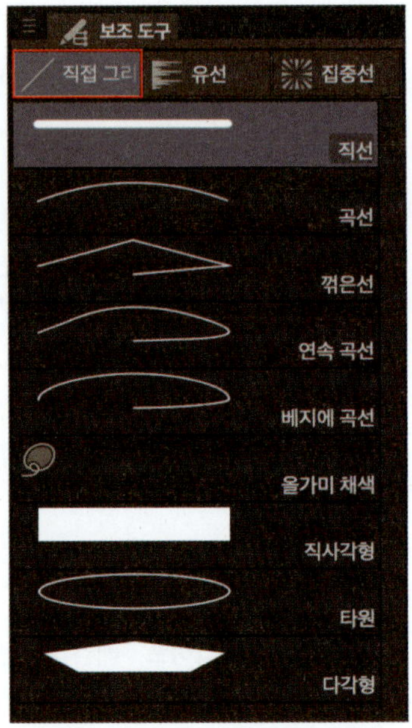

● 유선()

선의 굴곡이나 넓이를 자연스럽게 조정하여 곡선을 매끄럽게 표현하는 데에 사용됩니다.

- **성긴 유선** : 일정 간격으로 느슨하게 뻗어나가는 선들이 표현되는 도구로, 캐릭터의 심리를 강조하는 데 효과적입니다. 캐릭터의 멍한 상태, 당황, 공허함, 충격 후 멍한 장면 등에서 사용합니다.
- **진한 유선** : 강하게 뻗는 유선이 표현되는 도구로, 캐릭터의 심리를 강조하는 데 효과적입니다. 캐릭터의 충격, 강한 감정, 고조된 긴장감 등을 표현할 때 유용합니다.

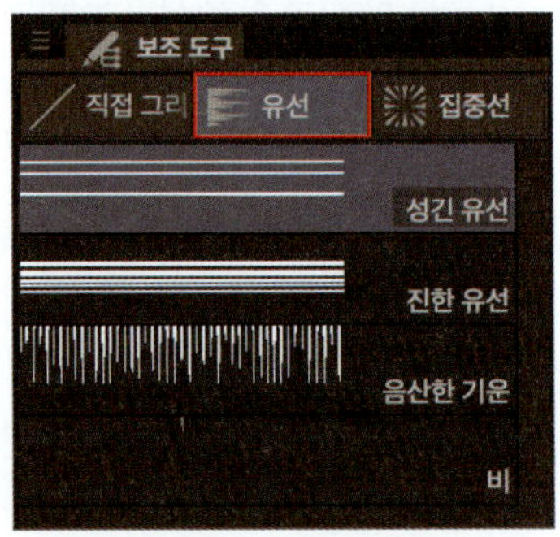

- **음산한 기운** : 주변을 감싸듯 뻗는 곡선들이 어두운 분위기, 불길함을 연출할 때 유용합니다.
- **비** : 대각선으로 떨어지는 빗줄기 효과를 표현하는 도구입니다.

● 집중선()

집중선은 만화의 시선 유도, 감정 강조, 장면 전환에서 빠질 수 없는 연출 도구입니다.

- **성긴 집중선** : 간격이 넓고 선의 수가 적은 집중선으로, 조용한 집중을 표현할 때 적합합니다.
- **진한 집중선(곡선 지정)** : 촘촘하고 강한 곡선 형태의 집중선으로, 시선을 한 점으로 집중시키는 강한 집중을 표현할 때 적합합니다.
- **빽빽한 집중선** : 직선 형태의 선이 아주 조밀하게 배치된 강한 집중선입니다.

- **양기** : 외부로 퍼지는 곡선 에너지 선과 같은 표현으로, 배경이 단순할 때 양기 선을 추가하면 동적 분위기로 표현됩니다.
- **파열** : 중심에서 외부로 퍼지는 파편형 집중선입니다.

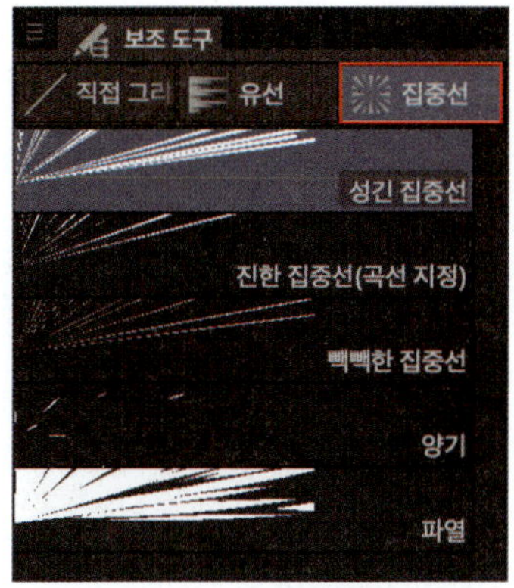

⑫ 컷 테두리() : 웹툰이나 만화에서 각 장면을 구분하는 경계선입니다. 컷 테두리를 사용하여 화면을 분할하고, 장면 전환이나 구도를 명확하게 표현할 수 있습니다.

● 컷 작성()

인물, 배경, 대사 등이 포함되어 하나의 완결된 장면을 구성할 수 있는 컷 테두리를 작성합니다.

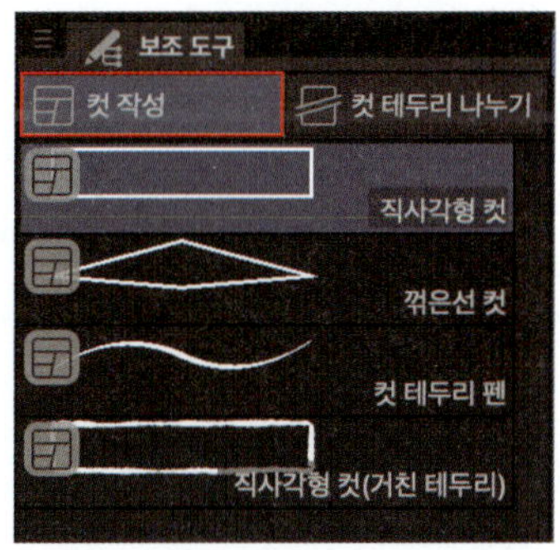

- **직사각형 컷** : 가장 기본적인 사각형 형태의 컷을 만드는 도구로, Shift로 정사각형 비율 유지 가능합니다.
- **꺾은선 컷** : 자유롭게 포인트를 지정해 각진 컷 형태를 만드는 도구입니다.
- **컷 테두리 펜** : 컷 테두리를 펜으로 직접 그리듯이 자유롭게 조절할 수 있는 도구로, 손 그림 느낌을 주고 싶거나 정형화되지 않은 컷 테두리를 그릴 때 적합합니다.
- **직사각형 컷(거친 테두리)** : 테두리가 붓 느낌으로 거칠게 표현되는 사각형 형태의 컷을 만드는 도구입니다.

● 컷 테두리 나누기()

이미 만들어진 컷을 세부적으로 나누거나 편집할 때 사용하는 기능입니다.

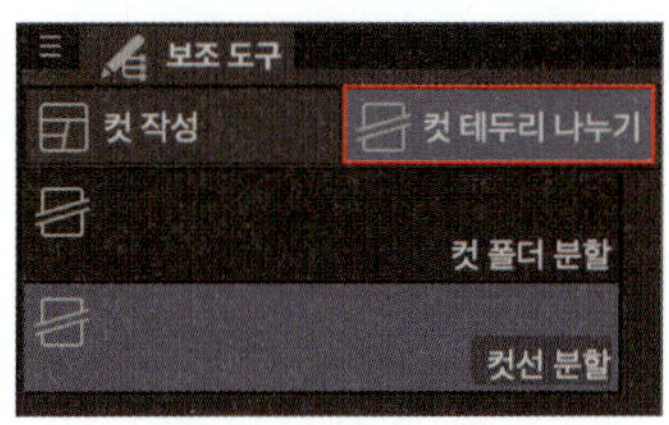

- **컷 폴더 분할** : 기존 컷 폴더를 기준으로 자동으로 컷을 분할해 주는 기능입니다.
- **컷선 분할** : 기존 컷 중 원하는 위치에 컷선을 추가해서 컷선을 나누는 기능으로. 자유로운 컷 구성을 원할 때 유용합니다.

⑬ 자() : 직선, 곡선, 원 등 다양한 형태의 보조선을 그릴 때 사용하는 도구입니다. 정교한 선 작업을 돕기 위해 다양한 자 옵션을 제공하여, 손으로 그리기 어려운 기하학적 선을 간편하게 그릴 수 있습니다.

- **직선자** : 하나의 방향으로만 선을 긋는 기본 자 도구입니다. 수평선, 수직선, 기울어진 선, 건물 구조물 등 정확한 직선을 만듭니다.
- **곡선자** : 곡선을 따라 선을 그릴 수 있는 자 도구로, 자유롭게 곡률을 조절할 수 있습니다.
- **도형자** : 원, 타원, 사각형 등 도형을 만드는 자 도구로, Shift를 눌러 사용하면 정비례 도형을 만들 수 있습니다.
- **자 펜** : 사용자가 직접 그린 선을 자로 설정하는 도구로, 독특한 곡선 경로나 복잡한 연출에 따라 자유롭게 자를 만들고 싶을 때 유용합니다.
- **특수 자** : 여러 종류의 특수한 규칙이 있는 자 도구로, 직선, 곡선, 대칭 등을 한 번에 지정할 수 있습니다.
- **가이드** : 눈금자와 함께 보조선처럼 사용하는 자 도구로, 위치 맞춤에 도움을 주는 기능입니다.
- **퍼스자** : 1점, 2점, 3점 원근법 자를 설정할 수 있는 자 도구입니다.
- **대칭자** : 중심선을 기준으로 좌우 또는 여러 방향으로 대칭되는 선을 그리는 자 도구입니다.

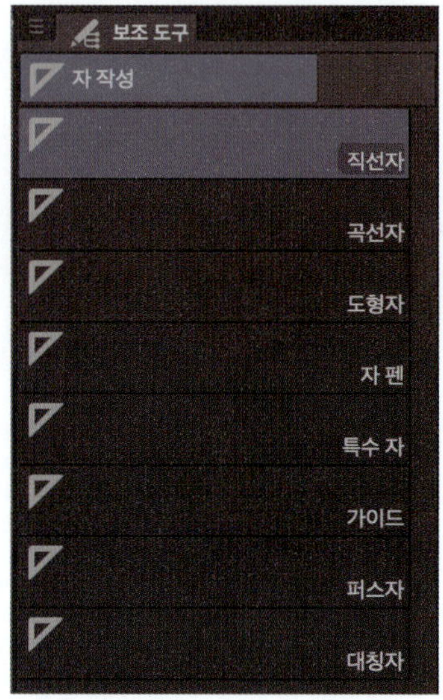

⑭ 텍스트(A) : 대사나 설명 등을 글자로 표현할 때 사용하는 도구입니다. 글꼴, 크기, 색상 등을 조절하여 캐릭터의 말투나 감정을 효과적으로 전달할 수 있습니다.

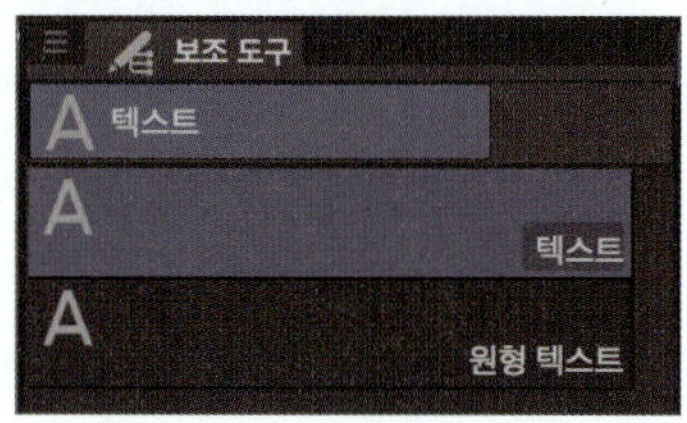

- **텍스트** : 기본적인 수평 방향으로 문자를 입력하는 도구입니다. 도구 속성에서 폰트, 크기, 장평, 자간, 줄 간격, 테두리 등을 자유롭게 조절할 수 있습니다.
- **원형 텍스트** : 원 형태를 따라 글자가 배치되는 도구입니다.

⑮ 말풍선( ) : 캐릭터의 대사를 감싸는 도형으로, 말하는 사람의 감정이나 상황을 시각적으로 표현합니다. 다양한 형태와 크기의 말풍선을 사용하여 상황을 강조할 수 있습니다.

● 말풍선( )

말풍선 도구는 대사 전달뿐만 아니라 감정, 분위기, 캐릭터 성격 표현까지 도와주는 중요한 연출 요소입니다.

- **모서리가 둥근 말풍선** : 모서리가 부드럽게 처리된 직사각형 형태의 말풍선입니다. 설명, 내레이션, 혹은 정적인 대사에 어울립니다.
- **타원 말풍선** : 일반적인 대화형 말풍선입니다.
- **곡선 말풍선** : 외곽선이 매끄럽게 굴곡진 자유로운 말풍선입니다.
- **직사각형 말풍선** : 각이 살아 있는 직사각형 형태의 말풍선입니다.

- **말풍선 펜** : 말풍선 외곽선을 직접 그릴 수 있는 도구로, 붓 터치나 먹선 느낌과 조합하면 감성적이고 독특한 말풍선 연출이 가능합니다.
- **말풍선 꼬리** : 말풍선에서 캐릭터를 향해 연결되는 꼬리 부분만 따로 조정 가능한 도구로, 말풍선의 화자가 누구인지 지정할 때 사용합니다.
- **말풍선 둥근 꼬리** : 끝이 부드럽고 둥글게 처리된 말풍선 꼬리를 표현하는 도구로, 부드럽고 친근한 말투, 속삭임, 수줍음 등 섬세한 감정 표현이 가능합니다.

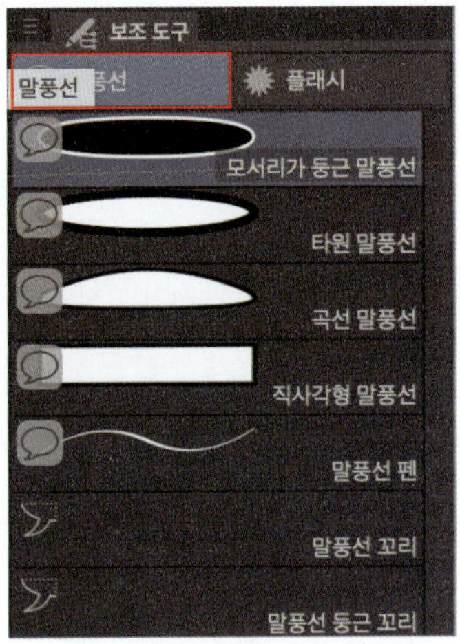

● 플래시( )

플래시는 감정 강조, 강조 컷, 임팩트 장면에 자주 사용됩니다.

- **검은 바탕 플래시** : 검은 배경 위에 흰 플래시가 퍼지는 효과의 도구로, 극적인 대비를 연출할 수 있습니다.
- **플래시** : 중심에서 바깥으로 번지는 기본적인 플래시 효과의 도구입니다.
- **빽빽한 플래시** : 일반 플래시보다 더 촘촘하고 강한 밀도로 퍼지는 효과의 도구입니다.
- **성게 플래시** : 가시처럼 뻗는 불규칙한 선형이 성게처럼 퍼지는 효과의 도구입니다.
- **폭죽** : 이름처럼 터지는 듯한 입자/불꽃 형태의 플래시 효과의 도구입니다.

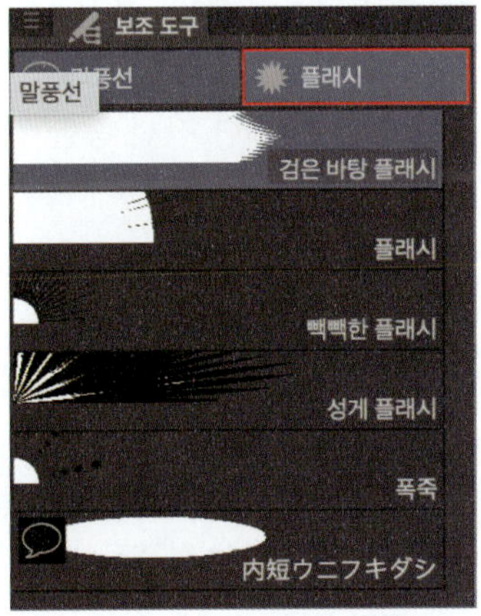

5) 벡터 편집 도구

벡터 편집 도구는 선 수정과 잡티 제거 등 벡터 기반의 드로잉을 정리하고 다듬는 데에 유용합니다. 선을 매끄럽게 조정하거나 불필요한 부분을 깔끔하게 제거하여 완성도 높은 선화를 구현할 수 있습니다.

❶ 선 수정( ) : 선 수정은 벡터 기반 선화 작업의 정밀도와 수정 효율을 높여서 선 정리나 보완 작업에 유용합니다.

- **제어점( )** : 벡터 선을 구성하는 포인트를 직접 선택하여 선의 형태를 수정할 수 있는 도구입니다. 선의 곡률, 방향, 길이 조정 등 정밀한 선을 편집할 수 있습니다.
- **벡터선 잡기( )** : 벡터 선을 쥐고 움직이듯 끌어서 형태를 바꾸는 도구로, 전체적인 선의 흐름을 부드럽게 조절할 때 유용합니다.

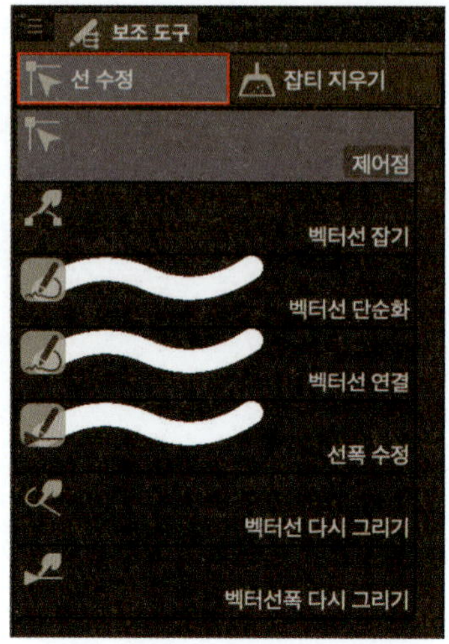

- **벡터선 단순화( )** : 복잡하게 설정된 벡터 선의 제어점을 자동으로 줄여서 선의 구조를 간소화하는 도구입니다.
- **벡터선 연결( )** : 두 벡터 선의 끝점을 이어 하나의 선으로 연결시켜 주는 도구로, 끊어진 선, 교차하지 않은 부분 연결에 유용합니다.
- **선폭 수정( )** : 벡터 선의 두께를 전체 또는 부분적으로 수정할 수 있는 도구로, 좁히기/넓히기/고정 등 다양한 옵션으로 선 스타일 조절할 때 가능합니다.
- **벡터선 다시 그리기( )** : 기존 벡터 선을 따라 브러시로 다시 그리듯 덮어 수정하는 도구입니다.
- **벡터선폭 다시 그리기( )** : 기존 벡터 선의 굵기만 수정할 때 사용하느 도구입니다.

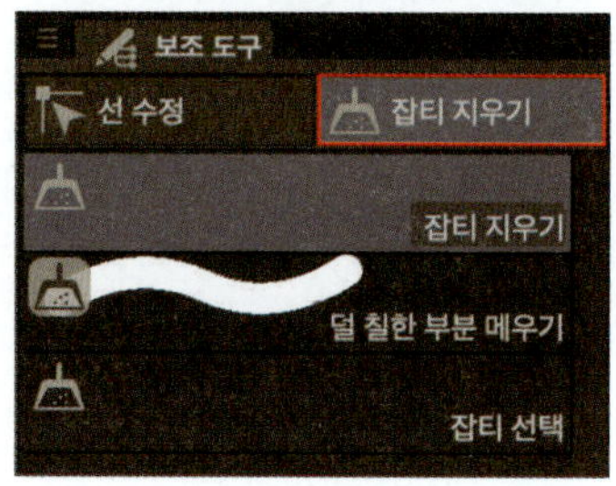

❷ 잡티 지우기( ) : 클립 스튜디오에서 불필요한 선이나 미세한 결함을 제거할 때 사용하는 도구입니다. 특히, 선화 작업 시 겹쳐진 선이나 미세한 잔선 등을 간편하게 정리하여 깔끔한 이미지를 완성할 수 있습니다.

- **잡티 지우기** : 캔버스 위에 남아 있는 불필요한 작은 점, 먼지, 흩어진 픽셀 등을 자동으로 감지해 지워주는 기능으로, 선화 단계에서 정리되지 않은 미세한 점을 정리할 때 유용합니다. 작업 마무리 전, 레이어를 확대하여 작화 정리용으로 유용합니다.
- **덜 칠한 부분 메우기** : 채색 도중 놓친 미세한 빈틈이나 테두리 안쪽의 미채색 영역을 자동으로 채워주는 기능입니다. 레이어를 확대하여 조금 비어 있는 부분을 보완할 때 유용합니다.
- **잡티 선택** : 미세한 점이나 부스러기를 자동으로 선택 영역으로 잡아주는 기능으로, 수동으로 일일이 클릭하지 않고 한꺼번에 잡티 선택 후 삭제할 수 있습니다.

11.2 소리 없는 마법의 멜로디 1화

실습 예제를 진행하기 전에 먼저 완성된 작품을 살펴보겠습니다. 컷의 구성, 효과, 식자 등 각 컷마다 어떤 효과가 추가되었는지 확인해 보세요.

잠시만
기다려주세요.
이 손님은
기운없어 보일 때 항상
라떼를 주문하던데...
쭈르륵...
달그락
라떼 나왔습니다.
아, 네...
스윽
오늘도
기운 내시기를...
누군가에게
나의 커피 한 잔이 위로가
될 수 있다면...
슥슥
멈칫
음악은
어린 나에게 있어
세상의 전부였다.
그 "사건"이
있기 전까지는...
파직
파지직-
짝
짝
짝
짝
펑
꺄아아아아
삐―
아...아무 소리도
들리지 않아..!

결국
아라는 세상의
소리를 잃었다.
이젠 괜찮아..
다 지난 일인 걸...
저벅
저벅
도망치듯이
이틀을 무작정
걸어왔다.
스윽
나름 잘나가던 밴드에
보컬 기타였는데...
어쩌다 이렇게 됐는지..
하...
목도 마르고
다리고 아프고...
저기서 잠깐
쉬었다 갈까..?
달칵
살랑
응..?
손님인가?

와...
이 동네에 이런곳이
있었네
정처 없이 헤매다가
들어간 곳에서,
살랑
처음 만난 그녀는
예뻤다...
앗..그
안녕하세요..?
엇..
처음 보는
손님이네..?
스윽
저..
아이스 아메리카노
한 잔 부탁드립니다.
???
와...
잘생겼다...
멍...
저기요!!
주문되나요???
화들짝!
아차차..
주문을 받아야지...!
제가
소리를 잘 듣지
못해서,
여기 종이에
적어주시겠어요?
아, 네..!
아...
소리를
못 듣는구나...

이 사람은
누구일까...?
와...
손도 길고
글씨도 잘 쓴다...
목소리가
참 예쁘네...
슥슥
앗..!
내가 무슨 생각을
하는거야..!
화악
치익
지긋
두근
두근
여기요.
아...네!!
어쩌다
소리를 못듣게
되었을까..?
뚫어져라...
옆모습도
멋지다...
으아아..
정신 차려, 아라야!!
앉아계시면
가져다드릴게요.

무슨 사연이
있는거겠지?
아이스 아메리카노
나왔습니다.
맛있게 드세요.
감사합니다.
아~ 시원하다
이제 좀 살 거 같네
쭈욱
그나저나
이 커피 향이
참 좋네
싱긋
커피를 마시고
미소 지었어...
다행이다.
응..?
저건 기타..?
음악하는
사람인가?
내가 다시
음악을 시작 할 수
있을까...
음악을 그만둔지
벌써 일년째...
저 혹시...
그 기타는...
아, 이거요...
이제 안해요.
연주 한 번만
들을 수 있을까요..?
지금 여기서요??
뭐야..
분명 소리를 못듣는다고
하지 않았나...?

끄덕
꼬옥
그만둔지 일년...
할 수 있을까..?
소리는 들을 수 없지만..
이 울림은 느낄 수 있어.
우-
우웅
음악을 사랑하는
마음이 느껴져...
그때의 나처럼...
다시는 연주하지
못할 줄 알았는데...
너무 멋졌어요!
짝짝
짝
아.
고마워요.
머쓱
그런데,
소리를 못 듣는다고
하지 않았어요?
마음으로 들려요.
마음으로...
벌떡
아, 네...
저는 이만
가봐야겠네요.

멋진 연주
감사합니다.
아, 네...
커피
잘마셨어요.
다음에
또 오세요.
다시
만날 수 있을까..?
이곳 참 좋네.
다시 오게 될까...?
달칵
씽...
어라?
저게 뭐지..?
아까 그 분이
두고 가신건가..?
다음에 오시면
돌려줘야겠다...
여기서
우리의 멜로디가
시작된다.

11.3 클립 스튜디오를 활용한 컷 후보정하기

실습 예제 01

• **예제 파일** : 11\후보정1~3.png • **완성 파일** : 11\후보정_완성.png, 후보정_완성.clip

클립 스튜디오를 활용해 미드저니에서 생성한 '소리 없이 울리는 마법의 멜로디' 컷 이미지를 보정해 봅니다. 왼쪽 이미지는 미드저니에서 생성한 원본 이미지를 배치한 세로 스크롤이고, 오른쪽 이미지는 클립 스튜디오에서 이미지 보정, 색감 리터칭, 라이팅 이펙트, 식자 작업을 한 것입니다.

이번 예제에서는 카페 전경 이미지를 불러와서 카페 간판 작업, 따스한 햇살이 비치는 효과, 카페 앞의 입간판도 수정 등을 진행하여 이미지를 후보정하겠습니다.

미드저니로 생성한 컷 이미지

클립 스튜디오로 후보정한 컷 이미지

세로 스크롤 캔버스에 이미지 배치하기

01 클립 스튜디오 페인트를 실행하고 세로 스크롤 캔버스를 만들기 위해 상단 메뉴의 **(파일)** → **신규**를 실행합니다.

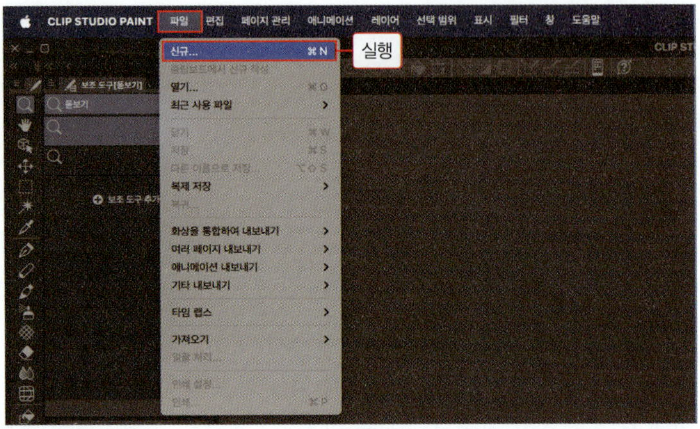

02 신규 대화상자가 표시되면 두 번째 아이콘인 '코믹'을 선택하고 단위가 'px'로 지정되어 있는 것을 확인한 다음 폭을 '2000', 높이를 '30000'으로 입력한 후 <OK> 버튼을 클릭합니다.

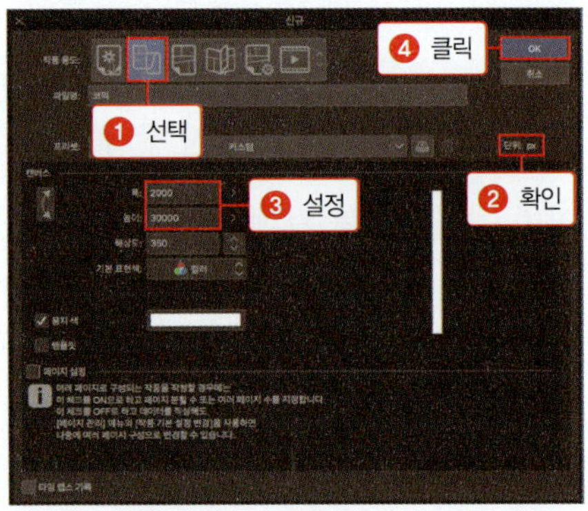

> **NOTE**
>
> 포털 사이트에 업로드되는 웹툰 세로 스크롤의 일반적인 규격은 가로 기준 690px 입니다. 세로는 컷의 개수에 따라 달라집니다.

03 세로 스크롤 캔버스가 만들어졌습니다. 컴퓨터에 저장된 첫 번째 컷 이미지를 가져오기 위해 메뉴의 **(파일)** → **가져오기** → **화상**을 실행하고 11 폴더에서 '후보정1.png' 파일을 불러옵니다.

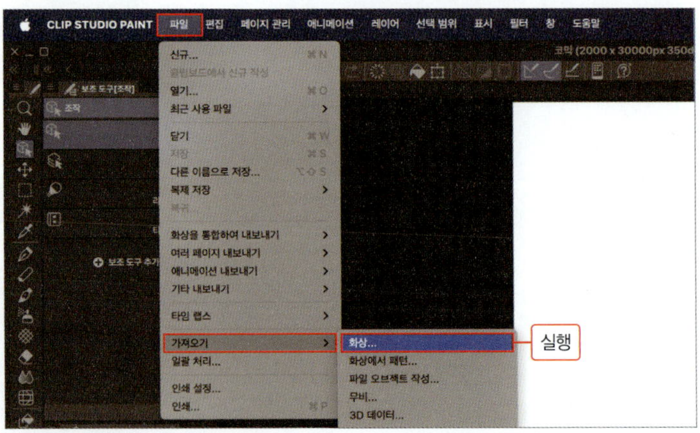

04 세로 스크롤 캔버스에 이미지가 불러와지면서 레이어 패널에서 새로운 레이어가 생성된 것을 확인할 수 있습니다.

05 이미지의 크기와 위치를 조정하기 위해 도구 패널에서 조작 도구(아이콘)를 선택하고 보조 도구 패널에서 [오브젝트]를 선택합니다. 이미지의 조절점을 드래그하여 이미지의 크기를 조정하고 이미지를 가운데로 드래그하여 위치를 조정합니다.

> **NOTE**
>
> 이미지 크기를 조절할 수 있는 조절점은 03번처럼 '화상'으로 이미지를 불러왔을 때만 활성화됩니다.

06 레이어 패널의 불러온 이미지 레이어에서 마우스 오른쪽 버튼을 클릭한 다음 **레스터화**를 실행합니다.

> **NOTE**
>
> 레스터화 기능은 벡터 이미지를 비트맵 이미지로 변형하는 기능입니다.

카페 간판 만들기

01 카페 간판을 그려 넣겠습니다. 레이어 패널에서 '신규 래스터 레이어' 아이콘(□)을 클릭하여 새로운 레이어를 생성합니다.

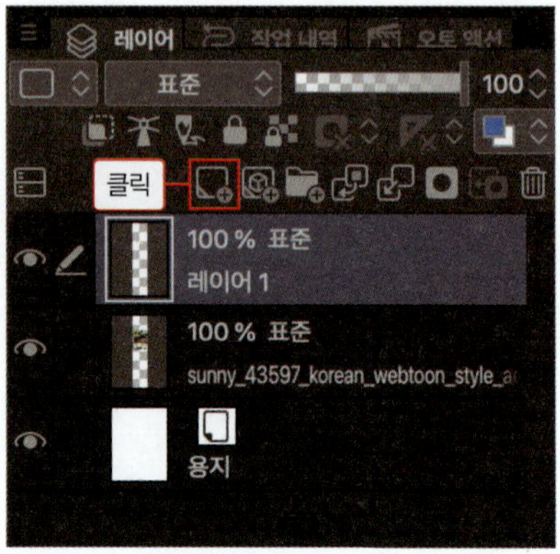

02 도구 패널에서 도형 도구(□)를 선택하고 보조 도구 패널에서 [직사각형]을 선택합니다. 도구 속성 패널의 선/채색에 있는 '선과 채색 작성' 아이콘(□)을 클릭하여 면처럼 그려질 수 있도록 설정하고 브러시 크기를 '3'으로 설정한 다음 전경색과 배경색을 간판에 어울리는 색상으로 지정합니다.

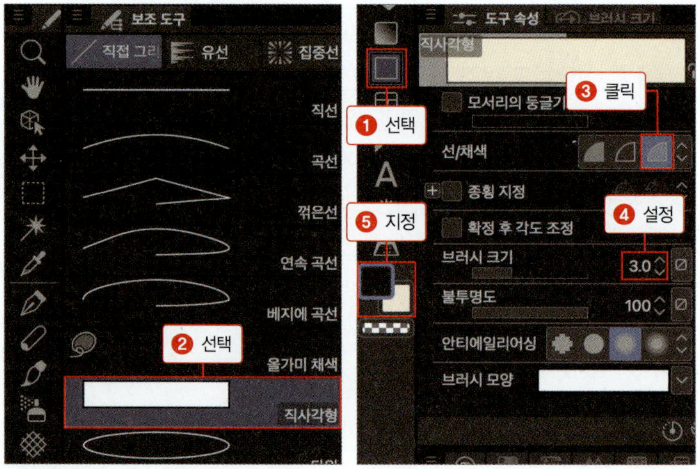

TIP 선/채색 아이콘 알아보기

선/채색에 있는 아이콘은 왼쪽부터 다음과 같은 기능을 합니다.

❶ **채색 작성(□)** : 면 처리하여 도형을 그릴 수 있는 기능입니다. 현재 선택되어 있는 색상을 기준으로 도형이 생성됩니다.

❷ **선 작성(□)** : 도형 모양의 선을 그릴 수 있는 기능입니다. 기본으로 선택되어 있는 기능으로, 현재 선택되어 있는 색상을 기준으로 선이 생성됩니다.

❸ **선과 채색 작성(□)** : 선과 도형을 함께 그릴 수 있는 기능입니다. 전경색이 선, 배경색이 면색으로 처리되어 도형이 그려집니다.

채색 작성 | 선 작성 | 선과 채색 작성

03 캔버스에서 적당한 위치를 드래그하여 직사각형을 그립니다.

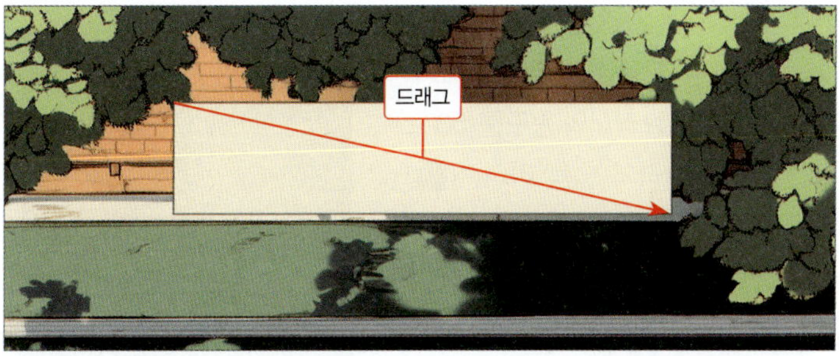

04 도구 패널에서 브러시 도구( )를 선택하고 보조 도구 패널에서 〔먹( )〕 → 〔붓펜〕을 선택합니다. 캔버스에서 카페 간판의 측면과 하단면을 그려 넣어 입체감을 줍니다. 자연스러운 붓 터치로 자연스러운 손 그림의 느낌을 줍니다.

원본 이미지를 감추고 도형만 확인했을 때

NOTE

도구 속성 패널에서 브러시 크기, 불투명도, 브러시 농도, 선 꼬리 효과 등을 조절하며 그려줍니다.

05 간판의 질감을 만들기 위해 도구 패널에서 데코레이션 도구( )를 선택하고 보조 도구 패널에서 〔그물망/모래( )〕 → 〔구름 거즈〕를 선택합니다.

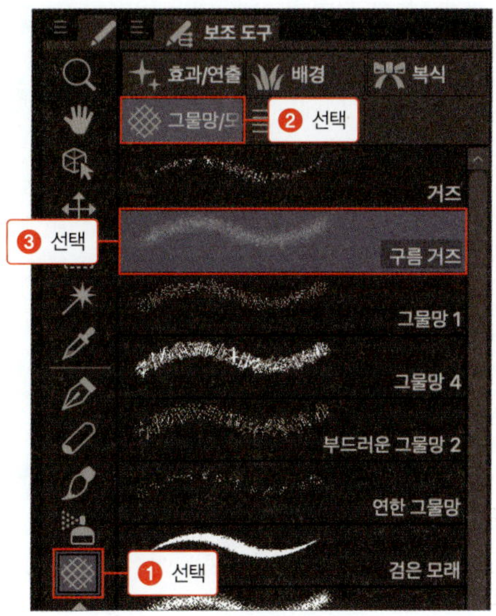

NOTE

보조 도구 패널에서 어떤 도구를 선택하는지에 따라서 도구 패널의 아이콘이 변경됩니다.

06 전경색을 간판의 색보다 채도가 낮은 색으로 지정합니다. 도구 속성 패널에서 브러시의 농도를 '50'으로 설정하고 간격의 '넓음' 아이콘(■)을 클릭한 다음 캔버스에서 간판 부분을 칠합니다.

07 구름 거즈 브러시로 간판 질감을 자연스럽게 표현하겠습니다. 레이어 패널에서 기존 '레이어 1' 레이어의 이름을 더블클릭하여 '간판'으로 변경하고 '신규 래스터 레이어' 아이콘(■)을 클릭하여 새로운 레이어를 생성한 다음 합성 모드를 '곱하기'로 지정합니다.

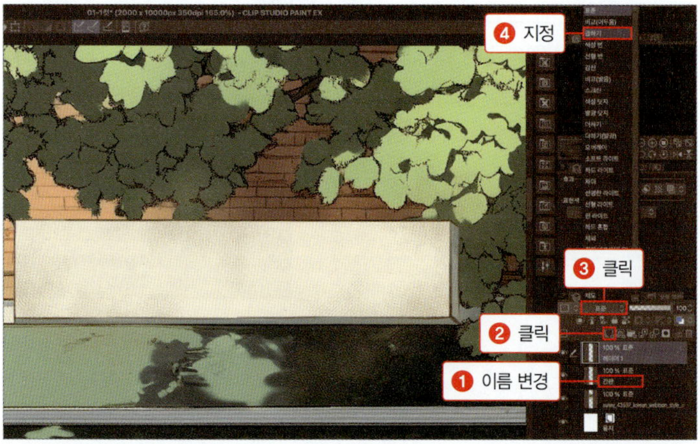

08 간판 질감이 간판 내부 영역에만 보이도록 만들기 위해 레이어 패널에서 '아래 레이어에서 클리핑' 아이콘(■)을 클릭합니다. 아래 간판 레이어 영역에 맞춰 표현된 질감 레이어가 클리핑되어 깔끔하게 보입니다.

09 클리핑 레이어 이름을 더블클릭하여 레이어 이름을 '간판 질감'으로 변경합니다.

> **NOTE**
>
> 레이어에서 마우스 오른쪽 버튼을 클릭한 다음 **레이어 설정 → 레이어명 변경**을 실행하여 변경해도 됩니다.

10 레이어를 결합하기 위해 '간판 질감' 레이어에서 마우스 오른쪽 버튼을 클릭한 다음 **아래 레이어와 결합**을 실행합니다.

> **NOTE**
>
> 웹툰 작업을 할 때, 크게 선화-밑색-명암-채색-후보정-식자 과정에 따라 수많은 레이어가 만들어집니다. 각 단계별로 레이어를 분리하여 작업하면 이후 수정이 용이하지만, 레이어가 너무 많을 경우에는 작업 환경이 복잡해지므로 예제처럼 레이어를 결합하는 것이 좋습니다.

11 이미지의 빛 방향에 따라 간판에 나뭇잎 그림자 명암을 표현하겠습니다. 먼저 작업의 편의성을 위해 레이어 패널에서 원본 이미지의 '눈' 아이콘(■)을 클릭하여 비활성화하고 '신규 래스터 레이어' 아이콘(■)을 클릭하여 새로운 레이어를 생성한 다음 레이어 이름을 더블클릭하여 '간판 명암'으로 변경합니다.

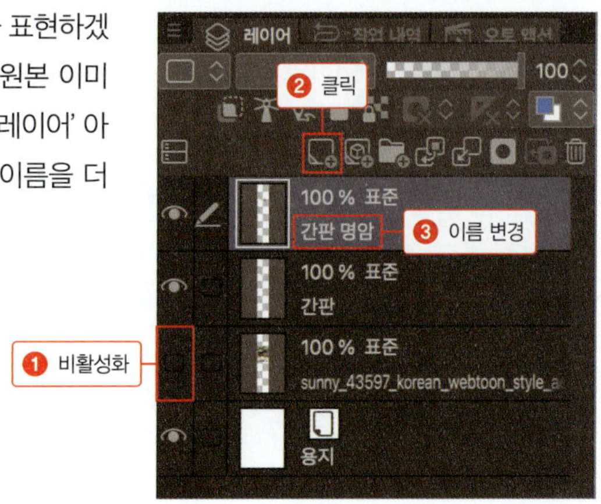

12 도구 패널에서 브러시 도구( )를 선택하고 보조 도구 패널에서 〔먹( )〕 → 〔붓펜〕을 선택합니다. 도구 속성 패널에서 브러시 크기를 '70', 불투명도를 '60', 브러시 농도를 '60'으로 설정하고 간판 위의 나뭇잎 형태를 반영하여 그림자 명암을 그려 넣습니다.

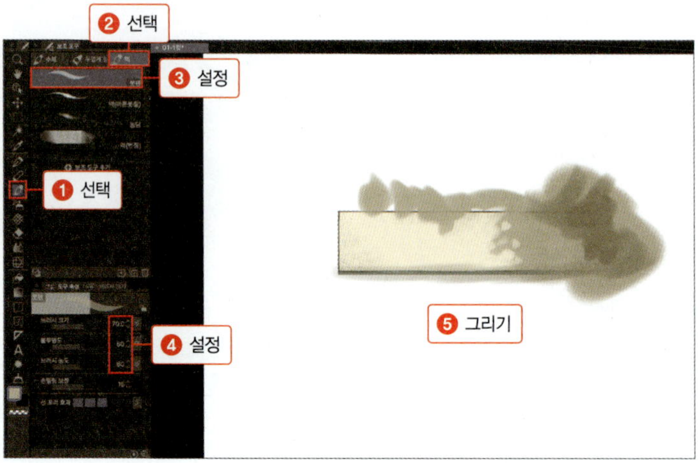

NOTE

더욱 자연스러운 명암 표현을 위해 〔에어브러시( )〕 → 〔부드러움〕을 사용하는 것도 좋습니다.

13 레이어 패널에서 '아래 레이어에서 클리핑' 아이콘( )을 클릭하여 그림자 명암 영역을 깔끔하게 정리합니다.

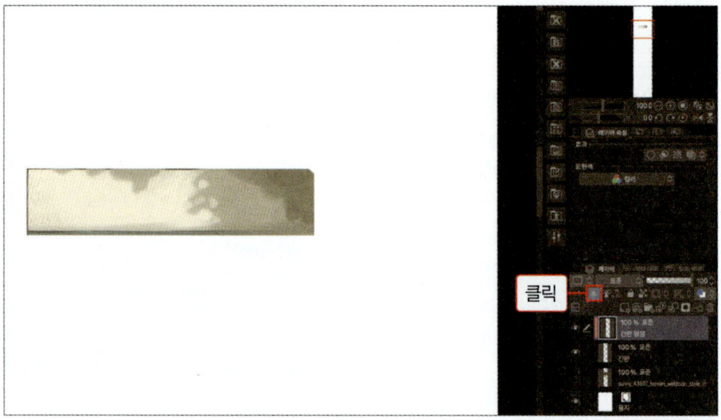

14 원본 이미지 레이어의 '눈' 아이콘( )을 클릭하여 활성화해 그림과 같이 간판의 나뭇잎 그림자 명암이 자연스럽게 표현된 것을 확인합니다. '간판 명암' 레이어를 자연스럽게 표현하기 위해 합성 모드를 '곱하기'로 지정합니다.

15 이번에는 간판의 카페 이름을 입력하겠습니다. 도구 패널에서 텍스트 도구(A)를 선택하고 도구 속성 패널에서 글꼴을 지정한 다음 크기를 설정한 후 전경색을 '녹색'으로 지정합니다.

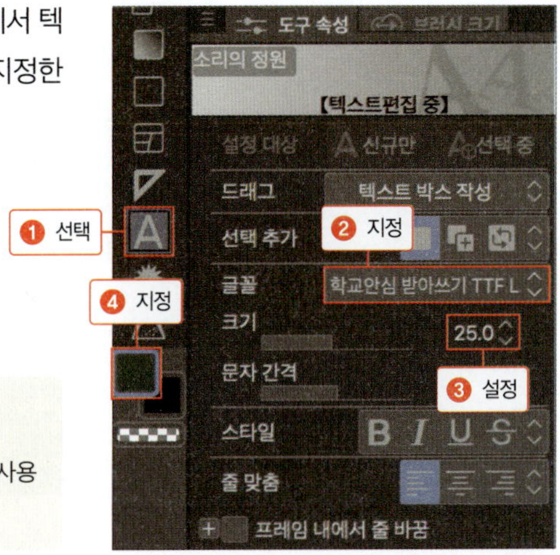

NOTE

예제에서는 오픈 글꼴 소스인 '학교안심 받아쓰기' 서체를 다운로드하여 사용하였습니다.

16 캔버스에서 간판 위치를 클릭합니다. 텍스트를 입력할 수 있는 커서가 표시되면 '소리의 정원'을 입력합니다. 텍스트가 입력되면서 레이어 패널에 텍스트 레이어가 형성되었습니다.

17 간판 위치에 있는 나뭇잎을 앞으로 배치하여 좀 더 자연스럽게 표현하겠습니다. 레이어 패널에서 원본 이미지를 선택하고 이외의 모든 레이어의 '눈' 아이콘(👁)을 클릭하여 비활성화합니다.

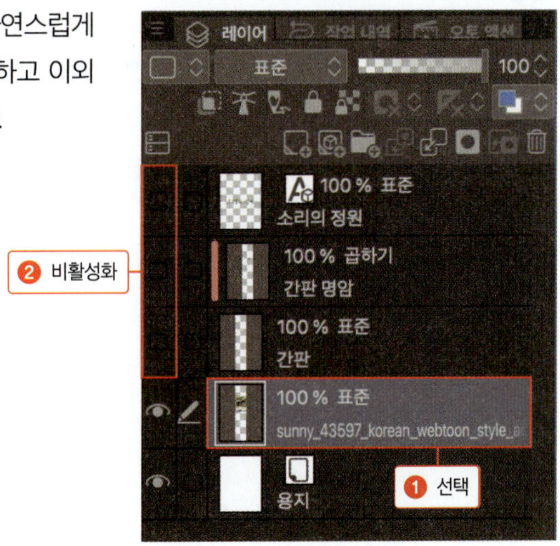

18 도구 패널에서 선택 범위 도구()를 선택하고 보조 도구 패널에서 〔직사각형 선택〕을 선택한 다음 간판을 가릴 나뭇잎 영역을 드래그하여 지정합니다.

> **NOTE**
>
> 특정 영역을 선택하려면 〔올가미 선택〕의 활용도가 좀 더 높습니다.

19 표시되는 옵션바에서 '복사+붙여넣기' 아이콘()을 클릭하여 해당 영역만 복사된 이미지 레이어를 생성합니다. 이때 다른 보기의 편의성을 위해 다른 레이어들의 '눈' 아이콘()을 클릭하여 모두 비활성화합니다.

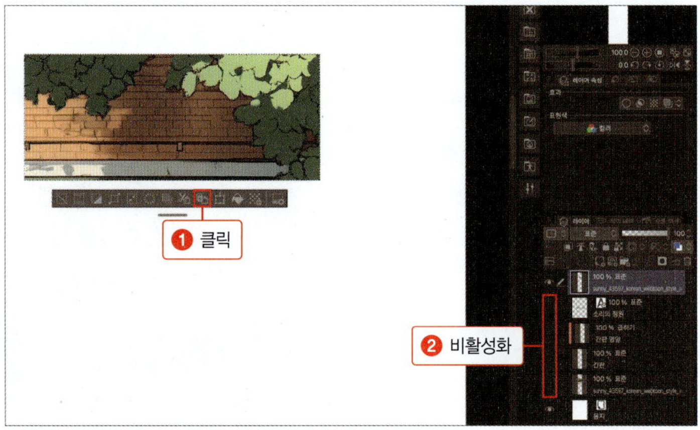

20 도구 패널에서 지우개 도구()를 선택하고 〔딱딱함〕을 선택합니다. 간판 위 나뭇잎을 표현할 부분만 남겨두고 모두 지웁니다.

21 레이어 패널에서 모든 레이어의 '눈' 아이콘( )을 클릭하여 활성화합니다. 그림과 같이 나뭇잎이 간판을 자연스럽게 가렸는지 확인하여 자연스러운 카페 간판을 완성합니다.

장면에 어울리게 입간판 수정하기

01 카페 입간판의 불필요한 요소는 삭제하고 카페 메뉴를 홍보하는 내용을 추가하겠습니다. 그림과 같이 입간판이 잘 보이게 캔버스에서 마우스 휠을 돌려 확대합니다.

> **NOTE**
>
> 미드저니가 세부적인 텍스트까지 완전하게 생성하는 데에는 한계가 있습니다. 그래서 작품의 세계관과 스토리 맥락에 맞춰 텍스트를 수정하는 작업이 필요합니다.

02 도구 패널에서 스포이트 도구( )를 선택하고 〔표시색 추출〕을 선택한 다음 입간판의 칠판 배경색을 클릭합니다.

> **NOTE**
>
> 그리기나 채색 도구가 선택되어 있는 상태로 Alt를 누르면 도구를 선택하지 않아도 스포이트 기능을 사용할 수 있습니다.

03 레이어 패널에서 '신규 래스터 레이어' 아이콘( )을 클릭하여 새로운 레이어를 생성하고 이름을 '입간판 클린업'으로 변경합니다.

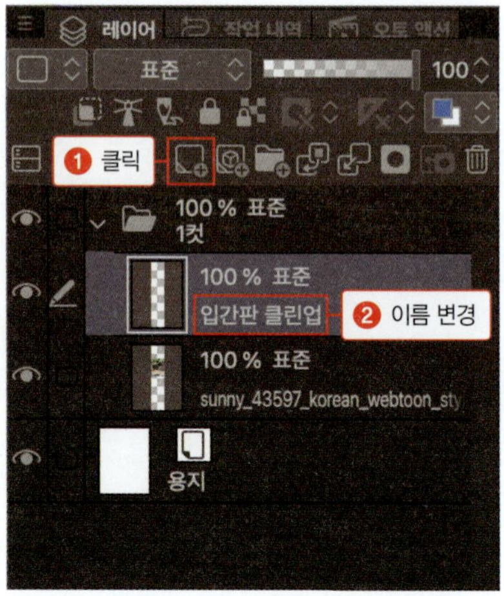

04 도구 패널에서 브러시 도구( )를 선택하고 보조 도구 패널에서 〔두껍게 칠하기( )〕→〔혼색 원 브러시〕를 선택하고 입간판 칠판 배경을 칠해 불필요한 요소를 지웁니다.

> **NOTE**
>
> 혼색 원 브러시는 클립 스튜디오 페인트 EX 4.0.1 버전에서 기본 제공되는 브러시입니다. 책과 다른 버전을 사용하는 사용자라면, 비슷한 브러시로 대체하여 사용하세요.

05 같은 방법으로 브러시 도구를 활용해서 모든 입간판 칠판을 깨끗하게 만듭니다.

06 도구 패널에서 텍스트 도구(A)를 선택하고 캔버스에 입간판을 클릭하여 적절한 문구를 입력합니다.

07 도구 속성 패널에서 글꼴을 지정하고 크기를 설정한 다음 텍스트 박스를 드래그하여 텍스트 각도를 조정합니다.

> **NOTE**
>
> 예제에서는 오픈 글꼴인 '학교안심 칠판지우개' 서체를 다운로드하여 사용하였습니다.

08 도구 패널에서 연필 도구(✎)를 선택하고 〔파스텔(✎)〕 → 〔초크〕를 선택한 다음 입간판에 들어갈 그림을 그립니다.

> **NOTE**
>
> 필요하다면 도구 속성 패널에서 브러시 크기, 불투명도, 종이 재질과 농도를 설정합니다.

09 같은 방법으로 모든 입간판에 텍스트와 손 그림을 추가합니다.

10 왼쪽에 있는 입간판도 완성하여 카페 간판을 모두 완성합니다.

발광 닷지로 자연스러운 햇빛 효과 주기

01 카페에 따뜻한 햇빛 효과를 적용하겠습니다. 레이어 패널에서 '신규 래스터 레이어' 아이콘(□)을 클릭하여 새로운 레이어를 생성하고 이름을 '그라데이션'으로 변경합니다.

02 도구 패널에서 그라데이션 도구(■)를 선택하고 〔그리기색에서 투명색〕을 선택한 다음 색상을 조정하기 위해 도구 속성 패널에서 그라데이션 막대를 클릭합니다.

03 그라데이션 편집 대화상자가 표시되면 색을 '지정색'으로 선택하고 색상상자를 클릭합니다.

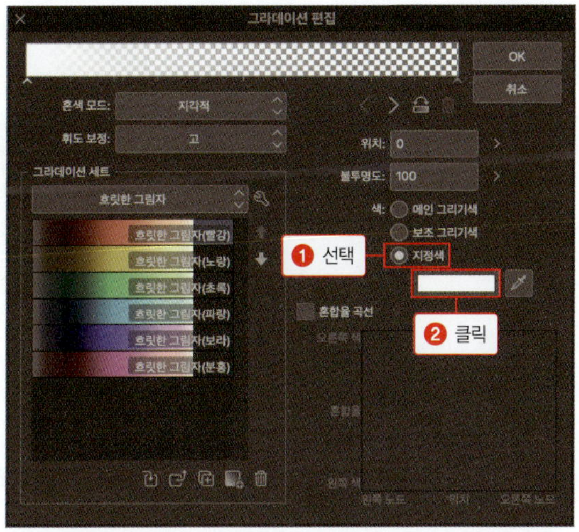

04 색 설정 대화상자가 표시되면 따뜻한 햇빛을 표현하기 위해 '오렌지 색(#FDCD67)'을 선택하여 지정하고 <OK> 버튼을 클릭합니다.

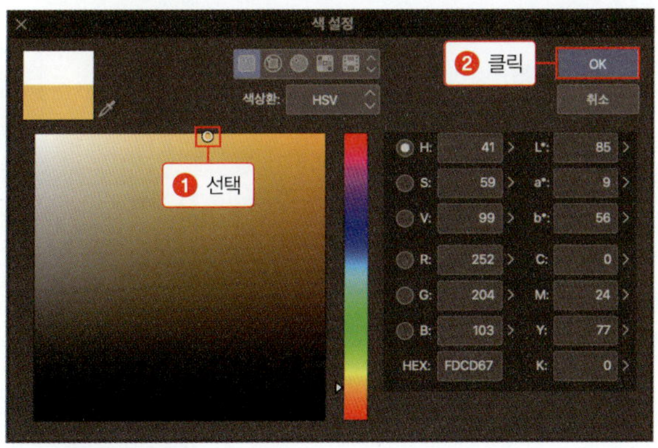

05 다시 그라데이션 편집 대화상자에서 그라데이션 색 구성을 확인하고 <OK> 버튼을 클릭합니다.

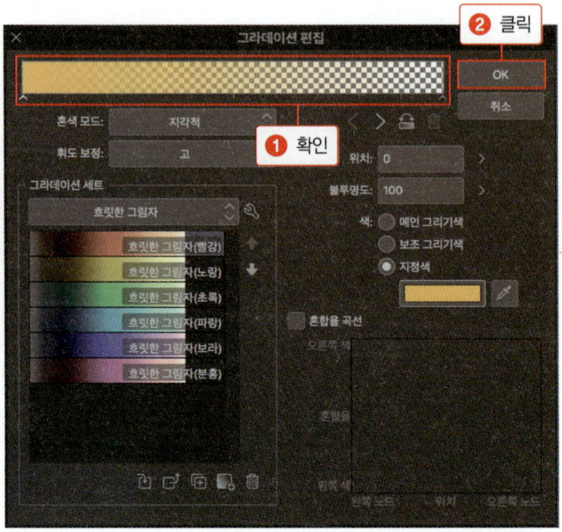

06 불필요한 부분에는 그라데이션이 적용되지 않게 하기 위해 레이어 패널에서 Ctrl을 누른 상태로 이미지 레이어의 섬네일을 클릭하여 선택 영역을 표시합니다.

07 레이어 패널에서 햇빛 효과를 적용할 '그라데이션' 레이어를 선택하고 캔버스에서 왼쪽부터 오른쪽 사선 방향으로 드래그하여 그라데이션을 적용합니다.

08 그라데이션 부분에 빛 효과를 주기 위해 레이어 패널에서 합성 모드를 '발광 닷지'로 지정합니다.

09 불투명도를 '30'으로 설정하여 자연스러운 햇빛 효과를 표현합니다.

소재를 다운로드하여 광선 효과 추가하기

01 첫 번째 컷에 광선 효과를 추가하기 위해 소재를 찾아 다운로드하겠습니다. 〔소재( )〕를 선택하여 소재 패널을 표시하고 <ASSETS에서 소재 찾기> 버튼을 클릭합니다.

> **NOTE**
>
> 클립 스튜디오에서는 유료/무료 소재를 다운로드하여 다양한 브러시나 효과를 사용할 수 있습니다.

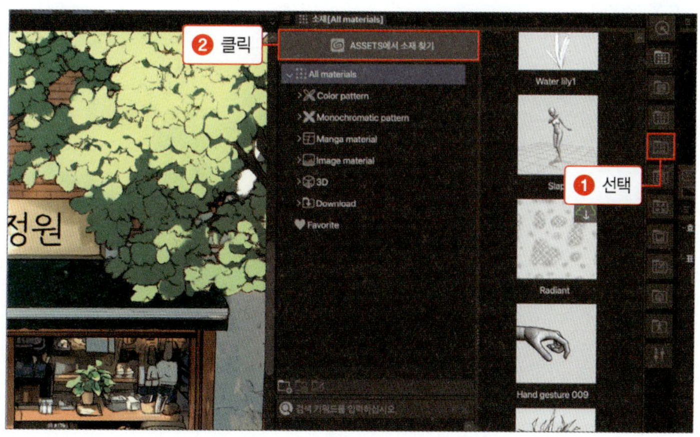

02 소재를 다운로드할 수 있는 클립 스튜디오 창이 표시됩니다. 검색창에 소재 키워드를 입력하여 관련성 있는 소재를 찾거나 신규, 랭킹(무료), 랭킹(유료) 항목의 '더보기'를 클릭하여 다양한 소재를 확인할 수 있습니다.

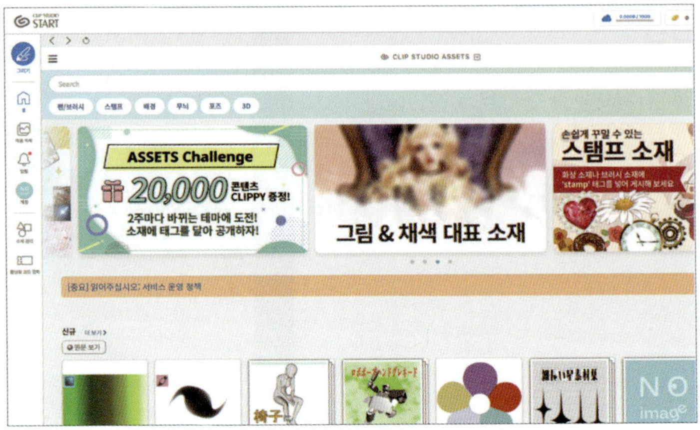

03 검색창에 '햇빛'을 입력하고 Enter를 누릅니다. 그림과 같이 다양한 소재가 표시되면 원하는 소재를 선택합니다. 예제에서는 '햇빛과 무지개 플레어 세트'를 선택하였습니다.

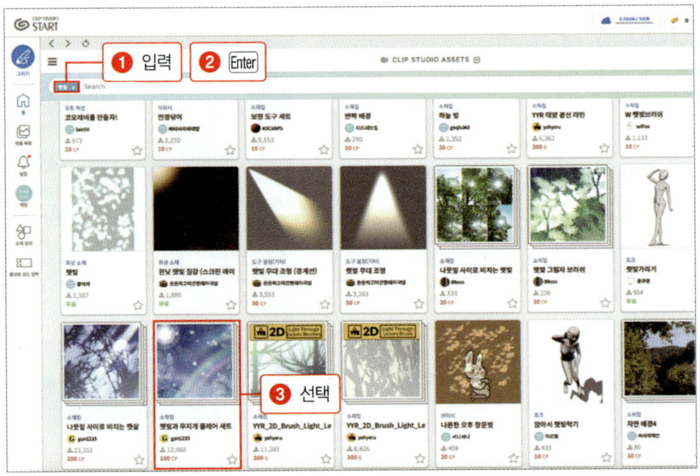

04 그림과 같이 브러시에 대한 상세 정보가 있는 화면이 표시됩니다. <구입/취득하기> 버튼을 클릭하여 소재를 다운로드합니다.

TIP 클립 스튜디오의 화폐

현재 예제에서 다운로드한 브러시는 유료 소재입니다. 클립 스튜디오에서는 클리피(CLIPPY)와 골드(GOLD) 두 가지 화폐가 사용되는데, 각 화폐의 특징은 다음과 같습니다.

- **클리피(CLIPPY)** : 클리피는 클립 스튜디오 내에서 사용되는 포인트라고 생각하면 됩니다. 일정 주기마다 진행하는 출석 체크 이벤트나, 직접 소재를 만들어 등록해 얻을 수 있는 화폐입니다.
- **골드(GOLD)** : 금액을 결제하여 얻는 화폐입니다. 클립 스튜디오 홈페이지에서 구입하여 사용할 수 있으며, 500 골드(5,000원)부터 구매할 수 있습니다.

05 다운로드가 완료되면 클립 스튜디오 페인트 창으로 돌아옵니다. 소재 패널을 살펴보면 다운로드한 소재 리스트가 표시됩니다. 해당 소재를 캔버스로 드래그합니다.

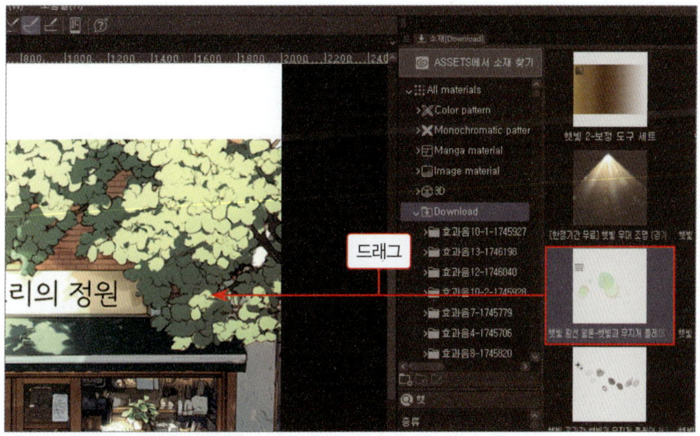

06 도구 패널에서 조작 도구(아이콘)를 선택하고 보조 도구 패널에서 〔오브젝트〕를 선택하고 이미지의 크기와 위치를 조정하여 배치합니다.

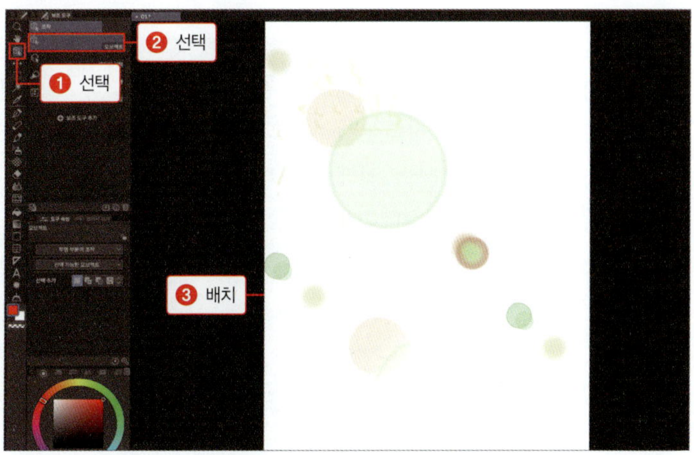

07 레이어 패널에서 햇빛 효과 레이어의 합성 모드를 '발광 닷지'로 지정하여 반짝이는 햇빛 효과를 표현합니다.

그라데이션으로 컷의 경계선 조정하기

01 그라데이션을 다시 한번 적용하겠습니다. 레이어 패널에서 '신규 래스터 레이어' 아이콘(■)을 클릭하여 새로운 레이어를 생성하고 이름을 '경계 그라데이션'으로 변경합니다.

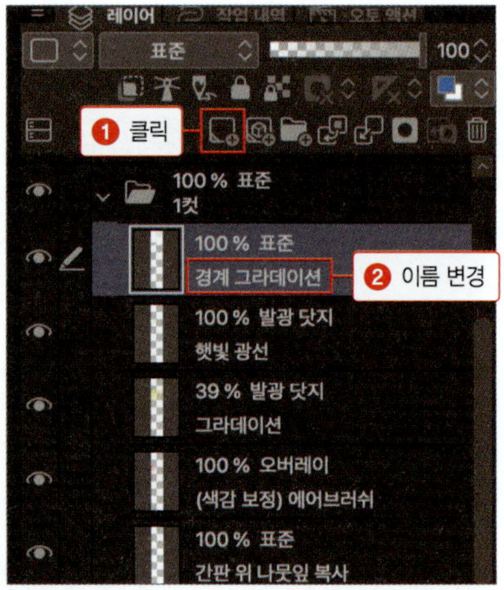

02 도구 패널에서 그라데이션 도구(■)를 선택하고 [그리기색에서 투명색]을 선택한 다음 색상을 조정하기 위해 도구 속성 패널에서 그라데이션 막대를 클릭합니다. 그라데이션 편집 대화상자가 표시되면 색을 '지정색'으로 선택하고 색상상자를 클릭합니다.

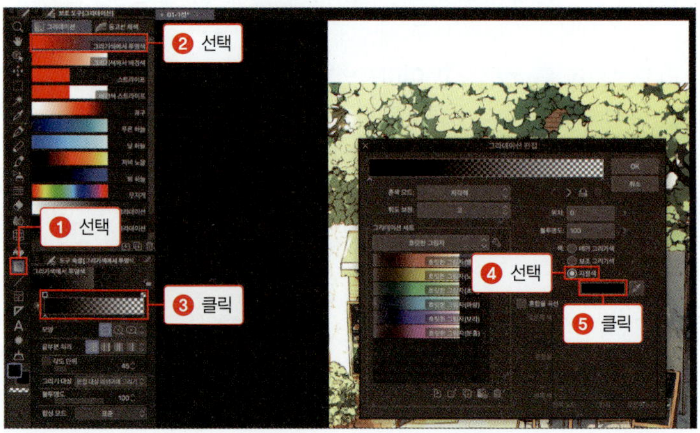

03 색 설정 대화상자가 표시되면 흰색을 정확히 선택하기 위해 C를 '0', M을 '0', Y를 '0', K를 '0'으로 입력한 다음 <OK> 버튼을 클릭합니다.

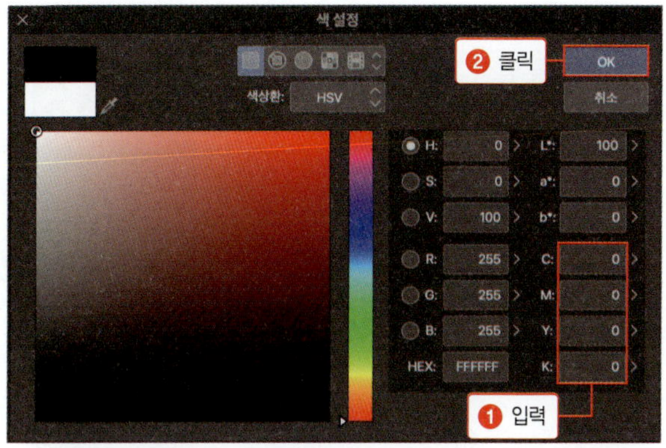

04 그라데이션 편집 대화상자에서 그라데이션 막대가 흰색-투명색으로 설정된 것을 확인하고 <OK> 버튼을 클릭합니다.

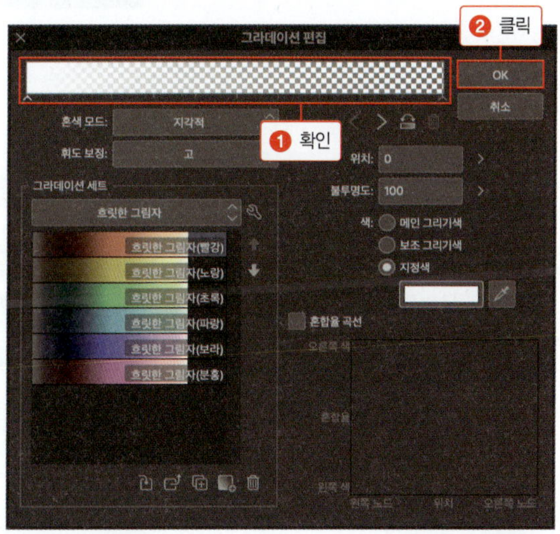

05 이미지에서 그라데이션을 적용할 영역만큼 드래그하여 선을 긋습니다. 예제에서는 흰색 여백과 컷 이미지의 상단 나무 배경을 자연스럽게 연결하려는 연출을 의도하였습니다.

NOTE

그라데이션이 적용된 영역에 한해서 수직 방향으로 드래그하여 그라데이션 적용하는 것이 좋습니다.

06 그림과 같이 적용한 영역에 흰색-투명색 그라데이션이 적용됩니다.

컷 선 그리기

01 컷 선을 그리기 위해 도구 패널에서 도형 도구( )를 선택하고 보조 도구 패널에서 〔직접 그리기( )〕→〔직선〕을 선택합니다.

02 컷 선의 색을 선택하기 위해 전경색의 색상상자를 클릭합니다. 색 설정 대화상자가 표시되면 검은색을 정확하게 선택하기 위해 C를 '0', M을 '0', Y를 '0', K를 '100'으로 입력한 다음 <OK> 버튼을 클릭합니다.

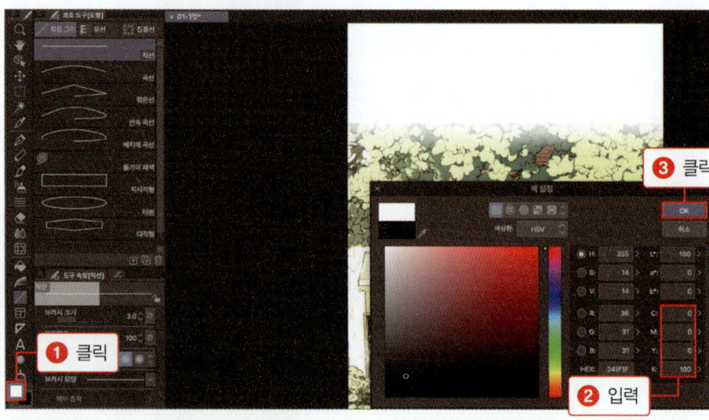

03 도구 속성 패널에서 브러시 크기를 '10'으로 설정하여 선의 굵기를 변경합니다.

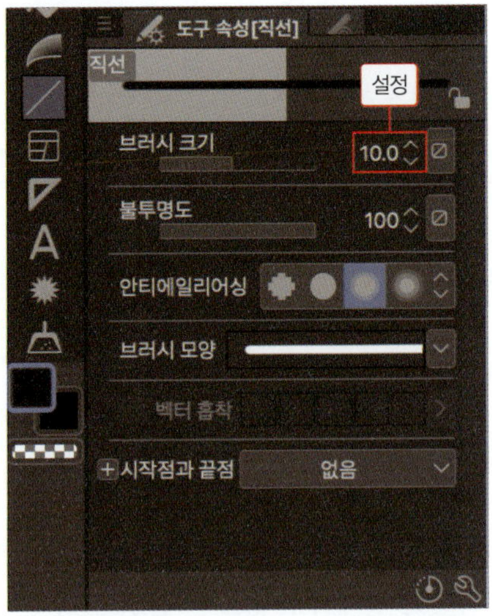

04 레이어 패널에서 '신규 래스터 레이어' 아이콘( )을 클릭하여 새로운 레이어를 생성하고 이름을 '컷 선'으로 변경합니다.

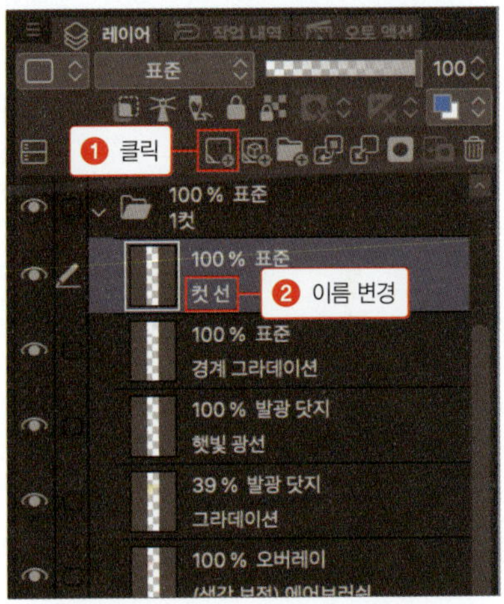

05 '컷 선' 레이어가 선택된 상태로 캔버스의 이미지 하단에서 Shift를 누른 채 드래그하여 직선을 그어 완성합니다.

NOTE

Shift를 누른 채 직선을 그으면 선의 각도를 수평 각도(180°), 수직 각도(90°), 사선 각도(45°)로 맞출 수 있습니다.

11.4

실습 예제 02

캐릭터의 감정선을 강조하는 컷 만들기

• **예제 파일** : 11\감정선1~4.png • **완성 파일** : 11\감정선_완성.png, 감정선_완성.clip

감정을 효과적으로 전달하기 위해 캐릭터의 표정과 주변 환경을 조화롭게 연출합니다. 캐릭터의 섬세하고 따뜻한 감정을 강조하기 위해 부드러운 빛과 자연스러운 색감을 활용하며, 감정을 표현하는 사물을 추가하거나 배경 톤으로 무드를 살리는 등 다양한 감정선 강조 컷을 만들어 보겠습니다.

평온함과 그리움이 있는 감정선 표현하기

01 세로 스크롤 캔버스를 만들기 위해 메뉴에서 **〔파일〕→ 신규**를 실행합니다.

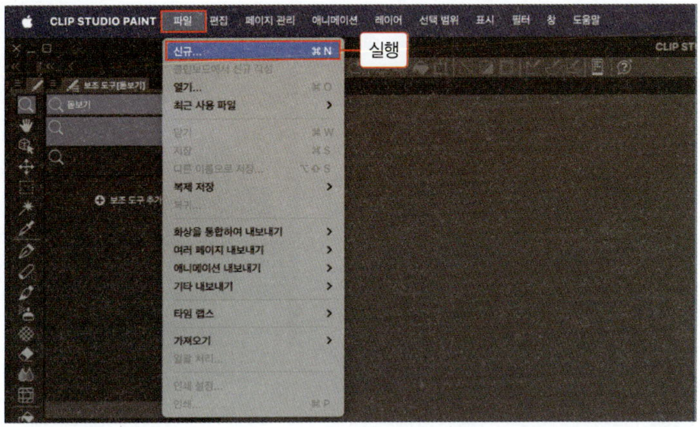

02 신규 대화상자가 표시되면 두 번째 아이콘인 '코믹'을 선택하고 단위가 'px'로 지정되어 있는 것을 확인한 다음 폭을 '2000', 높이를 '30000'으로 입력한 후 <OK> 버튼을 클릭합니다.

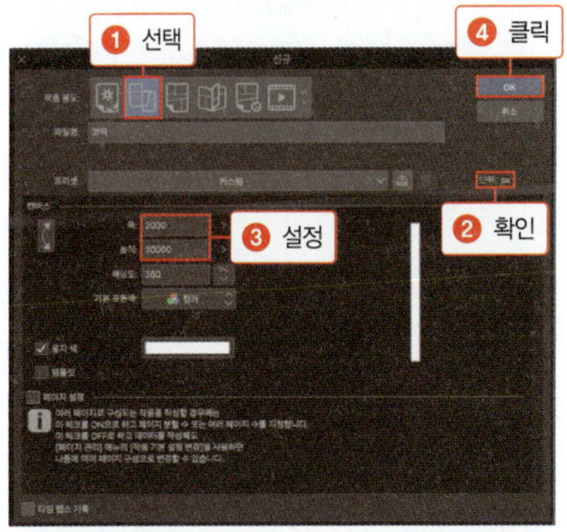

03 세로 스크롤 캔버스가 만들어졌습니다. 컴퓨터에 저장된 첫 번째 컷 이미지를 가져오기 위해 메뉴의 **〔파일〕→ 가져오기 → 화상**을 실행하고 11 폴더에서 '감정선1.png' 파일을 불러옵니다.

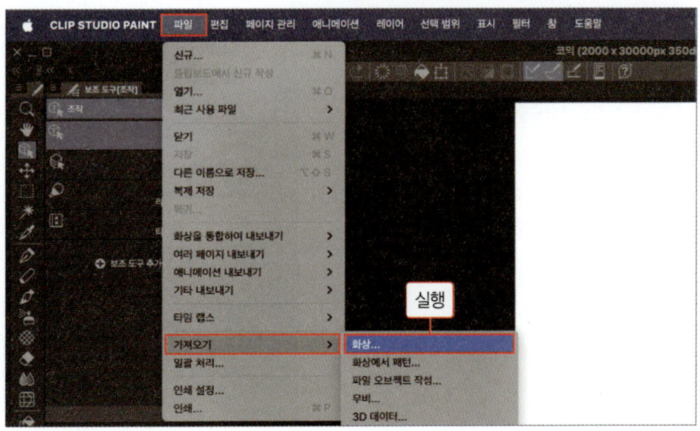

04 세로 스크롤 캔버스에 도현 캐릭터 이미지가 불러와지면서 레이어 패널에서 새로운 레이어가 생성된 것을 확인할 수 있습니다.

05 그라데이션을 적용하겠습니다. 레이어 패널에서 '신규 래스터 레이어' 아이콘(■)을 클릭하여 새로운 레이어를 생성하고 Ctrl을 누른 상태로 도현 이미지 레이어의 섬네일을 클릭하여 선택 영역으로 지정합니다.

06 도구 패널에서 그라데이션 도구(■)를 선택하고 [그리기색에서 투명색]을 선택한 다음 그림과 같이 캔버스를 드래그합니다.

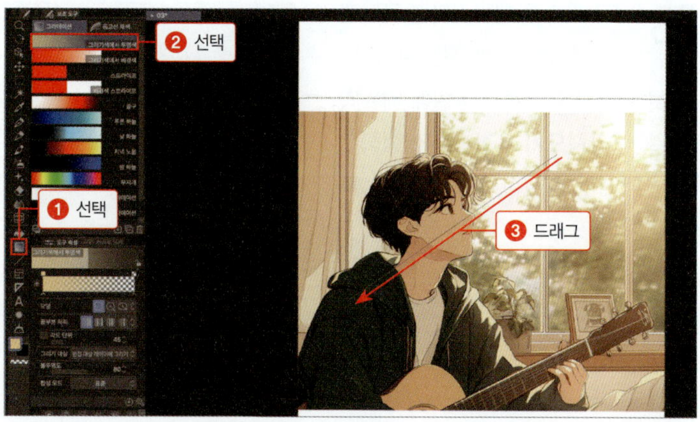

07 자연스럽게 그라데이션이 적용되면 Ctrl+D를 눌러 선택 영역을 해제합니다.

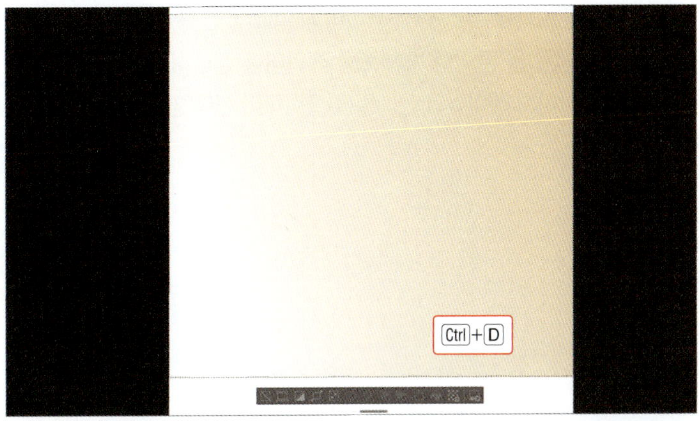

08 레이어 패널에서 불투명도를 '70%'로 설정하고 그라데이션이 적용된 레이어의 합성 모드를 '하드 라이트'로 지정합니다. 자연스러운 빛 효과를 만듭니다.

09 그림과 같이 자연스러운 빛 효과가 만들어졌습니다. 불필요한 영역에 적용된 그라데이션을 숨기기 위해 레이어 패널에서 '아래 레이어에서 클리핑' 아이콘(■)을 클릭합니다.

10 추가 빛 효과를 주기 위해 레이어 패널에서 '신규 래스터 레이어' 아이콘(■)을 클릭하여 새로운 레이어를 생성하고 Ctrl을 누른 상태로 원본 이미지 레이어의 섬네일을 클릭하여 선택 영역으로 지정합니다.

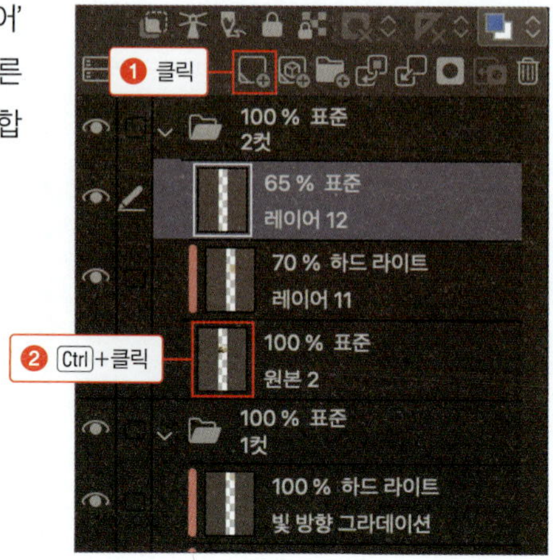

11 도구 패널에서 그라데이션 도구(■)를 선택하고 [그리기색에서 투명색]을 선택한 다음 캔버스를 드래그합니다.

12 그라데이션이 적용되면 Ctrl+D를 눌러 선택 영역을 해제합니다. 자연스러운 빛 효과를 만들기 위해 레이어 패널에서 그라데이션이 적용된 레이어의 불투명도를 '65%'로 설정하고 합성 모드를 '더하기(발광)'으로 지정합니다.

13 레이어 패널에서 '아래 레이어에서 클리핑' 아이콘(■)을 클릭하여 불필요한 영역에 적용된 그러데이션을 숨깁니다.

14 효과를 추가하기 위해 [소재(■)]를 선택하여 소재 패널을 표시하고 <ASSETS에서 소재 찾기> 버튼을 클릭합니다. 클립 스튜디오의 검색창에서 '시네마틱 더스트'를 입력하여 다음과 같은 소재를 다운로드합니다.

15 다운로드가 완료되면 클립 스튜디오 페인트로 돌아옵니다. 다운로드한 소재를 추가하기 위해 도구 패널에서 데코레이션 도구(■)를 선택하고 '보조 도구 추가' 아이콘(■)을 클릭합니다. 보조 도구 추가 대화상자가 표시되면 'Cinematic Dust Haxagon Macro'를 선택하고 <팔레트에 추가> 버튼을 클릭합니다.

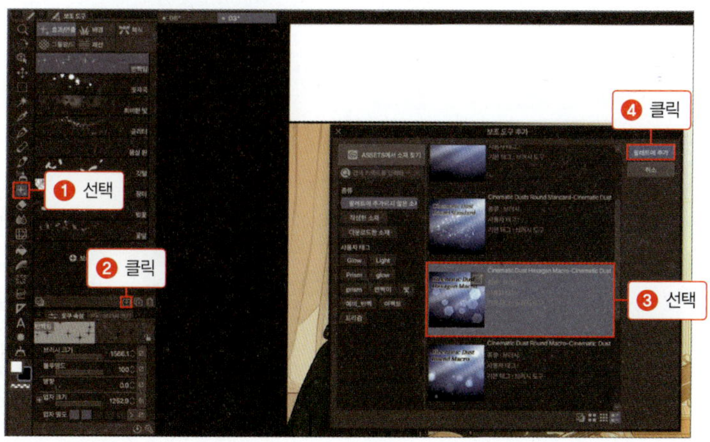

16 도구 속성 패널에서 '보조 도구 상세' 아이콘( )을 클릭합니다. 보조 도구 상세 대화상자가 표시되면 브러시 크기와 입자 크기를 설정하고 캔버스를 클릭하여 소재를 적용합니다.

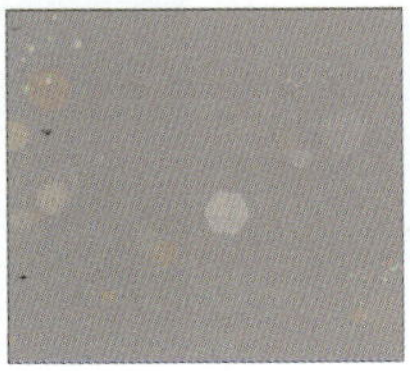

소재 브러시만 적용된 레이어 화면

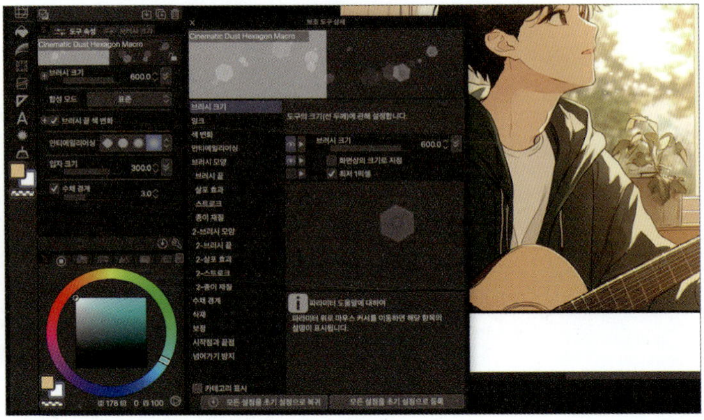

17 반짝임 효과를 추가하기 위해 레이어 패널에서 소재가 적용된 레이어의 합성 모드를 '발광 닷지'로 지정합니다.

NOTE

발광 닷지는 이미지에 밝은 빛 효과를 추가하고 싶을 때 사용하는 강한 발광 표현용 블렌딩 모드입니다. 주로 빛나는 물체, 하이라이트, 마법 효과, 불빛, 반짝임 등을 그릴 때 사용됩니다.

18 레이어 패널에서 '아래 레이어에서 클리핑' 아이콘( )을 클릭하여 불필요한 영역에 적용된 그라데이션을 숨겨 남자 주인공 도현의 감정선을 완성합니다.

음악 요소에 맞춰 캐릭터의 감정선 표현하기

01 〔파일〕 메뉴에서 **가져오기** 또는 **화상**을 실행하여 11 폴더에서 '감정선2.png' 파일을 불러옵니다. 캔버스에 여자주인공 아라의 이미지가 표시됩니다.

02 레이어 패널에서 '신규 래스터 레이어' 아이콘(▣)을 클릭하여 새로운 레이어를 생성하고 이름을 '그라데이션'으로 변경합니다. 도구 패널에서 선택 범위 도구(▣)를 선택하고 보조 도구 패널에서 〔직사각형 선택〕을 선택한 다음 톤 보정을 적용할 영역을 드래그하여 지정합니다.

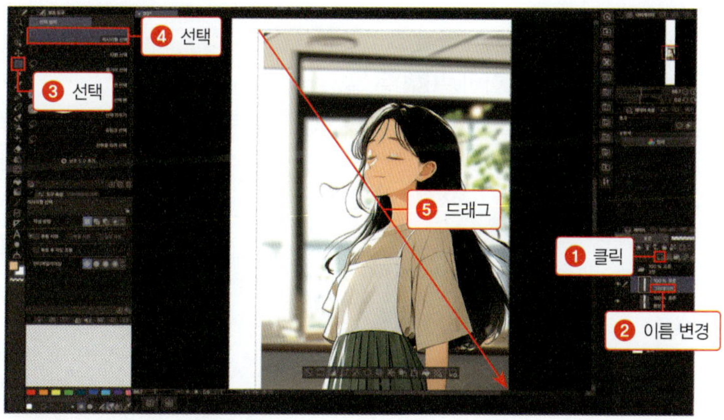

03 도구 패널에서 그라데이션 도구(▣)를 선택하고 〔그리기색에서 투명색〕을 선택한 다음 그림과 같이 캔버스를 드래그하여 자연스럽게 그라데이션을 적용합니다.

04 레이어 패널에서 그라데이션을 적용한 레이어의 합성 모드를 '하드 라이트'로 지정하여 자연스러운 빛 효과를 더하고 불투명도를 '75'로 설정하여 빛 효과를 은은하게 조정합니다.

05 레이어 패널에서 '아래 레이어에서 클리핑' 아이콘( )을 클릭하여 불필요한 영역에 적용된 그라데이션을 숨겨줍니다.

06 발광 효과를 더 추가하기 위해 레이어 패널에서 '신규 래스터 레이어' 아이콘( )을 클릭하여 새로운 레이어를 생성하고 이름을 '색감 보정'으로 변경합니다. 도구 패널에서 선택 범위 도구( )를 선택하고 보조 도구 패널에서 [직사각형 선택]을 선택한 다음 추가로 발광 효과를 적용할 영역을 드래그하여 지정합니다.

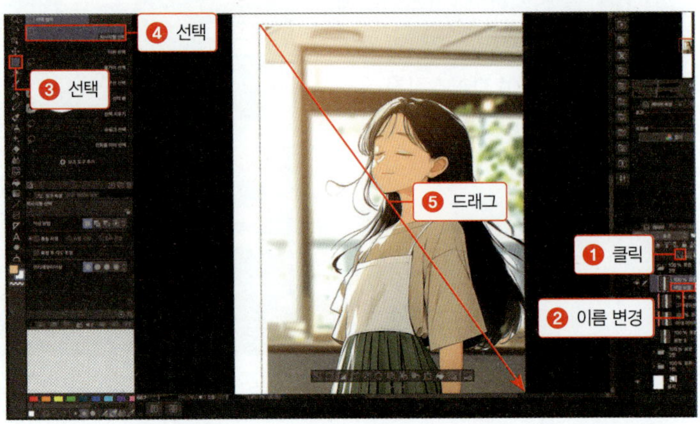

07 도구 패널에서 그라데이션 도구(■)를 선택하고 〔그리기색에서 투명색〕을 선택한 다음 초록색 계열로 색을 지정합니다. 그림과 같이 캔버스를 드래그하여 자연스럽게 그라데이션을 적용합니다.

08 레이어 패널에서 그라데이션을 적용한 레이어의 합성 모드를 '더하기(발광)'으로 지정하여 발광 효과를 더합니다.

09 레이어 패널에서 '아래 레이어에서 클리핑' 아이콘(■)을 클릭하여 불필요한 영역에 적용된 그라데이션을 숨겨줍니다.

10 도구 패널에서 데코레이션 도구()를 선택하고 '보조 도구 추가' 아이콘()을 클릭합니다.

보조 도구 추가 대화상자가 표시되면 'Cinematic Dusts Round Standard'를 선택하고 <팔레트에 추가> 버튼을 클릭합니다.

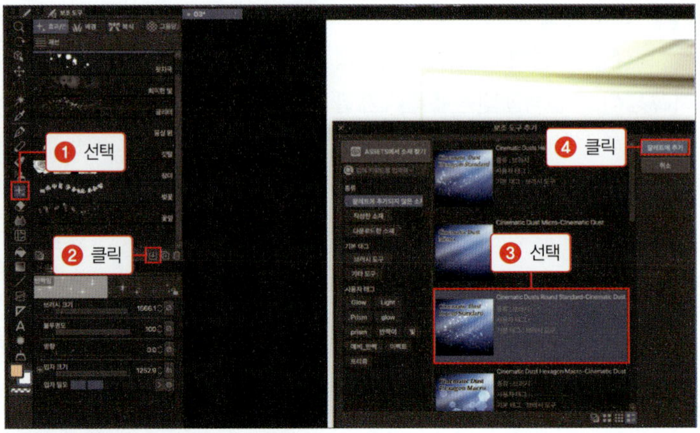

11 도구 속성 패널에서 '보조 도구 상세' 아이콘()을 클릭합니다. 보조 도구 상세 대화상자가 표시되면 브러시 크기와 입자 크기를 조절하고 캔버스를 클릭하여 소재를 적용합니다.

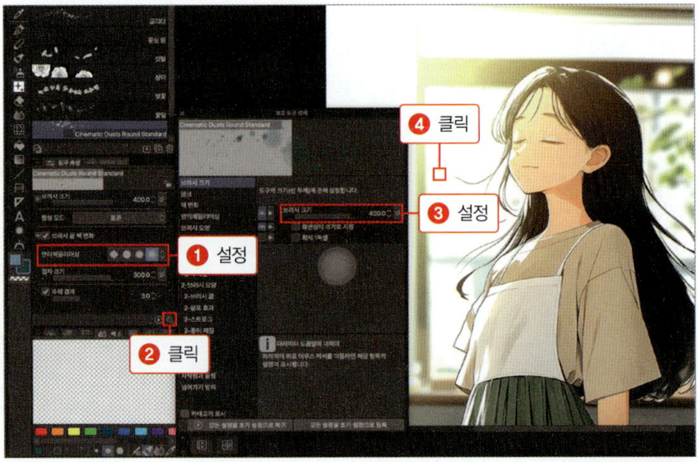

소재 브러시만 적용된 레이어 화면

12 레이어 패널에서 소재를 적용한 레이어의 합성 모드를 '더하기(발광)'으로 지정하여 발광 효과를 더합니다.

13 레이어 패널에서 '아래 레이어에서 클리핑' 아이콘(■)을 클릭하여 불필요한 영역에 적용된 효과를 숨겨줍니다.

14 레이어 패널에서 '신규 래스터 레이어' 아이콘(■)을 클릭하여 새로운 레이어를 생성하고 이름을 '피아노 선율'로 변경합니다.

15 도구 패널에서 데코레이션 도구(■)를 선택하고 〔괘선(■)〕 → 〔멜로디〕를 선택한 다음 도구 속성 패널에서 브러시 크기와 브러시 농도를 설정합니다. 설정을 마치고 캔버스의 원하는 위치를 드래그하여 음표를 그립니다.

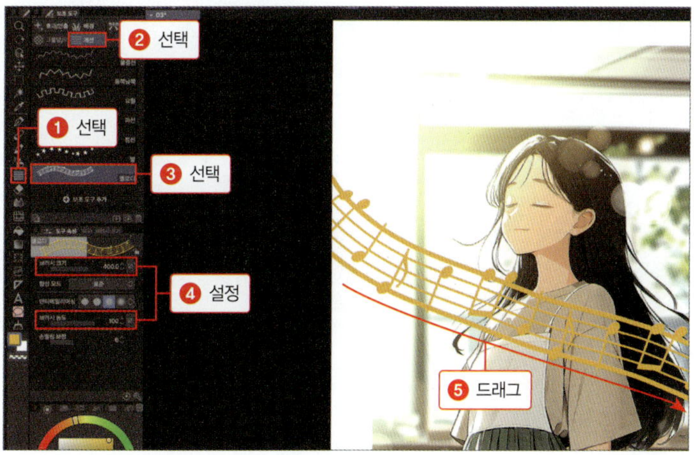

16 레이어 패널의 '피아노 선율' 레이어를 선택하고 Ctrl+C, Ctrl+V를 눌러 복사, 붙여넣기 합니다. '피아노 선율 복사' 레이어가 생성되면 다시 '피아노 선율' 레이어를 선택합니다.

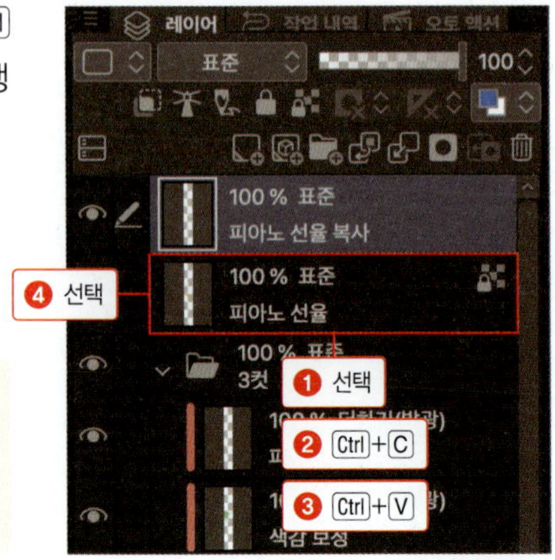

NOTE

레이어를 복제할 때에는 '피아노 선율' 레이어서 마우스 오른쪽 버튼을 클릭한 다음 레이어 복제를 실행해도 됩니다.

17 메뉴에서 [**필터**] → **흐리기** → **가우시안 흐리기**를 실행합니다. 가우시안 흐리기 대화상자가 표시되면 흐림 효과 범위를 '50'으로 설정하고 <OK> 버튼을 클릭합니다.

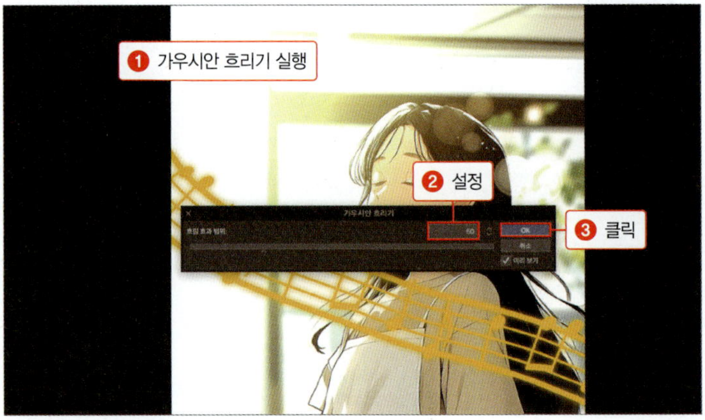

18 레이어 패널에서 Ctrl을 누른 상태로 '피아노 선율 복사' 레이어의 섬네일을 클릭하여 멜로디 패턴을 선택 영역으로 지정합니다. 전경색을 흰색으로 지정하고 Alt+Delete를 눌러 선택 영역에 전경색을 채웁니다.

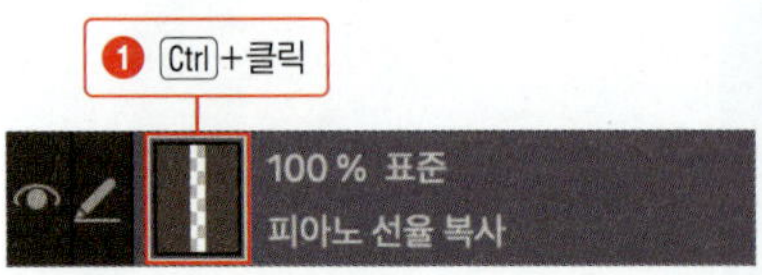

NOTE

배경색 색상으로 채우고 싶다면 Ctrl+Delete를 누르세요.

19 '피아노 선율' 레이어를 선택하고 Ctrl+U를 눌러 색조/채도/명도 대화상자를 표시합니다. 명도를 높게 설정하여 흐림 효과가 적용된 멜로디 패턴의 색을 밝게 만들고 <OK> 버튼을 클릭합니다.

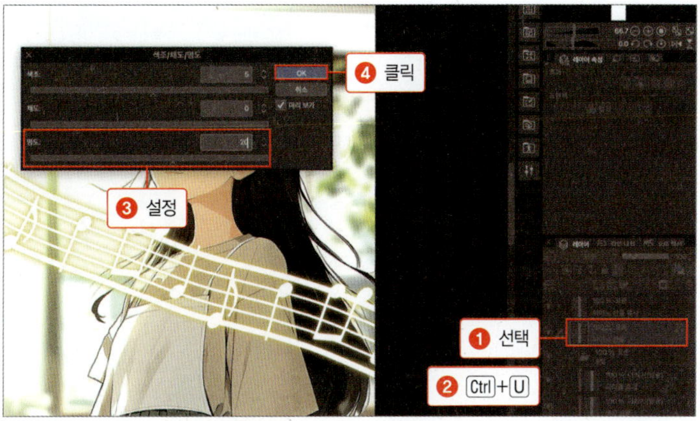

TIP 클립 스튜디오에서 색조/채도/명도 설정하기

클립 스튜디오에서 색조/채도/명도를 설정하는 방법은 두 가지가 있습니다. 앞서 19번처럼 단축키를 이용하거나 메뉴에서 [레이어] → **신규 색조 보정 레이어 → 색조/채도/명도**를 실행하여 대화상자를 표시할 수 있습니다. 이 방법들은 같은 기능을 하지만, 레이어에 적용되는 모습이 다릅니다.

단축키를 이용했을 때는 효과가 레이어 자체에 적용되어 추가로 레이어가 생성되지 않아 재수정하기가 어렵고, 메뉴를 이용했을 때는 새로운 보정 레이어가 추가되어 재수정에 용이합니다. 상황에 따라 자신에게 맞는 방법을 이용하세요.

단축키를 이용했을 때의 레이어 패널

메뉴를 이용했을 때의 레이어 패널

20 레이어 패널에서 Shift를 누른 상태로 '피아노 선율' 레이어와 '피아노 선율 복사' 레이어를 클릭하여 다중 선택하고 마우스 오른쪽 버튼을 클릭한 다음 **선택 중인 레이어 결합**을 실행하여 2개의 레이어를 하나로 결합합니다.

21 도구 패널에서 지우개 도구( )를 선택하고 〔부드러움〕을 선택합니다. 캔버스에서 멜로디 패턴의 일부를 지워 자연스럽게 만듭니다. 이렇게 하면 멜로디 패턴에 흐릿한 효과가 적용됩니다.

22 효과를 추가하기 위해 〔소재( )〕를 선택하여 소재 패널을 표시하고 <ASSETS에서 소재 찾기> 버튼을 클릭합니다. 클립 스튜디오 검색창에서 '음악/음표'를 입력하여 그림과 같은 소재를 다운로드합니다.

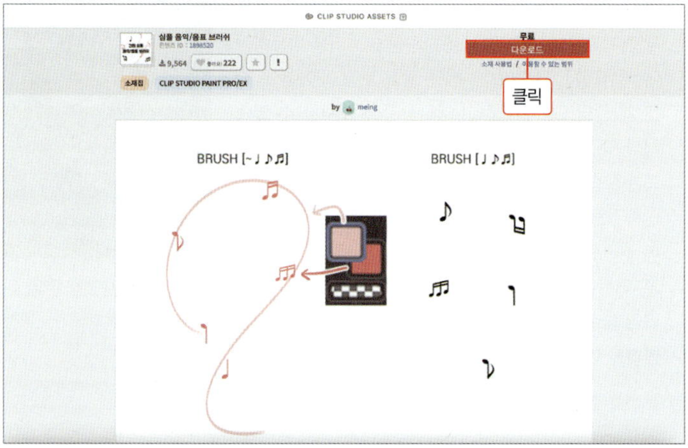

> **NOTE**
>
> 클립 스튜디오의 유·무료 소재 및 외에도 펀딩 플랫폼을 통해 원하는 스타일의 소재를 직접 구매하여 활용할 수도 있습니다.

23 도구 패널에서 데코레이션 도구( )를 선택하고 '보조 도구 추가' 아이콘( )을 클릭합니다. 보조 도구 추가 대화상자가 표시되면 '심플 음악/음표 브러쉬'를 선택하고 <팔레트에 추가> 버튼을 클릭합니다.

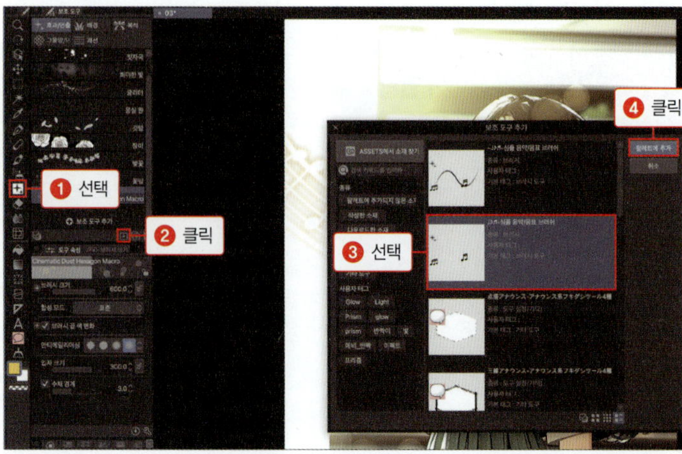

24 앞서 진행한 멜로디 패턴과 같은 방법으로 적용하겠습니다. 레이어 패널에서 '신규 래스터 레이어' 아이콘(▣)을 클릭하여 새로운 레이어를 생성하고 이름을 '음표 효과'로 변경합니다. 캔버스를 클릭하여 음표를 그려넣습니다.

25 레이어 패널의 '음표 효과' 레이어에서 마우스 오른쪽 버튼을 클릭한 다음 **레이어 복제**를 실행합니다.

26 다시 '음표' 레이어를 선택하고 메뉴에서 [**필터**] → **흐리기** → **가우시안 흐리기**를 실행합니다. 가우시안 흐리기 대화상자가 표시되면 흐림 효과 범위를 '50'으로 설정하고 <OK> 버튼을 클릭합니다.

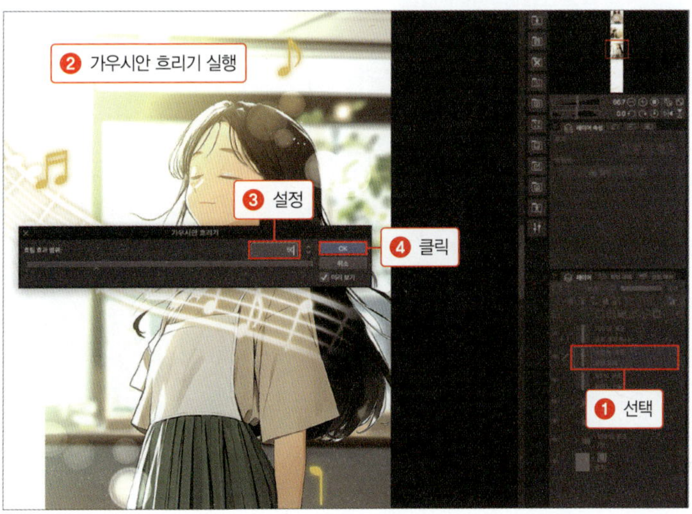

27 레이어 패널에서 Ctrl을 누른 상태로 '음표 효과 복사' 레이어의 섬네일을 클릭하여 음표를 선택 영역으로 지정합니다. 전경색을 흰색으로 지정하고 Alt+Delete를 눌러 선택 영역에 전경색을 채웁니다.

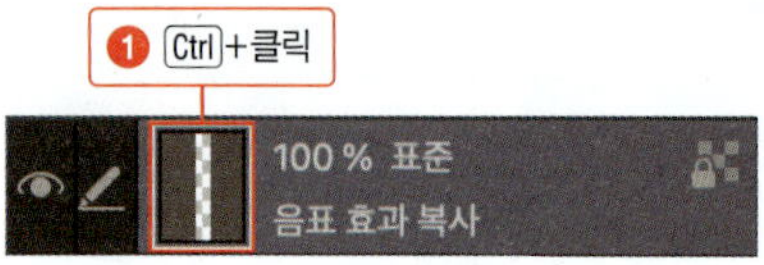

28 '음표 효과' 레이어를 선택하고 Ctrl+U를 눌러 색조/채도/명도 대화상자를 표시합니다. 색조와 채도를 설정하여 음표 형태를 이미지와 어울리게 만든 다음 <OK> 버튼을 클릭합니다.

29 레이어 패널에서 '신규 래스터 레이어' 아이콘()을 클릭하여 새로운 레이어를 생성하고 이름을 '효과음 우-우웅'으로 변경합니다. 전경색이 흰색으로 지정되어 있는 상태로 도구 패널에서 브러시 도구()를 선택하고 보조 도구 패널에서 〔먹()〕 → 〔붓펜〕을 선택한 다음 캔버스에 '우-우웅' 효과음을 그려 추가합니다. 레이어 패널에서 Ctrl을 누른 상태로 효과음을 그린 레이어의 섬네일을 클릭하여 글자 형태를 선택 영역으로 지정합니다.

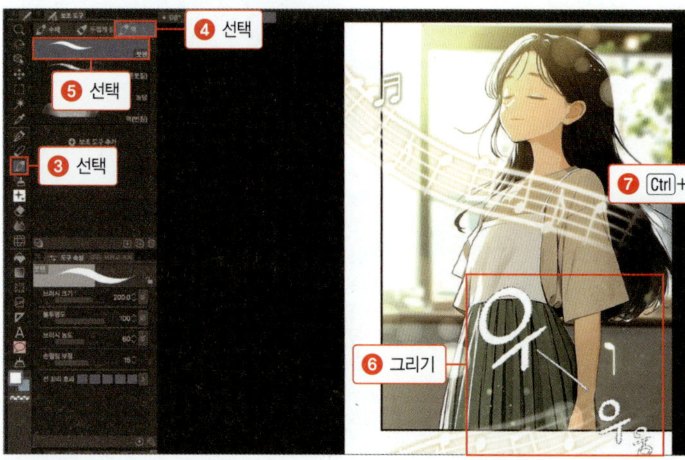

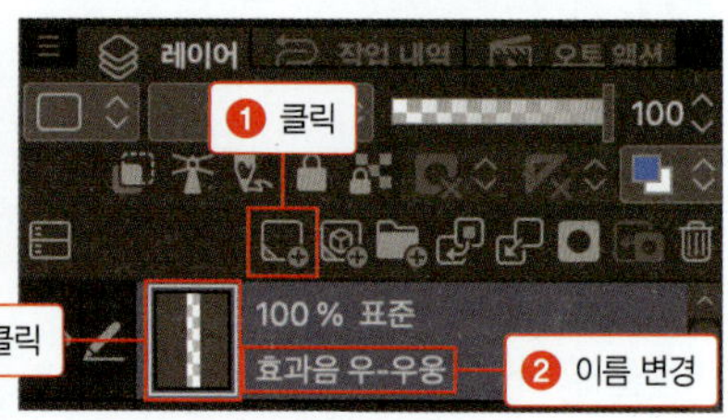

30 도구 패널에서 그라데이션 도구(■)를 선택하고 〔그리기색에서 투명색〕 또는 〔그리기색에서 배경색〕을 선택한 다음 색상 막대를 청록색 계열로 지정합니다. 그림과 같이 캔버스를 드래그하여 효과음에 자연스럽게 그라데이션을 적용합니다.

31 레이어 속성 패널의 효과 항목에서 '경계 효과' 아이콘(■)을 클릭합니다. 세부 옵션이 표시되면 테두리 두께를 '10'으로 설정하고 테두리 색을 '흰색'으로 지정합니다.

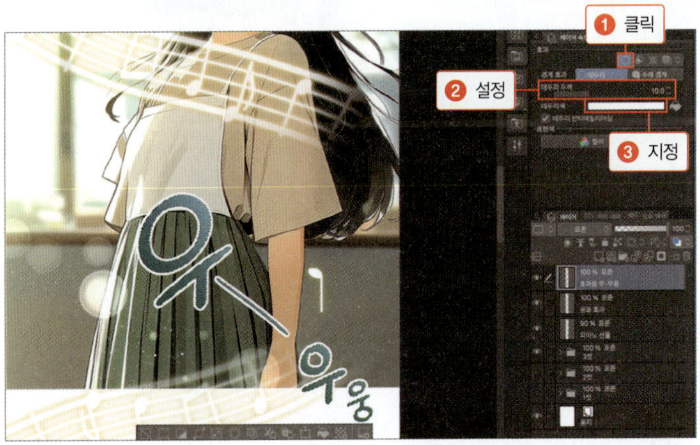

32 효과음 레이어에서 마우스 오른쪽 버튼을 클릭한 다음 **레스터화**를 실행하여 완성합니다. 이렇게 하면 설정한 테두리 두께와 색이 이미지로 고정되어 하나의 레이어로 변환해 사용할 수 있습니다.

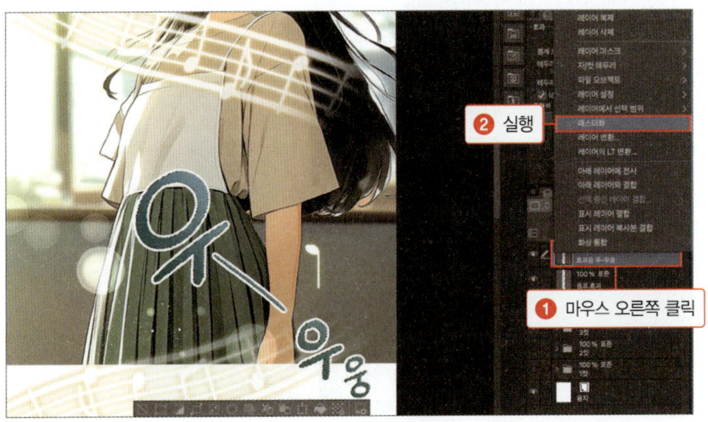

디테일하게 그려 중요 아이템 강조하기

01 〔파일〕 메뉴에서 **가져오기** 또는 **화상**을 실행하여 11 폴더에서 '감정선3.png' 파일을 불러옵니다. 캔버스에 테이블 이미지가 표시됩니다.

02 레이어 패널에서 '신규 래스터 레이어' 아이콘(■)을 클릭하여 새로운 레이어를 생성하고 이름을 '피크 선화'로 변경합니다. 도구 패널에서 펜 도구(■)를 선택하고 보조 도구 패널에서 〔리얼 G펜〕을 선택한 다음 원하는 위치에 기타 피크를 그립니다.

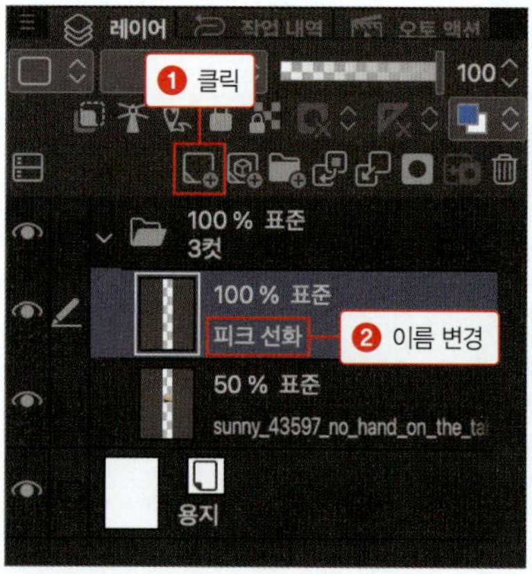

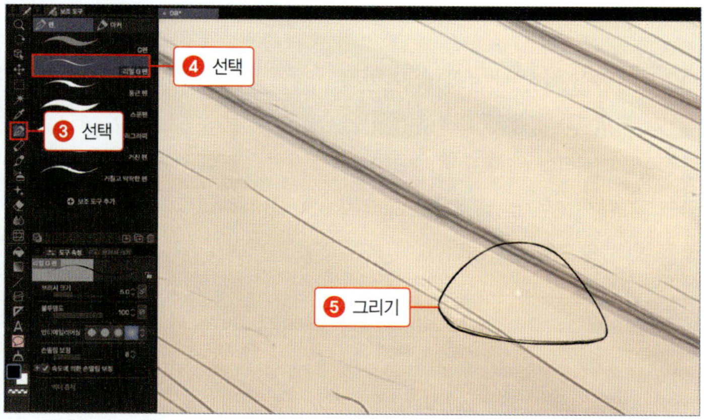

03 레이어 패널에서 '신규 래스터 레이어' 아이콘(■)을 클릭하여 새로운 레이어를 생성하고 이름을 '피크 선화'로 변경하고 '피크 선화' 레이어 밑으로 배치합니다. 기타 피크를 채색하기 위해 전경색을 '코발트색'으로 지정하고 피크를 채색합니다.

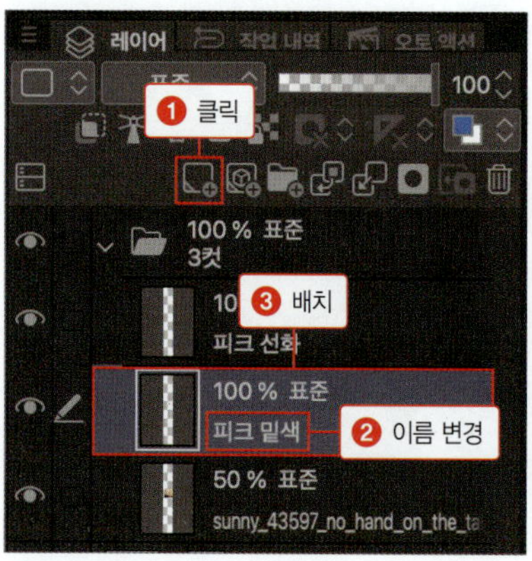

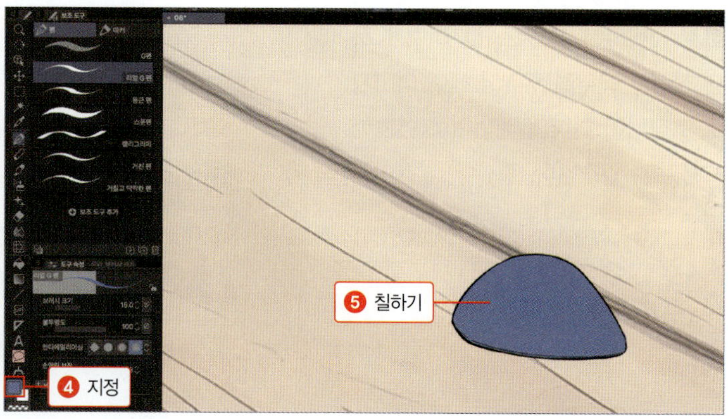

04 피크에 디테일 요소를 추가하기 위해 레이어 패널에서 '신규 래스터 레이어' 아이콘( )을 클릭하여 새로운 레이어를 생성하고 이름을 '피크 글자문양'으로 변경합니다. 도구 패널에서 텍스트 도구( )를 선택하고 캔버스를 클릭하여 기타 피크 안에 추가할 도현의 이니셜 'D.H'를 입력합니다.

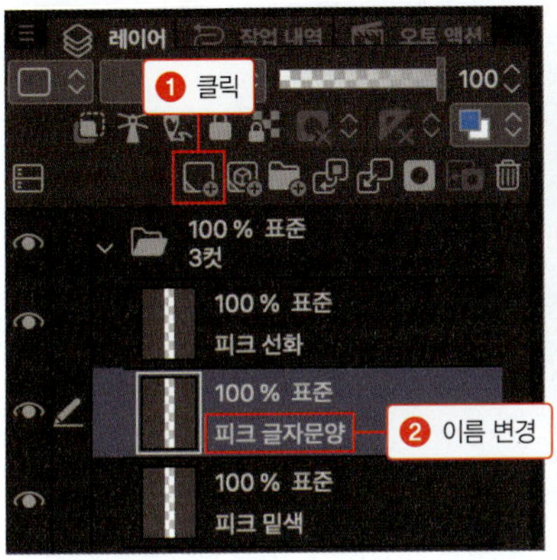

05 레이어 패널의 '피크 글자문양' 레이어에서 마우스 오른쪽 버튼을 클릭한 다음 **레스터화**를 실행하여 입력한 텍스트를 이미지로 변환합니다. 추가로 〔G펜〕을 이용해 이니셜 아래 간단한 기호를 그립니다.

> **NOTE**
>
> 이때 브러시 크기와 농도를 조정해 기호가 자연스럽게 보이도록 합니다.

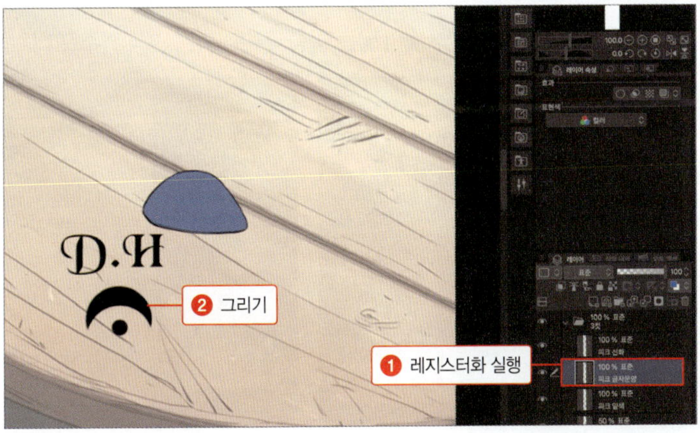

06 레이어 패널에서 Ctrl을 누른 상태로 '피크 글자문양' 레이어의 섬네일을 클릭하여 글자와 문양을 선택 영역으로 지정합니다. 전경색을 흰색으로 지정하고 Alt+Delete를 눌러 흰색으로 채웁니다.

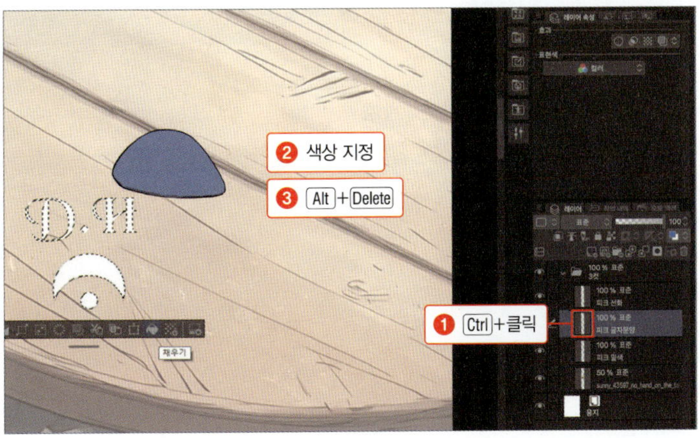

07 Ctrl+T를 눌러 확대/축소/회전 기능을 활성화하고 그림과 같이 피크 위치 안에 글자와 문양이 배치되도록 조정합니다.

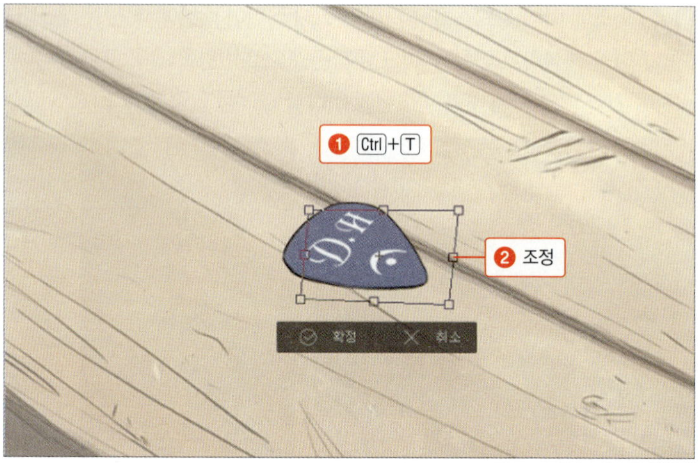

> **NOTE**
>
> 확대/축소/회전은 조절점을 드래그하여 크기를 조정하거나 회전할 수 있습니다. Ctrl을 누른 상태로 조절점을 드래그하면 자유 변형(Ctrl+Shift+T)처럼 점 개별로 움직이는 것도 가능합니다.

08 레이어 패널에서 '신규 래스터 레이어' 아이콘(□)을 클릭하여 새로운 레이어를 생성하고 이름을 '피크 명암'으로 변경합니다. 기타 피크의 명암을 표현하기 위해 전경색을 '짙은 코발트색'으로 지정하고 빛의 방향을 고려하여 명암을 자연스럽게 그립니다. 빛이 닿는 방향과 반대되는 면적 위주로 터치하면 더욱 자연스러운 명암 표현이 됩니다.

09 레이어 패널에서 '피크 명암' 레이어의 합성 모드를 '곱하기'로 지정하여 명암이 아래에 있는 색상과 자연스럽게 어우러지도록 적용합니다.

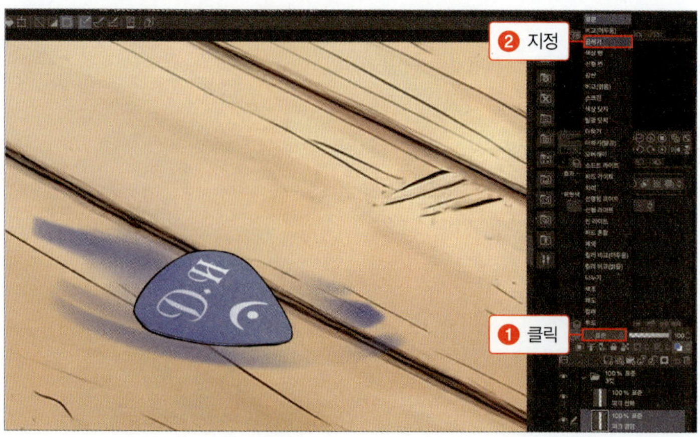

10 '아래 레이어에서 클리핑' 아이콘()을 클릭하여 명암 채색이 피크의 해당 영역에만 적용되도록 합니다.

11 이번에는 카페의 조명이 꺼진 푸르스름한 저녁 분위기를 연출하기 위해 저녁 빛의 차분하고 서늘한 느낌을 표현하기 푸른 계열의 색조 보정 레이어를 추가하겠습니다. 레이어 패널에서 '신규 래스터 레이어' 아이콘()을 클릭하여 새로운 레이어를 생성하고 이름을 '톤 보정 곱하기'로 변경합니다.

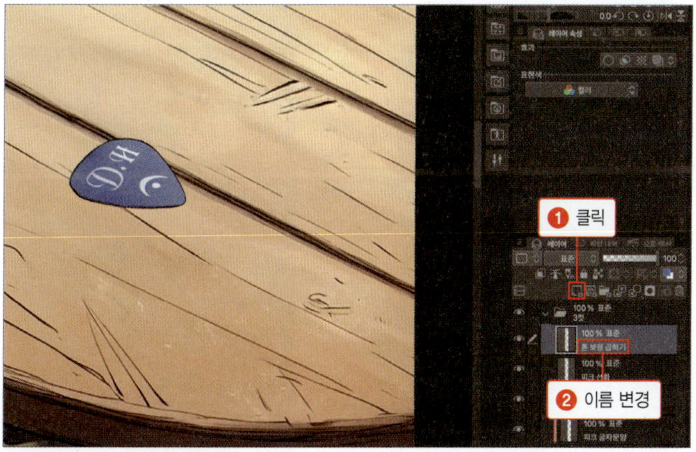

12 도구 패널에서 선택 범위 도구()를 선택하고 보조 도구 패널에서 〔직사각형 선택〕을 선택한 다음 캔버스를 드래그하여 이미지의 전체 영역을 지정합니다. 전경색을 '코발트색'으로 지정하고 Alt+Delete를 눌러 전경색으로 채웁니다.

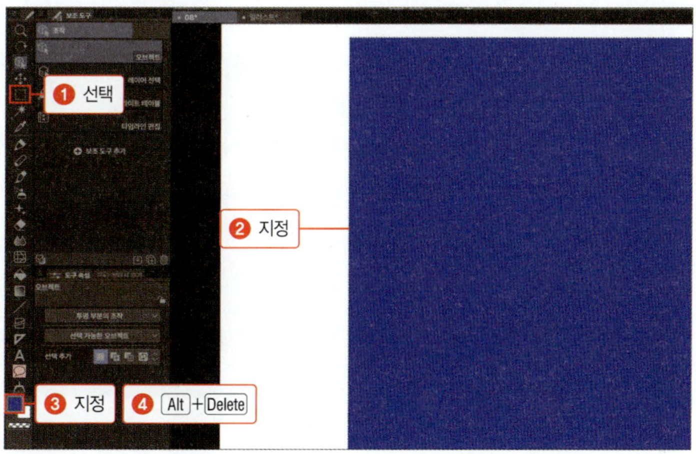

13 '톤 보정 곱하기' 레이어를 선택하고 합성 모드를 '곱하기'로 지정합니다.

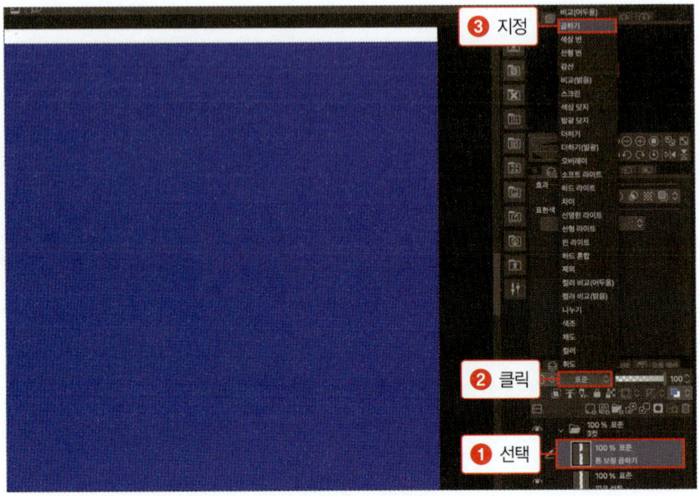

14 어두운 효과가 적용되었습니다. 불투명도를 '55'로 설정하여 푸르스름한 저녁 빛이 자연스럽게 표현되도록 합니다.

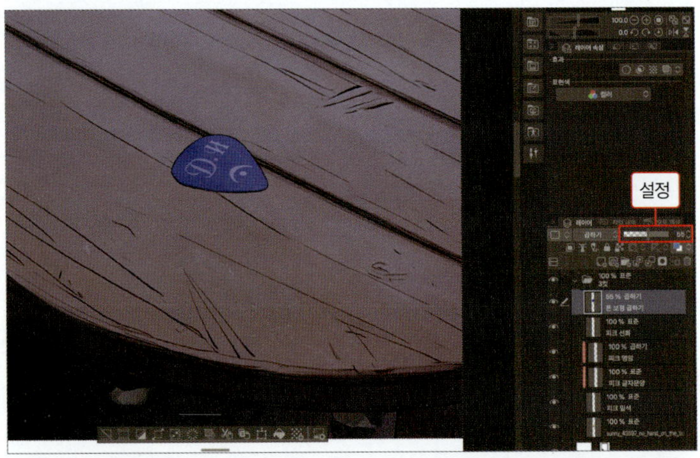

15 왼쪽에 카페에서 비추는 조명의 느낌을 표현하기 위해 레이어 패널에서 '신규 래스터 레이어' 아이콘(■)을 클릭하여 새로운 레이어를 생성하고 이름을 '조명'으로 변경합니다.

Ctrl을 누른 상태로 이미지 레이어의 섬네일을 클릭하여 이미지 전체를 선택 영역으로 지정합니다.

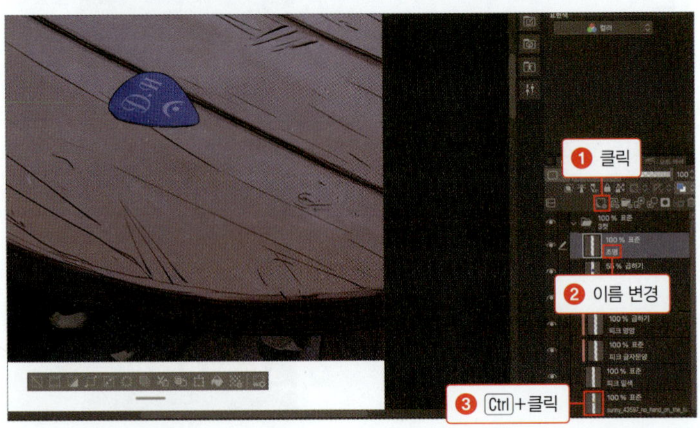

16 도구 패널에서 그라데이션 도구()를 선택하고 〔그리기색에서 투명색〕 또는 〔그리기색에서 배경색〕을 선택한 다음 캔버스를 드래그하여 그림과 같이 빛 효과를 표현합니다.

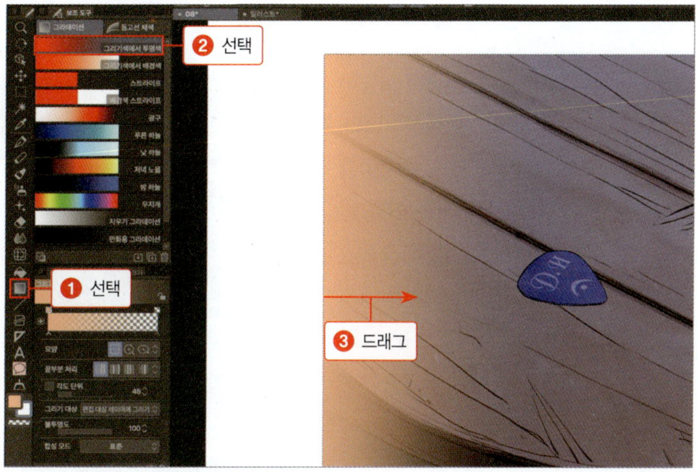

17 레이어 패널에서 '조명' 레이어의 합성 모드를 '발광 닷지'로 지정하고 불투명도를 '95'로 설정하여 조명 빛의 발광 효과를 자연스럽게 조정합니다.

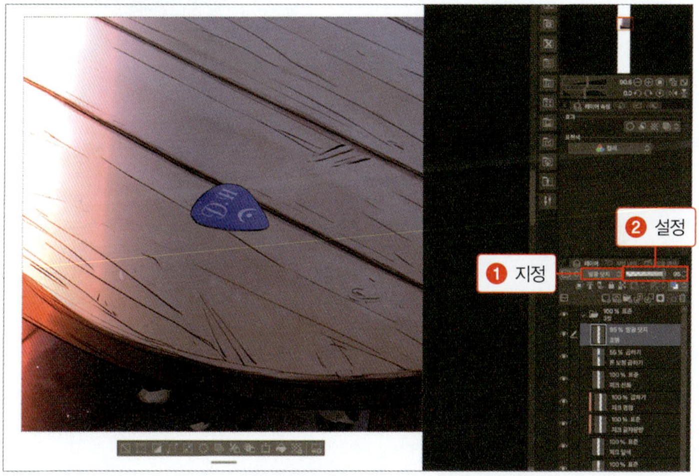

18 도구 패널에서 브러시 도구()를 선택하고 보조 도구 패널에서 〔먹()〕 → 〔붓펜〕을 선택합니다. 조명 빛의 방향을 고려하여 피크의 윗면에 밝은 색을 덧칠해 조명이 닿는 효과를 표현해 완성합니다.

배경 톤으로 무드를 살려 인물의 속마음 표현하기

01 메뉴에서 〔**파일**〕 → **신규**를 실행하여 새로운 캔버스를 생성합니다. 도구 패널에서 그라데이션 도구(■)를 선택하고 〔그리기색에서 배경색〕을 선택합니다. 전경색을 '분홍색', 배경색을 '흰색'으로 지정하고 캔버스를 위에서 아래로 드래그하여 자연스러운 그라데이션을 적용합니다.

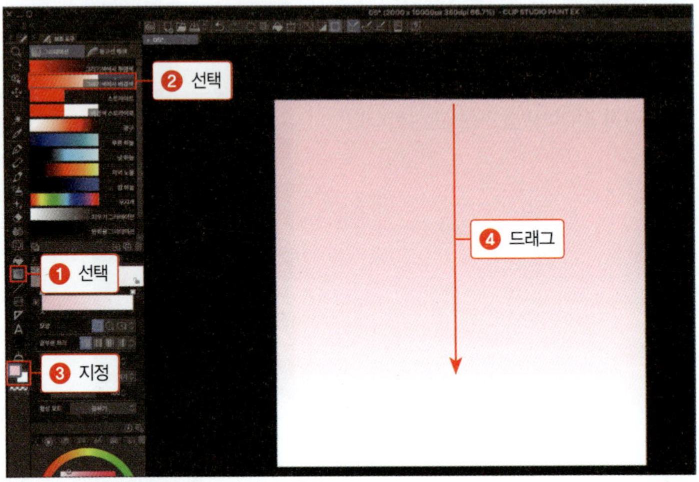

02 효과를 추가하기 위해 〔소재(■)〕를 선택하여 소재 패널을 표시하고 <ASSETS에서 소재 찾기> 버튼을 클릭합니다. 클립 스튜디오 검색창에서 '격자'를 입력하여 다음과 같은 소재를 다운로드합니다.

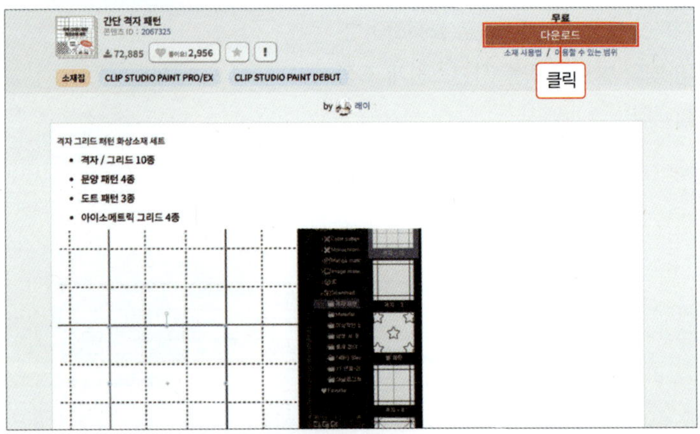

03 클립 스튜디오 페인터로 돌아와서 소재 패널의 '격자 패턴' 소재를 캔버스로 드래그합니다.

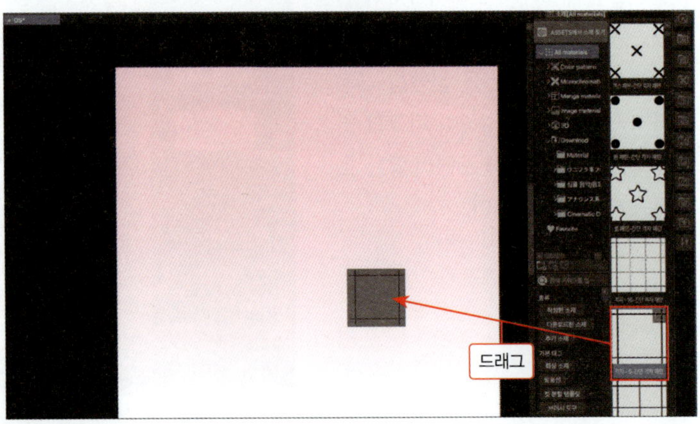

04 그림과 같이 격자 패턴의 사이즈를 조정하여 배치합니다. 레이어 패널의 소재를 적용한 레이어에서 마우스 오른쪽 버튼을 클릭한 다음 **마스크를 레이어에 적용**을 실행하여 레이어와 레이어 마스크가 통합되는 레스터 레이어로 만듭니다.

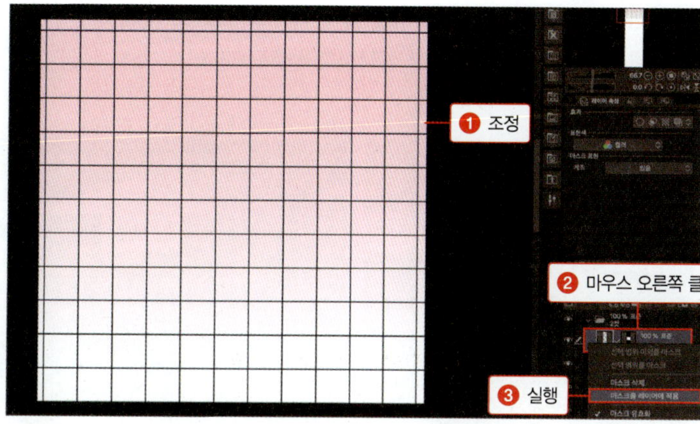

NOTE

패턴 소재는 불러왔을 때 사각형 형태의 조절 핸들이 표시되는데, 이 조절 핸들의 점을 드래그하여 패턴을 확대 및 축소, 회전할 수 있습니다.

05 레이어 패널에서 Ctrl을 누른 상태로 소재 레이어의 섬네일을 클릭하여 격자와 패턴의 선을 선택 영역으로 지정합니다. 전경색을 흰색으로 지정하고 Alt+Delete를 눌러 흰색으로 채웁니다.

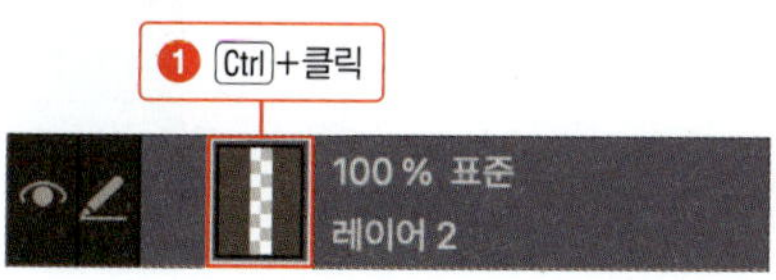

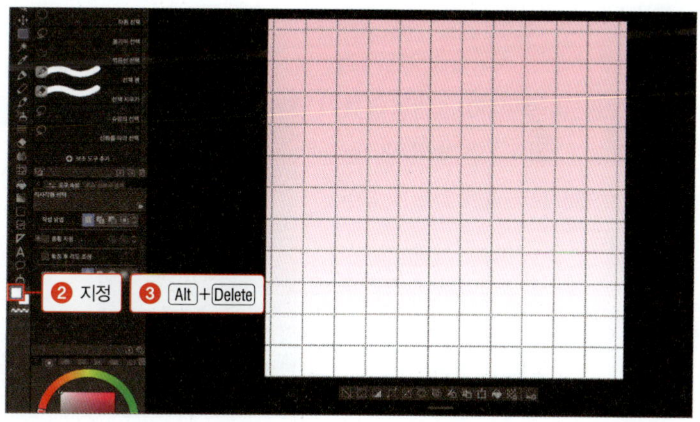

06 레이어 패널에서 '신규 래스터 레이어' 아이콘()을 클릭하여 새로운 레이어를 생성합니다. 도구 패널에서 데코레이션 도구()를 선택하고 〔괘선()〕→〔별〕을 선택한 다음 그림과 같이 별 패턴을 추가합니다. 레이어의 불투명도를 '70'으로 설정하여 자연스럽게 만듭니다.

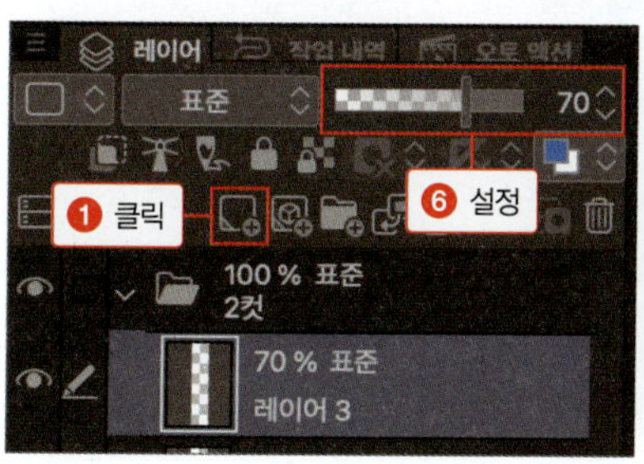

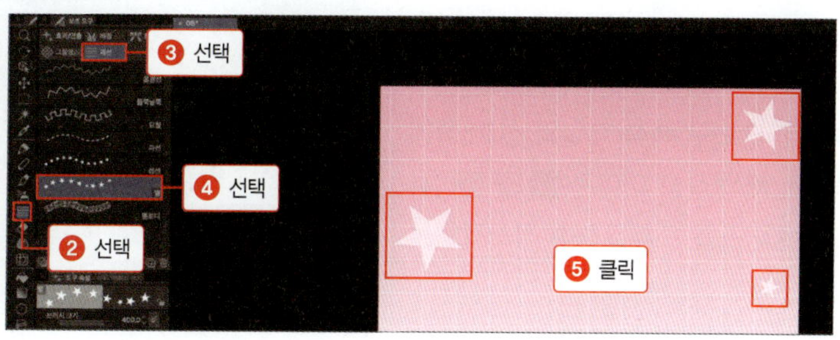

07 도구 패널에서 도형 도구(■)를 선택하고 보조 도구 패널에서 [다각형]을 선택합니다. 도구 속성 패널에서 다각형의 정점 수를 '3'으로 설정하고 선/채색에 있는 '채색 작성' 아이콘(■)을 클릭하여 면처럼 그려질 수 있도록 설정합니다.

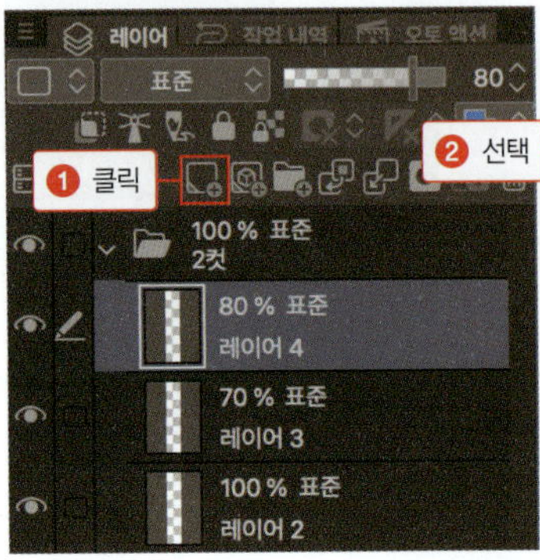

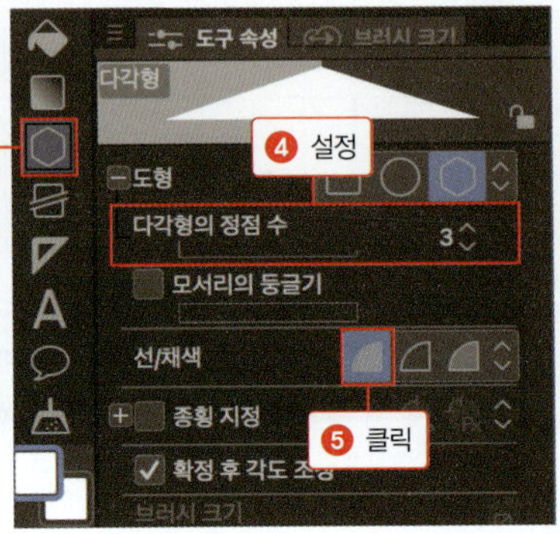

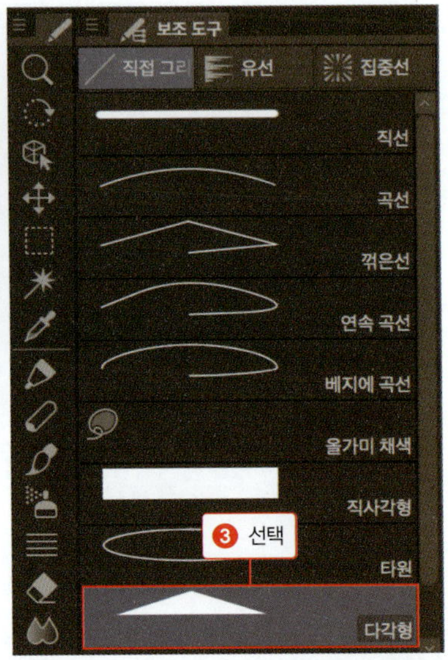

> **NOTE**
>
> 다각형의 정점 수 기능이 표시되지 않는 사용자는 도구 속성 패널의 보조 도구 상세 → 도형에서 다각형의 정점 수를 활성화하세요.

08 캔버스를 클릭하여 삼각형을 그립니다. Ctrl+T를 눌러 삼각형의 크기와 위치를 조정해 그림과 같이 배치합니다.

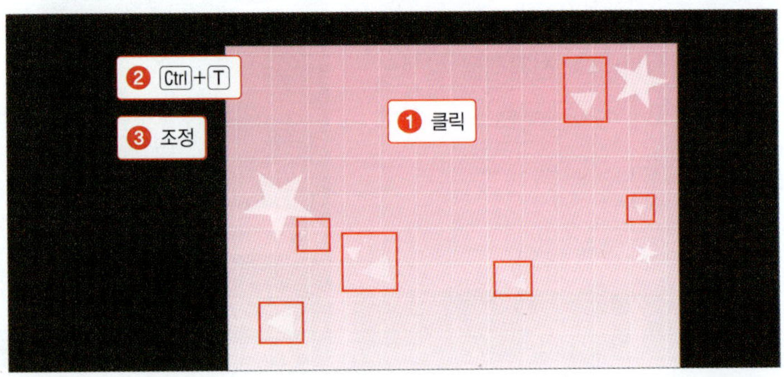

09 레이어 패널에서 '신규 래스터 레이어' 아이콘(■)을 클릭하여 새로운 레이어를 생성합니다. 도구 패널에서 도형 도구(■)를 선택하고 보조 도구 패널에서 [직사각형]을 선택합니다. 도구 속성 패널의 선/채색에 있는 '채색 작성' 아이콘(■)을 클릭하고 캔버스를 드래그하여 직사각형을 그립니다.

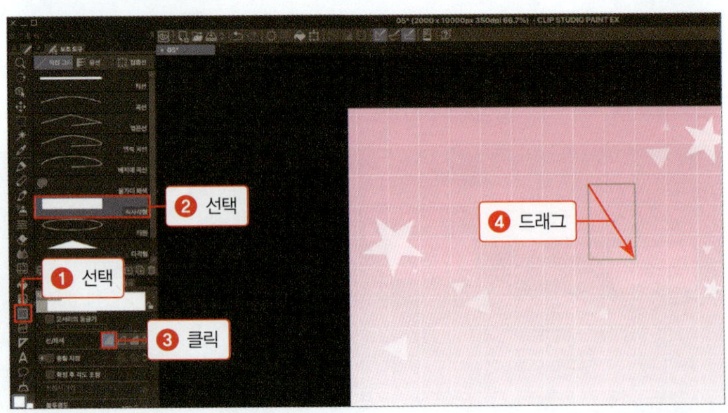

10 Ctrl+T를 눌러 직사각형의 형태를 변형하고 회전합니다. 그림과 같이 폭이 좁은 부분을 표현하려면 Ctrl을 누른 상태로 조절점을 드래그하여 조정합니다.

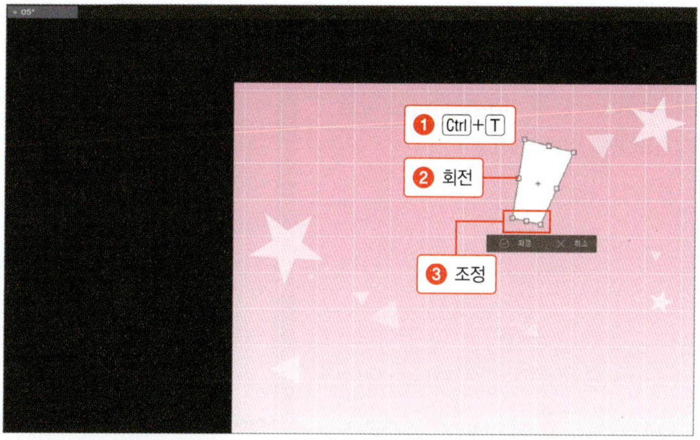

11 같은 방법으로 응용해서 그림과 같이 여러 개의 직사각형을 그려 배치합니다.

12 레이어 속성 패널의 효과 항목에서 '경계 효과' 아이콘(◎)을 클릭합니다. 세부 옵션이 표시되면 테두리 두께를 '3'으로 설정하고 테두리 색을 '진분홍색'으로 지정합니다.

13 직사각형에 테두리 효과를 한 번 더 적용하기 위해 레이어에서 마우스 오른쪽 버튼을 클릭한 다음 **레스터화**를 실행합니다.

14 레이어 속성 패널의 효과 항목에서 '경계 효과' 아이콘(◙)을 클릭합니다. 세부 옵션이 표시되면 테두리 두께를 '20'으로 설정하고 테두리 색을 '흰색'으로 지정합니다.

15 13번~14번과 같은 방법으로 한 번 더 진분홍색 테두리를 만들어 사각형을 완성합니다. [파일] 메뉴에서 **가져오기** 또는 **화상**을 실행하여 11 폴더에서 '감정선4.png' 파일을 불러옵니다. 캔버스에 여자주인공 아라의 이미지가 표시됩니다.

16 도구 패널에서 자동 선택 도구()를 선택하고 〔편집 레이어만 참조 선택〕을 선택합니다. 도구 속성 패널에서 색의 오차를 '40'으로 설정하고 배경색을 흰색으로 지정한 다음 메뉴에서 〔**선택 범위**〕 → **퀵마스크**를 실행합니다.

17 '퀵 마스크' 레이어가 생성되면 도구 패널에서 지우개 도구()를 선택하고 〔딱딱함〕을 선택한 다음 삭제하지 않을 영역을 지워줍니다.

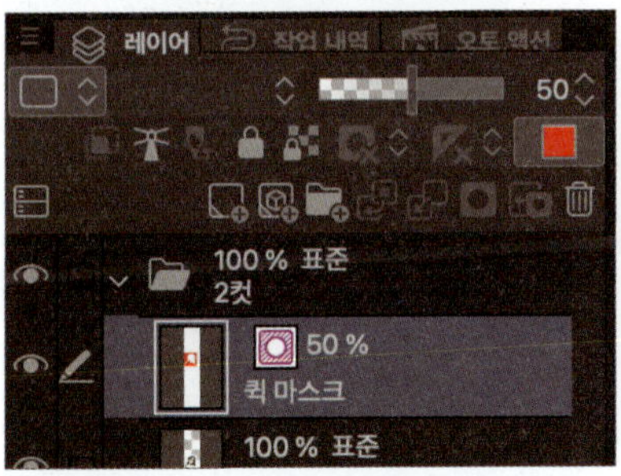

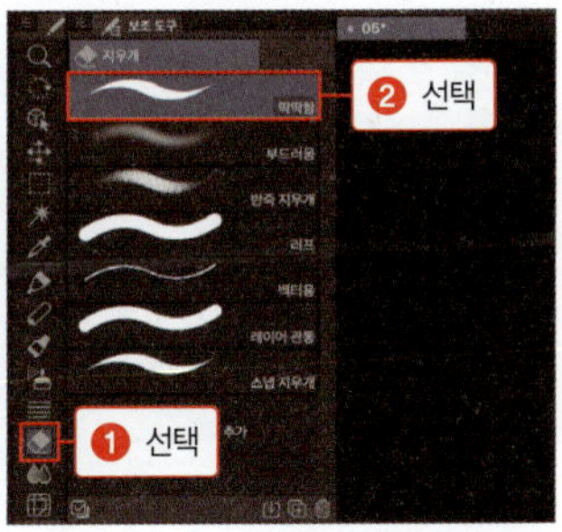

18 Ctrl을 누른 상태로 퀵 마스크 레이어의 섬네일을 클릭하여 배경 영역을 선택 영역으로 지정합니다. 아라가 있는 이미지 레이어를 선택하고 Delete를 눌러 배경 이미지를 삭제합니다.

NOTE

클립 스튜디오에서 레이어는 Delete로 삭제되지 않습니다. 레이어를 선택하고 Delete를 누르면 레이어는 그대로 남아 있는 상태로 레이어의 모든 내용이 삭제됩니다.

19 레이어 패널에서 퀵 마스크 레이어를 선택하고 '레이어 삭제' 아이콘( )을 클릭하여 삭제합니다. 그림과 같이 배경은 지워지고 캐릭터 이미지만 남았습니다.

20 레이어 속성 패널의 효과 항목에서 '경계 효과' 아이콘( )을 클릭합니다. 세부 옵션이 표시되면 테두리 두께를 '75'로 설정하고 테두리 색을 '흰색'으로 지정합니다. 테두리 효과를 한 번 더 적용하기 위해 레이어에서 마우스 오른쪽 버튼을 클릭한 다음 **레스터화**를 실행합니다.

21 레이어 속성 패널의 효과 항목에서 '경계 효과' 아이콘( )을 클릭합니다. 세부 옵션이 표시되면 테두리 두께를 '10'으로 설정하고 테두리 색을 '분홍색'으로 지정합니다.

22 캐릭터의 감정을 강조하기 위해 홍조 효과를 표현하겠습니다. 레이어 패널에서 '신규 래스터 레이어' 아이콘( )을 클릭하여 새로운 레이어를 생성하고 이름을 '홍조'로 변경합니다. 도구 패널에서 에어브러시 도구( )를 사용해서 발그레한 볼을 표현하고, 펜 도구( )를 사용해서 효과 선을 그립니다.

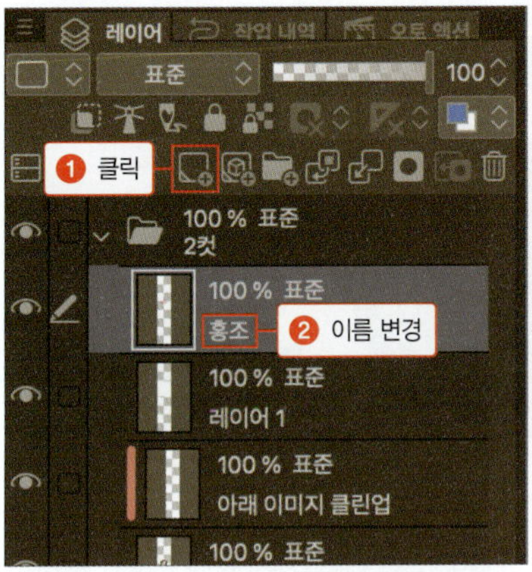

23 레이어 패널의 합성 모드를 '하드 라이트'로 지정하여 자연스러운 홍조 효과를 줍니다.

24 톤 보정을 하기 위해 레이어 패널에서 '신규 래스터 레이어' 아이콘( )을 클릭하여 새로운 레이어를 생성하고 이름을 '톤 보정'으로 변경합니다. 도구 패널에서 선택 범위 도구( )를 선택하고 보조 도구 패널에서 〔직사각형 선택〕을 선택한 다음 캔버스를 드래그하여 이미지의 전체 영역을 지정합니다.

25 도구 패널에서 그라데이션 도구( )를 선택하고 〔그리기색에서 투명색〕을 선택한 다음 캔버스를 드래그하여 그림과 같이 그라데이션 효과를 적용합니다.

26 레이어 패널의 합성 모드를 '색상 닷지'로 지정하여 자연스러운 톤 보정을 적용하고 '아래 레이어에서 클리핑' 아이콘( )을 클릭하여 불필요한 영역에 적용된 그라데이션을 숨깁니다.

27 펜 도구( )를 이용해서 '화악' 효과음을 그리고 배치한 다음 도형 도구( ) → 〔직선〕을 이용해 컷의 위아래에 선을 그려 완성합니다.

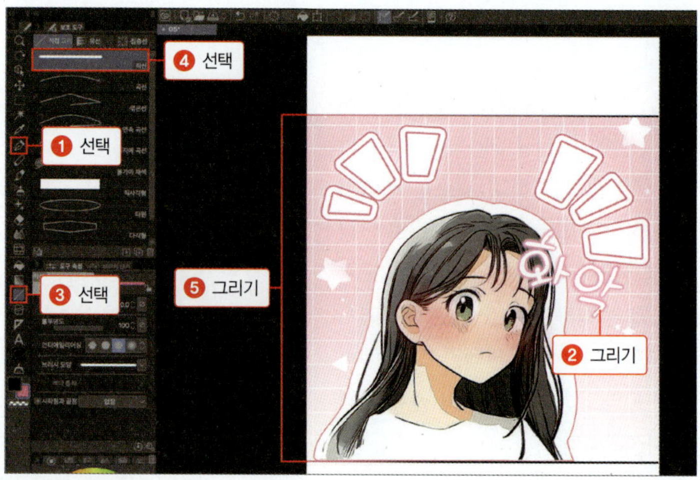

연습 문제 | 웹툰을 완성하는 놀라운 터칭, 후보정

• **예제 파일** : 11\연습_이미지링크.txt, 연습02.png, 연습03.png

01 클립 스튜디오에서 그리기 도구 '펜', '연필', '붓', '에어브러시', '데코레이션'의 특징과 각각의 사용법을 익혀보세요. 각 도구가 표현하는 선의 성격과 사용 목적을 비교해 보며 다양한 드로잉 스타일을 실습해 보세요.

02 클립 스튜디오에서 남성 캐릭터 이미지와 어울리는 배경 톤을 만들어서 캐릭터의 속마음이 표현된 장면을 생성해 보세요.

이미지 주소 링크(URL) :
https://cdn.midjourney.com/e1b7849e-5892-4a0d-b7bc-4d7f219402dc/0_0.png

03 클립 스튜디오에서 〔그라데이션〕과 〔소재〕를 사용해 여성 캐릭터의 섬세하고 따뜻한 감정을 강조하기 위해 부드러운 빛과 자연스러운 색감을 연출해 보세요.

이미지 주소 링크(URL) :
https://cdn.midjourney.com/7bfc8814-9a89-4e2f-9938-b941c3dd07cf/0_0.png

WEEK 12

생성형 AI로 홍보용 웹툰 숏폼

학 습 목 표

생성형 AI 기술을 활용한 웹툰 기반 숏폼 콘텐츠는 작품에 대한 독자의 관심을 유도하고, 실제 열람까지 이끌어 낼 수 있는 효과적인 홍보 수단으로 주목받고 있습니다. 소라를 활용하여 홍보용 웹툰 숏폼 콘텐츠를 직접 제작해 보며, 생성형 AI 영상 기술을 기반으로 한 스토리텔링과 시각적 연출의 융합을 실습합니다.

12.1 영상 제작을 위한 생성형 AI 도구

생성형 AI 도구

생성형 AI는 이미지를 만드는 것뿐만 아니라, 이미 영상 콘텐츠 제작에서도 큰 변화를 가져오고 있습니다. 영상을 제작할 수 있는 대표적인 생성형 AI는 OpenAI의 소라(Sora AI), 루마(Luma AI)의 드림 머신(Dream Machine), 런웨이(Runway AI), 클링(Kling AI) 등이 있습니다.

표 12-1 생성형 AI와 특징

생성형 AI	개발사	특징
소라(Sora AI)	OpenAI	• 텍스트 및 이미지 기반 영상 생성, 영상 변환 • 인물의 상세한 움직임과 자연스러운 배경 연출
루마(Luma AI)	Luma AI	• 고퀄리티 영상 생성, 모션 일관성 유지 • 실사 같은 고품질 영상 생성, 자연스러운 모션
젠3(Gen-3)	Runway AI	• 비디오 편집, 스타일 전환 • 손쉬운 비디오 편집 및 스타일 전환, 다양한 필터로 연출
클링(Kling AI)	Kuaishou Technology	• 실시간 AI 기반 애니메이션 생성 및 편집 • 빠른 애니메이션 처리 속도

소라

소라는 2024년 말에 상용화된 생성형 AI 도구로 텍스트와 이미지를 영상으로 변환하거나 영상 파일을 새로운 영상으로 변환하는 기능을 제공합니다. 소라는 인터페이스가 쉽고 직관적이라 기본적인 사용 방법을 습득하면 어렵지 않게 숏폼을 만들어 볼 수 있습니다.

소라에서 텍스트 프롬프트나 이미지 및 영상 파일을 기반으로 다양하게 연출된 영상을 생성할 수 있습니다. 인물이나 동물 등 캐릭터의 움직임을 표현할 수 있고, 연출된 배경을 구현할 수 있습니다. 특히, 스토리보드 기능은 단계별 프롬프트를 입력하여 시간순으로 장면을 구성하고 업로드한 이미지 파일을 기반으로 자연스러운 전개를 연출할 수 있습니다.

웹툰 분야에서 소라의 활용 가능성은 무빙툰과 모션툰, 숏폼을 비롯하여 짧은 애니메이션 제작도 기대할 수 있습니다. 2024년 카카오 웹툰과 카카오페이지의 유튜브 채널을 통해 공개된 숏폼 영상은 최대 조회수 100만 회를 돌파하며 높은 관심을 받았습니다. 카카오엔터테인먼트는 숏폼 콘텐츠를 강화하기 위해 웹툰과 웹소설 콘텐츠를 1분 이내 숏폼으로 제작해 미리 보기 서비스를 하는 '헬릭스 쇼츠'를 도입했습니다. '헬릭스 쇼츠'는 생성형 AI 기술을 활용해 웹툰과 웹소설의 핵심 줄거리를 숏폼 형식으로 제작하여 앱의 화면에 띄워 독자의 작품 열람으로 유도하는 역할을 합니다. 해당 서비스에서 노출된 웹툰과 웹소설 작품을 열람하고 구매하는 비율이 이전 대비 약 40% 증가했다고 합니다. 이처럼 생성형 AI 기술을 활용한 웹툰 기반의 숏폼 콘텐츠는 작품에 대한 독자의 관심을 유도하고 열람까지 이끌어 낼 수 있을 것으로 기대됩니다.

1) 소라의 구독

소라는 챗GPT를 구독하는 경우, 사용이 가능합니다. 구독 모델인 ChatGPT Plus와 ChatGPT Pro에 따라 영상 생성 기능의 이용 조건이 달라집니다.

ChatGPT Plus를 구독하는 경우, 최대 5초 길이의 영상을 한 달에 약 50여 개 만들 수 있습니다. ChatGPT Pro를 구독하는 경우, 최대 20초 길이의 영상을 최대 500여 개 영상을 만든 후, 릴렉스 모드로 무제한 만들 수 있습니다. 표 12-2는 두 구독 모델 간의 차이를 비교한 것입니다.

표 12-2 소라의 구독

구분	ChatGPT Plus	ChatGPT Pro
구독료	20달러	200달러
월별 제공 크레딧	1,000	10,000
생성 가능 개수	월 최대 50개	무제한 생성(월 최대 500개 생성 후, 릴렉스 모드로 전환)
영상 길이	최대 5초	최대 20초
최대 해상도	720p	1080p
동시 생성 가능 개수	최대 2개	최대 4개
워터마크 유무	있음	없음

2) 소라의 기능

소라의 메인 화면의 왼쪽에는 여러 가지 기능을 제공하는 메뉴 바가 있습니다. 이 메뉴 바에 있는 다양한 기능에 대해서 살펴보겠습니다.

그림 12-1 소라의 인터페이스

❶ **탐색(Explore)** : 소라에서 생성된 다양한 영상을 탐색할 수 있는 섹션입니다.

- **추천(Featured)** : 소라가 선별한 인기 영상이나 주목할 만한 콘텐츠가 표시됩니다.
- **최근(Recent)** : 최근에 생성된 영상들이 최신순으로 정렬되어 표시됩니다.
- **좋아요(Likes)** : 사용자가 '좋아요(Like)'를 표시한 영상들을 모아서 볼 수 있습니다.

❷ **라이브러리(Library)** : 사용자가 생성하거나 저장한 영상을 관리하는 섹션입니다.

- **모든 영상(All Videos)** : 사용자가 생성한 모든 영상이 한 곳에 모여 있으며, 생성된 날짜순으로 정렬됩니다.
- **즐겨찾기(Favorites)** : 자주 사용하는 영상이나 중요한 영상을 즐겨찾기로 지정하여 빠르게 접근할 수 있습니다.
- **업로드(Uploads)** : 사용자가 직접 업로드한 영상이 저장됩니다. 기존에 제작한 영상이나 외부 소스의 영상을 업로드하여 활용할 수 있습니다.
- **보관함(Archive)** : 더 이상 사용하지 않거나 백업이 필요한 영상들을 아카이브(보관)하여 관리할 수 있습니다.
- **새 폴더(New Folder)** : 영상 파일을 체계적으로 관리하기 위해 새 폴더를 만들고 정리할 수 있습니다.

❸ **입력 필드(Input field)** : 메인 화면의 하단에 있는 기능입니다.

- **이미지나 비디오 추가(Add an image or video)** : 입력 필드에 있는 <+> 버튼을 클릭하면 새로운 영상 생성(upload image or video) 또는 라이브러리에 저장된 영상 업로드(Choose from library)와 관련된 다양한 옵션을 사용할 수 있습니다.

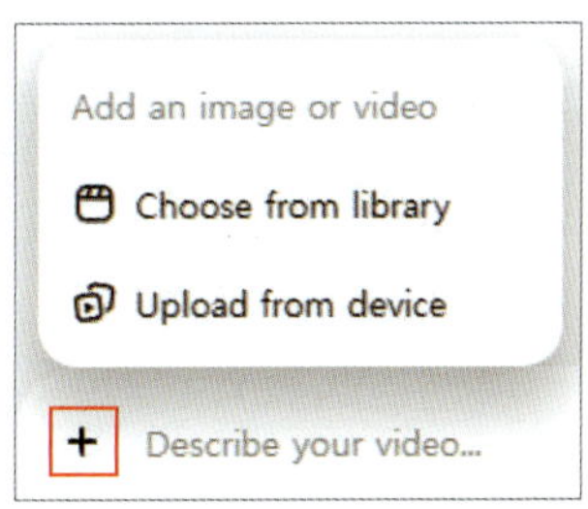

- **프리셋(Presets)** : ‘’ 아이콘을 클릭하면 다양한 스타일을 적용할 수 있는 메뉴가 표시됩니다. 이 메뉴에서 원하는 스타일을 선택하여 스타일을 지정한 영상을 생성할 수 있습니다. 프리셋에서 기본적으로 제공되는 스타일은 기록 영상물 스타일인 ‘Archival’, 고전 흑백 영화 형식의 ‘Film Noir’, 종이 크래프트 스타일의 ‘Cardboard & Papercraft’, 스톱 모션 형식의 ‘Whimsical Stop Motion’, 만화 스타일의 ‘Ballon World’입니다.

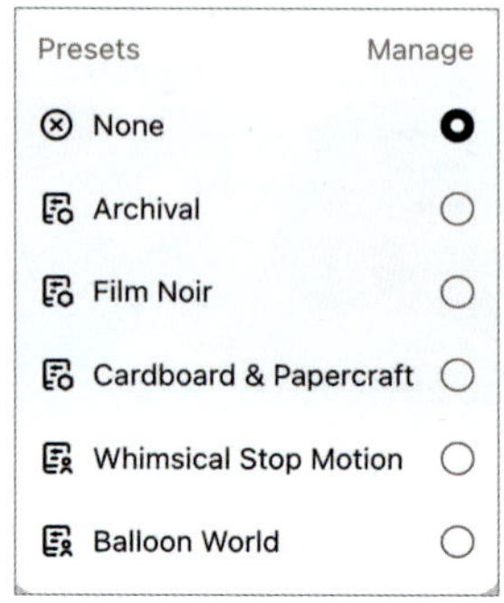

- **화면비율(Aspect ratio)** : 생성될 영상의 비율을 가로형(16:9), 정방형(1:1), 세로형(9:16) 중에서 선택할 수 있습니다.

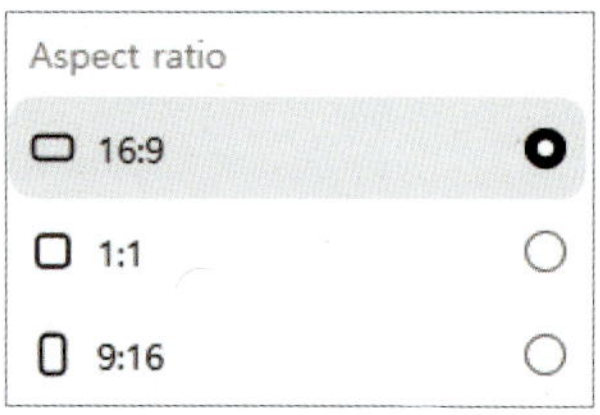

- **해상도(Resolution)** : 생성될 영상의 해상도를 480p, 720p, 1080p(챗GPT Pro 구독 시, 사용 가능) 중에서 선택할 수 있습니다.

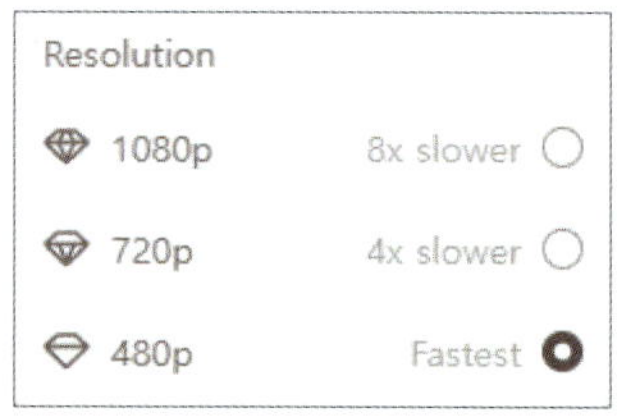

- **영상 길이(Duration)** : 생성될 영상의 길이를 5초, 10초, 15초, 20초(챗GPT Pro 구독 시, 사용 가능) 중에서 선택할 수 있습니다.

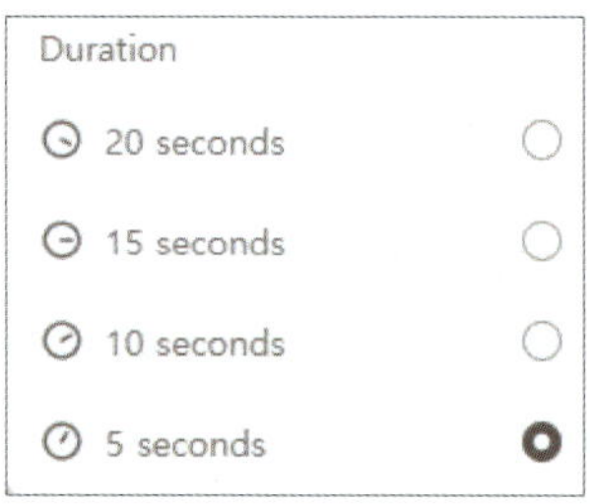

- **베리에이션(Varations)** : 프롬프트에 따른 결과물을 생성할 때 한 번에 최대로 생성할 베리에이션 수를 설정합니다. 1, 2, 4개로 설정하여 생성할 수 있습니다.

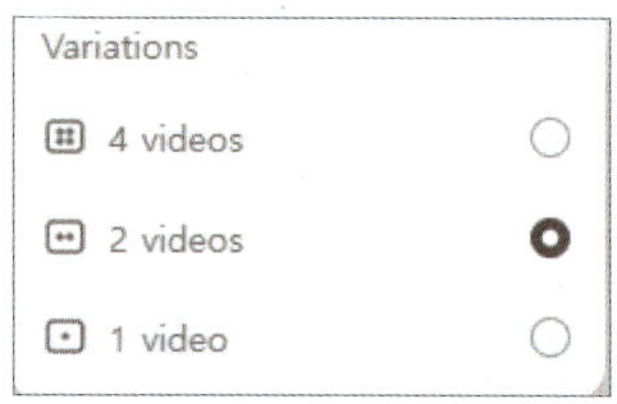

❹ **스토리보드** : 시간 단위별 프롬프트를 입력하면 좀 더 정교하게 영상을 생성할 수 있습니다. 스토리보드에서 입력한 텍스트 프롬프트를 시간 순서대로 구성하여 연속적인 장면으로 영상을 생성할 수 있습니다. 여러 개의 텍스트 프롬프트를 단계별로 입력하면 한 장면에서 다음 장면으로 자연스럽게 이어지는 영상을 만들 수 있습니다. 생성된 영상을 리컷(Re-cut), 루프(Roop), 블렌드(Blend) 기능을 사용해서 편집할 수 있습니다.

- **리컷(Re-cut)** : 기존의 생성된 영상에서 특정 장면을 다시 수정하거나 재구성하는 기능으로, 스토리보드에서 프롬프트를 입력해서 조정합니다.

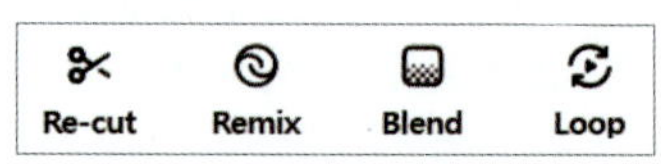

- **리믹스(Remix)** : 선택한 영상을 기반으로 배경, 색상, 구도 등을 변경하여 새로운 이미지나 영상으로 재구성하는 기능입니다.
- **블렌드(Blend)** : 서로 다른 장면을 부드럽게 연결해서 하나의 영상으로 결합하는 기능입니다.
- **루프(Loop)** : 선택한 영상의 시작과 끝을 연결하여 자연스럽게 반복 재생하는 기능입니다.

12.2

실습 예제 01

소라의 시작, 영상 만들기

• **예제 파일** : 12\이미지활용.png • **완성 파일** : 12\영상1~3_완성.mp4

단계별 생성형 AI 도구를 활용하는 방법은 '1. 미드저니로 숏폼에 삽입될 이미지 생성하기', '2. 챗GPT로 구체적인 프롬프트 작성하기', '3. 소라에서 컷 구성과 연출 조정하기'입니다. 이번 예제에서는 3단계 작업을 진행할 예정으로, 소라의 로그인부터 시작해 기본 기능을 살펴보며 이해해 봅시다.

소라 로그인과 사용 동의하기

01 웹브라우저에서 소라(openai.com/sora) 사이트에 접속하고 오른쪽 상단에 위치한 <Log in> 버튼을 클릭합니다.

02 로그인 화면으로 이동되면 <Log in> 버튼을 클릭합니다. 챗GPT 계정의 아이디 및 비밀번호를 입력하여 로그인합니다.

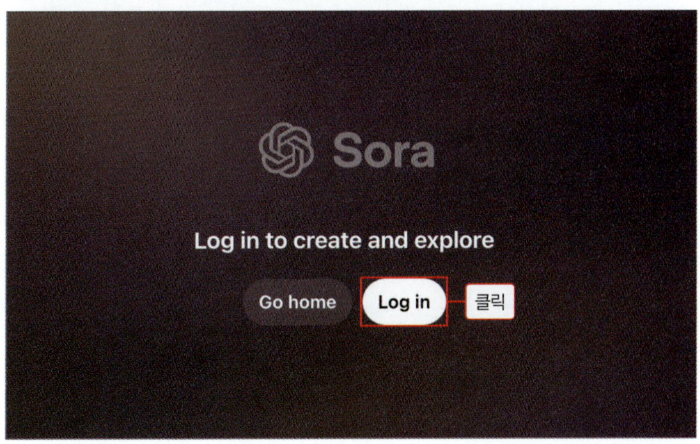

03 그림과 같이 소라의 메인 화면이 표시됩니다.

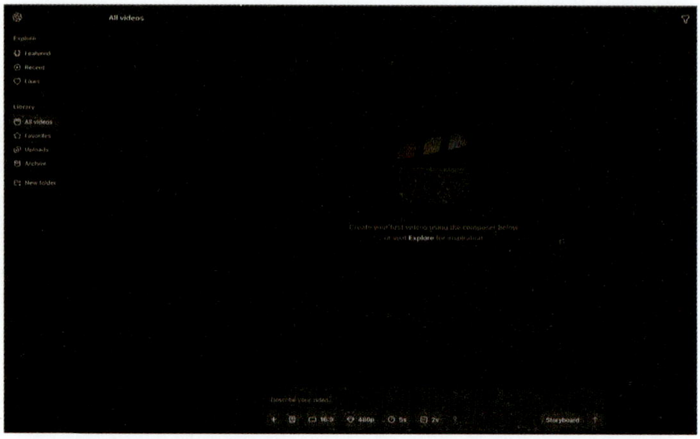

04 하단에 있는 입력 필드에서 <+> 버튼을 클릭하고 'Upload Image or video'를 선택합니다.

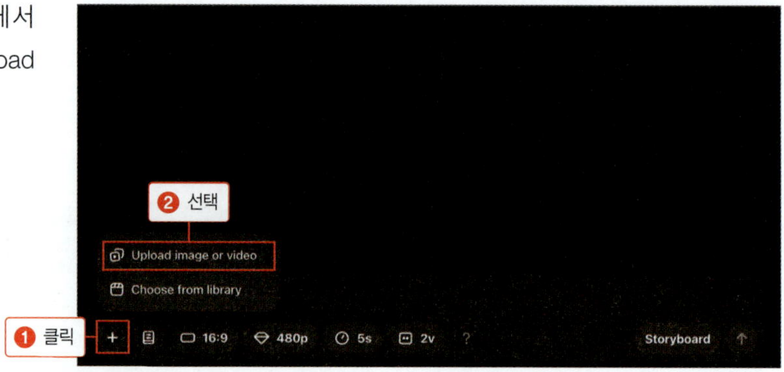

05 Media Upload Agreement 창이 표시됩니다. 이는 미디어 업로드를 동의하는 창으로, 사용자가 소라를 통해 업로드하거나 생성하는 미디어 콘텐츠와 관련하여 OpenAI의 이용 약관 및 콘텐츠 정책에 동의하는 절차입니다. 사용자가 업로드한 파일이 소라의 품질 개선에 활용될 수 있다는 콘텐츠 이용 동의와 사용자가 업로드한 파일이 저작권을 침해하지 않는 콘텐츠라는 것에 대한 동의 등을 확인하는 절차로, <Accept> 버튼을 클릭하면 소라의 미디어 업로드 정책을 준수하는 것으로 간주합니다.

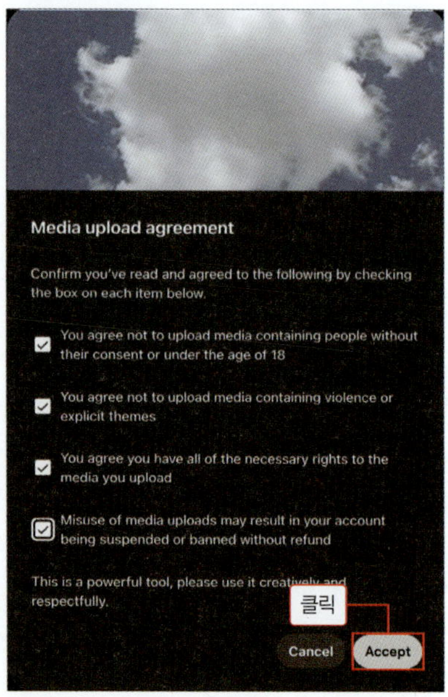

06 Media containing people 창이 표시되며 실제 인물의 초상권 및 프라이버시 보호에 대한 안내 메시지가 나타납니다. 실존 인물의 이미지 사용 주의와 윤리적 책임을 숙지하고 준수할 것을 동의하기 위해 <Got it> 버튼을 클릭합니다. 이제 소라에서 영상 생성 기능을 사용할 수 있습니다.

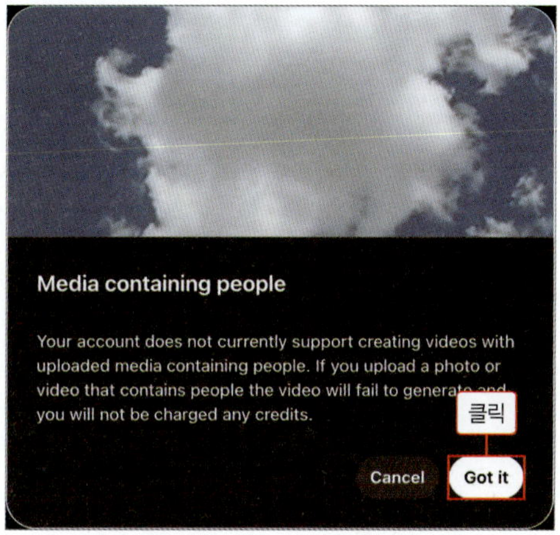

프롬프트로 영상 만들기

01 메인 화면 하단에 있는 입력 필드의 <Storyboard> 버튼을 클릭하여 스토리보드 화면으로 전환합니다.

> **NOTE**
>
> <+> 버튼을 클릭하고 프롬프트를 입력하여 스토리보드 창으로 전환할 수도 있습니다.

02 5초 영상을 만들 수 있는 스토리보드 화면으로 전환됩니다.

첫 번째 장면을 생성하기 위해 컷 1 보드 내부를 클릭하고 다음과 같이 텍스트 프롬프트를 입력합니다.

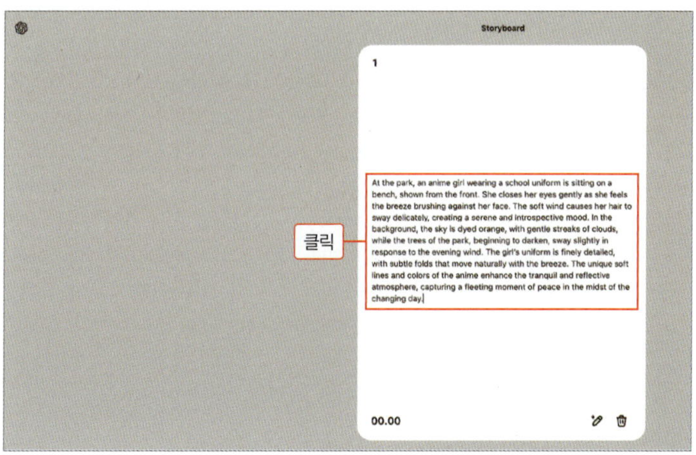

프롬프트 At the park, an anime girl wearing a school uniform is sitting on a bench, shown from the front. She closes her eyes gently as she feels the breeze brushing against her face. The soft wind causes her hair to sway delicately, creating a serene and introspective mood. In the background, the sky is dyed orange, with gentle streaks of clouds, while the trees of the park, beginning to darken, sway slightly in response to the evening wind. The girl's uniform is finely detailed, with subtle folds that move naturally with the breeze. The unique soft lines and colors of the anime enhance the tranquil and reflective atmosphere, capturing a fleeting moment of peace in the midst of the changing day.

NOTE

스토리보드가 많으면 물리적으로 5초 영상은 구현할 수 없습니다. 따라서 5초 영상을 만들 때는 2컷, 10초 영상을 만들 때는 3~4컷 정도가 적절합니다. 스토리보드에 입력할 텍스트 프롬프트는 육하원칙을 바탕으로 캐릭터의 특징, 표정과 동작의 변화, 카메라 워크, 색감과 분위기, 스타일 등을 추가해 프롬프트를 자세하게 작성합니다.

03 다음 장면인 두 번째 장면을 만들기 위해서 하단의 붉은색 타임라인 막대 중 02와 03 사이를 클릭하고 생성된 컷 2 보드에 다음과 같이 텍스트 프롬프트를 입력합니다. 메인 화면 하단에서 기본 옵션의 비율이 '가로형(16:9)', 해상도가 '480p', 길이가 '5초', 베리에이션이 '2 videos'로 선택되어 있는지 확인하고 <Create> 버튼을 클릭합니다.

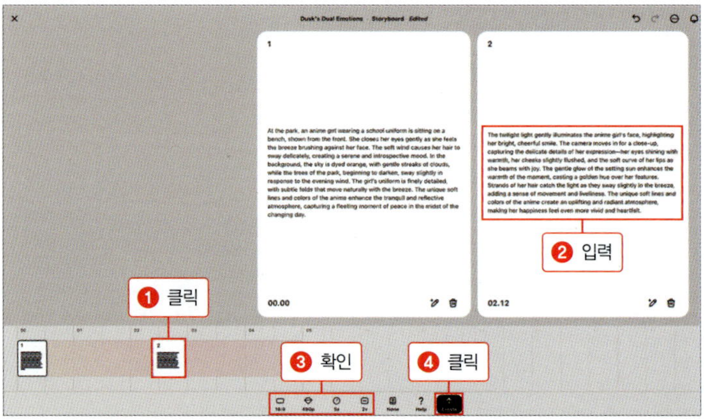

프롬프트 The twilight light gently illuminates the anime girl's face, highlighting her bright, cheerful smile. The camera moves in for a close-up, capturing the delicate details of her expression—her eyes shining with warmth, her cheeks slightly flushed, and the soft curve of her lips as she beams with joy. The gentle glow of the setting sun enhances the warmth of the moment, casting a golden hue over her features. Strands of her hair catch the light as they sway slightly in the breeze, adding a sense of movement and liveliness. The unique soft lines and colors of the anime create an uplifting and radiant atmosphere, making her happiness feel even more vivid and heartfelt.

04 그림과 같이 2개의 영상이 생성되어 자동으로 재생됩니다.

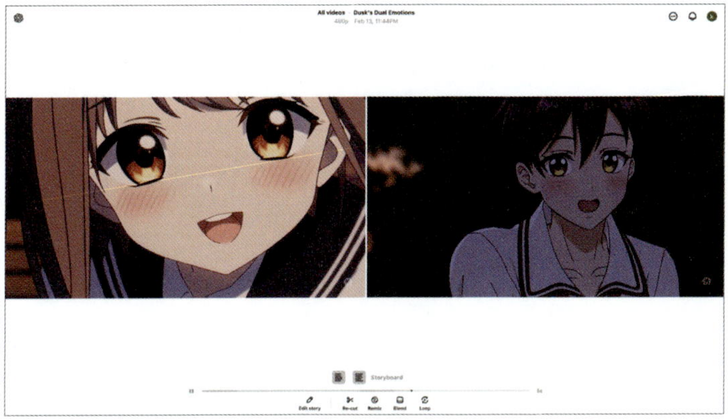

05 재생되는 2개의 이미지 중에서 마음에 드는 영상을 선택합니다.

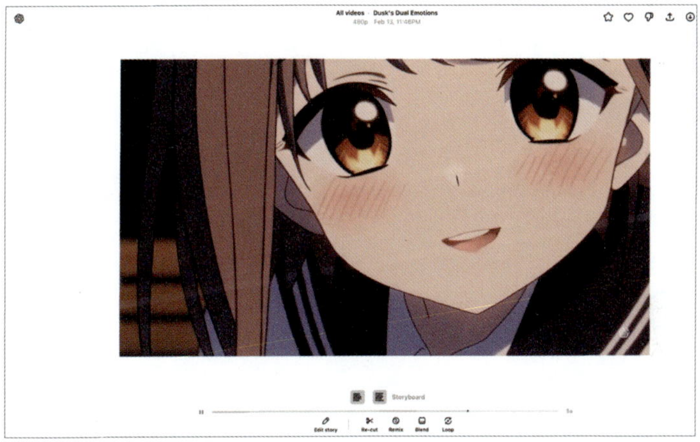

06 이번에는 보드를 추가하여 소녀 뒤로 파랑새 두 마리가 날아오르는 장면을 추가하겠습니다. 하단의 <Edit story> 버튼을 클릭합니다.

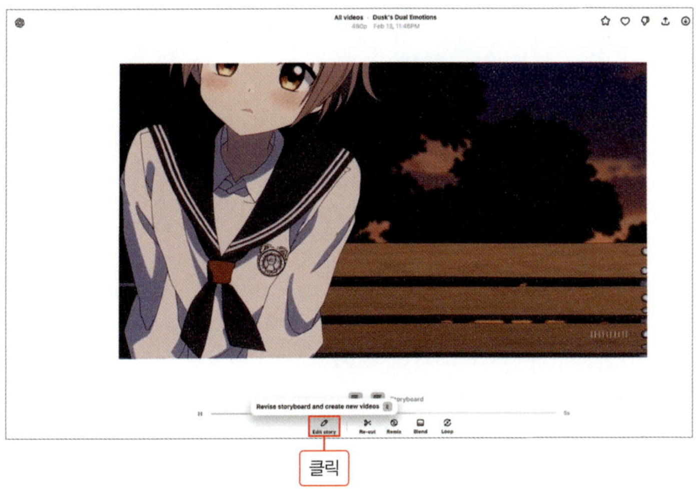

07 다음과 같이 컷 3 보드에 소녀 뒤로 파랑새 두 마리가 날아오른다는 텍스트 프롬프트를 입력하고 컷 3 보드 하단의 'Expand caption' 아이콘()을 클릭합니다.

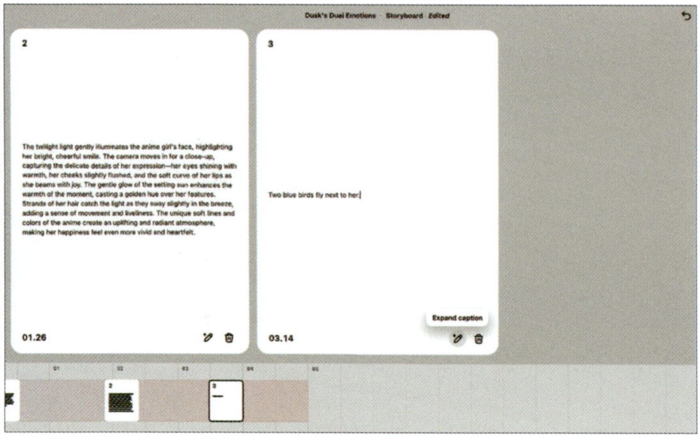

프롬프트 `Two blue birds fly next to her.`

NOTE

'Expand caption' 아이콘()은 앞의 장면과 자연스럽게 연계된 프롬프트를 상세하게 작성해 줍니다.

08 그림과 같이 텍스트 프롬프트가 완성되면 타임라인에서 각 컷의 간격을 확인하여 조정하고 <Create> 버튼을 클릭합니다.

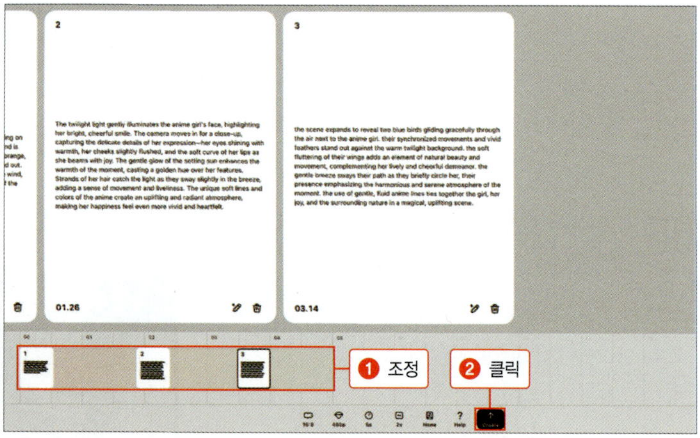

프롬프트 the scene expands to reveal two blue birds gliding gracefully through the air next to the anime girl. their synchronized movements and vivid feathers stand out against the warm twilight background. the soft fluttering of their wings adds an element of natural beauty and movement, complementing her lively and cheerful demeanor. the gentle breeze sways their path as they briefly circle her, their presence emphasizing the harmonious and serene atmosphere of the moment. the use of gentle, fluid anime lines ties together the girl, her joy, and the surrounding nature in a magical, uplifting scene.

09 그림과 같이 컷 3 보드의 텍스트 프롬프트가 적용된 영상 2개가 생성되었습니다.

10 영상을 재생해 작성한 프롬프트대로 장면이 구현되었는지 확인합니다.

생성된 2개의 영상 캡처 이미지

이미지를 활용해 영상 만들기

01 소라에서 이미지를 활용해 짧은 영상을 만들겠습니다. 미드저니에서 다음과 같은 프롬프트를 입력하여 생성한 이미지를 다운로드해 PC에 저장합니다.

프롬프트

anime style, over the shoulder shot of the confessional expression of a girl in school uniform over the shoulder of a boy in school uniform --ar 4:3 --niji 6

02 소라 메인 화면의 하단에 있는 입력 필드에서 <+> 버튼을 클릭하고 'Upload Image or video'를 선택합니다. 열기 대화상자가 표시되면 12 폴더에서 '이미지활용.png' 파일을 선택하고 <열기(O)> 버튼을 클릭합니다.

03 이미지가 업로드되면 입력창(Optionally describe your vide)에 프롬프트를 입력하고 <Storyboard> 버튼을 클릭합니다.

프롬프트

A girl and a boy look at each other and smile while walking

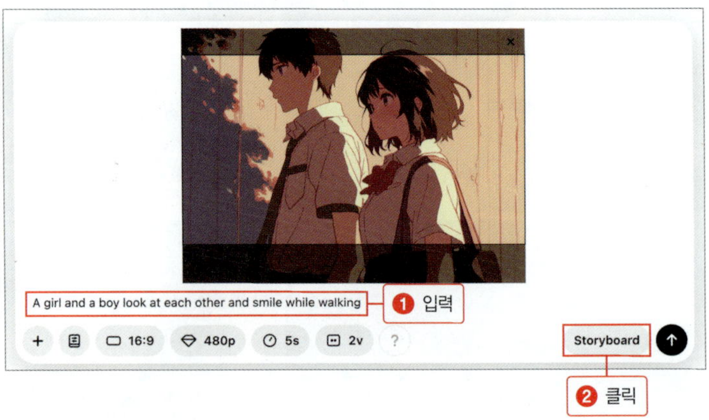

04 스토리보드 화면으로 전환됩니다. 컷 1 보드에는 업로드한 이미지, 컷 2 보드에는 자동으로 생성된 텍스트 프롬프트, 컷 3 보드에는 직접 작성한 프롬프트가 배치되었습니다.

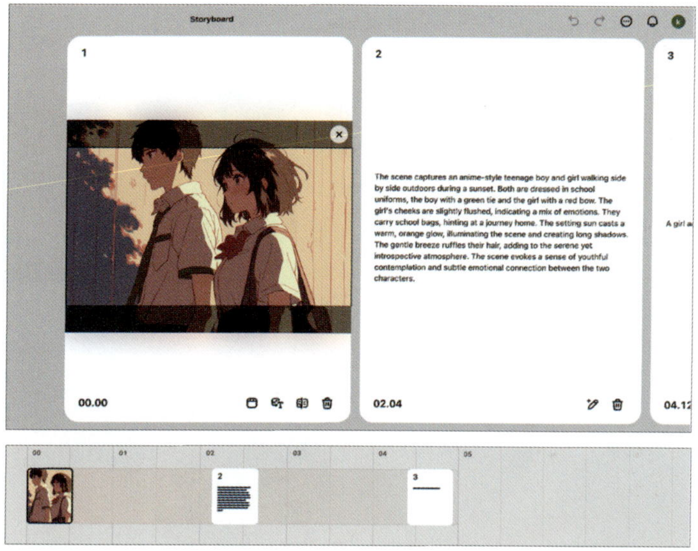

> **NOTE**
>
> 컷 2의 자동 생성 텍스트 프롬프트는 소라가 업로드한 이미지의 특징을 분석하여 작성된 것입니다. 영상 제작에 의도를 잘 반영하기 위해서는 자동으로 생성된 프롬프트를 체크해 보는 것이 좋습니다.

05 직접 작성한 프롬프트가 입력된 컷 3 보드 하단의 'Expand caption' 아이콘()을 클릭하여 프롬프트를 확장합니다.

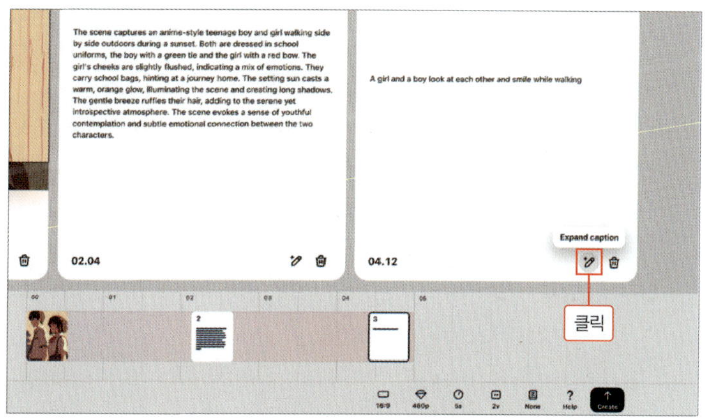

06 확장된 내용을 검토하고 영상을 생성하기 위해 <Create> 버튼을 클릭합니다.

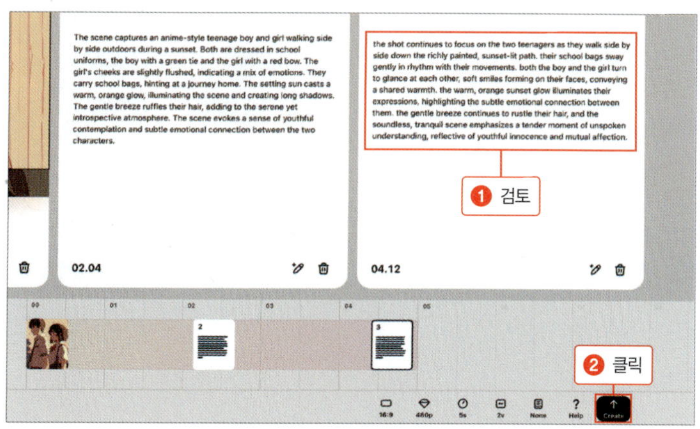

12 생성형 AI로 홍보용 웹툰 숏폼

07 그림과 같이 2개의 영상이 생성되어 자동으로 재생됩니다. 재생되는 2개의 이미지 중에서 마음에 드는 영상을 선택합니다. 예제에서는 캐릭터가 변형되지 않은 오른쪽 영상을 선택하였습니다.

생성된 영상 캡처 이미지

12.3 스토리보드 기능으로 웹툰 숏폼 만들기

실습 예제 02

- **예제 파일** : 12\숏폼1~3.png
- **완성 파일** : 12\숏폼_완성.mp4

'소리 없는 마법의 멜로디' 웹툰의 캐릭터를 활용해 숏폼을 만들어 보려고 합니다. 프롬프트는 장면의 일관성을 유지하기 위해 캐릭터의 외형적 특징, 배경 설정과 조명과 색감 등을 상세하게 작성하는 것이 도움되고, 스토리보드 간격이 너무 가까우면 캐릭터 변형이 크기 때문에 적절한 간격을 유지하는 것이 좋습니다.

01 미드저니에서 생성한 이미지 중에서 숏폼에 사용할 것을 선별하고 미드저니의 에디터(Editor) 기능에서 9:16 비율을 맞춰 이미지를 재생성합니다. 숏폼 제작에 사용할 이미지는 다음과 같습니다.

02 소라 메인 화면의 하단에 있는 입력 필드에서 <+> 버튼을 클릭하고 'Upload Image or video'를 선택합니다. 열기 대화상자가 표시되면 12 폴더에서 '숏폼2.png' 파일을 선택하고 <열기(O)> 버튼을 클릭합니다.

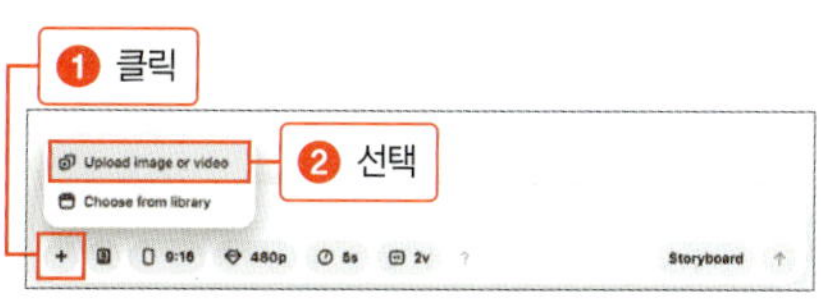

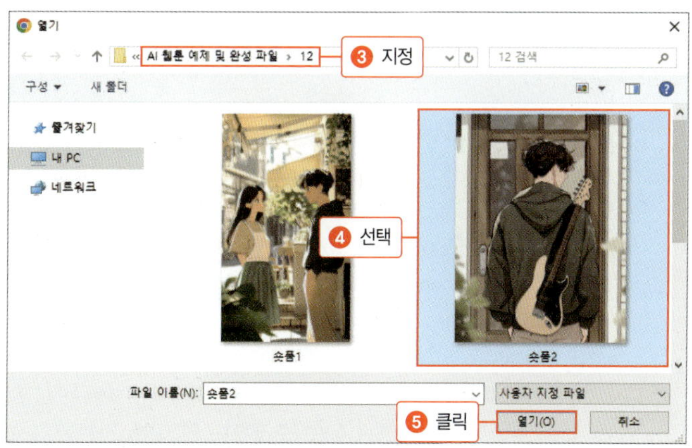

03 이미지가 업로드되면 비율을 '9:16', 해상도를 '480p', 속도를 '10s', 베리에이션을 '2v'로 선택하여 설정하고 <Storyboard> 버튼을 클릭합니다.

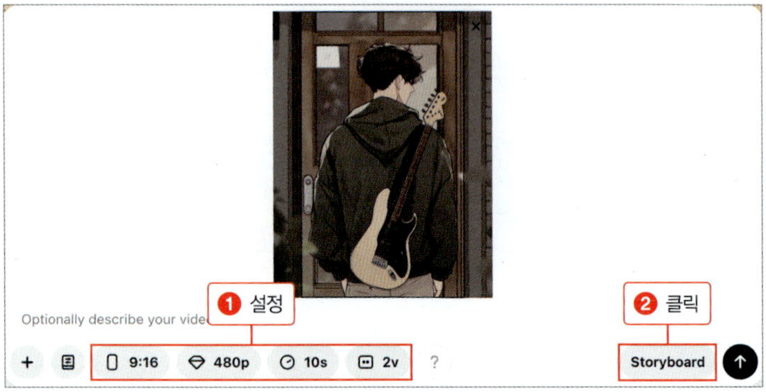

04 스토리보드 화면이 표시되면 타임라인에서 '00'과 '08'을 클릭하여 12 폴더의 '숏폼1', '숏폼3' 파일을 불러옵니다. '02', '06'에는 카메라 워크 및 조명 등이 포함된 프롬프트를 입력하고 'Expand caption' 아이콘( )도 클릭하여 프롬프트를 상세하게 확장합니다.

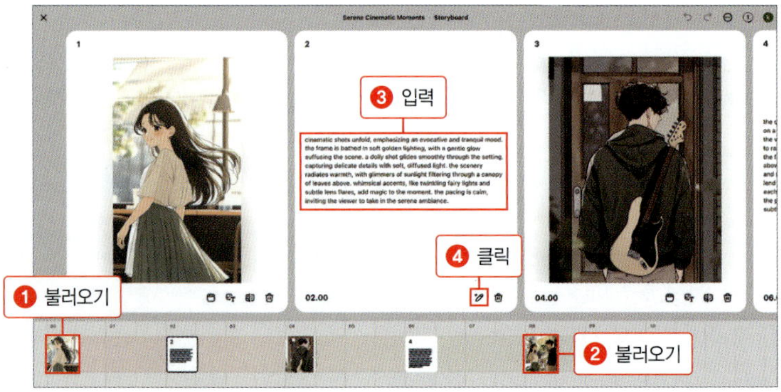

• 02 보드

프롬프트 slow, cinematic shots unfold, emphasizing an evocative and tranquil mood. the frame is bathed in soft golden lighting, with a gentle glow suffusing the scene. a dolly shot glides smoothly through the setting, capturing delicate details with soft, diffused light. the scenery radiates warmth, with glimmers of sunlight filtering through a canopy of leaves above. whimsical accents, like twinkling fairy lights and subtle lens flares, add magic to the moment. the pacing is calm, inviting the viewer to take in the serene ambiance.

• 06 보드

프롬프트 the camera transitions to a slow zoom-in, creating an intimate focus on a central aspect of the scene. gentle, deliberate movements guide the viewer deeper into the serene setting. the atmosphere continues to radiate warmth, bathed in a soft, diffused golden light that wraps the frame in a tranquil glow. sunlight filtering through the leafy canopy above contributes gentle beams, creating entrancing patterns of light and shadow. faint, whimsical accents, such as lingering lens flares, lend a dreamlike quality. the entire composition feels ethereal, with each detail carefully framed to emphasize quiet beauty and peace. the pacing remains calm, urging the viewer to savor the stillness and subtle magic of the moment.

05 영상을 생성하기 위해 순서와 내용을 검토하고 <Create> 버튼을 클릭합니다.

06 생성된 2개의 숏폼 영상 중에서 마음에 드는 것을 선택하여 저장합니다. 완성된 숏폼은 다음과 같습니다.

연습 문제 | 독자의 몰입을 유도하는 장면 연출

01 영상 콘텐츠를 제작할 수 있는 생성형 AI와 각 플랫폼별 특징을 논의해 보세요.

02 소라 AI에서 스토리보드 3장에 대한 프롬프트를 참고하여 두 명의 수영 선수가 경쟁하며 수영 시합을 벌이고 있는 장면을 영상으로 제작해 보세요.

• **예**

스토리보드 1 : anime style, Inside a dimly lit indoor swimming arena, a quiet and tense atmosphere fills the air. Two male swimmers stand on their respective starting blocks, bathed in spotlight. Swimmer A, tall and muscular with a buzz cut, displays calm confidence—his gaze steady and composed. Swimmer B, lean with longer hair tucked under his cap, clenches his fists—his eyes sharp, burning with intensity. A close-up of the referee's hand holding the stopwatch, raised in the air, frozen just before the start.

스토리보드 2 : the anime-style depiction zooms into a close-up of the referee's hand gripping a stopwatch. the dim lighting of the swimming arena highlights the intricate details of the stopwatch, its metallic surface gleaming under the focused spotlight. the hand, tightly clenched and slightly trembling, is raised in the air, symbolizing the frozen tension before the start. the background fades out of focus, blurring the swimmers on their blocks to intensify the dramatic pause. all attention focuses on this singular moment, suspended in time, as the quiet yet intense atmosphere continues to build in anticipation.

WEEK 13

미래를 살아갈 AI 웹툰 작가

학 습 목 표

생성형 AI 기술은 단기간 내 높은 퀄리티의 웹툰을 제작하고 창작 효율성을 높이는 크리에이티브 어시스턴트로서의 역할이 기대되고 있습니다. 국내외에서 다양한 AI 기반 웹툰 제작 플랫폼을 살펴봅니다. 생성형 AI 창작 활동이 대중화되면서 창작물에 대한 저작권 문제는 새로운 법적 쟁점으로 부상하고 있습니다. 따라서 AI 창작 시대에 창작자에게 요구되는 역량을 이해하고 지속가능한 AI와의 협업 방안을 모색합니다.

13.1 AI 웹툰의 전망

최근 몇 년간 생성형 AI 기술은 콘텐츠 제작의 효율성과 생산성을 획기적으로 변화시키고 있습니다. 1인 작가 또는 글/그림 작가로 구성된 팀이 웹툰을 연재하거나 기획, 콘티, 선화, 채색, 배경, 후보정 등 각 단계가 분업화된 스튜디오형 방식으로 웹툰을 제작했지만, 현재는 생성형 AI를 활용하는 하이브리드 제작 방식이 주목받고 있습니다.

생성형 AI를 활용하는 하이브리드 제작 방식이란, 인공지능 기술과 인간 창작자의 작업을 결합하여 콘텐츠를 제작하는 방식을 말합니다. 이 방식에서는 AI가 자동으로 콘텐츠를 생성하거나 보조하고, 인간 창작자는 그 결과물을 수정·보완하거나 창의성을 더하는 형태로 작업이 이루어집니다. 예를 들어, 웹툰 제작에서 AI는 캐릭터 스케치나 배경을 자동으로 생성하고, 작가는 이를 기반으로 세부 묘사나 스토리 전개를 추가하는 방식이 있습니다.

이러한 하이브리드 제작 방식은 작업 속도를 높이고 반복 작업을 줄여 창작자가 창의적인 부분에 더 집중할 수 있도록 도와주며, 웹툰뿐만 아니라 소설, 음악, 영상 등 다양한 콘텐츠 제작 분야에서도 활용되고 있습니다.

웹툰 제작 환경은 과거 1인 작가가 연재하던 방식에서 벗어나 기획, 콘티, 선화, 채색, 배경, 후보정 등 각 단계가 세분화된 스튜디오형 제작 방식으로 빠르게 변화하고 있습니다. 이러한 제작의 분업화는 한정된 시간 내에 작품의 높은 퀄리티를 유지하며 연재할 수 있도록 돕습니다. 이로 인해 자연스럽게 웹툰의 분량이 많아지고, 화려한 작화 퀄리티에 대한 요구가 높아지면서 무한 경쟁이 가속화되고 있습니다.

이런 흐름 속에서 생성형 AI 기술은 단기간 내 높은 퀄리티의 웹툰을 제작하고 창작 효율성을 높이는 크리에이티브 어시스턴트로서의 역할을 기대할 수 있습니다. 또한, 생성형 AI를 활용하면 작가의 작업 부담을 줄여 신체적·정신적 피로 누적으로 인한 휴재 및 연재 지연, 작화 붕괴 등을 예방할 수 있습니다.

1인 작가를 위한 크리에이티브 어시스턴트

웹툰 제작 환경이 점점 더 복잡해지면서 1인 작가에게 요구되는 작업량도 크게 늘어나고 있습니다. 스토리 구성 단계와 작화 보조 단계에서 AI가 어떤 역할을 할 수 있는지 간단하게 살펴보겠습니다.

1) 스토리 구성 단계

챗GPT를 활용해 작가의 스토리 아이디어를 발전시키고 대사 작성을 할 수 있습니다. 이를 통해 작가는 구상 시간을 단축하며, 창의적인 연출과 표현에 더욱 집중할 수 있습니다.

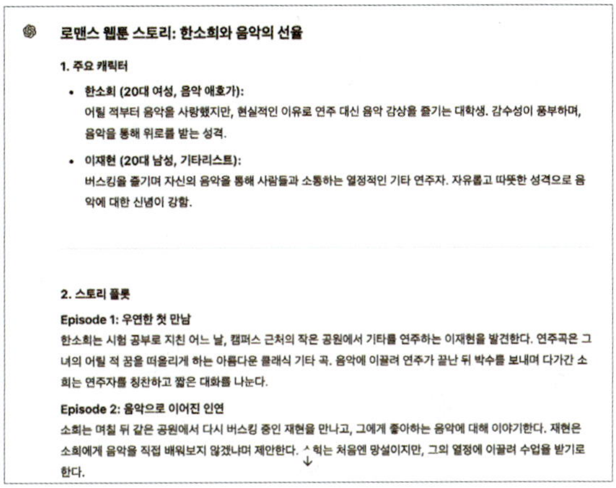

로맨스 웹툰 스토리: 한소희와 음악의 선율

1. 주요 캐릭터

- **한소희 (20대 여성, 음악 애호가):**
  어릴 적부터 음악을 사랑했지만, 현실적인 이유로 연주 대신 음악 감상을 즐기는 대학생. 감수성이 풍부하며, 음악을 통해 위로를 받는 성격.
- **이재현 (20대 남성, 기타리스트):**
  버스킹을 즐기며 자신의 음악을 통해 사람들과 소통하는 열정적인 기타 연주자. 자유롭고 따뜻한 성격으로 음악에 대한 신념이 강함.

2. 스토리 플롯

Episode 1: 우연한 첫 만남
한소희는 시험 공부로 지친 어느 날, 캠퍼스 근처의 작은 공원에서 기타를 연주하는 이재현을 발견한다. 연주곡은 그녀의 어릴 적 꿈을 떠올리게 하는 아름다운 클래식 기타 곡. 음악에 이끌려 연주가 끝난 뒤 박수를 보내며 다가간 소희는 연주자를 칭찬하고 짧은 대화를 나눈다.

Episode 2: 음악으로 이어진 인연
소희는 며칠 뒤 같은 공원에서 다시 버스킹 중인 재현을 만나고, 그에게 좋아하는 음악에 대해 이야기한다. 재현은 소희에게 음악을 직접 배워보지 않겠냐며 제안한다. ^희는 처음엔 망설이지만, 그의 열정에 이끌려 수업을 받기로 한다.

그림 13-1 챗GPT를 이용한 스토리 구성 단계

2) 작화 보조 단계

미드저니를 활용해서 캐릭터 디자인과 스타일 일관성을 유지하며 다양한 장면 연출할 수 있습니다. 콘티, 스케치부터 선화, 채색, 후보정 등의 기본적인 작화 시간을 크게 단축할 수 있습니다. 작가는 주간 연재 마감의 부담에서 벗어나 창작 본연의 영역에 더욱 집중할 수 있도록 지원할 수 있습니다.

그림 13-2 미드저니를 활용한 작화 보조 단계

다양한 콘텐츠로 확장

AI 기반 영상 생성 기술과 더빙 기술의 발전으로 정지된 이미지를 숏폼 콘텐츠나 애니메이션 등으로 확장할 수 있게 되었습니다. 소라(Sora), 런웨이(Runway AI) 등과 같은 영상 생성 도구를 활용하면, 웹툰 이미지 컷과 프롬프트 입력만으로도 생동감 있는 숏폼 영상이나 짧은 애니메이션을 손쉽게 제작할 수 있습니다.

또한, AI 더빙 기술을 활용하면 웹툰 캐릭터에 실제 음성을 입혀 몰입도 높은 콘텐츠로 확장할 수 있습니다. 이처럼 생성형 AI 기술은 웹툰 콘텐츠를 단순 이미지 중심에서 벗어나 다양한 미디어 형식으로 확장하는 데에 중요한 역할을 할 것입니다.

그림 13-3 AI 영상을 생성할 수 있는 소라와 런웨이

13.2 AI 웹툰 제작 플랫폼 소개

AI 웹툰 제작 플랫폼

최근 웹툰 산업이 급성장하면서 창작자들의 아이디어를 구현할 수 있는 다양한 도구와 플랫폼이 등장하고 있습니다. AI 웹툰 제작 플랫폼의 특징과 활용 가능성에 대해 살펴보겠습니다.

1) 네이버 웹툰 AI 페인터

2021년 10월, 네이버는 딥러닝 기반의 자동 채색 기술인 웹툰 AI 페인터(Webtoon AI Painter)를 발표했습니다. 이 기술은 네이버 웹툰에서 연재한 약 1,500개의 작품에서 추출한 30만 장의 이미지 데이터에서 캐릭터 표현 및 다양한 채색 스타일을 학습하여 개발되었습니다.

웹툰 AI 페인터에 선으로 그린 스케치를 업로드하면, AI가 스케치를 분석해 그림체에 어울리는 색을 자동으로 추천합니다. 사용자는 원하는 색상을 선택하여 특정 영역에 적용할 수 있으며, 자연스럽고 깔끔하게 채색이 이루어집니다. 특히, 이미지에 자동으로 명암과 색감을 적용하여 작화 작업의 효율성을 크게 향상시킬 수 있습니다.

그림 13-4 AI 페인터

완성된 이미지는 원본 해상도를 유지한 채, 레이어가 분리된 PSD 포맷으로 저장할 수 있어 드로잉 소프트웨어를 활용한 후속 편집 작업도 가능합니다.

이처럼 채색 과정을 AI가 보조하면서, 작가는 채색에 소요되는 시간을 크게 줄일 수 있습니다. 이는 전체 작업 효율성을 높여주며, 작가들이 스토리 개발이나 연출 등에 더 많은 시간을 투자할 수 있도록 돕습니다.

2) 드리머스의 딥툰

딥툰(Deeptoon)은 AI를 활용하여 작가가 작성한 시나리오와 콘티를 기반으로 이미지를 자동 생성해 주는 플랫폼입니다. 작가가 시나리오를 업로드하면, 딥툰은 이를 딥툰 표준 시나리오 포맷으로 변환합니다.

딥툰의 AI 기술은 시나리오에서 액션 라인을 분석하여 컷 디스크립션을 생성하고, 작가의 의도에 맞게 컷을 나누거나 합치며 순서를 조정합니다. 또한, 시나리오 분석을 통해 캐릭터와 배경에 대한 프롬프트와 이미지를 자동으로 생성하여 캐릭터의 일관성을 유지하면서도 다양한 표정을 연출할 수 있습니다. 참고 이미지를 입력하면 캐릭터의 세밀한 동작까지 표현할 수 있습니다. 작가의 연출 의도에 맞춰 카메라 컨트롤 셀렉터로 카메라 앵글을, 샷 사이즈 셀렉터로 카메라 샷의 크기를 조정할 수 있어 더욱 입체적인 장면 연출이 가능합니다.

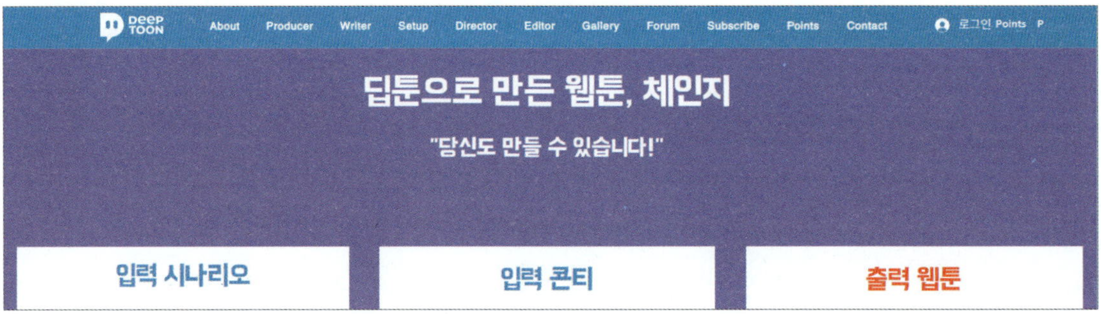

그림 13-5 딥툰

이처럼 딥툰은 작가가 작성한 시나리오를 이미지로 시각화하는 AI 웹툰 제작 플랫폼으로, 특히 작화 능력이 부족한 신진 작가들에게 큰 도움이 됩니다. 글 작가는 손쉽게 이미지화된 콘티와 캐릭터를 제작할 수 있어, 창의적이고 완성도 높은 작품을 만드는 데에 유용합니다.

3) 라이언로켓의 젠버스

젠버스(Genvas)는 사용자가 제공한 콘티를 바탕으로, 미리 학습한 작화 스타일을 통해 이미지를 생성하는 플랫폼입니다. 젠버스는 독자적으로 개발한 '브레인부스팅 러닝(Brain Boosting Learning)' 기술을 활용하여 이미지를 생성합니다. 이 기술은 사용자가 업로드한 이미지의 그림체를 학습하여 고유한 캐릭터 스타일을 일관성 있게 생성할 수 있으며, 캐릭터 동작 제어도 가능합니다.

특히, 젠버스는 100만 개 이상의 포즈 라이브러리를 제공하여 다양한 캐릭터 포즈 연출이 가능합니다. 이를 통해 작가는 일관성 있는 작화 스타일을 유지하면서도 자유롭게 캐릭터를 표현할 수 있습니다.

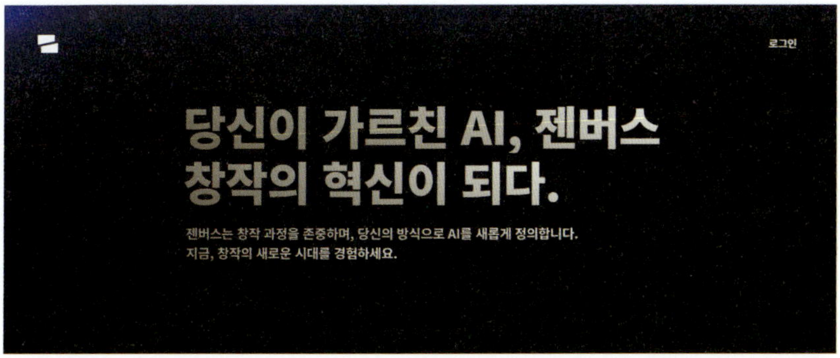

그림 13-6 젠버스

이처럼 젠버스는 일관성 있는 작화 스타일로 이미지를 생성하여 웹툰의 전반적인 퀄리티를 유지할 수 있습니다. 기존 웹툰 제작 방식과 비교했을 때, 최대 10배 가까이 작업 효율을 높이고 비용을 절감할 수 있는 것이 특징입니다.

또한, 젠버스는 사용자의 데이터를 학습하는 과정에서 저작권 문제가 발생하지 않도록 철저히 방지하고 있습니다. 라이언로켓에 따르면, 젠버스를 활용해 제작된 웹툰이 국내 주요 플랫폼에서 상위 10위 내에 진입한 사례도 있다고 밝혔습니다.

4) 오노마AI의 투툰

투툰(TooToon)은 오노마AI에서 개발한 웹툰 제작 플랫폼으로, 웹툰 제작 전 과정에 생성형 AI 기술을 적용한 최초의 플랫폼입니다. 투툰은 스토리 기획부터 선화, 채색, 일러스트레이션, 마켓플레이스에 이르기까지 웹툰 제작의 모든 과정을 AI로 자동화하여 처리합니다.

기존 웹툰 제작 과정은 많은 시간과 인력을 필요로 했지만, 투툰은 이러한 과정을 획기적으로 단축하여 작가가 창작에 집중할 수 있는 환경을 제공합니다.

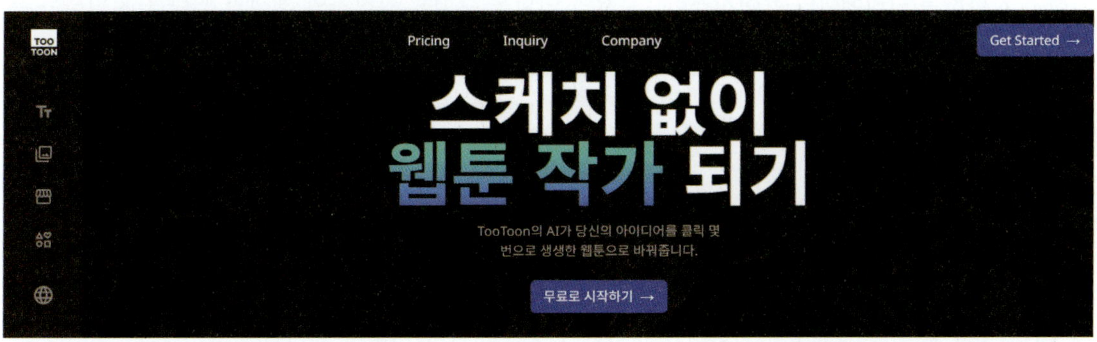

그림 13-7 투툰

투툰의 내러티브 생성 도구인 '패뷸레이터(Fabulator)'는 사용자가 입력한 키워드를 바탕으로 작품의 세계관과 등장인물을 자동으로 설정합니다. 이를 통해 시놉시스와 시나리오까지 구체화할 수 있으며, 장소, 시간, 분위기 등 디테일한 묘사와 풀컷 연출까지 고려하여 아이디어를 손쉽게 시각화할 수 있도록 돕습니다. AI로 생성한 작품 기획안을 바탕으로 캐릭터, 의상, 배경, 장면 연출을 자동으로 제작하여, 사용자는 핵심 스토리텔링과 감정선 표현에 집중할 수 있습니다.

또한, 투툰은 작가 개인의 그림체와 문체를 학습하여 맞춤형 이미지와 시나리오 제작이 가능하도록 지원합니다. 투툰의 제작사인 오노마AI는 투툰을 활용하여 2024년 12월 AI타임즈에서 AI 웹툰 <인생큐레이터>를 연재하였으며, 현재 AI 웹툰 <사주>(2025년~현재)를 연재 중입니다. 또한, 2025년 1월부터 인스타그램에서 AI 인스타툰 <오투퍼스 너 누구야?>도 연재하고 있습니다.

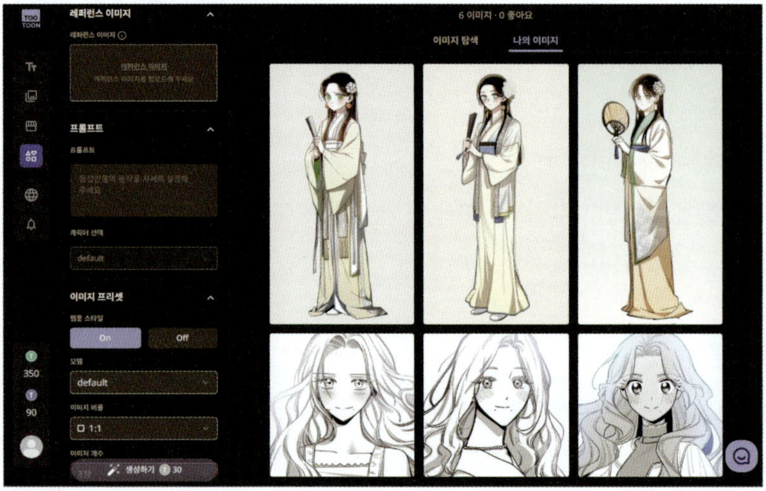

그림 13-8 투툰 작업 환경

이처럼 투툰은 단순히 제작 과정을 돕는 것을 넘어, 작가의 아이디어와 창의적인 감각을 적극적으로 보완하고 강화하는 크리에이티브 어시스턴트로서의 역할을 수행해 창작자의 개성과 역량을 지원하는 든든한 파트너로 발전시키고 있습니다.

5) 크림의 에이드

크림이 개발한 에이드(AiD)는 AI 보조작가 서비스로, 사용자의 고유한 화풍과 스타일을 학습하여 작화 정확도를 높이고, 단 5컷만으로도 의도를 정확히 반영한 맞춤형 이미지를 생성합니다. 이미지를 생성하는 데에 약 1분 정도의 시간이 소요되며, 한 번에 4장의 이미지가 생성됩니다. 에이드의 차별화된 점은 선화, 밑색, 명암 등 작화 단계별로 이미지를 생성할 수 있으며, 부분적으로 재생성이 가능하다는 것입니다.

또한, 작화 생성 단계에서 레이어가 분리되어 있어 수정 작업이 용이하며, 작업 효율성을 높입니다.

크림에 의하면, 에이드를 활용한 웹툰 제작은 1컷당 평균 62%의 시간 절감 효과를 보이며, 작품당 연재 비용을 최대 70%까지 절약하는 성과를 거두고 있다고 합니다.

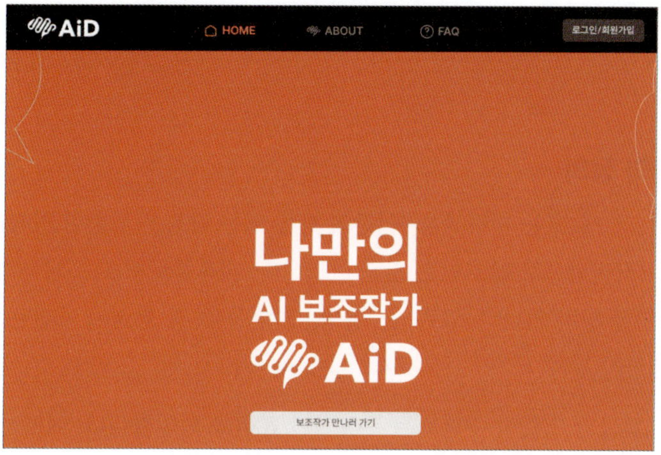

그림 13-9 에이드

6) 로어 머신

로어 머신은 사용자가 최대 30,000개 단어의 텍스트 프롬프트를 입력하면, 인물, 장소, 장면, 분위기를 파악하여 적합한 스타일의 이미지를 생성하는 AI 서비스입니다. 자체 개발한 언어 모델을 기반으로 하지만, 이미지 생성에는 스테이블 디퓨전(Stable Diffusion)을 활용하고 있습니다.

로어 머신의 강점은 캐릭터의 일관성과 디테일한 감정 묘사가 가능하다는 점입니다. 또한, 다양한 스타일의 그림체를 선택할 수 있어 사용자에게 풍부한 선택지를 제공합니다. 생성된 이미지 중에서 사용자는 적합한 장면을 선택하고 편집하여 최종 스토리보드를 만들 수 있습니다.

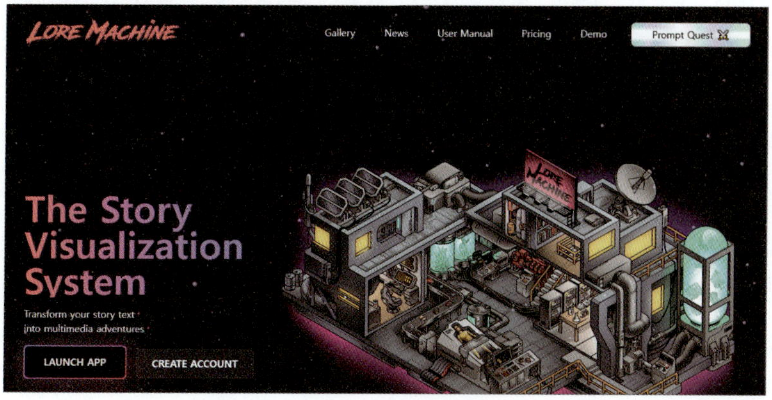

그림 13-10 로이 머신

13.3 웹툰의 저작권

저작권법상 저작물의 정의

대한민국 저작권법 제2조 제1호는 저작물을 "인간의 사상 또는 감정을 표현한 창작물"로 정의합니다. 표현된 저작물이 모두 저작권법으로 보호받는 것은 아닙니다. 저작물로서 요구되는 핵심은 '❶ 창작성(創作性)'과 '❷ 인간에 의한 창작'입니다. 그림, 글, 음악, 영상 등 특정 형식에 제한은 없으며, 표현 방식만 독창적이라면 보호 대상이 됩니다.

❶ 창작성 : 기존의 표현물과 명확히 구별되는 독창적인 표현을 의미합니다. 여기서 중요한 점은 저작권 보호 대상은 아이디어가 아니라 아이디어를 표현한 작화라는 점입니다. 예를 들어, '초능력을 가진 고등학생이 주인공'이라는 아이디어는 누구나 사용할 수 있지만, 이를 어떻게 시각화하고 전개했는가는 저작권의 영역입니다.

❷ 인간에 의한 창작 : 대한민국 저작권법은 '인간에 의해 창작된 것'을 전제로 합니다. 창작자가 자신의 독자적인 사상과 감정을 표현한 창작물로 규정하고 있습니다.

웹툰에서 저작물의 범위

웹툰은 글과 그림이 결합된 독특한 형식의 저작물로, 디지털 시대의 주요한 창작 콘텐츠 중 하나로 자리 잡고 있습니다. 이러한 웹툰은 저작권 측면에서 다양한 질문을 불러일으킵니다. 웹툰의 저작물로서의 범위와 관련된 주요 질문들을 다루고, 각 경우에 따라 저작권이 어떻게 설정되는지에 대해 살펴보겠습니다.

1) 글과 그림으로 이루어진 웹툰은 어떤 형식의 저작물일까요?

웹툰은 그림과 글뿐만 아니라 장면 연출, 컷 배치 등 복합적인 요소가 결합된 시각 예술 콘텐츠입니다. 대한민국 저작권법 제4조에 따르면, 문학, 음악, 미술, 건축, 영상, 사진 등 창작적인 표현물은 모두 저작권 보호의 대상입니다. 웹툰에서 그림은 미술저작물로 등록이 가능하고, 그림 외에 시나리오와 시놉시스 등은 어문저작물로 등록이 가능하다고 설명하고 있습니다(저작권법 제4조 제1호, 제4호 참조).

저작권법 제4조(저작물의 예시 등)

① 이 법에서 말하는 저작물을 예시하면 다음과 같다.

1. 소설 · 시 · 논문 · 강연 · 연설 · 각본 그 밖의 어문저작물
2. 클래식, 팝송, 가요를 포함하여 언어를 수반하는 오페라, 뮤지컬 등의 음악저작물
3. 연극 및 무용 · 무언극 등 신체 동작을 표현한 연극저작물
4. 회화 · 서예 · 조각 · 공예 · 응용미술저작물 등의 미술저작물
5. 건축물, 건축을 위한 모형 및 설계도 등의 건축저작물
6. 사진저작물
7. 영화, 드라마 등 연속적인 영상이 수록된 영상저작물
8. 지도, 도표, 설계도, 약도, 모형 등의 도형저작물
9. 컴퓨터프로그램저작물
10. 원저작물을 번역, 편곡, 변형, 각색, 영상 제작 등으로 창작한 2차적저작물
11. 원저작물의 선택 및 배열에 창작성이 있는 편집저작물

웹툰은 한 회 분량으로 주간 연재되는 것이 일반적인 형태입니다. 여기서 개별적으로 한 회 분량에 대해 법적인 보호를 받으려면 계속적간행물로 등록할 수 있습니다. 여기서 법적 추정력을 인정받기 위해서는 각 회차마다 창작 연월일, 형태, 분량, 회차명 등을 명확히 기재해야 합니다.

NOTE

계속적간행물은 신문, 잡지, 웹툰, 장편 소설 등 정기간행물처럼 계속 공표하는 저작물을 의미합니다.

2) 웹툰이 드라마, 영화 등으로 재창작되는 경우에 저작권은 어떻게 되나요?

1차 저작권은 작가가 창작한 '원작 웹툰'에 대한 기본적인 권리를 말합니다. 캐릭터의 외형, 복장, 표정, 특징적인 말투나 행동 패턴은 지속성과 식별성을 갖출 경우 저작권 보호 대상이 됩니다. 특히 창작성과 식별성, 지속성을 갖춘 캐릭터와 대사 스타일 등에서 독자적 저작물로 법적 보호를 받은 다수의 판례가 있습니다. 인기 있는 웹툰 캐릭터는 저작권 외에도 디자인권 또는 상표권으로 등록하여 콘텐츠 IP로서 보호하고 있습니다.

더불어 전체 웹툰뿐만 아니라 개별 컷 자체도 1차 저작물로 보호받을 수 있음을 명시적으로 공론화한 사례가 있습니다. 2015년, 윤태호 작가의 <미생> 작품의 일부 컷을 무단으로 캡처하여 SNS에 게시한 웹툰 불법 공유 사건이 있었습니다. 이 사건은 당시 법원에서 웹툰 전체뿐 아니라, '개별 컷' 자체도 창작성이 인정되는 독립된 저작물로 보호받을 수 있다는 점을 명확히 인정했습니다. 또 다른 예시로, 2020년에는 한 웹툰 작가가 자신의 작품 중 컷 배치, 화면 전환을 모방당했다고 주장한 사례가 있습니다. 이에 한국

저작권위원회는 독창적이고 고유한 컷 배치와 화면 전환 방식이라면 조건부로 1차 저작물로 간주할 수 있다고 했습니다. 그러나 단순한 컷 배열과 대사, 관행적인 연출 방식, 일반적인 구도는 저작권 보호를 받기 어렵습니다.

2차 저작권은 1차 저작물인 원작 웹툰을 바탕으로 드라마, 영화, 애니메이션, 게임, 광고, 굿즈 등 새로운 형태로 재창작된 2차 저작물에 대한 권리입니다. 2차 저작물의 제작과 활용은 새롭게 제작한 사람에게 일정한 권리가 부여될 수 있지만, 이는 반드시 원작자의 사전 동의를 전제로 하여 제작 및 유통이 가능합니다. 이 과정에서 계약 및 수익 분배가 핵심 이슈로 작용합니다.

대한민국 저작권법 제2조 제13호는 편집저작물을 '데이터 또는 저작물을 선택·배열 또는 구성하여 작성한 창작물로서, 그 편집 자체에 창작성이 있는 저작물을 말한다.'라고 정의합니다. 편집저작물은 기존의 글 또는 이미지, 영상 등을 단순 나열하는 것이 아니라, 창작 의도를 바탕으로 독창적인 편집이 가미된 경우에 해당합니다. 웹툰에서 편집저작물은 기존 웹툰을 선택, 배열, 구성하는 편집 과정에서 창작성이 정되면 별도의 저작물로 보호받을 수 있습니다. 하지만 새롭게 편집된 작품이 편집저작물로 인정받더라도, 편집자는 일정 권리만 주장할 수 있으며, 원작 자체에 대한 권리는 여전히 원작자에게 귀속됩니다.

3) 공동으로 웹툰을 제작했다면 저작권은 어떻게 되나요?

웹툰 창작 시, 2인 이상의 작가가 글과 그림을 각각 담당하는 경우가 일반적입니다. 이렇게 공동으로 창작한 저작물은 각자 기여한 부분을 분리하여 이용할 수 없다면 '공동저작물'로 정의됩니다(저작권법 제2조 제11호 참조). 그러나 각자가 기여한 부분을 분리하여 이용할 수 있다면 '결합저작물'로 정의되며(저작권법 제2조 제21호 참조), 글 작가와 그림 작가가 한 웹툰 작품의 스토리, 연출 구성, 캐릭터 설정 등에 대해 공동으로 협의하여 창작한 경우, 해당 웹툰은 공동저작물로 간주됩니다. 이 경우, 웹툰 작품은 공동저작자 간의 공동 소유이며, 전체 저작물 이용 시 상대방의 동의가 필요합니다.

또한, 웹소설을 기반으로 웹툰으로 제작된 노블코믹스 작품이 드라마나 영화로 재창작되는 경우가 많습니다. 예를 들어, 노블코믹스 작품을 드라마로 제작할 때, 웹소설 작가가 독자적으로 스토리를 구상하고 집필하여 웹툰으로 제작한 경우, 이는 결합저작물에 해당합니다. 이후, 이 작품을 드라마로 제작할 때 웹툰에서 각색한 캐릭터와 배경 설정 등을 전혀 참고하지 않았다면, 웹소설 작가와 2차적저작물작성권에 대해 논의해야 합니다. 그러나 웹소설을 기반으로 한 웹툰에서 장면 구성과 연출 등의 비주얼 요소를 참고하여 드라마를 제작하는 경우에는 웹소설 작가와 웹툰 작가 모두와 2차적저작물작성권에 대해 논의해야 합니다.

13.4 AI 창작물에 대한 쟁점

AI 창작물에 대한 법적 권리

챗GPT, 미드저니, 스테이블디퓨전 등 생성형 AI는 다양한 콘텐츠 분야에서 새로운 창작의 시대를 열고 있습니다. 과거에는 소설, 웹툰, 음악, 영화의 창작이 인간의 전유물로 여겨졌으나, 이제는 인공지능도 창작 활동에 적극적으로 관여하고 있습니다. 이에 따라 우리는 작품의 독창성에 더욱 집중할 수 있으며, 기술적 한계로 접근하지 못했던 다양한 창작 활동에 도전할 수 있는 기회를 얻게 되었습니다. 그러나 생성형 AI 기술의 발전에 따라 우리는 새로운 문제를 맞닥뜨리게 되었습니다. 그것은 바로, '생성형 AI로 만든 창작물에 법적 권리가 부여될 수 있을까?'라는 것입니다. 앞서 살펴본 것처럼, 기존 저작권법은 저작물을 '인간의 사상 또는 감정을 표현한 창작물'로 규정하고, 저작권의 주체를 인간으로 한정하고 있습니다. 이는 대한민국뿐만 아니라, 미국과 유럽 대부분의 국가에서도 동일하게 적용되고 있습니다. 그러나 이러한 기존의 저작권 체계는 AI 창작의 시대와 큰 충돌을 일으킬 가능성이 큽니다.

생성형 AI를 활용한 창작 과정에서는 우리가 프롬프트를 설계하고, 수많은 AI 생성물 중에서 선택하며, 이를 수정하고 재가공하고, 새로운 배열과 편집을 진행합니다. 이 과정에는 인간의 구체적인 창작 활동이 필수적으로 개입됩니다.

그렇다면 AI는 '창작자'로 인정받을 수 있을까요?

현재까지 전 세계 대부분의 법 제도에서는 AI를 스스로 권리를 주장하거나 법적 책임을 질 수 없는 비인격적인 주체로 정의하고, 창작자로 인정하지 않습니다.

미국 저작권청(US Copyright Office, USCO)은 2023년 입장문에서 '저작권은 인간의 창작에만 부여된다. AI가 자율적으로 생성한 이미지나 콘텐츠는 등록 대상이 아니다.'라고 명시했습니다. 또한, 미국 저작권청은 생성형 AI에서 텍스트 프롬프트나 명령어를 입력해 생성한 콘텐츠만으로는 저작권 보호 대상이 될 수 없다고 발표했습니다. 즉, 저작권을 인정받으려면 인간이 창작한 작품이어야 한다는 원칙을 강조한 것입니다.

하지만 AI 기술의 발전에 따라 AI가 생성한 창작물의 저작권 인정 여부에 대한 논의는 전 세계적으로 활발히 이루어지고 있습니다. 생성형 AI 기반의 창작 활동이 대중화되면서, 미국 저작권청은 다양한 AI 콘텐츠 제작 사례의 저작권 여부를 검토한 결과, 몇몇 주요 사례에서는 AI 작품의 창작적 요소를 인정했습니다. AI는 창작을 위한 도구로 간주되며, 도구를 사용한 인간의 창작 기여가 얼마나 창의적이고 실질적인지에 따라 저작물로서 보호 여부가 결정될 수 있습니다.

AI 창작물과 다양한 저작권 사례

미국 저작권청뿐만 아니라, 한국저작권위원회에서도 인간의 창작 개입 여부에 따라 저작권을 인정받은 사례가 존재합니다. 창작물과 함께 실제 저작권 사례를 살펴보겠습니다.

1) 스티븐 탈러의 최근 낙원으로의 입구

이매지네이션엔진스의 대표, 스티븐 탈러(Stephen Thaler)는 2018년도에 개발한 AI 프로그램 'Creativity Machine'을 사용해 <최근 낙원으로의 입구(A Recent Entrance to Paradise)> 작품을 제작하고 저작권 등록을 신청하였습니다. 스티븐 탈러는 해당 작품의 저작자를 'Creativity Machine'으로 기재하고, "작품은 컴퓨터 알고리즘에 의해 자동으로 생성되었다."라고 주장하였습니다. 미국 저작권청은 해당 작품 이미지에 대해서 "인간이 개입한 창작물에만 저작권을 부여할 수 있다."고 하였습니다. 이에 스티븐 탈러는 소송했지만 2023년 8월 18일에 워싱턴 DC연방지방법원은 "인간의 창의성은 저작권 보호의 핵심이며, 오직 인간만이 저작권자로 권리를 행사할 수 있다."라고 판결을 내리며, 작품에 대한 저작권 등록을 거부한 미국 저작권청의 결정이 타당하다는 판결을 내렸습니다.

그림 13-11 스티븐 탈러의 최근 낙원으로의 입구(A Recent Entrance to Paradise)

2) 제이슨 앨런의 스페이스 오페라 극장

2022년, 제이슨 앨런(Jason M. Allen)은 미드저니로 생성한 <스페이스 오페라 극장(Théâtre D'opéra Spatial)> 작품으로 콜로라도 주립 박람회 미술대회의 디지털 아트 부문에서 1등을 수상했습니다. 작가 본인이 출품 신청서에 미드저니를 사용했다고 명시했음에도 불구하고, 당시 예술계에서 생성형 AI 작품이 1등을 수상했다는 것에 대해 큰 논란을 불러일으켰습니다.

그림 13-12 제이슨 앨런의 스페이스 오페라 극장(Théâtre D'opéra Spatial)

당시 제이슨 앨런은 미드저니를 사용해 약 600여 개의 프롬프트로 이미지를 만든 후, 어도비 포토샵으로 이미지를 리터칭하고 기가픽셀 AI로 해상도를 높여 작업에 총 80시간이 소요되었다고 밝히며, 작품에 대한 저작권을 신청하였습니다. 하지만 2023년 9월, 미국 저작권청은 인간이 직접 작업한 작품 한해서만 저작권을 승인할 수 있다며 위 작품에는 저작권을 불허하였습니다.

3) 크리스 카시타노바의 여명의 자리야

2022년에 발표한 AI 코믹 <여명의 자리야(Zarya of the Dawn)>는 크리스 카시타노바(Kris Kashtanova)가 작성한 스토리를 바탕으로 AI 이미지 생성 도구 미드저니를 사용해 제작한 디지털 만화입니다. 미드저니로 캐릭터와 그림 스타일의 일관성을 유지하며 각 컷의 이미지를 생성하고 대사와 컷 배치는 작가가 직접 연출한 사례로 작가와 생성형 AI가 협업한 작품으로 볼 수 있습니다.

<여명의 자리야>는 생성형 AI의 저작권에 대해 많은 시사점을 남긴 작품입니다. 2022년 9월 15일, <여명의 자리야>는 미국 저작권청으로부터 저작권 등록 승인을 받았습니다. 그러나 해당 그림이 생성형 AI로 제작되었다는 사실이 뒤늦게 밝혀지면서, 미국 저작권청은 10월에 저작권 등록을 재심사하겠다고 통보했습니다.

이후, 2023년 2월 21일, 미국 저작권청은 AI가 생성한 이미지를 제외하고, 작가가 작성한 글과 이미지의 선택, 조정, 배치 등의 창작 요소에 대해서만 저작권 보호를 받을 수 있다고 최종 결정했습니다. 이는 생성형 AI가 대중화되는 상황에서 미국 당국이 AI 작품의 저작권 문제에 대해 공식적으로 내린 첫 결정으로, 작가가 생성형 AI와 협업하여 창작물을 제작하는 과정에서 법적, 윤리적, 기술적 논의가 필요함을 보여 주는 대표적인 사례입니다.

그림 13-13 크리스 카시타노바의 여명의 자리야(Zarya of the Dawn)

현재까지도 AI 생성 콘텐츠의 저작권 문제는 여전히 논쟁 중이며 각국의 법적 해석에 따라 달라질 가능성이 큽니다. 한 가지 분명한 점은 생성형 AI는 창작자의 아이디어를 보다 효율적으로 실현하는 보조 도구로 자리 잡고 있다는 것입니다.

4) 켄트 키어시의 아메리칸 치즈 한 조각

생성형 AI로 만든 이미지라도 작가가 창작 의도로 일정 부분 이상 수정 및 변형을 한 경우, 저작권 보호를 인정받은 사례가 있습니다.

2025년 1월 30일, 미국 저작권청은 인보크 AI(Invoke AI)의 CEO인 켄트 키어시(Kent Keirsey)가 이미지 생성 및 편집을 위한 오픈 소스 도구 인보크 AI를 사용해 생성한 작품 <아메리칸 치즈 한 조각(A Single Piece of American Cheese)>의 저작권을 인정했습니다. 하지만 이 작품은 처음부터 저작권을 인정받은 것이 아닙니다. 켄트 키어시는 2024년에 해당 작품에 대한 저작권을 신청했으나, 미국 저작권청으로부터 승인이 거절되었습니다. 그러나 최종적으로 2025년 1월 30일, 미국 저작권청은 <아메리칸 치즈 한 조각>의 저작권을 승인했습니다. 이는 켄트 키어시가 생성형 AI로 만든 이미지를 인페이팅(Inpainting) 테크닉으로 35번 이상 리터칭하는 과정을 촬영하여 기록물로 제출함으로써 저작권 보호를 인정받았기 때문입니다.

켄트 키어시 사례가 나오기 전, 미국 저작권청은 생성형 AI 콘텐츠에 대해 완전한 저작권을 승인하지 않는 입장을 고수했습니다. 그러나 <아메리칸 치즈 한 조각> 작품은 인간의 창의적 작업 과정이 충분히 개입된 것으로 판단한 것입니다. 이처럼 이 사례를 시작으로, 향후 인간과 AI의 협업을 통한 창작물이 저작권 보호를 받을 수 있다는 가능성을 시사합니다.

NOTE

켄트 키어시가 사용한 인페인팅은 이미지의 특정 부분을 노이즈 제거 강도(denoising strength), 프롬프트, 모델 등의 설정을 적용하여 다시 생성하는 AI 기술로, 원본 이미지의 나머지 요소를 유지하면서 선택된 부분만 새롭게 생성하는 방식입니다.

그림 13-14 켄트 키어시의 아메리칸 치즈 한 조각
(A Single Piece of American Cheese)

5) 나라AI필름의 AI 수로부인

2023년에 개봉한 <AI 수로부인>은 (주)나라지식정보 산하 영화제작사 나라AI필름에서 심은록 감독을 중심으로 제작한 국내 최초의 AI 영화입니다. 이 작품은 고대가요 '구지가'와 향가 '해가사', '헌화가' 등에서 영감을 받아 한국 고전과 현대 미술을 엮은 작품으로, 시나리오부터 영상, 음악, 음향, 편집까지 모든 과정을 다양한 AI 도구를 활용해 제작되었습니다.

그림 13-15 나라AI필름의 AI 수로부인

심은록 감독을 포함한 제작팀 3명은 3대의 노트북으로 한 달 만에 영화를 완성했다고 합니다. 시나리오 작성에는 GPT-4와 클로바X를 활용했고, 이미지 생성에는 미드저니와 스테이블 디퓨전을 사용했습니다. 영상 생성에는 젠2와 D-ID를, 주인공의 목소리에는 클로바더빙을, 배경 음악 제작에는 사운드로우를 이용했습니다. 또한, 자체 개발한 소형언어모델(sLM)을 통해 조정과 편집 작업을 진행했습니다. 특히, 시나리오 작성 단계에서 주체적인 창작 활동을 강조하기 위해 수작업으로 크로스 체크를 거쳤다고 합니다. 이는 앞서 제작한 AI 웹툰 '소리 없는 마법의 멜로디'의 글 콘티 단계에서도 강조한 부분입니다.

2023년 12월, <AI 수로부인>은 한국저작권위원회로부터 편집저작물 등록을 인정받았습니다. 이는 앞선 <여명의 자리야(2022)>와 유사한 사례로, AI로 생성한 이미지나 영상 자체는 저작권 보호 대상으로 인정받기 어렵지만, AI 콘텐츠를 수정하거나 특정 방식으로 조합하여 편집하고 배열하는 과정에서 창작성이 인정될 경우, 편집저작물로 등록할 수 있습니다.

<AI 수로부인>은 국내 최초로 AI 작품이 편집저작물로 인정받은 사례로, AI 콘텐츠에 대한 저작권 보호의 한계를 확인하면서도, 생성형 AI를 도구로 활용한 창작 활동이 법적 보호를 받을 가능성을 열었다는 점에서 큰 의미가 있습니다.

NOTE

편집저작물은 기존의 창작물을 편집, 배열, 구성하는 과정에서 창작성이 인정된 저작물을 의미합니다. 이는 단순한 정보나 자료의 나열이 아니라 편집자가 새로운 창작적 기여를 했을 때 인정되는 저작물 형태입니다. 즉, 개별적인 콘텐츠(텍스트, 이미지, 영상 등)가 원래는 저작권 보호 대상이 아닐 수 있어도 이를 새로운 방식으로 배치하고 조합하면서 창작성이 추가될 경우 저작권 보호를 받을 수 있습니다.

13.5 AI 저작권에 대한 가이드라인 동향

미국의 AI 저작권

2025년 1월, 미국 저작권청(U.S. Copyright Office)에서 저작권과 인공지능에 대한 정책과 법률 문제에 대한 보고서의 2부를 발표했습니다. 이 보고서는 생성형 AI의 창작물은 인간(human authorship)이 창작적 요소를 충분히 표현하여 개입한 경우에만 저작권으로 보호받을 수 있다며 생성형 AI를 사용해 제작한 창작물의 저작권에 대한 가능성을 다루고 있습니다.

그림 13-16 미국 저작권청의 저작권과 AI 2부: 저작물성

『저작권과 AI 2부: 저작물성(Copyright and Artificial Intelligence Part 2: Copyrightability)』에서는 AI 창작물이 저작권 보호를 받을 수 있는 기준에 대해 다음과 같이 설명하고 있습니다.

1. AI가 단독으로 생성한 콘텐츠는 저작권 보호를 받을 수 없다.
2. AI가 인간의 창작 활동의 개입 없이 보조적으로 생성된 창작물은 저작권 보호를 받을 수 없다.
3. AI를 사용해 생성한 창작물에 인간의 창작활동이 개입한 경우, 기여한 부분에 한하여 저작권 보호가 가능하다.
4. AI에서 프롬프트 입력만으로 생성된 창작물의 경우, 저작권 보호 대상이 아니다.

해당 보고서에 따르면, AI가 단독으로 생성한 콘텐츠는 저작권 보호 대상이 될 수 없으며 인간 창작자가 창작 과정에 실질적으로 기여한 경우에만 보호될 수 있다고 밝히고 있습니다. 즉, 미국 저작권청은 AI를 창작자로 인정하지 않으며, 인간의 창작 개입 여부를 기준으로 저작권 보호를 판단하고 있습니다.

유럽연합의 AI 저작권

유럽연합(EU)의 입법 기구인 유럽 의회(European Parliament, EP)는 2021년에 『지식재산권과 인공지능(Intellectual Property Rights for the Development of Artificial Intelligence Technologies)』 보고서를 통해서 AI가 자율적으로 생성한 산출물은 '창작자 없는 창작물'이며, 저작권법상 보호받을 수 없다는 입장을 주장했습니다. 보고서는 창작의 핵심 요소는 인간의 독창성과 의도된 표현에 있다고 설명했습니다. 즉, 빅데이터와 알고리즘에 기반해 생성된 AI 결과물은 저작권의 기본 요건을 충족하지 못한다는 것입니다. 그러나 AI가 자율적으로 생성한 결과물을 그대로 사용하지 않고 인간이 AI 결과물에 선택, 배열, 수정, 연출 등 독창적이고 실질적인 창작에 기여한 경우에 대해서는 저작권 보호 가능성 열어두고 있습니다.

2023년, 유럽연합에서 세계 최초로 AI에 대한 『인공지능법(AI Act)』을 채택했습니다. 여기서 AI 기술의 위험 등급별 시스템을 분류하고 각 등급에 따라 투명성, 안전성, 책임성 등을 규제하는 법으로, 챗GPT, 미드저니 등 생성형 AI는 고위험 AI 범주는 아니지만, 투명성 의무와 책임성 강화를 규제 내용으로 부과하였습니다. 즉, 생성형 AI가 학습한 데이터의 출처 공개 의무와 AI가 생성한 콘텐츠라는 사실에 대한 고지 의무를 규정으로 정의하고 있습니다. 이는 생성형 AI로 인한 저작권 침해 여부를 사전에 예방하기 위해 규범적 장치를 마련하고자 하는 것입니다.

일본의 AI 저작권

일본 문화청(文化庁)은 2018년 개정한 저작권법 제30조의 4에서 "정보 분석 등을 목적으로 저작물을 복제하거나 자동처리를 위한 데이터 분석에 사용하는 경우, 해당 저작물의 권리자 허락 없이도 사용할 수 있다."라고 정의하며, AI가 학습을 위해 사용하는 저작물의 비영리적 또는 비공표 목적 이용에 대해서 합법화했습니다. 이러한 규정은 AI가 온라인상의 수천만 개 이미지나 텍스트를 학습할 때, 상업적 이용이 아닌 연구, 기술 개발, 정보 분석 목적이라면 저작권 침해로 보지 않으며, 일본 내 AI 개발 활성화에 긍정적인 영향을 주고 있습니다.

그러나 일본 저작권법은 미국, 유럽연합과 마찬가지로 "저작물은 인간의 사상 또는 감정을 표현한 창작물이어야 한다."라는 전제를 유지하고 있습니다. 2024년, 일본 문화청이 발표한 생성 AI와 저작권에 관한 연구 보고서에 따르면, AI가 산출한 결과물이 저작물로 인정받기 위해서는 인간의 창작적 기여가 전제되어야 한다고 발표했습니다.

대한민국의 AI 저작권

2023년부터 본격화된 생성형 AI 기술의 확산은 웹툰, 출판, 영상, 음악 등 국내 콘텐츠 산업 전반에 큰 변화를 일으켰습니다. 따라서 AI를 활용해 만든 창작물이 '저작물'로 보호받을 수 있는지, 그리고 그 권리의 귀속 주체는 누구인지에 대한 법적 불확실성이 급증했습니다.

그림 13-17 문화체육관광부의 생성형 AI 저작권 안내서(2024)

문화체육관광부는 이러한 흐름에 대응하기 위해서 AI 창작물의 저작권 인정 기준을 명확히 하기 위한 지침 초안을 준비하며, 2024년 1월, 문화체육관광부와 한국저작권위원회에서는 『생성형 AI 저작권 안내서』를 발표했습니다. 생성형 AI 이용에 따른 저작권 침해에 대한 유의사항을 다음과 같이 안내하고 있습니다.

1. 생성형 AI 이용자는 원하는 AI 산출물을 만들어 내기 위해서 입력하는 텍스트나 이미지, 오디오 등의 데이터가 타인의 저작권을 침해하거나 침해를 유도하지 않도록 유의
   원하는 스타일의 AI 산출물을 도출하기 위하여 특정 작가의 작품 또는 특정한 이미지 등을 집중적으로 학습시켜 이를 적용할 경우에는, 해당 작품 등과 동일·유사한 산출물이 생성됨으로써 저작권 침해 가능성 또한 현저히 높아질 수 있으므로 유의 필요
2. AI 산출물에 인간이 수정 및 증감 등 창의적으로 추가 작업을 하고, 추가로 작업한 부분만으로 저작물성을 인정할 수 있을 정도가 되어야 저작권 등록이 가능
   이러한 경우 저작권 등록을 하기 위해서는 AI 산출물 부분이 무엇이고, 등록 신청인이 창의적으로 추가한 부분이 무엇인지에 대해서 등록 신청 명서세의 '저작물 내용'에 상세히 기재 필요
3. AI 산출물들을 선택하고 배열 또는 구성한 것에 창작성이 있으면 '편집저작물'로 등록 가능
   편집저작물로 저작권을 등록하기 위해서는 등록 신청인이 선택·배열에 어떠한 창작적 기여를 하였는지에 대해서 등록 신청명세서의 '저작물 내용'에 상세히 기재 필요

즉, AI 산출물 자체는 저작물로 인정되지 않습니다. AI가 자율적으로 만든 산출물은 법적으로 인간의 창작이 아니기 때문에 단독으로 보호가 불가합니다. 그러나 단순한 AI 산출물이 아니라, 해당 AI 산출물에 인간의 실질적이고 창작적 기여가 있는 경우에는 편집저작물로 간주될 수 있습니다. AI 산출물이 편집저작물로 인정받기 위해서는 단순한 프롬프트 입력 수준을 넘어, 전체 기획의 방향성 및 재구성 과정에서 인간의 창의성이 반영되었는가가 핵심 판단 기준이 됩니다.

13.6 AI 창작 시대, 작가에게 요구되는 역량과 미래 전망

수많은 생성형 AI 플랫폼의 등장은 시각 영상 콘텐츠 분야에 새로운 가능성을 시사하고 있습니다. 특히, 웹툰을 창작하는 환경에도 변화를 가져오고 있습니다. 1인 작가가 혼자서 웹툰을 연재할 때 생성형 AI는 단순한 제작 도구를 넘어, 창작 과정에서 효율성을 높이고 반복적인 작업을 보조하는 어시스턴트로 활용될 수 있습니다. 즉, 창작 과정에서 시간과 노동의 한계를 극복하는 데에 도움을 받을 수 있습니다. 하지만 AI의 도움을 활용하기 위해서는 창작자의 윤리적 책임과 AI에 대한 올바른 이해가 더욱 중요해지고 있습니다.

AI 활용에 요구되는 작가의 역량

앞으로의 창작 환경에서는 인공지능 도구를 효과적으로 활용할 수 있는 작가의 역량이 중요해지고 있습니다. AI 시대의 창작자에게 요구되는 핵심적인 능력들을 세 가지 관점에서 살펴보겠습니다.

1) 저작권 문제와 창작 윤리의 이해

AI로 생성된 콘텐츠의 저작권 문제를 이해하고 창작 윤리에 대한 깊은 이해가 필요합니다. AI는 기존 데이터를 학습하여 새로운 결과물을 생성하는데, 그 학습 데이터에는 실제로 예술 활동을 하는 작가의 작품, 상용 이미지, 저작권이 있는 자료가 포함될 수 있습니다.

따라서 우리는 기존 작품의 무단 도용을 피하기 위한 노력이 필요합니다. 프롬프트를 설계하고 작성할 때 창작자의 권리를 침해하지 않도록 주의해야 하며, 특히 특정 작품명, 작가명, 캐릭터명을 직접적으로 입력하는 것은 하지 말아야 합니다. 본 책에서도 창작 윤리를 준수하기 위해 미드저니를 활용할 때 특정 작가나 작품을 프롬프트에 입력하지 않았습니다. 이는 AI 생성 콘텐츠가 기존 창작자의 권리를 침해하지 않도록 하기 위한 최소한의 노력입니다. 국내외에서 발표된 윤리적 가이드라인을 숙지하고 AI 기술을 활용하는 것이 중요합니다.

2) 주체적인 판단과 독자성

AI가 만들어 낸 콘텐츠를 어떻게 사용할지에 대한 주체적인 판단력과 독자성을 갖춰야 합니다. AI는 창작자가 설정한 조건에 따라 텍스트와 이미지를 생성하지만, 그 결과물이 창작자의 의도를 정확하게 반영하지는 않습니다. 때로는 AI가 만든 결과물을 비판적으로 검토할 필요도 있습니다. 이때 우리는 단순한 사용자가 아닌 디렉터의 입장으로 결과물을 검토하고 창작 의도에 맞게 수정, 보완, 재조합해야 합니다. 본 책에서 진행한 웹툰 작업 과정과 같이, AI로 생성한 이미지 산출물을 캐릭터의 감정 표현을 위해 후보정을 하고 장면 연출을 하며, 서사 구조에 맞게 컷 배치 등 편집 작업을 하는 것은 여전히 인간의 몫입니다. 이러한 적극적인 창작 활동이 이루어졌을 때야 말로, 생성형 AI를 활용한 창작물이 편집저작물로서의 가치를 인정받을 수 있습니다.

3) AI와 인간의 협업 방식 설계

AI와 인간 창작자의 협업 방식을 어떻게 설계할지 깊은 고민이 필요합니다. AI 기술이 발전하면서 시각 영상 콘텐츠의 창작 방식이 빠르게 변화하고 있지만, AI는 콘텐츠의 방향과 흐름을 결정할 수 없고, 다층적인 사회적, 문화적 맥락을 고려하여 콘텐츠를 만드는 데에 한계점을 가집니다. 그래서 인간의 창의성과 독창성은 여전히 대체될 수 없는 귀중한 가치로 평가됩니다. 웹툰 제작에서 생성형 AI가 작업의 반복 작업을 줄이고 효율성을 높일 수 있지만, 작품 기획의 방향성과 캐릭터 간의 관계를 부각하기 위한 표현과 장면 연출은 결국 인간 창작자가 결정해야 합니다. 따라서 미래의 창작자는 기획력과 미적 판단력을 바탕으로 AI와 협업에서 주도적인 자세를 가져야 합니다. AI를 활용하더라도 창작은 우리 인간의 몫이며 이런 자세를 바탕으로 우리는 AI와 협업하며 지속가능하고 가치 있는 창작 활동을 이어갈 수 있을 것입니다.

다가온 AI 창작시대에도 여전히 창작의 주체는 인간이라는 사실은 다름없습니다. AI는 인간의 경쟁 대상이 아니라 협력 대상입니다. AI를 크리에이티브 어시스턴트로 삼으며 AI 콘텐츠를 능동적으로 해석하고 독창적으로 편집하는 디렉터이자 창작자가 되어야 합니다. 그것이 AI 창작 시대의 진정한 작가로서 나아갈 길입니다.

연습 문제 | 미래를 살아갈 AI 웹툰 작가

01 국내외 다양한 AI 웹툰 제작 플랫폼에 대해서 살펴보고 각 플랫폼별 특징과 강점을 조사해 보세요.

02 AI 저작권에 대한 가이드라인 동향을 바탕으로 AI 창작을 준비하는 창작자에게 요구되는 역량이 무엇인지 팀별로 논의해 보세요.

도판 목록

그림 1-1 네이버 웹툰 AI 페인터, https://ai.webtoons.com/ko/painter/paint

그림 1-2 네이버 웹툰 캐리커처, https://ai.comic.naver.com/lab/caricature/installGuide

그림 1-3 네이버 웹툰 캐릭터챗, https://ai.comic.naver.com/lab/character-chat

그림 2-1 ©웹툰 작가 청아인 제공

그림 13-4 네이버 웹툰 AI 페인터, https://ai.webtoons.com/ko/painter

그림 13-5 딥툰, https://www.deeptoon.com/

그림 13-6 젠버스, https://founders.genvas.ai

그림 13-7 투툰, https://tootoon.ai/ko/anima

그림 13-8 투툰, https://tootoon.ai/ko/anima

그림 13-9 에이드, https://aid-raw.com

그림 13-10 로어 머신, https://www.loremachine.world/feed

그림 13-11 스티븐 탈러, 최근 낙원으로의 입구(A Recent Entrance to Paradise)

그림 13-12 제이슨 앨런, 스페이스 오페라 극장(Théâtre D'opéra Spatial)

그림 13-13 크리스 카시타노바, 여명의 자리아(Zarya of the Dawn), https://www.kris.art

그림 13-14 켄트 키어시, 아메리칸 치즈 한 조각(A Single Piece of American Cheese)

그림 13-15 나라AI필름, AI 수로부인

13.3 저작권법 제4조, 한국저작권위원회

13.5 미국의 AI 저작권, 『저작권과 AI 2부: 저작물성(Copyright and Artificial Intelligence Part 2: Copyrightability)』 중에서 일부 발췌

13.5 대한민국의 AI 저작권, 『생성형 AI 저작권 안내서(2024)』 중에서 일부 발췌

찾아보기

ㄹ

ㅁ

ㅂ

ㅅ

ㅇ

ㅈ

ㅊ

ㅋ

ㅌ

ㅍ

ㅎ

컴퓨팅 사고 with 파이썬 김현정, 황숙희 지음 | 412쪽 | 25,000원 | 2022년 6월 출간	**팅커캐드&아두이노** 최훈 지음 | 548쪽 | 29,800원 | 2022년 10월 출간
자료구조와 알고리즘 with 파이썬 김현정, 황숙희 지음 | 416쪽 | 28,000원 | 2023년 1월 출간	**파이썬의 정석** 조용주, 임좌상 지음 | 552쪽 | 25,000원 | 2023년 1월 출간
기초 수학 with 파이썬 박민서 지음 | 352쪽 | 27,000원 | 2023년 1월 출간	**메타버스 교과서** 김영일, 임상국 지음 | 472쪽 | 29,000원 | 2023년 1월 출간
전처리와 시각화 with 파이썬 오경선, 양숙희, 장은실 지음 | 536쪽 | 29,000 | 2023년 5월 출간	**파이썬 워크북** 이경숙 지음 | 408쪽 | 26,000원 | 2023년 5월 출간
안드로이드 프로그래밍 with 자바 송미영 지음 | 672쪽 | 36,000원 | 2023년 6월 출간	**4차 산업혁명과 미래사회** 안병태, 정화영 지음 | 488쪽 | 26,000원 | 2023년 7월 출간
모던 자바스크립트&Node.js 이창현 지음 | 600쪽 | 34,000원 | 2023년 7월 출간	**SQL과 AI 알고리즘 with 파이썬** 김현정, 황숙희 지음 | 376쪽 | 27,000원 | 2023년 8월 출간
머신러닝과 딥러닝 with 파이썬 김현정, 유상현 지음 | 432쪽 | 28,000원 | 2023년 8월 출간	**게임 콘셉트 디자인** 남기덕 지음 | 352쪽 | 27,000원 | 2023년 9월 출간
인공지능 아트 김애영, 조재춘 외 지음 | 356쪽 | 27,000원 | 2023년 10월 출간	**게임 디자인&페이퍼 프로토타입** 이은정 지음 | 352쪽 | 27,000원 | 2024년 1월 출간
분산 컴퓨팅 윤영 지음 | 360쪽 | 29,800원 | 2024년 1월 출간	**찐초보 생활 전기** 전병칠 지음 | 280쪽 | 21,000원 | 2024년 2월 출간
찐초보 걸음마 전기 전병칠 지음 | 288쪽 | 20,000원 | 2024년 2월 출간	**외국인 학생을 위한 컴퓨터 활용** 김의찬, 박혜란 지음 | 464쪽 | 29,000원 | 2024년 5월 출간
C 언어의 정석 조용주, 임좌상 지음 | 584쪽 | 34,000원 | 2024년 6월 출간	**블렌더 교과서** 김영일 지음 | 608쪽 | 37,500원 | 2024년 8월 출간
일러스트레이터 with AI 허준영 지음 | 368쪽 | 27,000원 | 2024년 11월 출간	**생성형 AI 창작과 활용 가이드** 김현정 지음 | 368쪽 | 27,000원 | 2024년 12월 출간
인공지능 법과 윤리 김명훈 지음 | 416쪽 | 29,500원 | 2024년 12월 출간	**포토샵 with AI** 이문형 지음 | 432쪽 | 28,000원 | 2024년 12월 출간
스프링 부트 완전정복 송미영 지음 | 584쪽 | 35,000원 | 2024년 12월 출간	**운영체제** 김덕수 지음 | 448쪽 | 28,000원 | 2025년 1월 출간
리액트의 정석 with 타입스크립트 이창현 지음 | 488쪽 | 34,000원 | 2025년 3월 출간	**프리미어 프로+소라 with AI** 장윤제, 오창근 지음 | 456쪽 | 29,000원 | 2025년 3월 출간